Brendan Simms
Die Briten und Europa

Brendan Simms

Die Briten und Europa

Tausend Jahre Konflikt und Kooperation

Aus dem Englischen
von Klaus-Dieter Schmidt

Deutsche Verlags-Anstalt

Die Originalausgabe dieses Buches erschien 2016 unter dem Titel
Britain's Europe. A Thousand Years of Conflict and Cooperation
bei Allen Lane, einem Imprint von Penguin Books, London.
Kapitel 10 wurde aufgrund aktueller Entwicklungen
durch einen neuen Text des Autors ersetzt.

Verlagsgruppe Random House FSC® N001967

2. Auflage
Copyright © 2016 Brendan Simms
Copyright © der deutschsprachigen Ausgabe 2019
Deutsche Verlags-Anstalt, München,
in der Verlagsgruppe Random House GmbH,
Neumarkter Straße 28, 81673 München
Umschlaggestaltung: Büro Jorge Schmidt, München
Umschlagmotiv: © The Battle of Waterloo, 18th June 1815, published by
Ackermann (coloured engraving),
Bibliothèque Nationale, Paris, France / Bridgeman Images
Lektorat: Heike Specht, Zürich
Typografie: DVA / Andrea Mogwitz
Gesetzt aus der Adobe Garamond
Satz, Druck und Bindung: GGP Media GmbH, Pößneck
Printed in Germany
ISBN 978-3-421-04842-4

www.dva.de

Dieses Buch ist auch als E-Book erhältlich.

Für Anita

Inhalt

Ich bin tief beeindruckt von der Melancholie und der zweifelhaften Art der
Aussichten, die vor Europa liegen ... Ich halte es für verfrüht, uns unsererseits
in heiteren Erwartungen zu ergehen ... Wenn wir in die Zukunft schauen,
müssen wir zweifellos bedenken, welche Stellung dieses Land in Bezug auf
Europa als Ganzes einnimmt; und was mich betrifft, kann ich, wenn ich seine
Stellung um der Argumentation willen gedanklich für einen Augenblick von
derjenigen Europas trenne, nicht umhin, dass wir einigen Grund haben,
dankbar zu sein – dankbar für die Lage des Landes und dankbar für die
Einigkeit des Volks ...
Aber ich gebe zu und bin der Erste, es zu bekräftigen, dass wir, ungeachtet aller
Sicherheit, Macht und Unabhängigkeit, nicht das Recht haben, uns in eine
absolute, selbstsüchtige Isolation einzuhüllen. Wir haben eine Geschichte, wir
haben Traditionen, wir haben ein Leben, ständigen, immerwährenden, viel-
fältigen Verkehr und Kontakt mit allen Völkern Europas. Wir wären der Erin-
nerung an unsere Vergangenheit, unserer Hoffnungen für die Zukunft und der
Größe der Gegenwart nicht wert, wenn wir die Verpflichtungen verleugneten,
die aus diesen Beziehungen zu anderen, die mehr zu erleiden haben als wir,
erwachsen.

William Gladstone, Rede im Unterhaus, 9. Februar 1871

Einleitung

Unsere europäische Geschichte

Der französische Historiker Jules Michelet begann seine Vorlesungen über die britische Geschichte mit der berühmt gewordenen Feststellung: »England ist eine Insel.« Im Zeitalter Eduards VII. bezeichnete die Kinderbuchautorin Henrietta Elizabeth Marshall die Geschichte Englands als *Our Island Story* (1905). Arthur Bryant bezog sich auf die Worte, die Shakespeare Johann von Gent auf dem Sterbebett sagen lässt, als der Historiker dem ersten Band seiner *History of Britain and the British People* den Titel »Set in a Silver Sea« gab; den zweiten Band, der die Zeit von den Tudors bis zum frühen 19. Jahrhundert umfasst, nannte er »Freedom's Own Island«. In jüngerer Zeit schrieb Raphael Samuel, der radikale Gründer der History-Workshop-Bewegung, der als Historiker in vieler Hinsicht das Gegenteil von Bryant war, *Island Stories*; ungeachtet des Plurals stand für ihn nicht in Frage, dass die britische Geschichte in erster Linie diejenige einer *Insel* war. Um dies zu unterstreichen, waren auf dem Schutzeinband des zweiten, »Theatres of Memory« betitelten Bandes die Kreidefelsen von Dover abgebildet, als wären sie ein Wall, der fremde – das heißt europäische – Einflüsse abhält.[1] Christopher Lee produzierte für BBC Radio 4 eine Sendereihe mit dem Titel *This Sceptred Isle* (1995), auch dies ein Zitat aus Johann von Gents letzten Worten.[2] Laut einer in jüngster Zeit erschienenen Sammlung von Aufsätzen prominenter Historiker sind die Britischen Inseln *A World by Itself*,[3] womit wiederum ein Shakespeare-Stück bemüht wird, diesmal *Cymbeline*. Der ehemalige konservative britische Bildungsminister Michael Gove, der sich besonders für den Geschichtsunterricht an den

Schulen interessierte, stellte sich in diese Tradition, als er dafür plädierte, zur Lehre traditioneller Themen zurückzukehren, um »den Kindern die Gelegenheit zu geben, von unserer Inselgeschichte zu hören«.[4] Diese Geschichte ist ein machtvolles Narrativ, das zudem wesentlich differenzierter ist, als diese Aufzählung erkennen lässt, und das trotz meiner Vorbehalte Respekt verdient.

Allerdings vertrete ich die entgegengesetzte Auffassung. Meiner Ansicht nach ist die Geschichte Englands und später Großbritanniens vornehmlich eine kontinentale Geschichte. Ihr Verlauf wurde hauptsächlich durch die Beziehungen zum übrigen Europa geprägt und weniger durch diejenigen zur weiten Welt außerhalb Europas.[5] Mein Buch bietet keine systematische Darstellung der Beziehungen Großbritanniens zum Kontinent; sonst wäre es ein anderes und wesentlich dickeres Buch geworden. Es konzentriert sich vielmehr auf die Außenpolitik und den Verfassungsrahmen. Wirtschaft und Innenpolitik werden weitgehend außer Acht gelassen, andere Aspekte – wie Migration, Kultur, »Nationalcharakter«[6] und Ethnie – praktisch ignoriert. Die Perspektive ist selbstverständlich durchweg »whiggish«, sowohl was die Betonung der zentralen Rolle Europas betrifft als auch was die Bestimmung einer klaren Linie angeht, die von der Vergangenheit in die Gegenwart führt – wenn auch nicht notwendigerweise in die Zukunft.

Am Anfang des Buchs beleuchtet eine kurze Einführung die Verbundenheit Englands mit dem Kontinent durch die Bande der »Christenheit« und ähnliche soziopolitische Strukturen. Es wird gezeigt, wie sich England im Kampf mit den Wikingern herausbildete, anschließend eine starke nationale Identität entwickelte und schließlich ein politisches Zentrum schuf in dem, was später einmal »Parlament« genannt werden sollte. Im folgenden Kapitel betrachten wir, wie England am Ende des Hundertjährigen Kriegs die territoriale Verbindung zum kontinentalen Europa verlor und sie am Anfang der Hannoveraner Epoche wiederentdeckte. Der Kontinent, so viel wird klar, blieb dennoch, insbesondere nach dem

Beginn der Reformation, der Hauptbezugspunkt der britischen Strategie und Politik. Wir werden sehen, wie das Vereinigte Königreich in Reaktion auf den Druck des europäischen Systems als parlamentarische Union »erfunden« wurde. Seither boxte es in der Welt »oberhalb seiner Gewichtsklasse«. Ein großer Teil Europas hatte dagegen seine repräsentativen Strukturen bereits verloren oder war dabei, sie zu verlieren.

In den nächsten Kapiteln widmen wir uns dem ausgeklügelten britischen Europaverständnis im 18. und frühen 19. Jahrhundert. Dass der Kontinent während dieser gesamten Zeit im Mittelpunkt der strategischen und politischen Debatte in Großbritannien stand, ist Thema des dritten Kapitels, »Die Bollwerke Großbritanniens«. Das Gleichgewicht der Mächte und der Zusammenhang zwischen dem mitteleuropäischen Gleichgewicht und demjenigen an den Rändern waren von entscheidender Bedeutung für die Verteidigung der britischen parlamentarischen Freiheiten. Nach Ansicht von Zeitgenossen waren die »Freiheiten Europas« und diejenigen des Vereinigten Königreichs eng miteinander verknüpft. Diese Überlegung wog stets schwerer als das Interesse an den Kolonien, das seinerseits vor allem auf dem Bestreben beruhte, Ressourcen für Europa zu mobilisieren oder sie dortigen Rivalen vorzuenthalten. Im Mittelpunkt des vierten Kapitels, »So viel zur Nachbarschaft«, steht der Politiker und politische Denker Edmund Burke. Er beobachtete im späten 18. Jahrhundert, wie das konfessionell motivierte Interesse am Schicksal des Kontinents von dem Eindruck, dass die ideologische Neuausrichtung Europas, insbesondere infolge des zunehmenden Gewichts des revolutionären Frankreich, schwerwiegende Auswirkungen auf die britische Sicherheitslage habe, zunächst überlagert und dann ersetzt wurde. Das fünfte Kapitel, »Die große Bank Europas«, knüpft an diese Themen an und verfolgt sie weiter in die Zeit der napoleonischen Kriege, in der Großbritannien seine enormen Ressourcen einsetzte, um kontinentale Koalitionen zu schmieden, welche die Wiederherstellung des Gleichgewichts der

Mächte in Europa und damit der Grundlage seiner eigenen Prosperität und Freiheit ermöglichen würden.

Im 19. und frühen 20. Jahrhundert war Europa, wie Winston Churchill es kurz vor dem Ersten Weltkrieg ausdrückte, der Weltteil, »wo das Wetter herkommt«. Das sechste Kapitel verfolgt die Entwicklung von 1815 bis 1914. Wie sich zeigt, blieb der Kontinent selbst dann wichtig, als das Britische Empire sich auf dem Höhepunkt der Viktorianischen Epoche im Aufschwung befand und England zur »Werkstatt der Welt« wurde. Britische Staatsmänner maßen dem europäischen Gleichgewicht weiterhin grundlegende Bedeutung bei, ergänzten dies jedoch durch das Bemühen um die Verteidigung des Liberalismus, den sie als Bollwerk gegen autokratische Aggressionen betrachteten. Dieses Anliegen verstärkte sich, als sich das kontinentale Gleichgewicht im späten 19. Jahrhundert zugunsten Deutschlands und Russlands verschob. Bei Ausbruch des Ersten Weltkriegs überwog die Sorge über den Zustand Europas die imperialen Ambitionen bei Weitem; tatsächlich waren Letztere auf Erstere zurückzuführen. Das nächste Kapitel, »Unter einer einzigen Macht«, ist der britischen Entschlossenheit gewidmet, Eurasien und insbesondere Europa nicht unter die Herrschaft einer einzigen Macht geraten zu lassen, schon gar keiner totalitären. Dass Europa in der Ära der beiden Weltkriege im Mittelpunkt der britischen Geschichte stand, ist so offenkundig, dass es keiner weiteren Erläuterung bedarf.

Gegenstand des achten Kapitels, »Unser Schicksal ist es, Europa zu gestalten«, ist die Zeit von 1945 bis heute, in der sich die europäische Frage auf zugleich bekannte und neue Weise stellte und stellt. Die Sicherheit Europas angesichts sowjetischer Aggressivität bildete die Hauptsorge der britischen »Grand Strategy«, der Gesamtstrategie, und hatte häufig tiefgreifende Auswirkungen auf die Innenpolitik. Deshalb wurde das Projekt der westeuropäischen Integration als Mobilisierung des Kontinents für die gemeinsame Verteidigung und die Eindämmung der zentrifugalen Kräfte und

nicht zuletzt der deutschen Macht begrüßt. Die europäische Integration stellte jedoch auch eine fundamentale Bedrohung der
Unversehrtheit des Vereinigten Königreichs dar. Nachdem sie jahrhundertelang jede feindliche Übernahme abgewehrt hatten, wurden die Briten jetzt aufgefordert, eine Fusion auf dem Verhand-
lungswege in Betracht zu ziehen. Die Frontlinien spalteten nicht
nur in Fragen der Gesamtstrategie, sie berührten das Wesen Großbritanniens selbst, bis hin zu der Frage, ob es überhaupt ein souve-
ränes Vereinigtes Königreich geben sollte. Im vorletzten Kapitel
wird dargelegt, warum Großbritannien, trotz aller ökonomischen
und politischen Veränderungen der letzten siebzig Jahre, weiterhin
eine Großmacht ist, und zwar die einzige in Europa. Grund dafür
ist sein überaus widerstandsfähiges gesellschaftliches und politisches System, das sich über Jahrhunderte hinweg in Reaktion auf
europäischen Druck entwickelt hat. Es hat das Vereinigte Königreich in die Lage versetzt, alle Stürme der Vergangenheit zu überstehen, und, wie das letzte Kapitel mutmaßt, wird dies sehr wahrscheinlich auch in Zukunft tun.

1
Die Bande der »Christenheit«
Europa und die Schaffung Englands

Um die Christenheit vor dem vorsätzlichen, bösen Ansturm der Ungläubigen zu retten, die sie zu vernichten und in ihren verschiedenen Gebieten auszulöschen versuchen; und damit der König [von Frankreich], sein Widersacher von England und die Fürsten beider Seiten in der Lage sind, sich um einen guten Frieden und wahre Einigkeit in unserer Heiligen Mutter Kirche, die so lange gespalten und im Schisma war, bemühen …

Französisches Friedensangebot an England, 1396 [1]

Hält man sich die großen, unschätzbaren und beinahe unendlichen Kosten und Ausgaben sowohl von Gütern als auch von Blut, die [England] um [Frankreichs] willen getragen und erlitten hat, vor Augen, wäre sein schändlicher Verlust, den Gott auf ewig verhüten möge, nicht nur ein unwiederbringlicher Schaden für die gemeinsame Sache, sondern auch eine immerwährende Scharte und ständige Verunglimpfung des Ruhms und Rufs dieses edlen Reichs.

Edmund Beaufort,
Befehlshaber der englischen Truppen in Frankreich, 1449 [2]

England war schon lange, bevor es beides gab, mit Europa verbunden. Über Jahrmillionen hinweg ganz physisch. Die Landmasse, die einst England bilden sollte, hing mit dem übrigen Kontinent zusammen. Dann bedeckte Eis die Landbrücke, und als es abtaute, entstand schließlich der Ärmelkanal. Streng genommen, gehörte England geographisch weiterhin zum europäischen Kontinent – dort findet man es in jedem Atlas –, und politisch war es immer ein Teil des größeren Ganzen. Im 1. Jahrhundert wurde das Gebiet von den Römern besetzt, die es zu einer Provinz eines Reichs machten, das den gesamten Kontinent umfasste und darüber hinaus nach Asien und Afrika hineinreichte. Nach dem Rückzug der Römer im frühen 5. Jahrhundert wurde England von norddeutschen Stämmen kolonisiert. Diese Angelsachsen, wie sie zur Unterscheidung von ihren deutschen Verwandten auf dem Kontinent bezeichnet wurden,[3] schufen die Königreiche Northumbria, Mercia, Wessex, East Anglia, Essex, Kent und Sussex, die durch ihre Christianisierung im 7. Jahrhundert zum Teil einer umfassenderen europäischen Einheit wurden, der westlichen »Christenheit«, die dem Papst zur Treue verpflichtet war. Dabei blieb es für die nächsten rund neunhundert Jahre.[4] Die Bewohner dieser Königreiche sprachen »Englisch« und wurden als »gens Anglorum« bezeichnet.[5] Sie standen in regem Austausch mit dem Kontinent, insbesondere mit den Gebieten, die zu Deutschland werden sollten. Dank des fruchtbaren Bodens, ihres Fleißes und der Nähe zu europäischen Handelsrouten gelangten sie im Vergleich zum übrigen Europa zu außerordentlichem Reichtum.[6] Ihr Wohlstand machte sie immer wieder zu einem Angriffsziel; Isolation aber war für diese frühen Engländer trotz ihrer Insellage keine Option. Die über Jahre hinweg erfolgenden Wikingerüberfälle und die anschließende Landnahme zeigten, dass Europa jedenfalls, selbst wenn die Engländer ihrerseits nicht am Kontinent interessiert gewesen sein sollten, durchaus Interesse an ihnen hatte.

Die Vereinigung der englischen Königreiche unter Alfred dem Großen und seinen Nachfolgern, die bis zum Jahr 1000 weitgehend abgeschlossen war, geschah in erster Linie in Reaktion auf diesen äußeren Druck.[7] »England« hatte es weder schon immer gegeben, noch entstand es einfach so. Es wurde unter Zwang geschaffen, um einer europäischen Bedrohung begegnen zu können, die das stärkste Argument für seine weitere Existenz blieb. Als sich 1051 in Gloucestershire die beiden erbitterten Rivalen Edward und Godwin gegenüberstanden, hielten es Beobachter, den Chroniken zufolge, für eine »große Narrheit, wenn sie in die Schlacht zögen, denn in den beiden Heeren befänden sich die meisten der Edelsten von England, und sie [die Beobachter] dachten, dass sie unseren

Feinden einen Weg öffnen würden, in unser Land zu gelangen und großen Schaden bei uns anzurichten«.[8] England zeichnete sich in Europa durch eine Landsteuer aus, zu der das »Danegeld« gehörte, das ursprünglich erhoben wurde, um die Wikinger auszuzahlen. Charakteristisch war aber auch seine effiziente Bürokratie, die in der Lage war, das Land für die gemeinsame Verteidigung zu mobilisieren. Im Unterschied zu vielen kontinentalen Staaten gab es eine einheitliche, im gesamten Reich anerkannte Währung und ein einziges Rechts- und Verwaltungssystem. Die Art der Königsherrschaft unterschied sich, anders als im übrigen Europa, von Region zu Region kaum. England hatte, zumindest nach den Maßstäben der Zeit, einen starken Staat, der tief in das Leben seiner Bewohner eingriff – und es bis heute tut. In Staat und Verwaltung war die Umgangssprache, das heißt das Englische, ungewöhnlich weit verbreitet, und es gab einen starken Nationalstolz. Obwohl die meisten europäischen Länder repräsentative Strukturen der einen oder anderen Art besaßen, war England insofern ungewöhnlich, als es eine *National*versammlung besaß, an deren Sitzungen gelegentlich auch »Außenstehende« aus Wales und Schottland sowie Abgesandte kleiner Gemeinden teilnahmen. Diese frühe englische Volksvertretung trat recht selbstbewusst auf und war durchaus in der Lage, dem König ihren »Ratschlag« aufzuzwingen.[9] Das Ergebnis war ein für ihre Zeit bemerkenswert kohärentes Gemeinwesen: der erste europäische Nationalstaat.[10]

In dieser Zeit war Englands strategischer Horizont relativ beschränkt. Gewiss waren sich die Engländer der Existenz Europas bewusst, zum einen in Gestalt der universalen Kirche, zum anderen in derjenigen des Heiligen Römischen Reichs, des politischen Nachfolgers des Römischen Reichs.[11] Aber die meiste Zeit wurde ihre Aufmerksamkeit von näherliegenden Ereignissen beansprucht. Die späteren angelsächsischen Chroniken schenkten dem Kontinent als Ganzem kaum Beachtung, den Geschehnissen in Nordfrankreich und den Niederlanden aber umso mehr.[12] Vor allem jedoch schaute England über seine Schulter auf die Wikingerfestungen auf der Insel selbst, in Dublin, auf den Shetlandinseln und in Skandinavien. Im Jahr 1015 wurde England in das Reich Knuts des Großen eingegliedert, das sich schließlich von der Britischen Insel über Dänemark und Norwegen bis nach Südschweden erstrecken sollte.[13] Auch an Norddeutschland war Knut interessiert; so nahm er an der Krönung Konrads II. zum römisch-deutschen Kaiser in Rom teil. Strategisch schaute England in den ersten rund zwei Jahrhunderten seiner Existenz daher nach Norden und Nordosten, von wo die größte Gefahr drohte. Aus diesem Grund wandte sich König Harold im Jahr 1066, als sein Land mit Invasionen von Norden und Süden konfrontiert war, zuerst nach Norden, um den norwegischen König Harald den Harten zurückzuschlagen, den er in der Schlacht von Stamford Bridge besiegte.

Aufgrund der normannischen Eroberung nach dem Sieg Wilhelms, des Herzogs der Normandie, über die Engländer in der Schlacht von Hastings verlagerte sich die strategische Ausrichtung. In den folgenden rund fünfhundert Jahren war das strategische Augenmerk Englands auf die Länder südlich des Ärmelkanals gerichtet.[14] Es sollte drei getrennte, aber einander überlappende britische »Reiche« in Frankreich geben – Zeitgenossen benutzten diesen Begriff nicht, aber im Grunde waren sie genau das. Das erste war dasjenige Wilhelms des Eroberers, dessen Zentrum die Normandie war, die er und seine Nachfolger mit Hilfe englischer Ressourcen verteidigten. Dieses »Reich« wurde unter Heinrich II. erheblich vergrößert, der durch die Heirat mit Eleanor von Aquitanien im Jahr 1152 die Provinzen Anjou, Maine und Touraine sowie Aquitanien und die Gascogne erwarb, so dass seine Lande bis nach Bordeaux und zu den Pyrenäen reichten. Im frühen 13. Jahrhundert verlor König Johann Ohneland den Nordteil dieses »Reichs«. Im Anschluss entstand in der Gascogne ein zweites englisches »Reich«, das zum Hauptgebiet englischer Präsenz in Frankreich wurde, nachdem Heinrich III. 1259 im Vertrag von Paris den Verlust der

Normandie akzeptiert hatte. Anschließend, von den 1330er Jahren an, eroberte England im Verlauf des Hundertjährigen Kriegs immer wieder große Teile von Zentral- und Nordfrankreich. Den Höhepunkt bildeten die Eroberungen Heinrichs V. nach der Schlacht von Azincourt. Eine Zeitlang – in den 1430er Jahren – befanden sich die Normandie, Maine, große Teile Flanderns und sogar Paris unter englischer Herrschaft.

England erwarb sein französisches Reich durch dynastische Zufälle, und die Ausweitung seiner Grenzen war im Ehrgeiz seiner Könige begründet. Aber das Bemühen, dieses Gebiet zu bewahren, hatte einen strategischen Grund. In vormoderner Zeit war das Segeln die schnellste Fortbewegungsart, weshalb Frankreich und Flandern von London aus weit näher lagen als Nordengland. Der Ärmelkanal bildete keine Barriere, sondern eine Verbindung über das »Enge Meer« hinweg.[15] Die »Cinque Ports«, die häufig als eine Art Küstenverteidigungssystem beschrieben wurden, waren mindestens ebenso sehr als Stützpunkte eines Fährsystems über den Kanal gedacht.[16] Die Nähe war gut für den Handel, aber schlecht für die Verteidigung. Es war völlig ungewiss, ob die noch in den Anfängen steckende Marine in der Lage gewesen wäre, eine Invasionsarmee abzufangen, sobald diese sich eingeschifft hatte.[17] Dies wäre, trotz des englischen Vorteils hinsichtlich der Zahl und Qualität der Schiffe, mit den damaligen Navigations- und Schiffbautechniken kaum möglich gewesen. Wer im Mittelalter – und noch lange darüber hinaus – Zugang zum Meer hatte, konnte es überqueren, wenn er die Schiffe dafür besaß. England blieben daher nur zwei Möglichkeiten: entweder feindliche Flotten anzugreifen, bevor sie den Hafen verließen – wie 1213 in Brügge und 1340 in Sluis erfolgreich geschehen –, oder, besser noch, die gegenüberliegende Küste zu beherrschen, um deren Einschiffung von vornherein zu verhindern. Kanalhäfen wie Dover und Calais wurden deshalb als strategisch zusammengehörig betrachtet, als Bastionen gegen Europa und als Sicherheitsschleusen für den Zugang zum Kontinent. Wie eng die

Beziehung war, zeigte sich darin, dass manche Hafenkapitäne der südenglischen Häfen dasselbe Amt auch in Calais innehatten. Damit war das englische Engagement in Europa indes nicht erschöpft. England war sich darüber im Klaren, dass es Verbündete auf dem Kontinent brauchte; dieses Thema zieht sich durch die gesamte britische Geschichte. Frankreich wurde durch eine Reihe von Bündnissen mit Fürsten angrenzender Staaten »überbrückt«. Der verheerendste dieser Schachzüge war das Bündnis Englands mit dem römisch-deutschen Kaiser und Flandern, deren vereintes Heer 1214 in der Schlacht bei Bouvines geschlagen wurde. Das dramatischste Unternehmen war in der Mitte des 14. Jahrhunderts die Expedition des ältesten Sohnes König Eduards III., genannt der Schwarze Prinz, nach Spanien, um Frankreich von Süden zu bedrohen. Politisch am spektakulärsten war im Jahr 1257 die Wahl Richards von Cornwall, des Bruders Heinrichs III., zum »König der Römer« und damit zum Anwärter auf den Kaiserthron des Heiligen Römischen Reichs. Mit diesem Schritt, der riesige Kosten verursachte, da eine Mehrheit der deutschen Kurfürsten, denen die Kaiserwahl oblag, durch Bestechung für Richard gewonnen werden musste (der das Geld allerdings zum großen Teil aus seinem Privatvermögen aufbrachte), sollte ein jüngerer Prinz versorgt und gleichzeitig eine erfolgreiche französische Kandidatur verhindert werden. Richard hat nie als Kaiser geherrscht. Es wäre allerdings eine interessante kontrafaktische Spekulation, sich vorzustellen, was passiert wäre, wenn er Gelegenheit dazu gehabt hätte. Seinem zweiten Sohn, Edmund, versuchte Heinrich III. den sizilianischen Thron zu verschaffen. Der effektivste englische Verbündete war lange Zeit das Herzogtum Burgund, das Frankreich von Osten bedrohte. Am dauerhaftesten war jedoch die territoriale Beziehung zu Flandern, das für England enorme wirtschaftliche Bedeutung besaß und, was noch wichtiger war, die beste Ausgangsbasis für einen Angriff auf Paris von Norden bot. Kurzum, Englands strategischer Horizont reichte während des gesamten Mittelalters tief in den Kontinent

hinein, bezog sich aber stets zurück auf die Sicherheit der Heimat-
insel.

Dieses europäische Engagement prägte die Sichtweise der englischen Könige auf die Britischen Inseln. Zum einen betrachteten
sie Schottland, Wales und Irland als potentielle Quellen, um Männer und Geld für Feldzüge auf dem Kontinent zu rekrutieren;
Irland zum Beispiel war im 13. Jahrhundert ein bedeutender Ein-
zahler in die englische Staatskasse. Zum anderen befürchteten sie,
dass ihre europäischen Feinde diese peripheren Regionen als »Hintertür« nach England benutzen könnten. Dass die Gefahr einer derartigen Zangenbewegung bestand, hatte sich 1066 gezeigt, als sich
England zwei Feinden gegenübersah, Harald dem Harten im Norden und Wilhelm dem Eroberer im Süden. In den Jahren 1174 und
1216 gab es französisch-schottische Angriffe auf England. 1295
schlossen Frankreich und Schottland einen förmlichen Vertrag, der
als »Auld Alliance« in die Geschichtsbücher einging.[18] Danach war
die Einkreisung durch Schotten im Norden und Franzosen im
Süden eine ständige Sorge der englischen Gesamtstrategie. 1346
zum Beispiel unternahmen die Schotten einen Angriff, um den in
Bedrängnis geratenen Franzosen zu helfen. 1385 wurde England einmal mehr in die Zange genommen, indem im Norden ein schot-
tisch-französisches Heer über den Tweed übersetzte und im Süden
französische Truppen über den Kanal hinweg angriff. 1402 mar-
schierte ein französisches Heer über Wales in England ein. Trotz
des verbreiteten Gefühls einer durch Geographie und Vorsehung
bestimmten gemeinsamen »britischen« Identität fiel es den vier Völkern des späteren Vereinigten Königreichs schwer, auf ihrem Archi-
pel miteinander zu leben.[19]

Den mittelalterlichen englischen Königen standen drei Möglichkeiten offen, das Problem mit Schottland, Wales und Irland zu
lösen. Die erste, Beschwichtigung, konnte in Zukunft zu Problemen führen; außerdem bestand die Gefahr, ein Vakuum zu erzeu-
gen, das durch Anarchie oder ausländische Mächte oder beides

gefüllt werden konnte. Die zweite Möglichkeit, Abschreckung, wurde üblicherweise ergriffen, mit der Folge, dass Generationen von Engländern dazu verdammt waren, an den Grenzen von Schottland, Wales und Irland erbitterte Abnutzungskriege zu führen. Die effektivste Lösung war die Eroberung. Irland wurde im 12. Jahrhundert eingenommen, obwohl die englische Herrschaft auf den Osten und Süden der Insel begrenzt war. Wales wurde im späten 13. Jahrhundert erobert und seit den 1280er Jahren kolonisiert und nach englischem Vorbild verwaltet. Bis zum frühen 15. Jahrhundert, darauf sei hier allerdings hingewiesen, brachen regelmäßig große Rebellionen aus. Auch Schottland wurde für längere Perioden besetzt, jedoch zu erheblichen Kosten, da die eroberten Gebiete offenbar nicht zu halten waren. Dies lag an den geographischen Gegebenheiten – der Norden Schottlands blieb für eine Eroberung unzugänglich –, aber auch an schlechter englischer Verwaltung. Die Besetzung erwies sich aber auch deshalb als schwierig, weil der englische Staat für seine Feldzüge auf dem Kontinent regelmäßig auf Ressourcen der Nachbarländer zurückgriff, was dort auf Widerstand stieß, etwa in Form der Revolte von William Wallace im späten 13. Jahrhundert. Hinzu kam, dass die Randvölker eigene repräsentative Strukturen besaßen oder entwickelten; so gab es im Spätmittelalter in Schottland und Irland ein Parlament und eine eigenständige nationale Identität. Für Schottland fand dies in der 1320 beschlossenen Deklaration von Arbroath seinen Ausdruck, in der beschworen wurde, man könne die Schotten »niemals, zu welchen Bedingungen auch immer, unter englische Herrschaft zwingen«, denn sie kämpften »nicht für Ruhm, nicht für Reichtümer oder Ehren, sondern … einzig für die Freiheit, die kein ehrenhafter Mann aufgibt, wenn nicht zugleich mit seinem Leben«. Solange England diese Gefühle sowohl der Schotten als auch der Waliser und Iren nicht für eigene Zwecke oder eine gemeinsame Sache einzuspannen vermochte, musste es nicht nur Angriffe im Westen und Norden fürchten, sondern war auch nicht in der Lage, seine

Stellung auf dem Kontinent mit dem vollen Potential der Britischen Inseln zu verteidigen.

Viele Engländer hatten ein weit gefasstes Bild von Europa, das deutlich über die engen Grenzen der Sicherheit des Reichs hinausging. Sie dachten den Kontinent als »Christenheit«, als vom gemeinsamen christlichen Glauben geeinten Raum. Wie die Europäer allgemein befürchteten auch sie, dass sich der wahre Glaube überall auf der Welt im Rückzug befand, insbesondere nachdem Jerusalem im Jahr 1187 an Saladin gefallen war. Aus diesem Blickwinkel sah es aus, als sei die Christenheit von Ungläubigen umzingelt, die sie durch ihre Fruchtbarkeit ausstachen.[20] Manche, wie der Philosoph Roger Bacon, der im 13. Jahrhundert lebte, sprachen sich gegen ein militärisches Vorgehen gegen Ungläubige aus. Auf diese Art würde man sie nur in ihrer antichristlichen Einstellung bestärken. Und vor allem würden die christlichen Eroberer, selbst wenn sie siegreich gewesen wären, nach dem Kreuzzug wieder nach Hause zurückkehren, während die einheimische Bevölkerung vor Ort bliebe und sich vermehre, so Bacon.[21] Dieses Argument ist seither in vielen Formen vorgebracht worden. Die meisten Engländer unterstützten jedoch die Idee eines Kreuzzugs gegen die Ungläubigen; in dieser Hinsicht unterschieden sie sich nicht von der übrigen Christenheit.[22] Manchmal wurden solche Expeditionen auch gegen Ziele innerhalb Europas durchgeführt, etwa gegen die als Ketzer angesehenen Albigenser in Südfrankreich oder die heidnischen Preußen im Osten. An diesen baltischen Kreuzzügen nahm auch der junge Heinrich IV. von England teil. Die Rückeroberung des Heiligen Landes für das Christentum schien den Engländern aber dringlicher. Wie für die mittelalterlichen Europäer allgemein bildete Jerusalem auch für die Engländer den Mittelpunkt nicht nur ihrer Weltanschauung, sondern – wie zeitgenössische Landkarten wie die *Mappa Mundi* in der Kathedrale von Hereford zeigen – auch ihres geographischen Weltbilds. Die Engländer lebten am Rand der Christenheit, strebten aber danach, in ihrem Zentrum zu stehen. Deshalb nahmen

viele von ihnen das Kreuz, wie man damals sagte. Die dramatischs-
ten Beispiele sind Richard I., der in den 1190er Jahren an der Spitze
eines Heeres ins Heilige Land zog, und Eduard I., der 1272 während eines Kreuzzugs in Akkon von seiner Thronnachfolge erfuhr.

Die Kreuzzüge hatten tiefgreifende Auswirkungen auf die Stellung Englands in Europa. Ihrem Wesen nach kollektive Unternehmungen, deren Erfolg von der Kooperation mit anderen Europäern abhing,[23] warfen sie die Frage auf, ob es anging, dass
Engländer gegen Franzosen kämpften, anstatt sich mit ihnen gegen
den gemeinsamen ungläubigen Feind zusammenzuschließen. Dies
wurde in den 1330er Jahren zu Beginn des Hundertjährigen Krieges
ein Thema, als ein geplanter englisch-französischer Kreuzzug ab-
gesagt wurde, da Philipp VI. von Frankreich und Eduard III. von
England sich nicht über die Bedingungen einigen konnten. Später
im selben Jahrhundert stellte man sich diese Frage angesichts des
dramatischen türkischen Vorrückens in Südosteuropa erneut. 1387
eroberten die Türken Saloniki, 1388 unterwarfen sie die Bulgaren,
und im Jahr darauf brachten sie den Serben in der Schlacht auf dem
Amselfeld eine vernichtende Niederlage bei. Sultan Bayezid I. verkündete triumphierend, er würde weiterreiten bis nach Paris, vorher aber füttere er sein Pferd am Altar des Petersdoms in Rom. Als
eine der führenden Nationen Europas betrachtete es England als
seine Ehrenpflicht, an einem Kreuzzug teilzunehmen, um verlore-
nen Boden zurückzugewinnen. Englische Ritter schlossen sich den
Truppen an, die als Verstärkung nach Ungarn geschickt wurden,
während gleichzeitig Verhandlungen mit Frankreich über ein gemeinsames Vorgehen begannen. Die Verhandlungen blieben ergeb-
nislos, und am Ende führten England und Frankreich, anstatt gegen die Türken, gegeneinander Krieg.

Der Kreuzzugsgedanke blieb jedoch virulent. 1398, nur zwei
Jahre nachdem die Türken bei Nikopolis an der Donau einen europäischen Kreuzzug zermalmt hatten, verkündete Johann von Gent,
der selbst an Kreuzzügen in Spanien und Portugal teilgenommen

hatte, dass »nichts Substantielles für die Wohlfahrt der Christenheit erreicht werden« könne, »wenn die beiden Könige [der englische und der französische] nicht endgültig Frieden schließen«.[24] Als der bedrängte byzantinische Kaiser Manuel II. nach Europa reiste, um zur Unterstützung seines Reichs aufzurufen, zeigte sich Heinrich IV. von England über Weihnachten 1400 als überaus großzügiger Gastgeber. Aber mehr als Geld und gute Worte war nicht drin für den Byzantiner, was manche Engländer, die es gern gesehen hätten, wenn man mehr für die Verteidigung der Christenheit getan hätte, beschämend fanden. »Ich dachte bei mir«, schrieb der walisische Chronist Adam von Usk, »wie kummervoll es war, dass diese große christliche Provinz aus dem ferneren Osten in seiner Not, von Ungläubigen dazu getrieben, gezwungen war, die fernen Länder des Westen zu besuchen, um Hilfe gegen sie zu erlangen. Mein Gott! Wo bist du, Roms alter Glanz? Zuschanden ist heute die Größe deines Reichs.«[25] Dass die »Christenheit«, das heißt Europa, angesichts einer äußeren Bedrohung, die jeden kleinlichen Streit mit Franzosen, Schotten, Iren und Walisern verblassen ließ, zusammenstehen sollte, war für die Engländer weiterhin ein starker Imperativ.

Mit dem Kontinent verbunden waren sie aber nicht nur durch die Religion, sondern auch durch familiäre Bande, Handel, Bildung, die lateinische Sprache und allgemein eine gemeinsame Kultur. Sie fuhren über den Ärmelkanal hin und her. Ein sehr bekannter Engländer des 14. Jahrhunderts, Johann von Gent, wurde, wie sein Name besagt, in der flämischen Stadt Gent geboren. Seine Mutter war Philippa von Hennegau, die sein Vater, Eduard III. von England, geheiratet hatte, weil er Flandern als Bündnispartner gegen Frankreich gewinnen wollte. Englands aristokratische Kultur und das gesamte feudalistische Zubehör, wie Manieren, der Kodex der Ritterlichkeit, Turniere, Troubadoure und ein großer Teil der Rechtsvorschriften, stammten – wenngleich das Common Law auch starke angelsächsische Wurzeln hatte – aus Frankreich.[26]

Zwischen den beiden Seite des Ärmelkanals gab es in dieser Hinsicht wenig Unterschiede, und die Adligen wechselten problemlos
von der einen in die andere Gesellschaft. Französisch wurde auf
beiden Seiten des Kanals gesprochen. Auch in der Architektur war
der europäische Einfluss, aus West wie Ost, allgegenwärtig. Der
wichtigste Baumeister der Burgen Eduards I. war der aus Savoyen
stammende James of St. George. Eduard I., selbst Kreuzfahrer, begann 1283 mit dem Bau von Caernarfon Castle, um die Waliser in
Schach zu halten. Die achteckigen Türme und gestreiften Mauern
ahmten das Vorbild der Stadtmauern von Konstantinopel nach,
und der Hauptturm besaß drei Türmchen, die als Zeichen der Königsmacht von Adlerskulpturen gekrönt waren.[27] Das Ganze war
Ausdruck der Solidarität mit dem Kontinent und seinen Herausforderungen.

England war ein europäischer Staat, ragte aber auch heraus. Sein
Reichtum war schon lange vor Empire und Industrialisierung
beachtlich. Seine Landwirtschaft war aufgrund eines gemäßigten
Klimas und eines fruchtbaren Bodens höchst produktiv. Es war der
europäische Hauptproduzent von Wolle, die nach Flandern exportiert wurde. London war ein wichtiger Handelsplatz, und England
besaß bereits eine umfangreiche Handelsflotte. Es »ist ein starkes
und robustes Land und die wohlhabendste Ecke der Welt«, schrieb
der Enzyklopädiker Bartholomaeus Anglicus im 13. Jahrhundert,
ein in Paris lebender Engländer. Es sei »ein so reiches Land, dass es
kaum Hilfe von anderen benötigt«.[28] England war, mit den berühmten Worten des Chronisten Robert von Gloucester aus dem späten
13. Jahrhundert, ein »ziemlich gutes Land«, und obwohl es später
von der Pest heimgesucht wurde, blieb es ein Gebiet mit großem
Wirtschaftspotential, das für die Kriegführung im Ausland genutzt
werden konnte. Natürlich gab es in Europa auch andere prosperie-
rende Länder. Frankreich war aufgrund seiner erheblich größeren
Fläche und Bevölkerung reicher, allerdings nur in absoluten Zahlen und nicht pro Kopf.

Zwei Dinge machten England jedoch einzigartig. Zum einen der
Rechtsgedanke, dass die Freiheit der Untertanen, zumindest theo-
retisch, über der Königsmacht stehe. Der englische Gesandte, der
1439 zu Friedensverhandlungen nach Frankreich geschickt wurde,
erhielt die Anweisung, dem französischen König zu sagen, Gott
habe »sein Volk nicht für die Fürsten gemacht, vielmehr hat er
die Fürsten für den Dienst an ihrem Volk und dessen Wohlfahrt
gemacht«.[29] Zum anderen zeichnete sich England durch eine beeindruckende Fähigkeit der Steuererhebung aus, die nicht nur durch
die leistungsfähigste säkulare Bürokratie des Kontinents ermöglicht
wurde, sondern auch durch die Kooperation der nationalen repräsentativen Versammlung, die als Parlament bekannt werden sollte.
Es gab natürlich auch anderswo in Europa repräsentative Versammlungen der einen oder anderen Art, aber die englische war
außergewöhnlich. Im Unterschied zu vielen anderen europäischen
Monarchien verfügten die englischen Könige nur über begrenzten
persönlichen Grundbesitz und waren daher von Geldzuwendun-
gen ihrer Untertanen abhängig. Daher war der englische Adel im
Gegensatz zum übrigen Europa nicht von Steuern befreit, auch
wenn er seine fiskalische Last die soziale Leiter hinab weiterzurei-
chen pflegte. Schließlich war das englische Parlament, wiederum
im Unterschied zu anderen europäischen Ländern, schon sehr früh
nicht nur eine regionale, sondern eine nationale Institution.

Das Parlament entstand vor allem wegen Europa. Die Könige
von England brauchten Geld, um in Frankreich Krieg führen zu
können und ihr Reich gegen Angriffe europäischer Mächte, zumeist
von Seiten Frankreichs und seines Verbündeten Schottland, zu verteidigen.[30] Anders als der französische Monarch, dem ein kleiner,
»geschlossener« Rat zur Seite stand, war derjenige der englischen
Könige groß und »offen«. Bedenkt man Zeit und Ort, kann man
durchaus von einer umfassenden öffentlichen Beratschlagung politischer Fragen sprechen. Dieser Rat entwickelte sich zum »Parlament«, ein Begriff, der zum ersten Mal 1236 benutzt wurde. Streng

genommen, besaß das »Parlament« lediglich beratende Funktion,
doch da es finanzielle Mittel zurückhalten oder ihre Bereitstellung
hinauszögern konnte, war die Trennlinie zwischen Ratschlag, Über-
redung und Zustimmung fließend. Die Entwicklung verlief weder
geradlinig noch harmonisch, aber mit jedem Krieg und jedem
königlichen Zugeständnis als Gegenleistung für die Bereitstellung
von Geld, oder auch deren Verweigerung, gewann das Parlament
Zug um Zug seine heutigen Kompetenzen. Im Juni 1177 zum Beispiel beherzigte Heinrich II. die Empfehlung des Rats, seine Abreise
in die Normandie zu verschieben.[31] In einer Klausel der Magna
Charta von 1215, in der sich unter anderem der Unmut der Barone
über das Scheitern und die enormen Kosten der Versuche König
Johanns, die Normandie zurückzuerobern, niederschlug, sagte der
Monarch zu, nur Steuern zu erheben, die vom »allgemeinen Rat
unseres Reiches« beschlossen worden waren. Laut einem Statut von
1352 durften nur mit Zustimmung des Parlaments Soldaten ausge-
hoben werden. Kurz, es wurde immer deutlicher, dass der Ratschlag
des Parlaments ein Angebot an den König war, das dieser nicht so
einfach ablehnen konnte.

Noch ein weiteres Ereignis war für die Entwicklung der Beziehungen Englands zum Kontinent und die Ausweitung der englischen Freiheit – beides war unauflöslich miteinander verknüpft –
von entscheidender Bedeutung. Zunächst einmal standen der Rat
des Königs und die Nation als Ganzes royalen Ambitionen in Übersee skeptisch gegenüber. Im 11. Jahrhundert und am Anfang des
12. Jahrhunderts zahlten sie widerstrebend für die Verteidigung der
Normandie und die Versuche, sie zurückzuerobern. Im späten
12. Jahrhundert wurde Richard I. wegen seiner Feldzüge im Ausland heftig kritisiert, zum einen aufgrund ihrer Kosten und zum
anderen, weil sie seine Abwesenheit von England mit sich brachten.[32] Im 13. Jahrhundert löste Heinrich III. mit seinen hochfliegen-
den Plänen in Europa, die über die Wiederherstellung des kanal-
überspannenden Reichs hinaus eine Rolle im Heiligen Römischen

Reich, eine Präsenz in Sizilien und sogar einen Kreuzzug nach Palästina umfassten, eine Revolte der Barone aus. 1258 wurde er durch
eine Gruppe von Baronen, als deren Anführer später Simon de
Montfort hervortreten sollte, gezwungen, ein Parlament in Oxford
einzuberufen, das ihn auf den Boden der Tatsachen zurückholen
sollte.[33] Die Rebellion wurde schließlich niedergeschlagen, aber
Heinrichs Hoffnungen auf europäischen Glanz waren geplatzt. In
der Herrschaftszeit Eduards I. verkündete ein populäres Lied: »Ein
König sollte sein Königreich nicht verlassen, um Krieg zu führen,
außer das Parlament seines Landes stimmt dem zu.«[34] Ob es ihnen
nun gefiel oder nicht, die englischen Könige mussten einsehen, dass
sie die politische Öffentlichkeit – also das, was wir heute Nation
nennen würden – überzeugen mussten, wenn sie dem Kontinent
ihren Stempel aufdrücken wollten.

Im Lauf des 14. Jahrhunderts veränderte sich die nationale Perspektive auf die königlichen Ambitionen in Frankreich. Dies lag
zum Teil an den Gelegenheiten, Ruhm und Reichtum zu erlangen.
Vor allem unter Heinrich V. siedelten sich Engländer auf dem Kontinent an. Wirtschaftlich bedeutsam war insbesondere die Gascogne, wegen der riesigen Verbrauchssteuereinnahmen, die der dort
erzeugte Wein der Krone einbrachte. Der Hauptgrund für das
Engagement in Frankreich war jedoch die Sicherheit. Die Engländer ließen sich in zunehmendem Maß von dem Argument des
Königs überzeugen. Um England zu Hause verteidigen zu können,
so der König, benötige es eine starke Position im Ausland. Nur so
sei es in der Lage, dem Feind die Stützpunkte zu versperren, von
denen aus er die Süd- und Ostküste Englands angreifen könne. Die
Eroberung ihres Landes durch französische Truppen im frühen
13. Jahrhundert, in den letzten Jahren der Herrschaft von Johann
Ohneland, war für die Engländer ein traumatisches Erlebnis. Als
die Franzosen 1295 Kent überfielen, stärkte dies zweifellos die öffentliche Zustimmung zu dem Krieg, den Eduard I. gegen Frankreich
führte.[35] 1338 war Southampton Ziel eines verheerenden Angriffs,

und auch andere Orte an der englischen Südküste wurden erheblich geschädigt. Offenbar hatten die Franzosen noch im selben Jahr eine groß angelegte Invasion geplant. Dies belegte ein schriftlicher Plan, den englische Truppen 1346 in Caen entdeckten und nach England brachten, wo er auf dem Friedhof der St.-Pauls-Kathedrale in London öffentlich verlesen wurde, »um das Volk des Reichs aufzurütteln, damit sie ihrem König untertänig ihre Hochachtung bezeigen und andächtig für das Wohlergehen und den Erfolg seiner Expedition [nach Frankreich] beten«.[36] 1360 griffen die Franzosen Winchelsea an, und 1377 folgten weitere große Angriffe, die weithin Panik auslösten. Die Schäden waren jedoch weniger physischer oder kommerzieller als vielmehr politischer und psychologischer Art. Die Engländer fühlten sich nicht mehr sicher. Deswegen wurden nun bis hinauf nach Bridlington in Ost-Yorkshire Festungen errichtet. Was immer sie vom Anspruch des Königs auf den französischen Thron, dem königlichen *casus belli*, hielten, die Engländer waren überzeugt, dass nur die Kontrolle über Nordfrankreich und die dortigen Hafenstädte sie von dieser Geißel befreien könne.

Die Unterstützung von Nation und Parlament war jedoch nicht selbstverständlich und blieb umstritten.[37] In einem Gedicht aus dem Jahr 1339, kurz nach dem Beginn des Konflikts, der zum Hundertjährigen Krieg werden sollte, wurden sowohl die Entsendung von Truppen in die Niederlande als auch die Kosten der Auslandsfeldzüge angeprangert. Als das Parlament 1354 gefragt wurde, ob es Frieden wolle, antwortete es mit einem lauten Ja.[38] 1378 beschloss das Parlament von Gloucester, es würde nur für die Verteidigung des Reichs zahlen, nicht aber für einen Aggressionskrieg in Frankreich. Im Widerspruch dazu pflichtete es aber der Auffassung bei, dass England in Frankreich verteidigt werde. 1381 führten die Kriegskosten zur Erhebung einer Kopfsteuer und zu einem großen Bauernaufstand. Ein Jahr später weigerte sich das Parlament, das Geld für einen Angriff auf Gent bereitzustellen. Mit anderen Worten, das mittelalterliche England erlebte die Anfänge einer bis heute anhaltenden nationalen Debatte darüber, wie das Reich am besten und möglichst kostengünstig geschützt und gestärkt werden könne. Doch das Parlament drehte dem König nie den Geldhahn für die Kriegführung in Frankreich zu, und nach feindlichen Überfällen wie dem auf Winchelsea stellte es eilfertig das nötige Geld zur Verfügung.

Ein ständiger Strom von Nachrichtenblättern und Depeschen aus Frankreich hielt die Nation über den Verlauf des Hundertjährigen Krieges auf dem Laufenden. Die spektakulären militärischen Siege des Schwarzen Prinzen, insbesondere diejenigen bei Crécy und Poitiers, begeisterten die Engländer. Das Parlament betrachtete die Vorposten in Frankreich bald als »Außenwerke des Reichs«, die nicht nur dazu dienten, den Feind auf seiner Seite des Ärmelkanals zu halten, sondern auch »großartige, stattliche Zugänge und Häfen, um [ihm] Kummer zu bereiten«, darstellten.[39] Da das Parlament die Mittel und Männer für den Militäreinsatz bewilligte, war Krieg in Frankreich jetzt eine Sache der politischen Nation. Für englische Soldaten und Siedler ging es um Ruhm und Plünderungen. Vor allem jedoch war es ein Sicherheitsanliegen, den Feind auf der anderen Seite des Kanals zu halten. »Sire«, wandte sich ein ergebenes Parlament an Eduard III., »das Haus dankt seinem Lehensherrn, so gut es kann, … und dankt Gott von ganzem Herzen, dass Er ihm einen solchen Herrn und Gebieter gegeben hat, der es von der Knechtschaft anderer Lande und den Abgaben, die diese in der Vergangenheit erhoben, befreit hat.«[40] In populären Balladen, Liedern und Mythen wurden der Krieg und die Eroberungen besungen. Der Sieg Heinrichs V. bei Azincourt im Jahr 1415 wurde im ganzen Land gefeiert und ging ins kollektive Gedächtnis ein. Kurz, das Reich in Frankreich wurde zu einem englischen Nationalprojekt. Dies markierte den Übergang von einem rein dynastisch-royalen zu einem »nationalen Interesse«, wie man es heute nennen würde.

Die Unterstützung der durch das Parlament vertretenen Nation stärkte die Stellung des englischen Königs in Europa und versetzte

England in die Lage, dort oberhalb der eigenen, ohnehin schon beachtlichen Gewichtsklasse Schläge auszuteilen.[41] Der Monarch konnte dank der breiten Unterstützung schneller und in größerem Ausmaß auf die Ressourcen des Landes zugreifen und sie für militärische Zwecke einsetzen. Außerdem verbesserte die Rückendeckung durch das Parlament die Kreditwürdigkeit des Königs, was sich in den folgenden Jahrhunderten als Vorteil von stark zunehmender Bedeutung erweisen sollte. Darüber hinaus erhöhte die Debatte im königlichen Rat oder Parlament die Qualität der englischen Entscheidungsfindung in der Außenpolitik. So wurde ausführlich diskutiert, an welcher Front – in Schottland, Frankreich oder den Niederlanden oder auf der Iberischen Halbinsel – man zuerst vorgehen sollte und in welcher Stärke. 1344 zum Beispiel knüpfte das Parlament seine Mittelbewilligung an die Bedingung, das gesamte Geld für den Krieg auf dem Kontinent einzusetzen und für die Kampagne gegen die Schotten im Norden eingetriebene Abgaben zu verwenden. Darüber hinaus verlangte es, dass der König persönlich nach Frankreich gehen sollte. 1385 kam es zu einer Meinungsverschiedenheit zwischen dem Hof, der Schottland angreifen, und der Opposition, die mehr Truppen nach Frankreich schicken wollte. Letztere dürfte recht gehabt haben, denn eine französische Invasion mit Hilfe einer riesigen Flotte, die in Sluis zusammengezogen worden war, konnte gerade noch rechtzeitig abgewendet werden. Zudem wurde die Entscheidung, nachdem sie einmal getroffen worden war, von der politischen Nation im Parlament unterstützt und bis zum Ende getragen. Andernfalls wäre der sich hinziehende und für lange Zeit siegreiche Krieg in Frankreich nicht möglich gewesen. In keinem anderen europäischen Staat befanden sich die äußeren Erfordernisse und die innere Struktur so früh im Einklang.

All dies hatte jedoch eine gravierende Folge, von der Englands Geschichte geprägt werden sollte. Solange die Monarchie kompetent und geachtet war, stärkten Parlament und Volk die Königsmacht. War dies nicht der Fall, war die Autorität des Monarchen in Gefahr. Im späten 14. Jahrhundert beispielsweise wurde Richard II. vom ersten Parlament seiner Herrschaftszeit darauf hingewiesen, dass England im Grunde von Feinden umgeben sei. Die Beschwichtigungspolitik, die er nach 1383 gegenüber Frankreich verfolgte, schuf keine Sicherheit und wurde innerhalb und außerhalb des Parlaments scharf kritisiert. Die Unzufriedenheit wuchs weiter, als Englands Verbündete zusammenbrachen. Als die Franzosen schließlich in Flandern einmarschierten und von Norden ein französisch-schottisches Heer anrückte, brachte dies das Fass zum Überlaufen. 1386, während die Franzosen in Sluis ein Invasionsheer zusammenzogen, enthob der Große Rat Kanzler Michael de la Pole seines Amts, stellte den König kalt und forderte eine energischere Kriegführung in Frankreich. 1392 lehnte das Parlament den Plan ab, Aquitanien und die Gascogne der französischen Lehensherrschaft zu unterstellen, denn seiner Ansicht nach wäre es »dumm und für den König und seine Krone höchst schädlich, solch vornehme Lordschaften, die so lange dem ererbten Recht gemäß von den Königen von England regiert worden sind, für immer zu entfremden«.[42] Gerüchte über einen dauerhaften, schändlichen Frieden in Frankreich genügten, um 1393 in Cheshire eine Revolte von Kriegsveteranen auszulösen. Während früheren Königen, wie Johann Ohneland und Heinrich III., vorgeworfen wurde, sie würden sich zu viel mit Europa beschäftigen, wurden englische Monarchen jetzt zunehmend dafür kritisiert, dass sie in dieser Hinsicht zu wenig taten. Wie damals üblich, wurde die Kritik nicht gegen den König selbst gerichtet, sondern als Angriff auf »böse Berater« getarnt, die Zielrichtung aber war klar.

Im Lauf des Mittelalters nahm Englands militärisches Ansehen in Europa stetig zu. Die Kreuzzugserfolge Richards I. wurden weithin bewundert, und seinen Beinamen »Löwenherz«, Cœur de Lion, erhielt er nicht von seinen englischen Untertanen, sondern von dem französischen Dichter Ambroise.[43] Im 14. Jahrhundert waren die Heldentaten der englischen Heere in der Anfangsphase des Hundertjährigen Krieges legendär. »Als der edle Eduard in seiner Jugend England erwarb«, schrieb der flämische Chronist Jean le Bel, »hielt niemand viel von den Engländern. Jetzt sind sie die glänzendsten und kühnsten Krieger, die man kennt.«[44] Die *chevauchées*, bei denen englische Truppen große Teile Frankreichs zerstörten, waren für ihre Brutalität bekannt. Heinrich V. und nach seinem Tod John Talbot, der »englische Achilles«, waren auf dem Kontinent berühmte Figuren. Bis zur Mitte des 15. Jahrhunderts hatten die Engländer in Europa den Ruf erworben, mit extremer Gewalt vorzugehen (wenn auch für gewöhnlich diszipliniert). Welchen Maßstab man auch anlegte – Wirtschaftskraft, Demographie, militärische Stärke, soziale Widerstandsfähigkeit oder politische Kohärenz –, England war unverkennbar eine Macht, mit der man rechnen musste.

Dies mussten nicht nur die Franzosen einsehen, sondern auch das Papsttum und die Kirche allgemein, die trotz ihrer Spaltungen und Verfehlungen im größten Teil Europas immer noch die Quelle universaler religiöser Autorität darstellte. Königtum und Elite störten sich allerdings an der Macht des Papstes, was zu verschiedenen parlamentarischen Beschlüssen führte, wie dem Statut über Provisoren (1351) und demjenigen über »Praemunire« (1353), die das Recht des Papstes, Steuern zu erheben und Kirchenämter zu besetzen, einschränkten und die königliche Vormachtstellung stärkten. Außerdem entging es den englischen Herrschern, die stets nach Geldmitteln für ihre zahlreichen Kriege suchten, nicht, dass die Kirche unermesslich reich war. Johann von Gent, der die englische Politik in der Spätphase der Herrschaftszeit seines Vaters dominierte, wollte wenigstens einen Teil der kirchlichen Einnahmen in England in die königliche Kasse leiten. 1374 wurde John Wyclif, der Vorstand des Balliol College in Oxford, nach Brügge geschickt, um sich dafür einzusetzen. In seinen späteren Werken hob er stets die Vormachtstellung der königlichen oder staatlichen Macht gegen-

über der Kirche hervor. Wyclif wurde schließlich vom Papsttum
gebannt. Auch ein Haftbefehl gegen ihn wurde erlassen, aber
Oxford hielt zu seinen Leuten. Wyclif blieb bis ans Ende seines
Lebens unbehelligt im Schutz der Staatsmacht, obwohl er seine Kir-
chenkritik zu einer umfassenden theologischen und moralischen
Reformbewegung ausweitete, die lange nach seinem Tod die
Bezeichnung »Lollardie« erhielt. Nichts davon war einmalig in
Europa; die Kritik an der Kirche und die Begehrlichkeit in Bezug
auf ihren Reichtum waren weit verbreitet. Wyclifs Anhänger beispielsweise standen in Verbindung und hatten viel gemein mit den
von Jan Hus angeführten tschechischen Häretikern am anderen
Ende Europas. Der englische Fall war dennoch ungewöhnlich, da
er eine frühe Übersetzung der Bibel in die Volkssprache und, damit
einhergehend, eine umfangreiche Literatur in Englisch umfasste.[45]
Außerdem deutete er darauf hin, dass die Forderungen eines englischen Staats, der seine Sicherheit in Europa verteidigte, potentiell
geeignet waren, die religiöse Ordnung, die das Land mit dem übrigen Europa verband, zu sprengen.

Auch auf dem Konstanzer Konzil von 1414 bis 1418 wurde die
Bedeutung Englands für Europa deutlich. Ziel der vom römisch-
deutschen König und späteren Kaiser Sigismund von Luxemburg
einberufenen Kirchenversammlung war eine Reform des Papst-
tums, nicht zuletzt um das Schisma zwischen den verschiedenen
Gegenpäpsten zu beseitigen und damit die Grundlage für die Einheit der Christenheit im Kampf gegen die Türken zu schaffen. Es
war eine europaweite Versammlung – so etwas wie ein mittelalter-
liches Pendant zu einem heutigen EU-Gipfel. England und Frankreich waren sich nicht grün; immerhin führten sie Krieg gegeneinander, was dem europäischen Gemeinwohl schadete und die beiden
Monarchen von der Teilnahme abhielt. Dennoch wurde England
von einer hochkarätigen Delegation vertreten, die eng mit den
deutschen Vertretern zusammenarbeitete, um die Kirche zu refor-
mieren. Das Problem lag im Stimmrecht, das die in großer Zahl

anwesenden, häufig korrupten italienischen Geistlichen begüns-
tigte. Die englische Delegation schlug vor, nach Nationen abzu-
stimmen, mit gleichem Gewicht für Frankreich, Italien, Deutschland und England. Dies lehnten die Franzosen ab, weil sie es
angesichts ihrer größeren und zahlreicheren Kirchen und Diözesen
»absurd« fanden, »dass England mit Frankreich mit seinen einhun-
derteins Diözesen als gleich betrachtet werden solle«.[46] Die englische Delegation erwiderte, auf der Grundlage einer vernünftigen
Beurteilung der Größe und Stärke der gesamten Britischen Insel sei
das »glorreiche Reich von England« sehr wohl als gleich zu betrachten und Frankreich in Bezug auf das »Alter von Glauben, Würde
und Ehre« wahrscheinlich sogar überlegen.

In der Mitte des 15. Jahrhunderts stand es jedoch nicht gut um
England. In Irland war die englische Herrschaft auf ein »Pale«
genanntes Gebiet um Dublin beschränkt. An der Nordgrenze lau-
erten die Schotten. Heinrich V. starb, bevor er das riesige englische
Reich in Frankreich konsolidieren konnte. Sein Sohn und Nachfolger, Heinrich VI., war noch ein Kind, das zu einem geistes-
schwachen Erwachsenen heranwuchs. Die Situation in England
war instabil, was den französischen Widerstand stärkte. Parlament
und Volk wurden des langen Abnutzungskriegs in Frankreich müde
und wandten sich von dem großen nationalen Projekt jenseits des
Ärmelkanals ab. 1431 beklagte das Parlament offen »die Kriegslast,
und wie leidvoll und schwer« sie auf dem Land liege, weshalb ein
Friedensschluss zwingend erforderlich sei.[47] Im Gegensatz dazu
erhöhten sich die Steuereinnahmen der französischen Monarchie,
was darauf hindeutete, dass eine absolutistische Monarchie zur
Mobilisierung einer Nation für den Krieg besser geeignet war als
ein repräsentatives System.

1435 verdunkelte sich der strategische Himmel in Europa aus
englischer Sicht weiter, da der Herzog von Burgund durch den mit
Frankreich geschlossenen Vertrag von Arras das Bündnis mit England brach. England stand zunehmend allein da. Im selben Jahr

wurden die Isle of Wight und die gesamte Südküste von Invasions-
angst erfasst. Manche, wie der Autor der *Libelle of English Policy*
(um 1437), plädierten jetzt dafür, dass England sich zu seinem
Schutz anstatt auf die Herrschaft über Nordfrankreich auf die
Marine stützen solle. Die Schrift dürfte das älteste »Hochsee«-
Manifest der englischen Geschichte sein.[48] »Gesegnet sei der Handel«, heißt es darin, »dank dessen wir Herren des Engen Meeres sein
können.« Dies war jedoch nicht die Mehrheitsmeinung, und selbst
der Autor dieser Schrift wollte Calais behalten. In den folgenden
zwanzig Jahren waren die englischen Besitzungen in Frankreich fast
ständig Angriffen ausgesetzt, die nur vorübergehend von Waffenstillständen unterbrochen wurden. Eins nach dem anderen fielen
die »Außenwerke des Reichs« an Frankreich. Im Februar 1449 teilte
der Kommandeur der englischen Truppen in Frankreich, Edmund
Beaufort, dem Parlament mit, dass das Ende des jüngsten Waffen-
stillstands den raschen militärischen Zusammenbruch nach sich
ziehen würde. Seine Warnung wurde in den Wind geschlagen, und
so nahmen die Ereignisse ihren Lauf. Im August 1450 berichtete ein
Agent von John Paston – Autor und Adressat einer berühmten
Briefsammlung der Mitglieder einer Landadelsfamilie aus Norfolk –, er habe die Nachricht erhalten, »dass Cherbourg verloren
ist und wir mit keinem Fuß mehr auf dem Territorium der Normandie stehen«. Englands Beziehung zu Europa trat in eine neue
Phase ein.

2
»Ein Stück des Kontinents«
Europa und die Entstehung des Vereinigten Königreichs

Erwach', erwache, Englands Adelsstand!
Lass Trägheit nicht die neuen Ehren dämpfen:
Die Lilien sind gepflückt in eurem Wappen,
Von Englands Schild die Hälfte weggehaun.
Ein Bote in William Shakespeare, *Heinrich VI. Erster Teil*

Unsere Nation bewohnt eine Insel und ist eine der Hauptnationen Europas;
aber um diesen Rang zu behalten, müssen wir die Vorteile dieser Situation
nutzen, die wir fast ein halbes Jahrhundert vernachlässigt haben: Wir müssen
immer daran denken, dass wir kein Teil des Kontinents sind, und dürfen nie
vergessen, dass wir Nachbarn sind.
Henry St. John, 1. Viscount Bolingbroke,
zur Verteidigung des 1713 geschlossenen Vertrags von Utrecht

In der Mitte des 15. Jahrhunderts verlor England sein Reich an Frankreich, und noch lange danach suchte es nach seiner Rolle in Europa. Seine Könige versäumten es, ihren Anspruch auf die französische Krone zu bekräftigen, und am Anfang des 16. Jahrhunderts hatten sie ihn praktisch aufgegeben. Gelegentlich spielten sie mit dem Gedanken eines Kreuzzugs gegen die Türken, aber ihr Hauptaugenmerk lag auf West- und Mitteleuropa. Das alte, auf Frankreich ausgerichtete strategische Paradigma wurde durch ein neues, auf die Niederlande und Deutschland gerichtetes ergänzt. Außerdem bildete sich in England ein breiteres Verständnis für die Notwendigkeit heraus, das Gleichgewicht der Mächte auf dem Kontinent generell aufrechtzuerhalten. Wenn es in kontinentale

Angelegenheiten verwickelt wurde, dann zumeist wegen des europäischen Gleichgewichts. Begleitet wurde dies nach der Reformation von einem engen ideologischen Engagement in Europa, das auf der Annahme beruhte, der Schutz des Protestantismus und der parlamentarischen Freiheiten im eigenen Land erfordere die Verteidigung der »Freiheiten« Europas auf dem Kontinent. All dies war in England Gegenstand einer leidenschaftlich geführten Debatte, und am Ende des 17. Jahrhunderts konnte man bereits die Konturen des später so vertrauten Streits erkennen zwischen europhilen Whigs, die für Interventionen auf dem Kontinent eintraten, und euroskeptischen Torys, die sich stattdessen auf die maritime und kommerzielle Expansion konzentrieren wollten. Darüber hinaus förderte die englische Verstrickung in kontinentale Angelegenheiten nicht nur die Entstehung des modernen Staats, sondern führte auch zur Schaffung des Vereinigten Königreichs.

Im Juli 1453 endete mit dem entscheidenden französischen Sieg in der Schlacht bei Castillon der Hundertjährige Krieg zwischen England und Frankreich.[1] Das englische Reich in Frankreich war in jeder Hinsicht zerstört.[2] Geblieben war nur noch ein kleiner Außenposten um den »Pale« von Calais. Das Ausmaß der Katastrophe ließ sich nicht verschleiern, schon gar nicht an der englischen Südküste. Chronisten berichten von einem »täglichen« Zustrom von »diversen langen Karren mit … Waffen und Bettzeug und Haushaltsgegenständen … und Mitleid erregenden Männern, Frauen und Kindern …, die aus der Normandie vertrieben worden sind«.[3] Während die Nation zu begreifen versuchte, wie die großen Siege von Crécy, Poitiers und Azincourt ins Gegenteil verkehrt worden waren, griff ein Gefühl nationaler Demütigung und Verzweiflung um sich. Vor allem verstärkte der Verlust der nordfranzösischen Küste die Verwundbarkeit von England selbst. Der furchtbare Präzedenzfall der französischen Überfälle der 1370er Jahre legte den Verdacht nahe, dass der Feind über kurz oder lang wieder – und diesmal in größe-

rer Stärke – an der englischen Küste auftauchen würde. Bereits jetzt
waren die Franzosen, wie John Pastons Ehefrau Margaret beklagte,
»so kühn, an Land zu kommen und … sich aufzuführen, als wären
sie Engländer«.[4] 1457 griffen sie die Hafenstadt Sandwich in Kent
an. All dies bestärkte die Engländer in der lange gehegten Überzeugung, dass ihr Land nur dann sicher sei, wenn es beide Ufer des
Ärmelkanals beherrschte.

Während die Reichsgrenzen über das Meer an die eigene Küste
zurückschnellten, verlangten wütende Engländer zu wissen, was
schiefgelaufen war und wer die Schuld daran trug.[5] Es folgte eine
eingehende Untersuchung der Niederlage, eine sich hinziehende
nationale Selbstbefragung, die schließlich den gesammten Staats-
körper erfasste. Die Obduktion hatte bereits in der Endphase des
Krieges nach dem Verlust der Normandie und der kurz darauf
verlorengegangenen Gascogne begonnen. Im November 1449
kamen die Lords und Commons in London in übler Stimmung zu
einem Parlament zusammen, um über eine vergebliche hundertjährige nationale Anstrengung und die Verschwendung von Geld und
Leben nachzudenken. Man war sich allgemein darin einig, dass die
Hauptschuld bei William de la Pole lag, dem Herzog von Suffolk,
Lord High Steward und Hauptberater König Heinrichs VI. Nur
Verrat auf höchster Ebene, so glaubte man, konnte die Katastrophe
erklären. Suffolks Amtsenthebung im Februar 1450, die zu seiner
Flucht, Gefangennahme, einer Gerichtsfarce und schließlich seiner
Ermordung führte, wurde vor allem mit dem Vorwurf begründet,
er habe England in Frankreich verraten.[6] In Kent machte sich eine
Bauernarmee unter Jack Cade auf den Marsch nach London, die
nicht nur lokale Missstände beklagte, sondern auch bemängelte,
der König habe »falschen Rat erhalten, denn seine Lande sind verloren, sein Handel ist verloren, seine Commons sind zerstört, das
Meer ist verloren, Frankreich ist verloren«.[7]

Doch es sollte noch schlimmer kommen. Die Nachricht vom
Fall der Stadt Bordeaux im August 1453 ließ Heinrich VI. – der

psychisch nie besonders stabil gewesen war – in eine katatonische Starre verfallen, so dass im Zentrum des Staatswesens ein Vakuum entstand. Darüber hinaus sollte sich der militärische Zusammenbruch als Todesstoß für die Lancaster-Monarchie herausstellen. Das rivalisierende Haus York warf ihr vor, königliche Unfähigkeit habe zum Fall Frankreichs geführt, bezweifelte die Kampfbereitschaft der verbliebenen englischen Stützpunkte, wie Calais, und unterstellte dem Königshaus, sie Frankreich übergeben zu wollen.[8] Die anschließenden Rosenkriege, die England in der zweiten Hälfte des 15. Jahrhunderts zerrissen, waren daher zum großen Teil eine Folge des Scheiterns der englischen Gesamtstrategie in Europa.[9] Sie sorgten darüber hinaus dafür, dass England zu sehr mit sich selbst beschäftigt war, um nach dem Fall von Konstantinopel mehr zu tun, als diesen zu bedauern und ansonsten dem scheinbar unaufhaltsamen Vormarsch der Türken auf dem Balkan im späten 15. Jahrhundert tatenlos zuzuschauen. 1454 verkündete Heinrich VI. in einem klaren Moment, er sei bereit, »die ganze Macht seines Reichs für den katholischen Glauben einzusetzen«, um die Stadt zurückzuerobern, aber letztlich waren solche Aussagen nichts als heiße Luft.[10] Die Realität war, dass England in Europa vorerst nichts mehr zählte.

In England beschäftigte man sich jetzt eingehend mit dem nationalen Anliegen im Ausland und den inneren Veränderungen, die nötig waren, um es durchzusetzen. Die Debatte wurde nicht nur im Parlament geführt, sondern auch in handschriftlichen Texten, die weite Verbreitung fanden.[11] Viele beschäftigten sich sowohl zum Trost als auch zur Warnung mit dem Beispiel antiker Reiche. William Worcester etwa lobte die römischen Senatoren dafür, dass sie, »den Eigennutz beiseitelassend, dem Gemeinwohl dien[t]en«, womit er implizit das kleinliche Gezänk der englischen Barone kritisierte. Andere waren sich nicht zu fein, vom Feind zu lernen, indem sie zahlreiche reformerische Traktate aus dem Französischen ins Englische übersetzten. Einige der aufmerksamsten Beobachter dieser Debatten waren übrigens Frauen, wie zum Beispiel eine Mutter und ihre Tochter, die eine Übersetzung der Schriften Alain Chartiers, des Dichters und Sekretärs des französischen Königs, lasen und mit Anmerkungen versahen. Ein großer Teil der Diskussion drehte sich um alltägliche Dinge: schlechte Verpflegung, Bezahlung, militärische Disziplin und so weiter. Aber die wichtigsten Punkte behandelten tiefer reichende Probleme des englischen Staats: mangelnde Konsultation, die Erhebung von Steuern zur Kriegsfinanzierung und vor allem die Wichtigkeit von »gutem Rat«.[12]

Bis zum Ende des 15. Jahrhunderts bildete sich so etwas wie ein Konsens heraus. Die Mehrheit war sich darin einig, dass das englische Reich in Frankreich zurückerobert werden musste, um zum einen die historischen Rechte des Königs zu verteidigen und zum anderen dem Feind die Ausgangsbasis für Angriffe auf England zu nehmen.[13] Dafür müsse man die Fehler der Lancaster-Monarchie beheben. Kulturell müssten die Engländer ihre Verweichlichung überwinden und martialischer werden, eine Forderung, mit der die lange Tradition begründet wurde, Außenpolitik mit moralischer Panik im Innern zu verknüpfen. Steuern müssten rechtzeitig gezahlt werden – anders gesagt, die Nation als Ganze sollte die Verantwortung für die Rückeroberung Frankreichs tragen –, aber im Gegenzug müsse der König auf den Rat des Parlaments und erfahrener Berater hören. Vor allem müssten die Engländer im Innern ihre Reihen schließen – nicht zuletzt dadurch, dass sie sich dem äußeren Feind entgegenstellten. Einen neuen Rosenkrieg, behaupteten einflussreiche Stimmen, könne man am besten durch einen weiteren Krieg mit Frankreich vermeiden.

Unterdessen zeigte die Entwicklung im übrigen Europa in die entgegengesetzte Richtung. Die Franzosen gingen mit der Überzeugung aus dem Hundertjährigen Krieg hervor, dass die nationale Rettung in einer größeren Machtfülle der Krone liege. In Frankreich gab es zwar weiterhin repräsentative Institutionen, aber der Unterschied zu England wurde immer größer. In Deutschland verliefen Bestrebungen, den Reichstag zu einer echten nationalen Versammlung zu machen, die für die gemeinsame Verteidigung und Wohlfahrt verantwortlich wäre, am Ende des 15. Jahrhunderts im Sande, obwohl er ein wichtiges politisches Forum blieb. Anderswo auf dem Kontinent überlebten verschiedene Ständevertretungen, Landtage und andere Institutionen, aber sie sollten in den Kriegen der folgenden zwei Jahrhunderte auf eine harte Probe gestellt und in vielen Fällen zerstört werden. Zeitgenossen waren sich der Ausnahmestellung Englands bewusst. Um 1470 schrieb John Fortescue in seiner *Governance of England,* während Frankreich lediglich von einer »königlichen Herrschaft«, in welcher der Monarch die oberste Macht sei, regiert werde, besitze England als einziges Land eine »öffentliche und königliche Herrschaft«, in welcher der König ohne Zustimmung des Parlaments weder Steuern erheben noch Gesetze erlassen könne.[14]

In den nächsten rund hundert Jahren bestand das Hauptziel der englischen Gesamtstrategie in der Wiedererlangung der von Frankreich erneut in Frage gestellten Kontrolle über das »Enge Meer«, um den Anspruch auf den französischen Thron zu bekräftigen und Territorien in Frankreich zurückzugewinnen oder wenigstens zu verhindern, dass es Angriffe auf die englische Südküste unternahm.[15] Zum Beispiel tauchte Eduard IV. im Juni 1475 in Calais auf, um Frankreich von Norden unter Druck zu setzen, während Burgund es von Osten bedrohte; es gelang dem französischen König nur mit Mühe, sich freizukaufen. Ebenso entsandte Henry Tudor, der seit seinem Sieg über Richard III. bei Bosworth Field als Heinrich VII. über England herrschte, Truppen nach Nordfrankreich, damit Frankreich nicht in den Besitz der Stützpunkte gelangte, von denen aus es die englische Südküste bedrohen würde. Außerdem versuchte er Frankreich und dessen alten Verbündeten Schottland zu entzweien und zu verhindern, dass Irland als Ausgangsbasis eines Angriffs auf England benutzt wurde. Er unterstützte die bedrängte Christenheit im Kampf gegen den Islam mit Geld, machte eine aktive Teilnahme an dem Kampf aber von der Organisation eines europaweiten Kreuzzugs abhängig, der nie zustande kam. »Uns liegt nichts mehr am Herzen«, versicherte er Papst Innozenz VIII., »als gegen die Ungläubigen vorzugehen, sobald die Vorbereitungen der Christenheit herangereift sein werden.« In der Zwischenzeit, beteuerte er, denke er nicht daran, etwas gegen den König der Franzosen zu unternehmen, sei aber »gezwungen, die bretonischen Interessen zu verteidigen … zur Verteidigung unseres eigenen Königreichs, da die Angelegenheiten der Bretagne eng mit denjenigen Englands verknüpft« seien.[16] Zum Glück für England war Karl VIII. von Frankreich mit der Expansion nach Italien beschäftigt und beschwichtigte Heinrich VII. 1491 durch den Vertrag von Étaples. Danach war Heinrich in der Lage, sich ohne französische Einmischung mit inneren Problemen, wie dem Thronprätendenten Perkin Warbeck, zu befassen.

Als 1509 Heinrich VIII. den englischen Thron bestieg, bekräftigte er als Erstes seinen Anspruch auf die französische Krone oder wenigstens ein bedeutendes Territorium in Frankreich.[17] Dieser Anspruch brachte ihn oder vielmehr sein Heer in die Bretagne, nach Aquitanien und Flandern.[18] 1523 setzte Heinrich mit einem Heer nach Calais über, um sein »wahres Erbe« durch »gerechten Titel«, die französische Krone, zu beanspruchen.[19] Zu diesem Zweck strebte er wie seine mittelalterlichen Vorgänger ein Bündnis mit dem Heiligen Römischen Reich und zeitweise mit dem Kaiser an. Zusammen mit dem Lordkanzler, Kardinal Wolsey, formulierte er immer ehrgeizigere Visionen für Englands Rolle in Europa. Wolsey sprach davon, »die Franzosen aus Italien zu vertreiben«, während Heinrich sich selbst als Gebieter Europas sah. »Wenn es mir beliebt, wird er die Alpen überqueren«, bemerkte er in Bezug auf Franz I. von Frankreich. »Wenn es mir nicht beliebt, wird er sie nicht überqueren.«[20] Heinrich wollte Wolsey sogar zum Papst machen. Diese Absicht, die Christenheit zu führen und sich das Papsttum geneigt zu machen, war der Grund, weshalb Heinrich 1521 ein Buch

gegen den Reformer Martin Luther schrieb oder wenigstens
erlaubte, dass es unter seinem Namen veröffentlicht wurde.[21]

Wie ernst Heinrich VIII. sein Streben nach europäischer Geltung war, zeigt seine Bewerbung um die deutsche Kaiserkrone. Sie
war weit hergeholt, aber keineswegs utopisch. Er war sich des traditionellen, aus dem Mittelalter stammenden französischen Arguments bewusst, dass England dem Papst, die französische Krone
aber niemandem untertan sei. Wenn er seinen Anspruch auf den
französischen Thron bekräftigen wollte, war der kaiserliche Status
unerlässlich. In Deutschland fand er mancherorts Unterstützung,
nicht zuletzt beim regierenden Kaiser Maximilian, der, da er die
Franzosen unbedingt ausschließen wollte und nicht sicher war, dass
der Habsburger Anwärter sich durchsetzen würde, seine Kandidatur wiederholt befürwortete. In Wirklichkeit waren Heinrichs
Chancen gering. 1517 wies ihn sein Berater Cuthbert Tunstall darauf hin, »dass der Gewählte … aus Deutschland sein muss, dem
Reich untertan, was Euer Gnaden nicht sind«.[22] Dennoch bleibt die
Kandidatur eine der großen »Was-wäre-wenn-Fragen« der englischen und europäischen Geschichte. Wenn Heinrich VIII. die Kaiserkrone gewonnen hätte und seine Nachfolger sie behalten hätten,
wäre ein völlig anderes Britisches Empire entstanden und vielleicht
auch ein »britischeres« – oder »englischeres« – Europa. Die repräsentative Regierungsform, die sich auf dem Kontinent im Niedergang befand, wäre möglicherweise neu belebt worden. Calais besaß
eine parlamentarische Vertretung, und sogar Tournai in Flandern,
das im frühen 16. Jahrhundert vorübergehend englisch besetzt war,
entsandte eine Delegation nach Westminster.[23] Wie die Dinge
lagen, förderten das Scheitern der kaiserlichen Ambitionen Heinrichs VIII. und die offene Unterstützung des Papstes für den
Anspruch seines französischen Rivalen die Abkehr des Königs von
der römischen Kirche. Anders ausgedrückt: Ist es denkbar, dass ein
deutscher Kaiser sich an die Spitze der englischen Reformation
gestellt hätte?

Heinrichs Anspruch auf die Führung der Christenheit erforderte wenigstens eine Geste als Bekenntnis zum Kreuzzugsideal. 1511 unterstützte er Thomas Darcys Expedition gegen die Mauren in Nordafrika. Für den Fall, dass es ihm gelingen sollte, seinem Anspruch auf Frankreich Geltung zu verschaffen und vielleicht sogar die Wahl zum deutschen Kaiser zu gewinnen, plante er wahrscheinlich einen großen Feldzug gegen die Türken. Aber so weit kam es nicht. 1518 reagierte er auf die Kreuzzugsaufrufe Papst Leos X. mit der Bemerkung, er sollte sich »mehr als über den Großen Türken über eine gewisse andere Person [Franz I.] Sorgen machen, als jemanden, der Schlimmeres gegen die Christenheit im Sinn hat als Sultan Selim«.[24] Wolsey vermittelte einen Friedensschluss zwischen den Großmächten, der auf dem Gedanken einer gemeinsamen Aktion gegen die Türken beruhte, aber nichts geschah. Ein Jahr später versicherte Heinrich VIII. dem Papst, »für die Christenheit einen Schlag zu führen« sei »stets unser höchster Ehrgeiz« gewesen. Taten folgten jedoch auch diesmal nicht. Wie viele andere europäische Monarchen nutzte er das allgemeine Wohl der Christenheit als Deckmantel seiner eigenen Interessen.

Die Weigerung des englischen Königs, Europa gegen die Türken anzuführen, bedeutete nicht, dass er seinen Führungsanspruch in Europa aufgegeben hatte. Es sollte jedoch bald klar werden, das ihm in Gestalt des jungen Karl V. ein Rivale gegenüberstand, der nicht nur die Kaiserwahl für sich entschied, sondern 1525 in der Schlacht bei Pavia auch Franz I. von Frankreich besiegte. Heinrich VIII. spielte mit dem Gedanken, im Gegenzug für Hilfe bei der Rückgewinnung der französischen Krone die Habsburger Hegemonie zu unterstützen, aber das schiere Ausmaß der habsburgischen Besitzungen irritierte ihn. Wie seine Berater war er der Ansicht, dass Karl durch einen totalen Sieg über Frankreich zum »Monarchen nicht nur von Italien, sondern der gesamten Christenheit« würde, wonach er in der Lage wäre, »der ganzen Welt Gesetze zu geben«. Deshalb halfen englische Diplomaten dabei, ein gegen den Kaiser gerichtetes Bündnis aus Frankreich, dem Papst, Venedig, Mailand und Florenz zu schmieden, die Heilige Liga von Cognac. England hatte indes nicht die Absicht, ihr beizutreten, sondern wollte nur im Notfall helfen und eventuell militärisch eingreifen. Auf diese Weise, versprach Wolsey Heinrich VIII., werde er es »in der Hand haben, einen universalen Frieden der Christenheit herbeizuführen«.[25] Damit dürften zum ersten Mal zwei Themen angesprochen worden sein, die Konstanten in der englischen und später der britischen Strategiedebatte bilden sollten: die Furcht vor der Dominanz einer einzigen Macht auf dem Kontinent und Englands Rolle als Schlichter und Vermittler. Mit anderen Worten, die Sicherheit Englands hing nicht mehr von einer Vielzahl von Beziehungen zum Kontinent ab, sondern vom Zustand Europas als Ganzem.

Heinrichs VIII. Verlangen nach europäischem Rang kostete viel Geld. »Des Königs Geld verschwindet in alle Richtungen«, bemerkte Wolsey schon 1511, nur zwei Jahre nach dem Beginn von Heinrichs langer Regierungszeit.[26] Entscheidend war in dieser Hinsicht die Zusammenarbeit mit dem Parlament, das sämtliche vergangenen, gegenwärtigen und künftigen Militärausgaben absegnen musste. In den ersten Jahrzehnten von Heinrichs Herrschaft stimmte es einem »Subsidium« (Steuer) zu, das auf Einkommen aus Land und den Wert von Gütern erhoben wurde. Die Zustimmung des Parlaments erfolgte keineswegs automatisch, da es nach europäischen Maßstäben ungewöhnlich selbstbewusst auftrat.[27] Schon 1523 waren besorgte Stimmen zu hören, und zwei Jahre später löste der von Wolsey verlangte »Amicable Grant« (wörtlich »freundliche Beihilfe«) derartigen Unmut aus, dass er ihn fallen lassen musste. Für gewöhnlich zahlte das Parlament jedoch, wenn auch manchmal nur widerwillig.[28] Dies lag daran, dass das Parlament mit den strategischen Zielen des Königs übereinstimmte: der Durchsetzung der Rechte der englischen Monarchie in Frankreich, wenigstens der Kontrolle der Küstenlinie, und dem Schutz der englischen Hintertüren nach Irland und Schottland. Auch die radikalen inneren Umwälzungen, die seine reformerischen Minister Kardinal Wolsey und Thomas Cromwell durchführten, wurden von der Notwendigkeit angetrieben, die kostspieligen Unternehmungen des Königs in Europa zu finanzieren.[29] Letztlich konnte sich Heinrich VIII. weder die Kaiserkrone sichern, noch gewann er das englische Reich in Frankreich zurück. Am Ende seiner Regentschaft konnte er als Ergebnis der großen nationalen Kraftanstrengung lediglich ein um Boulogne erweitertes »Pale« von Calais vorweisen.

Heinrich VIII. befasste sich auch mit inneren Angelegenheiten, die tiefgreifende Auswirkungen auf die Außenpolitik hatten. Bereits 1517 hatte Cuthbert Tunstall versucht, ihn von der Bewerbung um die Kaiserkrone abzuhalten. Die englische Krone, so sein Argument, stehe selbst für »ein Reich, das besser ist, als es das Römische jetzt ist«.[30] Dringlicher war, dass es nach Heinrichs Ansicht eines männlichen Erben bedurfte, um Nachfolgestreitigkeiten auszuschließen, und als die Kirche ihm die Scheidung von Katharina von Aragon – die nur eine Tochter geboren hatte, Maria – und die Heirat mit Anne Boleyn versagte, ging er seinen eigenen Weg. Nachdem er zunächst den Papst und den Kaiser gegen den Kirchenreformer Martin Luther unterstützt hatte, brach er jetzt mit Rom. Dementsprechend spiegelte sich in der Suprematsakte von 1534 eine imperiale Herrschergeste wider, eine Art »Cäsaropapsttum«. Die englische Reformation nahm ihren Lauf: Klöster wurden aufgelöst, und England tauschte die religiöse Verbindung zum Kontinent durch die katholische Kirche gegen die Zugehörigkeit zu jener Bewegung aus, die man in Europa »Protestantismus« nennen sollte. Zugleich festigte Heinrich VIII. durch die Aneignung von Kirchenvermögen nicht nur seine Herrschaft im Innern, sondern beschaffte sich auch dringend benötigte Mittel für die Finanzierung seiner Kriege.[31]

Die europäische Reformation und Englands Beteiligung an dieser Bewegung prägten die Politik und das Sicherheitsdenken auf den Britischen Inseln in den nächsten zwei Jahrhunderten.

England, Wales und Schottland übernahmen einen Protestantismus der einen oder anderen Art, oder er wurde ihnen aufgezwungen. Aber quer über die Britischen Inseln blieben große Enklaven des alten Glaubens bestehen, insbesondere in Irland, wo der Katholizismus weiterhin die Mehrheitsreligion war, und diese Gemeinden wurden zum Vehikel der Einflussnahme der kontinentalen Gegenreformation. Daher war die Religion nie nur eine innere Angelegenheit, sondern stets mit Fragen der äußeren Sicherheit und sogar der nationalen Identität verknüpft. Englands Beziehung zum Kontinent erhielt jetzt eine ideologische Dimension, die es in mancher Hinsicht in seiner traditionellen Geopolitik bestärkte, sie aber auch durch neue Aspekte erweiterte. Was in fernen Gebieten geschah, von denen sie bisher kaum je etwas gehört hatten, bewegte Engländer nun auf eine Weise, wie solche Ereignisse es seit den Kreuzzügen nicht mehr vermocht hatten.

Die Fehlschläge im Ausland spornten nicht nur Heinrich VIII. zu größeren Anstrengungen im Innern an, sondern lösten auch eine Welle nationaler Versagensangst aus. Viele schmerzte der Verlust Frankreichs hundert Jahre zuvor immer noch – eine Wunde, in die Generationen von Tudor-Chronisten Salz gestreut hatten und die Shakespeare am Ende des Jahrhunderts mit seinen drei Historiendramen über die Herrschaftszeit Heinrichs VI. erneut aufreißen sollte –, und die Geschichte schien sich zu wiederholen. Jetzt, als Heinrichs VIII. Unternehmungen auf dem Kontinent stagnierten, breiteten sich moralische Panik und gesellschaftliches Unbehagen aus. Die Engländer, wurde bemängelt, seien verweichlicht, weil sie das Bogenschießen vernachlässigten und zu viel Geld für Mode und Glücksspiel ausgäben. Schlimmer noch, viele waren überzeugt, dass die englische Bevölkerung stetig schrumpfte; die kürzer werdenden militärischen Stammrollen schienen darauf hinzudeuten. Dies sei wichtig, warnte John Hales 1548, weil dem König »die Menschen fehlen werden, um uns gegen unsere Feinde zu verteidigen«. Wie im 15. Jahrhundert wurde viel über die Verwundbarkeit der südlichen Küstencountys durch französische Angriffe gesprochen. Viele sahen den Grund für diesen Zustand in der Innenpolitik des Königs, insbesondere der »Einhegung« – der Aufhebung der Allmenderechte – und der Auflösung der Klöster, die angeblich die moralischen Maßstäbe untergrub. Außerdem glaubte man weithin, dass die überschüssige Energie aufgrund der fehlenden Kriegführung im Ausland inneren Streit befeuern würde.[32]

Heinrichs VIII. streng protestantischer Nachfolger, Eduard VI., machte in Europa wenig Eindruck. Aufgrund eines gescheiterten Kriegs gegen Schottland und Frankreich musste Boulogne aufgegeben werden. Es folgte eine Wiederannäherung an Frankreich, um den Kaiser von einer Intervention abzuschrecken. Eduard starb 1553, wonach seine katholische Halbschwester Maria auf den Thron gelangte, was inneren Aufruhr heraufbeschwor. Im folgenden Jahr heiratete sie König Philipp II. von Spanien. Laut Ehevertrag sollte ihm sein Sohn aus einer früheren Ehe, Karl, auf dem Thron folgen, während Marias Söhne, sollte sie welche gebären, England, die Niederlande und die Franche-Comté erben würden. Englische Truppen wurden entsandt, um Philipp in Flandern im Kampf gegen Frankreich zu unterstützen. Sie trugen wesentlich zu den Siegen in den Schlachten bei Saint-Quentin im Jahr 1557 und bei Gravelines ein Jahr später bei. Der französische König versuchte Maria Tudors Herrschaft zu destabilisieren, indem er die Schotten gegen sie aufstachelte und den Dauphin mit der schottischen Königin Maria verheiratete. Die »Auld Alliance« zwischen Schottland und Frankreich versuchte erneut, England in die Zange zu nehmen. Der von Thomas Wyatt angeführte aussichtslose Aufstand richtete sich ausdrücklich gegen den »Fremden«, Philipp.

Die Innenpolitik wurde durch die Außenpolitik polarisiert: Viele lehnten nicht nur die englische Teilnahme an Philipps Kriegen ab; ihrer Ansicht nach ging von dem ehrgeizigen spanischen König auch die weit größere Gefahr für ihre Freiheiten aus als von dem traditionellen französischen Feind. Diese Kritik vermengte sich mit einer verbreiteten Unzufriedenheit mit dem harten Vorgehen Marias »der Blutigen« gegen die englischen Protestanten. Dass Calais 1558 an die Franzosen fiel, war daher ein schwerer Schlag für das Ansehen der Königin. England hatte die Kontrolle über das »Enge Meer« verloren. Ein Jahr später stellte Lord Keeper in einer glänzenden Rede im Parlament fest, noch nie habe es »einen größeren Verlust von Ehre, Stärke und Besitz gegeben als denjenigen dieses Orts«, der »in ganz Europa eine ehrenhafte Meinung und Darstellung über unsere englische Nation bewirkt« habe.[33] Wieder einmal wurde das Land von moralischer Panik ergriffen. »Was für Weichlinge unsere jungen Gentlemen doch sind«, beklagte sich ein Zeitgenosse, »die feine Kleider zünftiger Reitkunst vorziehen.«[34] Es gab auch wütende Stimmen, die Philipp vorwarfen, der bedrängten Garnison nicht genug geholfen zu haben. Philipps leitender Minister, Kardinal Perrenot de Granvelle, schlug in die gleiche Kerbe: »Man würde sich mehr Verve, mehr Groll in Bezug auf Calais und mehr Gedenken an die alten Tugenden ihrer Väter wünschen.«[35] Die Hafenstadt, die man, Marias berühmtem Bonmot zufolge, nach ihrem Tod »in ihrem Herzen« finden würde, war Englands letzter Außenposten auf dem Kontinent gewesen. Ob zu Recht oder Unrecht, jedenfalls schuf sein Verlust in den Köpfen vieler Engländer die fatale Verbindung zwischen Papsttum und strategischer Unfähigkeit.

Maria starb 1558 kinderlos. Eine der ersten Maßnahmen ihrer Nachfolgerin, Elisabeth I., war ein Feldzug gegen Schottland, wo jetzt gewissermaßen die neue Landgrenze mit Frankreich verlief. Auf Ersuchen der protestantischen schottischen Lords of the Congregation, sie von der französischen Vorherrschaft zu befreien, schickte Elisabeth ein Heer nach Norden, das sich zwar nicht besonders gut schlug, ihr aber den Weg zu einem Vertrag ebnete, der den französischen Einfluss an Englands Nordflanke praktisch ausschaltete.[36] Auch der Verlust von Calais, den sie als »Angelegenheit von beständigem Kummer für dieses Reich« bezeichnete, war

ihr stets gegenwärtig.[37] 1562 entsandte sie Truppen nach Le Havre,
um es anstelle von Calais einzunehmen, gab den Versuch aber bald
wieder auf. Das lag zum Teil daran, dass von dem Land, das in den
1560er Jahren in Religionskriege stürzte, keine Bedrohung mehr
ausging. Der Hauptgrund war jedoch, dass eine neue Gefahr für
Englands Sicherheit sowohl ideologischer als auch territorialer Art
aufgetaucht war: der im Norden zurückgedrängte Philipp II. von
Spanien. Philipp, nun nicht mehr Mitregent von England, hatte
seine Truppen am gegenüberliegenden Ufer des Ärmelkanals in den
Niederlanden positioniert, und seine Absicht, England – und ganz
Europa – wieder den Katholizismus aufzuzwingen, war kein
Geheimnis. Elisabeth verfolgte mit ihren Interventionen in Frankreich daher vor allem das Ziel, zu verhindern, dass die von Spanien
unterstützte Fraktion der Guise in den französischen Religions-
kriegen englischen Katholiken erlaubte, die Normandie als Ausgangsbasis für die Agitation und möglicherweise auch für Operationen in England zu nutzen. So warnte William Cecil die Königin
im Juli 1562 im Zusammenhang mit der englischen Expedition
nach Le Havre, dass ein Sieg des Hauses Guise den »König von Spanien freuen« würde, denn er würde ihn in die Lage versetzen, die
schottische Königin Maria Stuart auf den englischen Thron zu setzen und für sich selbst Irland zu erobern.[38]
   Sobald klar war, dass sich die französische Macht für einige Zeit
nicht wieder erholen würde und die Hauptgefahr von Spanien ausging, verschob sich die Aufmerksamkeit Englands auf die habsburgischen Niederlande. Anfangs zögerte Elisabeth noch, Philipp offen
herauszufordern, und ließ den holländischen Aufständischen gegen
die Habsburger Herrschaft, nachdem sie 1572 mit ihrer Rebellion
Ernst gemacht hatten, nur insgeheim Hilfe zukommen. Aber der
spanische Vormarsch schien unaufhaltsam zu sein. Philipps Schiffe
zerschmetterten die Türken bei Lepanto, und seine Truppen besetzten Portugal, eroberten die Philippinen und griffen nach Belieben
auf katholischer Seite in die französischen Religionskriege ein. In

den späten 1580er Jahren schien er kurz davor zu stehen, auch die Holländer endgültig zu besiegen. Sein Befehlshaber, der Herzog von Parma, rückte in den Niederlanden unerbittlich vor. 1585 fiel Antwerpen, und als sich 1587 die bedeutende Hafenstadt Sluis ergab, die schon häufig als Ausgangsbasis von Angriffen auf die englische Südküste gedient hatte, war es ein für Holländer und Engländer gleichermaßen traumatisches Ereignis. Von dem Erfolg bestärkt, sprach Philipp immer offener über seine europäischen und globalen Absichten. Auf der Rückseite einer aus Anlass der Vereinigung der portugiesischen mit der spanischen Krone geprägten Gedenkmedaille war zu lesen: *Non sufficit orbis* – »Die Welt ist nicht genug«, und auf einem Triumphbogen wurde Philipp als »Herr der Welt« und »Herr von allen Dingen in Ost und West« gepriesen.[39]

All dies überzeugte die Engländer und ihre Königin davon, dass ihr Schicksal von einem großen Kampf gegen die Gegenreformation auf dem Kontinent und dessen Ziel bestimmt werde, eine »Universalmonarchie« zu schaffen, die nach Ansicht ihrer Gegner nichts anderes gewesen wäre als ein System der Dominanz Habsburgs über alle anderen Fürsten der »Christenheit«. Die Idee des Protestantismus in *einem* Land, die theologisch und ekklesiologisch im Mittelpunkt des Anglikanismus stand, ergab strategisch nicht viel Sinn. Schatzkanzler Walter Mildmay warnte 1576 im Unterhaus davor, dass »die Ausläufer dieser Stürme, die in anderen Ländern so scharf und ungestüm sind«, vor ihrem Ende auch England erreichen könnten.[40] Als dem englischen Freibeuter Francis Drake bei der Plünderung des Palasts des spanischen Gouverneurs von Santo Domingo eine der spanischen Medaillen mit der Aufschrift *Non sufficit orbit* in die Hände fiel, erlebten die Engländer einen weiteren eisigen kollektiven Schauder. In den 1580er Jahren warnten zwei von Elisabeths engsten Beratern, der Earl of Leicester und Francis Walsingham, davor, dass Philipp sich nach dem Sieg über die Holländer, auf deren Ressourcen gestützt, England zuwenden würde. Die Verteidigung des Protestantismus und der Freiheit in

England, davon war man weithin überzeugt, erforderte die Verteidigung des Protestantismus in den Vereinigten Niederlanden und letztlich des europäischen Gleichgewichts insgesamt.[41]

Kurz, die protestantische Geopolitik verlieh Englands kontinentaler Politik neuen Auftrieb. Jetzt musste die Südküste nicht gegen Frankreich, sondern gegen Spanien verteidigt werden. Das neue nationale Interesse bestand darin, Philipp aus den Niederlanden fernzuhalten, die Elisabeths Berater William Cecil als »Contrescarpe Englands« bezeichnete, als äußere Mauer oder Gegenböschung des Hauptgrabens der englischen Festung.[42] Dies deutete darauf hin, dass Englands eigentliche Außenwerke weiter östlich lagen, im Heiligen Römischen Reich. Deshalb verlangte Cecil einen »Zusammenschluss mit allen protestantischen Fürsten zur Verteidigung«, insbesondere mit denjenigen des Heiligen Römischen Reichs,[43] wie Johann Kasimir von Pfalz-Simmern, der über Gebiete im strategisch bedeutenden Westen Deutschlands herrschte. 1572 bezahlte ihn Elisabeth in der Hoffnung, er würde eine protestantische Liga hinter seiner Fahne versammeln können, für einen Angriff auf spanische Truppen in Brabant.[44] Solange das Reich nicht in feindliche Hände fiel, war England sicher.

Im Zentrum dieser Strategie stand die Entschlossenheit, nicht passiv abzuwarten, bis der Feind angriff. Präventivmaßnahmen galten nicht nur als legitim, sondern als notwendig. Hätten die »Papisten« in Europa und England erst einmal »die Oberhand« gewonnen, warnte Cecil 1562 Elisabeth, werde »es zu spät sein …, denn dann wird es wie ein großer Fels sein, der von einem Berggipfel herabstürzt und den keine Kraft aufzuhalten vermag«.[45] Ganz ähnlich beschwor Schatzkanzler Mildmay das englische Parlament, »vorher an die Gefahr, die durch die Boshaftigkeit des Feindes über uns kommen kann, zu denken und rechtzeitig ihre Abwehr vorzubereiten«. Konkreter verlangte Francis Drake, die »großen Vorbereitungen der Spanier rasch zu verhindern«, indem man sie in größerer Nähe zu ihrer Heimat angriff. Darüber hinaus erforderte es die neue Gefahr, dass die Protestanten und vor allem Elisabeth ihre Vorbehalte beiseiteschoben, die holländischen und französischen Rebellen im Kampf gegen ihre rechtmäßigen Herrscher zu unterstützen. Dabei spielten nicht nur religiöse Überlegungen eine Rolle. Elisabeth zum Beispiel empörte die tyrannische Art, mit der Philipp sowohl Protestanten als auch Katholiken behandelte, wie die Hinrichtung der Katholiken Egmond und Hoorn gezeigt hatte. Viele Engländer waren wie die Autoren des Traktats *Vindiciae contra tyrannos* der Ansicht, dass Fürsten, die willkürlich die Rechte ihrer Untertanen verletzten, durch eine Intervention von außen abgesetzt werden dürften.[46]

Vor diesem Hintergrund griff Elisabeth schließlich Mitte der 1580er Jahre mit einer Landarmee in den Niederlanden ein. Als Sicherheiten für das Geld und die Truppen, die sie den Holländern zur Verfügung stellte, ließ sie die »Pfandstädte« Brielle und Vlissingen sowie die nahegelegene Feste Rammekin besetzen. Aber obwohl die Rebellen ihr die holländische Krone anboten, verlangte sie im 1585 geschlossenen Vertrag von Nonsuch nicht mehr als eine eher nebulöse »Oberherrschaft«. Ihr ging es nicht um territoriale Ziele. Ihrem Handeln lag vielmehr die Annahme zugrunde, dass die Sicherheit Englands davon abhing, dass die Niederlande und das Heilige Römische Reich nicht in feindliche Hände fielen.[47] Nicht alle hielten einen aktiven Landkrieg für das richtige Mittel, um mit Philipp fertigzuwerden. Als die Kraftprobe mit Spanien näher rückte, kamen sogar Cecil Bedenken. Solange Philipp nicht provoziert wurde, spekulierte er, würde er England vielleicht in Ruhe lassen. Alles könnte gut gehen, so seine Überlegung, wenn »die Königin sich nicht mehr in die Angelegenheiten der Niederlande einmischte, sondern ihr Königreich so stark wie möglich befestigen, … Geld sammeln, ihre Flotte mit allen Vorräten ausstatten, die Grenze zu Schottland mit Garnisonen verstärken und Englands alte militärische Disziplin aufrechterhalten würde«. Andere, wie die Seeleute John Hawkins und Francis Drake, glaubten, dass man Spanien durch eine überwiegend maritime Strategie, die sich auf dessen überseeische Besitzungen und den Handel oder Operationen der Marine vor der iberischen Küste stützte, etwa gegen La Coruña, Lissabon oder Cádiz, in die Knie zwingen konnte.[48] Dies war der Anfang einer langen Debatte über die englische, später britische Gesamtstrategie, die bis heute anhält und die sich um die Frage dreht, wodurch die Sicherheit und Prosperität des Reichs besser garantiert werden können, durch eine kontinentale oder eine maritime Strategie.

Gerettet wurde England durch eine Kombination von Land- und Seestreitkräften, die im Rahmen einer koordinierten europäischen Strategie operierten. Die englische Marine griff die von Philipp gegen England ausgeschickte Armada an, bevor sie die in den Niederlanden wartenden Bodentruppen aufnehmen und über den Ärmelkanal transportieren konnte. Aber die Armada konnte nicht völlig zerstreut werden. Holländische Schiffe, die von Häfen aus operierten, die ohne englische Unterstützung schon lange gefallen wären, halfen dabei, die Truppen des Herzogs von Parma aufzuhalten. Danach trieb ein »protestantischer Wind« die noch vorhandenen Schiffe der Armada die englische Ostküste entlang bis zur Nordspitze Schottlands und von dort die irische Westküste hinunter bis in spanische Häfen zurück. Seine Infanterie und die holländischen Verbündeten, die es unterstützt hatte, ebenso wie seine Flotte sorgten dafür, dass England 1588 von einer Invasion verschont blieb. Das Ganze war ein anschaulicher Beleg dafür, wie bedeutsam die Häfen auf der anderen Seite des Ärmelkanals für die englische Sicherheit waren und dass man mehr als nur maritime Operationen brauchte, um einen Angriff zurückzuschlagen oder von vornherein zu verhindern.

Darüber hinaus lag Englands maritimem Expansionsprogramm die Überzeugung zugrunde, dass die Seeherrschaft für die Verteidigung seiner Stellung in Europa notwendig sei. »Wer immer die See beherrscht«, erklärte Walter Raleigh, »beherrscht den Handel. Wer

immer den Handel der Welt beherrscht, beherrscht die Reichtümer
der Welt und folglich die Welt.« Das Ansehen und die fiskalischen
Mittel, die Philipp als König von Neuspanien zur Verfügung standen – die in der Mitte des Jahrhunderts etwa 10 Prozent seiner Einnahmen ausmachten und bis zum Ende seiner Regierungszeit auf
einen Anteil von rund einem Viertel anwuchsen –, bildeten einen
wichtigen Teil seiner Macht in Europa. Richard Hakluyt bemerkte
in seinem gefeierten *Discourse of Western Planting* (1584), Philipps
Vater, Karl V., habe »mit diesem großen Reichtum von dem französischen König das Königreich Neapel, das Herzogtum Mailand und
all seine anderen Herrschaftsgebiete in Italien, der Lombardei, in
Piemont und Savoyen« erworben. Elisabeth genehmigte Drakes
Reisen zwischen 1577 und 1580 nicht als ersten Schritt zum Aufbau
eines eigenen Überseereichs, sondern um den Silberstrom zu unterbrechen, mit dem Philipp seine Truppen in Flandern finanzierte.[49]
Hierin kam nicht das angebliche maritime Schicksal Englands zum
Ausdruck, sondern seine europäische strategische Identität.

Englands Engagement in Europa trieb sein Streben nach einer
tragfähigen Verfassungsordnung für die Britischen Inseln voran.
Die Erfahrung zeigte, dass Schottland und Irland, wenn sie in den
Händen einer feindlichen Macht oder eines Thronprätendenten
waren, als »Hintertür« nach England oder wenigstens für seine Einkreisung benutzt werden konnten. 1460 zum Beispiel bereitete
Richard von York seine Invasion Englands in Irland vor. Vier Jahre
später begann auch Perkin Warbeck seine vergebliche Kampagne
zur Eroberung des Throns in Irland. Dass London durch »Poyning's
Law« das Dubliner Parlament unter die Oberhoheit von Westminster stellte, zielte nicht darauf ab, die Iren zu unterdrücken, sondern
diente der Bewältigung solcher Herausforderungen. Von Schottland ging, wie gesehen, eine noch größere Gefahr aus – zumindest
bis zum Erfolg der Reformation, und gelegentlich auch noch
danach. Es verfügte über ein eigenes Parlament und über seit langem bestehende eigene dynastische und wirtschaftliche Beziehun-

gen mit Europa, insbesondere mit Frankreich und den Niederlanden, aber auch mit Skandinavien und dem Baltikum. Es war eine eigenständige europäische Macht. 1513 besiegte ein englisches Heer die Schotten in Flodden, und Elisabeth hielt sie erfolgreich in Schach, aber sie blieben ein Unsicherheitsfaktor, insbesondere im Zusammenhang mit ihrer »Auld Alliance« mit Frankreich.

Während Elisabeths frühe Intervention und der Sieg des Presbyterianismus das Problem im Norden zumindest vorläufig gelöst hatten, stellte Irland, dessen Bevölkerung zum größten Teil katholisch geblieben war und die englischen Kolonisten, gleich welcher Religion, erbittert ablehnte, ein wesentlich dornigeres Problem dar. Jahrhundertelang hatte London die gälischen Regionen mehr oder weniger sich selbst überlassen und lediglich dem Schutz des anglisierten Gebiets um Dublin und der Häfen an der Ost- und Südküste, von denen aus ein Angriff auf England unternommen werden konnte, größere Aufmerksamkeit geschenkt.[50] Dies änderte sich im Lauf des 16. Jahrhunderts, als die gesamte Insel zur Arena ausländischer Machenschaften wurde, zuerst französischer und dann habsburgischer. Verstärkt wurde dieses Problem durch den Versuch, die Reformation in Irland durchzusetzen, der nicht bei der gälischen Bevölkerung, sondern auch bei vielen Nachkommen der »altenglischen« Siedler auf erbitterten Widerstand stieß.[51] Spanische Infiltrationsbestrebungen mussten gestoppt und die Gefahr einer gälischen Rebellion ein für alle Mal beseitigt werden. Das brutale Massaker an einem vom Papst unterstützten italienisch-spanischen Heer in der Smerwick-Bucht im Jahr 1580 nach dessen Kapitulation war eine Folge des breiteren strategischen Unbehagens der englischen Autoritäten. Angesichts des Aufstands der nordirischen Lords O'Neill und O'Donnell in den 1590er Jahren trat es erneut zutage. 1596 wurde eine spanische Flotte von ungünstigen Winden aufgehalten. Ein weiterer Invasionsversuch scheiterte 1601 bei Kinsale, allerdings nur knapp. Die Engländer waren sich im Klaren darüber, dass sie für den Moment Glück gehabt hatten, sich darauf aber künftig nicht verlassen durften. Die Spanier dagegen mussten nur einmal Glück haben.[52]

Man musste eine dauerhaftere Lösung finden. Wenn man Schottland, Irland und England zu einem zusammenhängenden Ganzen verschmolz, würde man nicht nur feindlichen Angriffen vorbeugen, sondern ihnen auch kollektiv ein größeres Gewicht auf der europäischen Bühne verschaffen. London verstand diesen Vorgang in erster Linie als Vergrößerung Englands innerhalb Europas. Poyning's Law war aus Londoner Sicht eine Verbesserung, da es Irland wieder zu einem Nettozahler in die englische Staatskasse machte, aber das Territorium sträubte sich weiterhin. Die unter Heinrich VIII. erlassenen Gesetze zur Eingliederung von Wales hatten die Richtung vorgegeben, insofern sie das Fürstentum in England einbezogen und ihm eine parlamentarische Vertretung in London gaben. Aus verschiedenen Gründen war dies für Schottland und Irland nicht möglich. Gleichwohl war eine engere Bindung, welcher Art auch immer, in einem Umfeld besonders wichtig, in dem rivalisierende Staaten expandierten oder immer größere Vereinigungen mit anderen Staaten bildeten, um konkurrenzfähig zu bleiben. 1526 wurden Ungarn, Kroatien und Böhmen an das Habsburger Konglomerat angeschlossen; 1569 kamen Polen und Litauen zusammen, und Philipp von Spanien bestieg 1580 in Personalunion den portugiesischen Thron. Elisabeths leitender Minister, Cecil, bemerkte 1560 bei einem Blick auf Europa, insbesondere den Habsburger Moloch, Englands Feinde hätten »in letzter Zeit ihre Besitzungen derart vergrößert, dass sie sich kaum noch gleichen, und doch bleibt England immer gleich, ohne jeglichen Zuwachs an Kraft«. Deshalb hielt er die »vereinte Stärke durch den Zusammenschluss der beiden Königreiche [England und Schottland], dem auch Irland hinzugefügt werden sollte«, für »der Erwägung wert«. Am Ende vereinten dynastische Zufälle nach dem Tod Elisabeths im Jahr 1603 unter ihrem Nachfolger Jakob I. die schottische und die englische Krone, nicht aber die repräsentativen Versammlungen beider Länder.[53] Damit war das Problem für den Augenblick gelöst und Englands Sicherheit deutlich gestärkt, aber auf lange Sicht war es ein brüchiges Arrangement.

Jakob versuchte die Idee einer Versöhnung zwischen allen großen christlichen Konfessionen – Anglikanismus, Luthertum, Calvinismus, Katholizismus und Orthodoxie – wiederzubeleben. Vor der Thronbesteigung in England hatte er als schottischer König die »Zwietracht zwischen christlichen Fürsten«, welche die »gemeinsame Sache« des Kampfs gegen die Türken gefährde, beklagt und ein allgemeines europäisches Bündnis gegen die Osmanen vorgeschlagen. 1604 verkündete er seinen Wunsch, »friedlich mit allen Staaten und Fürsten der Christenheit zu leben«, und drückte die Hoffnung aus, dass »solch eine beständige Freundschaft unter christlichen Fürsten (durch eine Vereinigung in der Religion) geschaffen werden kann, die uns alle in die Lage versetzen würde, dem gemeinsamen Feind [den Türken] zu widerstehen«.[54] Wahrscheinlich sah Jakob in dieser Politik auch ein Mittel, Protestanten und Katholiken im Innern zu einen. Er verlegte die Frontstellung von Europa, wo eine Übereinkunft unmöglich war, fort und richtete sie gegen den muslimischen »anderen«, wie man heute sagen würde. Dieses Vorhaben und das anhaltende öffentliche Interesse an der Zurückdrängung »des Türken« zeigten, dass die Reformation den Glauben der Engländer an die grundsätzliche Einheit der »Christenheit« nicht völlig zerstört hatte.[55] Das Unternehmen verlief jedoch im Sand, zum einen, weil Jakob keinen Partner in Europa fand, und zum anderen, weil in den Köpfen der politischen Nation andere Gefahren Vorrang hatten.

Das englische Interesse verlagerte sich. Durch das Überleben der holländischen Rebellen (dank Elisabeths Eingreifen), die Schaffung der Republik der Vereinigten Niederlande und den Friedensschluss mit Spanien im Jahr 1604 rückte Holland als Krisenherd in den Hintergrund. Das Augenmerk richtete sich jetzt auf das Heilige Römische Reich, das zum Zentrum der Auseinandersetzung zwischen Protestanten und Katholiken in Europa geworden war. Hinzu kam Habsburgs vermeintliches Bestreben, eine »Universalmonarchie« zu errichten. Zum Auslöser wurde das kleine nordwestdeutsche Herzogtum Jülich-Kleve-Berg. Sollte es direkt oder indirekt in spanische oder österreichische Hände geraten, wären die Vereinigten Niederlande unmittelbar bedroht, ebenso wie das konfessionelle Gleichgewicht im Reich, und England wäre der Gefahr von Angriffen Habsburgs und des gegenreformatorischen Katholizismus ausgesetzt. Die Niederlande und die protestantischen deutschen Fürstentümer galten als entscheidende Vorposten des europäischen Protestantismus und damit von England selbst. Dort, und nicht auf See, würde es verteidigt werden müssen. Deshalb warnte Robert Cecil, der Lordschatzmeister, 1610 im Parlament, der Jülich-Klevische Erbfolgestreit beschwöre die Gefahr »einer allgemeinen Auseinandersetzung in der Christenheit« herauf. Ein starkes englisches Heer wurde in die Region entsandt, wo es sich neben Truppen aus Frankreich, Brandenburg und den Vereinigten Niederlanden an der Belagerung der habsburgischen Garnison der Stadt Kleve beteiligte.[56]

Europa trat vom Abgrund zurück – aber nur für wenige Jahre. Nach 1613 kam der durch Konfessionsstreitigkeiten gelähmte deutsche Reichstag nicht mehr zusammen. Der protestantische pfälzische Kurfürst Friedrich V., der mit einer Tochter Jakobs I. verheiratet war, wurde zum Hoffnungsträger der Protestanten, insbesondere der Calvinisten, in Deutschland wie in England. Das vermeintliche Versäumnis des englischen Königs, Friedrich und die »protestantische Sache« in Deutschland zu verteidigen, sollte schließlich das Verhältnis zwischen dem Parlament und den Stuarts zerstören. Im »Unfruchtbaren Parlament« von 1614 verlangte Jakob Geld für den Kleve-Krieg, die pfälzische Hochzeit und andere Staatsausgaben. Seine Minister baten es darüber hinaus, die Flotte und die Garnisonen der »Pfandstädte« in den Niederlanden zu finanzieren, um zu verhindern, dass Irland zu einem »Stachel in

unserer Seite« wurde. Ferner sollten die »Aufwendungen Seiner
Majestät in Deutschland, um dort [in Jülich-Kleve-Berg] die richtigen Nachfolger einzusetzen«, erstattet sowie Frankreich und natürlich Spanien in Schach gehalten werden, damit Philipp nicht »im
Trüben fischen« konnte.[57] Das Parlament war jedoch nicht davon
überzeugt, dass Jakob die beste Strategie gegen die Gefahr verfolgte,
und billigte lediglich begrenzte Mittel. Viele Parlamentsmitglieder
lehnten auch seinen Plan ab, das diplomatische Gewicht Englands
durch eine habsburgische Heirat seines Erben, Karl, abzusichern.
Diese »spanische Partie« kam zwar nie zustande, aber im Zusammenhang mit der Kontroverse über die mangelnde Unterstützung
des europäischen Protestantismus in Europa vertiefte allein schon
die Absicht die Kluft zwischen Krone und politischer Nation.

Nach dem Ausbruch des Dreißigjährigen Kriegs in Deutschland
im Jahr 1618 spitzte sich die Situation zu.[58] Die raschen Fortschritte
der spanisch-imperialistischen katholischen Partei in Deutschland
und das Versäumnis der Stuarts, energisch etwas dagegen zu
unternehmen,[59] waren während des gesamten Konflikts für viele
Protestanten Quelle der Empörung. Von der aufblühenden Presse,
deren Entwicklung zum großen Teil von den Ereignissen in Europa
vorangetrieben wurde,[60] gut informiert, verfolgten sie entsetzt, wie
der protestantische pfälzische Kurfürst Friedrich V. als König von
Böhmen und bald darauf auch als Kurfürst entthront wurde. Diesem Entsetzen und der daraus resultierenden Kritik am englischen
Vorgehen haftete etwas Irreales an, da sie Friedrichs Unfähigkeit
und die vielen praktischen Hindernisse für ein militärisches Eingreifen tief auf dem Kontinent außer Acht ließen. Aber wie dem
auch sei, aus Sicht vieler Engländer wurde der Streit um Böhmen
nicht in einem fernen Land zwischen Völkern, die sie nicht kannten, ausgefochten. Wie John Davies 1620 im Unterhaus erklärte,
standen die Pfalz, die Religion und »alle anderen Länder« in Flammen, und dies war »für die Niederlande, die vereinigten Fürsten
und die gesamte protestantische Sache gefährlich«.[61] Dies war das

Umfeld, in dem der Soldat und Diplomat John Donne, der ein begeisterter Befürworter der Heirat zwischen Elisabeth Stuart und dem pfälzischen Kurfürsten war, die legendären Zeilen schrieb: »Niemand ist eine Insel, in sich ganz; jeder Mensch ist ein Stück des Kontinents … Wenn eine Scholle ins Meer gespült wird, wird Europa weniger, genauso als wenn's eine Landzunge wäre, oder ein Landgut deines Freundes oder dein eigenes.« Überall in Europa, so schien es, fielen die Dominosteine, in Böhmen, der Pfalz und allen protestantischen Landen des Heiligen Römischen Reichs.

Der große europäische Kampf löste eine neue Welle moralischer Panik und innerer Unruhe aus. In den 1620er und 1630er Jahren fühlten sich die englischen Puritaner vom Krypto-»Papismus« des Anglikanismus und der Verweichlichung des Hofs mit seinen herausgeputzten Speichelleckern abgestoßen,[62] ganz zu schweigen von dem homoerotischen Unterton, den sie in den Beziehungen zwischen Monarch, Ministern und Günstlingen entdeckten. In ihren Augen war in einer Zeit, in welcher der Protestantismus auf dem Kontinent in höchster Bedrängnis war, etwas Anrüchiges an dieser Pracht und Sinnlichkeit.[63] Der Herzog von Buckingham, der ebenso für seine Nähe zu Jakob wie für sein Unvermögen, die Hugenottenhochburg La Rochelle zu entsetzen, bekannt war, wurde 1626 durch das Parlament abgesetzt; er war weder der erste noch sollte er der letzte englische Minister sein, der wegen vermeintlicher Unfähigkeit in der Europapolitik sein Amt verlor. Zwei Jahre später, als die strategische Lage unter Karl I. trotz dessen offensichtlicher persönlicher Redlichkeit nicht besser wurde, brachten seine Kritiker im Parlament eine Reihe von missbilligenden Beschlüssen durch. Beim Blick über den Ärmelkanal sahen sie »eine übermächtige Partei …, welche die Unterwerfung aller protestantischen Kirchen der Christenheit zum Ziel hat«, und bemängelten den »schwachen Widerstand, der gegen sie geleistet wird«.[64]

Englands Abwesenheit in Europa war von Bedeutung, denn sein strategisches Potential war enorm. Es befand sich bereits in einer tiefgreifenden demographischen und ökonomischen Umwälzung, die ein zuvor schon prosperierendes Reich in das Kraftzentrum Europas verwandeln sollte.[65] Die Bevölkerung wuchs erheblich und schneller als in den meisten anderen Regionen des Kontinents, und sie war weit mobiler als die Menschen anderswo. Davon profitierten Handel und Landwirtschaft. London wurde rasch zu einer Metropole, die den Abstand zur größten Stadt im christlichen Europa, Paris, rasch verringerte. Englische Kaufleute waren bekannte und häufig dominante Teilnehmer am Handel nicht nur über den Ärmelkanal und den Atlantik, sondern auch im Ostsee- und im Mittelmeerraum.[66] Die Vereinigten Niederlande waren ökonomisch stark, politisch hoch entwickelt und besaßen einen weit größeren Anteil am Welthandel, eine größere Handelsflotte und eine ehrfurchtgebietende Kriegsmarine, waren aber demographisch und militärisch schwächer. Frankreich war wesentlich größer, aber England war agiler. Das Problem für die Stuarts bestand darin, dass jeder Versuch, das immense latente Potential zu mobilisieren, weniger am Unwillen der Engländer, Geld aufzubringen, scheiterte, als vielmehr an ihrer zunehmenden Überzeugung, dass die Monarchie strategisch bestenfalls unfähig, schlimmstenfalls aber böswillig sei.

Karls I. Anstrengungen, seine Autorität im Innern wiederzuerlangen, um nach außen machtvoll auftreten zu können, brachten ihn bald in Konflikt mit den Schotten, lösten in Irland einen Aufstand aus und mündeten letztlich in der Konfrontation mit dem Parlament. 1642 wurde England von einem Bürgerkrieg erschüttert, der zur Niederlage des Königs im Jahr 1646 und seiner Hinrichtung drei Jahre später führte. Die Monarchie wurde anschließend durch ein Protektorat unter Oliver Cromwell ersetzt. Zu diesem Zeitpunkt war der Streit zwischen den beiden Seiten über die ursprünglichen außenpolitischen Fragen, mit denen das fatale Missverständnis zwischen König und Parlament begonnen hatte, hinausgewachsen. Doch die grundlegenden Meinungsverschieden-

heiten hinsichtlich eines Vorgehens in Deutschland gerieten die
ganze Zeit über nie aus dem Blick. Die ausgebliebene Hilfe für die
Pfalz und den kontinentalen Protestantismus spielte in allen wichtigen Verlautbarungen des Parlaments – deren sonstiger Inhalt hier
nicht von Belang ist – eine herausragende Rolle, in der »Großen
Remonstranz« von 1641 ebenso wie in den »Neunzehn Vorschlägen«
von 1642 und den »Vorschlägen von Uxbridge« von 1645. Der Ent-
wurf des nicht gehaltenen Plädoyers des Staatsanwalts im Prozess
gegen Karl I. begann mit dem angeblichen Versäumnis des Königs,
den Protestanten auf dem Kontinent zu helfen. Kurz, die Revolte
gegen den König hatte als Protest gegen die Europapolitik der Stuarts begonnen und war es in vieler Hinsicht geblieben.

So wie einst die Elisabethaner blickten auch die Engländer des
17. Jahrhunderts aus grundsätzlich europäischen Gründen nach
Übersee, nämlich um kontinentale Aggressoren einzudämmen.
Benjamin Rudyerd wies das Unterhaus 1624 darauf hin, dass die
spanischen Bergwerke in Amerika die Nahrung für das »unermesslich ehrgeizige Verlangen nach der Weltherrschaft« lieferten.[67]
Wolle man der bedrängten Pfalz helfen, ergänzte ein anderer Parlamentarier, gebe es kein besseres Mittel, als »die Schifffahrt des
Königs von Spanien an seiner Küste zu vernichten [und] die Anlie-
ferung seiner Silberbarren zu unterbrechen«.[68] Auch die englische
Kolonisierung der Neuen Welt war, obwohl sie eine Eigendynamik
entwickelte, zu einem großen Teil eine Weiterung des europäischen
Konflikts.[69] Die Puritaner, die England in den 1620er Jahren verließen und sich schließlich in Massachusetts ansiedelten, wandten der
Alten Welt nicht den Rücken zu. Ganz im Gegenteil, von England
und dann auch von den immer mehr in Bedrängnis geratenen Vereinigten Niederlanden enttäuscht, betrachteten sie Amerika nicht
als das Gelobte Land, sondern als Sprungbrett. Von hier aus wollten sie die Niederlage des »Antichrist«, das heißt der Habsburger in
Europa, herbeiführen. Sie beteten für eine Reform in England, für
die Verbesserung der »elenden Lage der Kirche in Deutschland«

und den Sieg der deutschen Protestanten. Nachrichten aus der Alten Welt stießen auf reges Interesse, besonders aus den protestantischen Refugien Genf, Frankfurt am Main, Leiden, Heidelberg und Straßburg sowie aus England. Die Puritaner bangten um die Pfalz und freuten sich über die Erfolge des schwedischen Königs Gustav Adolf, der mithalf, das Blatt für den Protestantismus in Deutschland zu wenden.[70] Manche kehrten sogar nach Europa zurück, um in den dortigen Kriegen zu kämpfen.

Da Englands Sicherheit stark vom Mächtegleichgewicht abhing, insbesondere jenem in Deutschland, und da dies wiederum auf dem inneren Gleichgewicht in den verschiedenen Fürstentümern beruhte, waren englische Staatsmänner gezwungen, über ihre Vorbehalte gegen die Untergrabung der legitimen Autorität hinwegzusehen. Ihrer Ansicht nach hing ihre Freiheit im Staatensystem von der Bewahrung der »Freiheit« in bestimmten Staaten ab. Die »Freiheit«, welche die Protagonisten im 16., 17. und 18. Jahrhundert meinten, unterschied sich freilich in mancher Hinsicht erheblich von unserem heutigen Verständnis dieses Begriffs. Sie dachten an die rechtlichen und sozioökonomischen »Privilegien«, die Aristokraten und Städter aufgrund von Übereinkunft oder Sitte genossen und auf denen die ungleichen und in Schichten geordneten europäischen Gesellschaften aufgebaut waren. In anderer Hinsicht war ihr Freiheitsverständnis moderner, etwa in Bezug auf die Grenzen der Macht des Monarchen, den Schutz des Eigentums und eine auf allgemeiner Zustimmung beruhende Besteuerung. Jedenfalls stellten die Engländer auf die eine oder andere Weise eine direkte Verbindung her zwischen der Dynamik des Kampfs um die Vorherrschaft unter den europäischen Staaten und dem Kampf für die »Freiheit« in ihnen. Deshalb unterstützte Elisabeth I. die Sache sowohl der katholischen als auch der protestantischen holländischen Adligen. Sie wollte verhindern, dass Spanien die totale Kontrolle über die Niederlande und damit die Basis für einen Angriff auf England gewann.

Dass der Protestantismus in Deutschland überlebte, war nicht den Stuarts zu verdanken. Paradoxerweise wurde er nicht nur vom protestantischen Schweden gerettet, sondern auch vom katholischen Frankreich, das die Macht Habsburgs eindämmen wollte. Beide Seiten zwangen sich gegenseitig in einen Stillstand. Im Westfälischen Frieden wurde die Tolerierung der drei großen Konfessionen – der katholischen, lutherischen und reformierten (calvinistischen) – festgeschrieben.[71] Das neue Heilige Römische Reich blieb zwar hierarchisch geordnet, mit einem Kaiser an der Spitze, stellte aber eine komplexe frühmoderne Form der Konkordanzdemokratie dar, in der konfessionelle Fragen – zu denen fast alles von Belang gehörte – nicht durch Mehrheitsentscheidung geklärt werden durften, sondern durch Kompromisse geregelt werden mussten. In den Territorien waren die Herrscher verpflichtet, gewisse Rechte anzuerkennen, einschließlich des Rechts zu konvertieren. Religiösen Minderheiten, die im »Normaljahr« 1624 geduldet worden waren, wurde nicht nur für alle Zukunft Toleranz zugesichert, ihre Angehörigen durften auch nicht von öffentlichen Ämtern ausgeschlossen werden. Diese Vereinbarungen und die Reichsverfassung insgesamt wurden durch zwei äußere Mächte, Frankreich und Schweden, garantiert, zu denen später Russland als formelle und England als informelle, aber sehr aktive Garantiemacht hinzukamen.

Der Krieg in Deutschland endete 1648, bevor England, wie von der siegreichen Parlamentsfraktion gefordert, eingreifen konnte, aber der französisch-spanische Konflikt jenseits des Ärmelkanals ging weiter, und diese Auseinandersetzung wurde durch englisches Eingreifen entschieden. Als Erstes unterwarf Oliver Cromwell Irland, wo mit Unterstützung des Papstes und der Habsburger die katholische Konföderation von Kilkenny die Macht an sich gerissen hatte. Anschließend schlug er die Schotten, bevor er den vom Parlament seit langem geforderten protestantischen Kreuzzug in Europa zu seinem obersten Anliegen machte. Anders als erwartet weigerten sich die Holländer jedoch, ihre kolonialen und kommerziellen Zwistigkeiten mit London um des gemeinsamen Ziels willen hintanzusetzen. Sie wiesen sogar das englische Angebot zurück, als Gegenleistung für ein Bündnis gegen Habsburg das Schifffahrtsgesetz von 1651 aufzuheben, dem zufolge der gesamte Handel mit England englischen Schiffen vorbehalten war. Manche hielten die von den Holländern angestrebte Vormachtstellung im Handel für eine Form der »Universalmonarchie«. So kam es 1653/54 zum militärischen Kräftemessen, das Cromwell für England siegreich beendete. Danach regierte er als Lordprotektor mit quasimonarchischen Vollmachten.

Für das Commonwealth und das Protektorat war der Einsatz für den Protestantismus daher nicht nur eine Fassade für Handelsinteressen und ebenso wenig einfach nur Realpolitik. Dass Cromwell den Herzog von Savoyen wegen der Verfolgung der protestantischen Waldenser zur Rede stellte, war ein erstaunliches Beispiel von »selbstlosem« diplomatischen Engagement. Er organisierte nicht nur die Sammlung einer bedeutenden Summe für ihre Unterstützung, sondern schickte auch einen Sondergesandten nach Turin und ließ eine Flotte auslaufen, um den savoyischen Schiffsverkehr zu stören und im äußersten Fall sogar Nizza anzugreifen. Rein an den Staatsinteressen gemessen, schoss sich Cromwell damit gewissermaßen selbst ins Bein, denn der Herzog von Savoyen war ein potentiell wertvoller Verbündeter gegen Habsburg, dessen Territorien quer über der »spanischen Straße« lagen, der habsburgischen Verbindung zwischen den Niederlanden und der Iberischen Halbinsel. Für Cromwell waren Ideologie und Sicherheit unauflöslich miteinander verbunden: Indem er seinen Glaubensgenossen im Ausland half, schützte er immer zugleich das Reich selbst, auch wenn dies einigen traditionellen oder opportunen diplomatischen Beziehungen zuwiderlief.[72]

1655 begann Cromwell seinen Kreuzzug gegen Spanien. Eine Flotte wurde in die Karibik geschickt, um England die dortigen

Reichtümer zu sichern und Spanien die kolonialen Ressourcen zu nehmen, mit denen es seine europäische Hegemonie aufrechterhielt. Wie der ehemalige westindische Plantagenbesitzer Thomas Gage 1654 bemerkte, waren die »Prosperität und Stärke des Hauses Österreich (Roms wichtigster Kraft und Stütze)« den »amerikanischen [Silber-]Bergwerken« zu verdanken; würden sie »Österreich [den Habsburgern allgemein] genommen, würde Roms Tiara bald hinweggefegt und verrotten«.[73] Es war das gleiche eurozentrische Argument für ein Engagement in Übersee, das im Elisabethanischen Zeitalter erstmals formuliert und unter den frühen Stuarts vom Parlament aufgegriffen worden war. Der Hauptschlag musste jedoch in Europa erfolgen. Zu diesem Zweck schloss Cromwell 1657 ein Bündnis mit Frankreich. Auf sein Drängen versprach der französische leitende Minister, Kardinal Mazarin, die Restriktionen für Hugenotten zu lockern. Ein Jahr später errang das vereinte Heer in der Schlacht in den Dünen einen entscheidenden Sieg über Spanien. Madrid schloss daraufhin 1659 mit London und Paris den Pyrenäenfrieden. England annektierte – fast genau hundert Jahre nach dem traumatischen Verlust von Calais – Dünkirchen als Brückenkopf auf dem Kontinent, von dem aus es seine Interessen in Europa verfolgen konnte. Es schien, als würde England nach Europa zurückkehren.

In weiten Teilen Europas hatten die Kämpfe des 17. Jahrhunderts eine Stärkung des Absolutismus zur Folge, zum einen als Barriere gegen inneren Streit und zum anderen als Schutz gegen Einmischung von außen. Die französischen Generalstände, die kaum mit dem englischen Parlament zu vergleichen waren, wurden nach 1614 nicht mehr einberufen. In Preußen ging Kurfürst Friedrich Wilhelm einen »großen Handel« mit den Ständen ein. Diese hatten fortan mehr Verfügungsgewalt über ihre Bauern, ihr Mitspracherecht allerdings büßten sie weitgehend ein. Wie sich später herausstellte, war damit das Fundament für Preußens Aufstieg zur Großmacht gelegt worden. In England dagegen verlief der Weg zu

Mittelbeschaffung und Mobilisierung um die Mitte des 17. Jahrhunderts über eine ausgeweitete Mitsprache. Die Parlamentspartei im Bürgerkrieg bewies, dass repräsentative Versammlungen sich nicht nur genauso gut wie ein monarchisches System, sondern sogar besser als dieses auf eine wirkungsvolle Strategie einigen und die für ihre Umsetzung nötigen Mittel beschaffen konnten. Ein neuer Staatstyp nahm Gestalt an: extraktiv, konsultativ – auch wenn Cromwells Verhältnis zum Parlament angespannt war –, widerstandsfähig, kreditwürdig und machtvoll.[74] Kurz, Cromwells England hatte gefunden, was die Stuarts so lange vergeblich gesucht hatten: eine innere Ordnung, die in der Lage war, das im nationalen Interesse erforderliche europäische Engagement aufrechtzuerhalten.

Kurz darauf starb Cromwell, und nach einem kurzen Zwischenspiel stellten die Engländer, der inneren Streitigkeiten und äußeren Kriege müde, mit Karl II. als König die Monarchie der Stuarts wieder her. Wie sein Vater und Großvater hatte Karl II. jedoch Mühe, seiner Stimme auf dem Kontinent Gehör zu verschaffen. 1662 verkaufte er Dünkirchen an Frankreich und trug so dazu bei, dass in Gestalt Ludwigs XIV. von Frankreich eine neue Gefahr für das europäische Mächtegleichgewicht und die englischen Freiheiten heranwuchs. Am Ende des Jahrzehnts hatte Ludwig sein englisches Gegenüber förmlich in die Tasche gesteckt: Karl sagte ihm im Juni 1670 im Geheimvertrag von Dover zu, ihn gegen die Niederlande zu unterstützen, wofür Ludwig ihm militärische Unterstützung bei der Wiederherstellung des Katholizismus und der vollen monarchischen Macht in England versprach. Besonders sorgten sich die Engländer um die Integrität des Heiligen Römischen Reichs.[75] 1670 annektierte Ludwig XIV. das zum Reich gehörende Herzogtum Lothringen, wodurch die Verbindung zwischen der Freigrafschaft Burgund (Franche-Comté) und den Habsburger Niederlanden gekappt wurde. Spaniens Machtstellung bröckelte jetzt überall: Dass Spanien und die Niederlande ein Bündnis eingingen, zeigte, wie stark sich die Situation in Europa verändert hatte. 1672 unternahm Ludwig XIV. einen massiven Angriff auf die Vereinigten Niederlande. Er schien unaufhaltsam zu sein.[76] Englands Abwesenheit auf dem Kontinent wurde von vielen Europäern beklagt, die Ludwig im Verdacht hatten, eine katholische »Universalmonarchie« errichten zu wollen. Einer seiner Gegner aus dem französischen Adel verfasste 1669 ein Traktat mit dem Titel *L'Europe esclave si l'Angleterre ne rompt ses fers* (Europa ein Sklave, wenn England nicht seine Ketten bricht), mit dem er vielen auf dem Kontinent aus der Seele sprach.[77]

England selbst war in der Frage des weiteren Vorgehens in Europa und, von dort ausgehend, anderswo in der Welt tief gespalten. Nach Ansicht vieler Torys zum Beispiel ging die größere kommerzielle und ideologische Gefahr von den Niederlanden aus. Manche glaubten auch, die Zukunft der Nation liege in der Ausweitung des Überseehandels, entweder in Amerika oder in der nordafrikanischen Enklave Tanger, die Karl II. neben Bombay durch seine Heirat mit Katharina von Braganza zugefallen war. Dagegen war der Gedanke, dass das europäische Mächtegleichgewicht und die englischen Freiheiten in den Niederlanden und im Heiligen Römischen Reich verteidigt würden, für die »Whigs«, wie sie genannt werden sollten, ein ebenso unumstößliches Axiom wie vor ihnen für die Parlamentarier in den 1620er Jahren.[78] In diesem Sinn warnte Thomas Littleton das Parlament im April 1675 vor der tödlichen Gefahr, die von der »Vergrößerung« von Ludwigs Reich »in Flandern, Deutschland, der Franche-Comté und anderswo« ausgehe.[79] Diese Whig-Kritiker verdammten Übersee-Besitzungen, insbesondere die Tanger-Kolonie, einerseits als Senkgrube von Papsttum und Korruption, vor allem aber als Ablenkung von der eigentlichen Front in Europa. Der Earl of Shaftesbury unterstrich, dass »ausländische [europäische] Protestanten« Vorrang vor allen imperialen Unternehmungen haben sollten, weil sie »der einzige Schutzwall Englands« seien. »[A]uf ihm sollte man Paläste aus

Silber errichten«, fügte er hinzu. Der Herzog von Montagu drückte
es pointierter aus: »Ich würde lieber die Mauren in Tanger sehen als
den Papst in England.«[80]

Der Fall weiterer Bastionen in Deutschland verschärfte die anti-
monarchistische Kritik der englischen Außenpolitik weiter. Insbesondere die Rekatholisierung von Straßburg, das in Whig-Flug-
schriften als »Bollwerk« des deutschen Protestantismus und daher
der englischen Freiheit bezeichnet wurde, erregte die Gemüter.
Sogar manche Torys beklagten den Verlust der »Schlüssel für
Deutschland«.[81] Unter dem offen katholischen Jakob II., der 1685
den Thron bestieg und die koloniale und maritime Politik dem
kontinentalen Engagement vorzog, wurde die Lage noch ange-
spannter. Die beträchtliche Zunahme des Handels und der kolonialen Expansion unter Karl II. und Jakob II. konnte deren Kritiker,
für die Europa an erster Stelle stand, nicht beschwichtigen. Ihre
Sorge wegen der Möglichkeit einer katholischen Erbfolge über die
Kinder aus Jakobs zweiter Ehe mit der katholischen Maria von
Modena nährte die Furcht vor einer katholischen Achse über den
Ärmelkanal hinweg mit Ludwig XIV., die mit Sicherheit die englischen Freiheiten ebenso zerstören würde, wie es die Verbindung
zwischen Maria Tudor und Philipp II. von Spanien (vermeintlich)
getan hatte. Zum zweiten Mal in einem Jahrhundert befand sich
die Stuart-Monarchie in der Europapolitik im Widerspruch zur
politischen Nation.

Als Ludwig XIV. in den späten 1680er Jahren gegen die Pfalz zog,
traf er einen bloßliegenden strategischen und emotionalen Nerv der
Engländer. Ludwigs unaufhaltsamer Vormarsch in Europa veranlasste Wilhelm von Oranien im November 1688, mit einem Heer
nach England überzusetzen. Seiner Überzeugung nach konnte man
erst nach der Wiederherstellung der konstitutionellen Regierung
darauf hoffen, dass England sich an der Verteidigung der europäischen Rechte gegen Ludwig beteiligen würde. Einen Monat nach
der Invasion verkündete er seine Erwartung, »dass dieses Reich

durch ein Parlament nützlich gemacht werden kann, um unseren
Staat [die Vereinigten Niederlande] und seine Verbündeten zu
unterstützen«. Die Invasion, erklärte sein Vertrauter Johann Wilhelm von Bentinck, sei »im Dienste Gottes, zur Verteidigung der
Gesetze von England und der Freiheit dieses Staats und im Interesse von ganz Europa« unternommen worden.[82] Der neue König
Wilhelm von Oranien verstand sich selbst als Anführer von Gottes
internationaler Streitmacht auf Erden, und seine englischen Anhänger, wie der Bischof von Salisbury, Gilbert Burnet, riefen ihre
Landsleute auf, sich nicht auf ihrer Insel zu verstecken, sondern als
protestantisches »Israel« zu handeln: als »ein Licht der Heiden«
durch die Verteidigung der Freiheit und der wahren Religion in
Europa.[83] Mit anderen Worten, die englische »Glorreiche Revolution« von 1688 war ein Produkt des Staatensystems; sie wurde unternommen, um England wieder zu einer gewichtigen Stimme im
europäischen »Konzert« zu verhelfen.

Es folgten zwei Jahrzehnte des intensiven englischen Engagements in europäischen Angelegenheiten. Der Pfälzische Erbfolgekrieg, in dem England mit seinen niederländischen, habsburgischen und anderen Verbündeten gegen Frankreich kämpfte, wurde,
von einigen Nebenschauplätzen wie Irland abgesehen, überwiegend in Flandern ausgefochten. Ziel war es, die Franzosen aus
Deutschland und den Niederlanden fernzuhalten. Er endete 1697
mit dem Frieden von Rijswijk. Nur wenige Jahre später führte die
Frage der spanischen Thronfolge zu einem neuen militärischen
Konflikt. In ihm ging es weniger um Ludwigs XIV. Anspruch auf
das spanische Kolonialreich als vielmehr um die französische Besetzung der Niederlande. 1701 schlossen sich England, die Niederlande und die österreichischen Habsburger zur Haager Großen
Allianz zusammen, die ausdrücklich das Ziel verfolgte, das Gleichgewicht der Mächte in Europa gegen Frankreich zu verteidigen. In
den folgenden rund zehn Jahren kämpften englische Heere überall
auf dem Kontinent, in Spanien, Flandern und Deutschland. Ihr

Befehlshaber, der Herzog von Marlborough, errang in mehreren
berühmten Schlachten große Siege über die Franzosen: bei Höchstädt an der Donau, bei Ramillies und bei Oudenaarde. Laut der
Inschrift auf seiner Siegessäule im Park des Blenheim Palace war er
der Mann, der »das [Deutsche] Reich vor Verwüstung rettete [und]
die Freiheiten Europas sicherte und bekräftigte«.[84] Der Herzog von
Devonshire, ein Whig, bemerkte 1706, Britannien sei jetzt die Insel
der »Freiheit« und habe das »Recht, ganz Europa zu befreien«.[85]

Wieder einmal wurden die Übersee- und die Heimatfront durch
ein europäisches Prisma gesehen. Während des gesamten Kriegs
störten englisch-holländische Flotten den Handelsverkehr der Franzosen und Spanier, um sie, wie eine Anweisung der Admiralität in
London klarstellte, »des Nachschubs von Geld und Silberbarren zu
berauben, auf die sie sich bei der Kriegführung stützen«. 1703 zum
Beispiel wurde in dem Befehl zu einem Angriff auf Havanna das
Ziel betont, »die Familie Bourbon zu schädigen und die Interessen
des Hauses Österreich zu fördern«, das heißt jene von Englands
Habsburger Verbündetem gegen Frankreich.[86] Ein in der Neuen
Welt ausgeführter Schlag richtete sich also in Wirklichkeit gegen
den Feind in der Alten Welt. Ganz ähnlich war der Kampf gegen
Unstimmigkeiten im Inneren unauflöslich mit dem europäischen
Konflikt verknüpft. Das Misstrauen in England gegenüber dem heimischen Katholizismus wurde durch dessen Nähe zum Stuart-
Prätendenten und zu dessen französischen Unterstützern erheblich
vertieft. Wie solche Ängste mit der Aufrechterhaltung der verfassungsmäßigen Grundrechte, auf denen Englands Freiheit und
Stärke beruhten, in Einklang gebracht werden konnten, war bis ins
nächste Jahrhundert hinein eine schwierige Frage und ist es in
unterschiedlicher Weise bis in die Gegenwart geblieben.

Diese europäischen Konflikte prägten den englischen Staat und
die englische Gesellschaft und vollendeten das von Cromwell
begonnene Werk. In den 1690er Jahren überholten die Engländer
die Holländer, die in Sachen innovatives Staatswesen Pioniere

gewesen waren, und errichteten den stärksten und »modernsten« Staat Europas.[87] Von der neu gegründeten Bank von England (1694) und einem hochentwickelten Aktien- und Geldmarkt gestützt, wurden langfristige Staatsschulden eingeführt. Untermauert wurde all dies von einem breiten politischen Konsens zugunsten eines parlamentarischen Regierungssystems und der Ablehnung der Tyrannei im In- und Ausland. Dem Dreijahresgesetz von 1694 zufolge sollten alle drei Jahre Parlamentswahlen stattfinden, und die Abschaffung der Vorzensur machte es möglich, dass politische und kommerzielle Fragen innerhalb und außerhalb des Parlaments frei diskutiert werden konnten. Eine weitgehend unabhängige Presse bediente den unersättlichen Hunger der Öffentlichkeit nach Neuigkeiten über den Kontinent.[88]

Die englische Politik in den 1690er und 1700er Jahren wurde von der Debatte über die beste Kriegführung beherrscht. Euroskeptiker, wie man sie heute nennen würde, stritten sich mit Europhilen. Die Whigs unterstützten die Forderung Wilhelms III. und später seiner Nachfolgerin Anne nach einer direkten militärischen Intervention auf dem Kontinent, während die Torys eine indirekte maritime und koloniale Strategie befürworteten. Über die Notwendigkeit, Ludwig XIV. aufzuhalten, und darüber, dass ein freies Volk für seinen Schutz einen starken und daher kostspieligen Staat brauchte, war man sich jedoch einig.[89] Kurz nach der Glorreichen Revolution erklärte der Tory Edward Seymour, der französische König sei »der Teufel und das Gespenst, das in jedem Parlament umgeht«.[90] »Tut, was nötig ist, um den Krieg fortzuführen«, verlangte das Unterhaus in den 1690er Jahren, »aber tut nichts, was die Verfassung zerstören könnte.«[91] Dies versetzte England in die Lage, atemberaubende Summen für den Kampf gegen Ludwig XIV. aufzubringen, indem es einen großen Teil der Kriegskosten – mindestens ein Drittel – nicht mit Steuereinnahmen, sondern mit langfristigen Schulden deckte. Die »Aussicht, ein freies Volk zu bleiben, während fast die gesamte Welt um uns herum Sklaven sind«, erklärte der Politökonom Charles Davenant 1701 in seinem *Essay upon the Balance of Power,* »wird uns geduldig das Blutvergießen, die Verluste und die Ausgaben ertragen lassen«, die für die Aufrechterhaltung des Gleichgewichts in Europa nötig waren.[92] Die Engländer lebten also nicht nur im freiesten der großen europäischen Staaten, sondern im Verhältnis zu seiner geographischen und demographischen Größe auch im mächtigsten. Möglicherweise war es auch absolut gesehen das stärkste Land.

Der Krieg führte zu einer tiefgreifenden verfassungsmäßigen Veränderung auf den Britischen Inseln. Er bewirkte die Vollendung des modernen britischen Staats.[93] Der Act of Settlement von 1701 bestimmte, dass die Krone an das Haus Hannover – »als Protestanten« – übergehen sollte. Auch die Erbfolge in Schottland wollte das Parlament ein für alle Mal regeln, um den Jakobiten den Wind aus den Segeln zu nehmen und eine Einkreisung Englands durch Frankreich zu verhindern. Allgemein erforderte die Kriegführung gegen Frankreich eine stetig verbesserte Koordination zwischen Norden und Süden. Wirtschafts- und Kolonialpolitik getrennt voneinander zu betrachten und zu betreiben beispielsweise ergab überhaupt keinen Sinn. Kurz vor dem Krieg wäre es wegen der schottischen Kolonie in Darién am Isthmus von Panama beinah zum Schlagabtausch gekommen, während Schottland den Handel mit Frankreich selbst dann fortsetzte, als seine Regimenter in Deutschland und Flandern standen. Viele Torys lehnten die Union ab, aber die Whig-Elite auf beiden Seiten der Grenze war sich trotz aller sonstigen Differenzen darin einig, dass die Eindämmung Ludwigs XIV. an erster Stelle stand. So verabschiedeten die beiden Parlamente 1707 den Act of Union, durch den Schottland eine großzügig bemessene Vertretung in Westminster erhielt sowie sein Rechtssystem und seine nationale Kirche behielt, während es die eigene Außen- und Sicherheitspolitik aufgab. Wie der britische Schriftsteller Daniel Defoe zwei Jahre später anmerkte, bestanden Englands »Überlegungen für die Vereinigung« in »Frieden, Stärke und der Schließung einer Hintertür zu kontinentalem Krieg und Aufruhr von Norden«.[94] In mancher Hinsicht war die Vereinigung eine strategische Vergrößerung Englands und des Parlaments in Westminster, aber sie schuf auch etwas völlig Neues. Die Vereinigung erfolgte zum Zweck der Kriegführung, und der Krieg vertiefte durch die Verfolgung eines gemeinsamen Ziels die Einheit.[95] So wie Europa England geschaffen hatte, schuf es auch das Vereinigte Königreich, das eine Macht blieb, mit der man seither auf dem Kontinent und darüber hinaus in der Welt rechnen muss.

Unterdessen stagnierte die Kriegsanstrengung. Marlborough gelang es nicht, einen entscheidenden Sieg über Ludwig XIV. zu erringen. Angesichts der laufenden Kosten und des Blutvergießens wurden die kritischen Stimmen in der englischen Öffentlichkeit und im Parlament immer lauter. Im November 1709 griff ein Frieden fordernder Mob Gebetshäuser von Dissentern und die Bank von England an. Ein Jahr später wurden die nach Spanien entsandten britischen Truppen bei Brihuega und die von Österreich unterstützten bei Villaviciosa besiegt. Französische Truppen drangen tief in Spanien ein. Da die Whig-Politik des kontinentalen Engagements danach völlig diskreditiert war, entließ Königin Anne ihre Minister und ersetzte sie durch eine Tory-Regierung, die eine maritime und koloniale Politik verfolgte. Wenig später erlitten die Whigs in allgemeinen Wahlen eine schwere Niederlage, die in erster Linie auf die Unzufriedenheit der Öffentlichkeit mit ihrer Gesamtstrategie zurückzuführen war. Die beherrschende Figur der neuen Regierung, Henry St. John, der bald zum Viscount Bolingbroke erhoben werden sollte, hasste sowohl die Holländer als auch die Österreicher. Er machte sich umgehend daran, die Landkriegführung in Flandern zurückzuschrauben, und verschob das Schwergewicht auf Marineoperationen gegen Frankreich in den Kolonien und auf hoher See. In der vielgelesenen Schrift *Das Verhalten der Verbündeten* verspottete der Schriftsteller und Propagandist Jonathan Swift, selbst ein Tory, nicht nur die Whig-Strategie des kontinentalen Engagements, sondern auch den fiskalisch-militärischen Komplex, dem er vorwarf, den Krieg um des persönlichen finanziellen Vorteils willen verlängert zu haben, »jene Klasse von Menschen …, die man die Geldleute nennt; Leute, die durch den Handel mit Börsen- und Staatspapieren ungeheure Summen verdient hatten …; denn ihre beständige Ernte ist der Krieg, und ihr einträglicher Erwerbszweig muss unter einem Friedensschluss sehr leiden.«[96]

Mitte April 1711 verstarb plötzlich Kaiser Joseph I., und ein halbes Jahr später wurde sein jüngerer Bruder Karl, der Kandidat der Großen Allianz für den spanischen Thron, sein Nachfolger. Damit schien die Wiedererrichtung des Reichs Karls V. in greifbare Nähe gerückt zu sein. St. John stellte besorgt fest: »Wenn das Reich und die Herrschaften Spaniens in der Person dieses Prinzen [Karl] vereinigt werden, verändert es das System des Krieges grundlegend.«[97] Die Whigs argumentierten immer noch, die französische Macht sei so groß, dass als Gegengewicht ein vereinigter Habsburger Block vonnöten sei. Aber sie drangen nicht durch. Der Landkrieg in Europa verebbte. Britische Generäle wurden vom Oberhaus offen zurechtgewiesen. Selbst Marlborough wurde im Dezember 1711 entlassen. Immer mehr Männer und Geld wurden aus Flandern abgezogen und nach Übersee umgeleitet. Anfang 1712 hatte Großbritannien seine militärischen Operationen in Europa praktisch eingestellt. Da auch die anderen Kriegsteilnehmer erschöpft waren, verständigten sich Briten und Holländer 1713 mit den Franzosen auf den Frieden von Utrecht. Im März des folgenden Jahres schlossen Frankreich und Österreich den Rastatter Frieden.

Der Friede von Utrecht zielte darauf ab, Frankreich einzudämmen. Seine Bestimmungen sahen vor, es weitgehend aus Deutschland auszuschließen. Die Spanischen Niederlande gingen an Österreich über und bildeten gegen eventuelle französische Ambitionen eine mächtige »Barriere«, zu deren Verteidigung Großbritannien und die Vereinigten Niederlande ausdrücklich verpflichtet wurden.

Durch die hannoversche Erbfolge, die 1714 nach dem Tod des letzten Stuart auf dem englischen Thron, Königin Anne, erfolgte, wurde die britische Stellung in Europa gestärkt. Der neue König, Georg I., war ein geschworener Feind Frankreichs, der entschlossen war, sämtliche kontinentalen Verpflichtungen zu erfüllen. Umgekehrt wurde seine eigene etwas prekäre Position auf dem Thron von den Niederlanden gestützt. Die britischen verfassungsmäßigen Freiheiten waren auf diese Weise explizit mit der Aufrechterhaltung des europäischen Gleichgewichts verknüpft. Dies sollte durch eine Reihe geopolitischer Maßnahmen abgesichert werden. In Italien wurde Ludwig XIV. durch Habsburger Gewinne in der Lombardei in die Schranken gewiesen. Die französische Position im westlichen Mittelmeerraum war durch die anhaltende britische Besetzung des 1704 eroberten Gibraltar, das die Zufahrt zum Mittelmeer beherrschte, und der noch wichtigeren Insel Menorca, von der aus es versorgt wurde, geschwächt. Von der Baleareninsel aus konnte man außerdem das französische Marinegeschwader in Toulon überwachen. Philipp III. wurde als König von Spanien bestätigt, und die Große Allianz ließ ihren katalanischen Verbündeten fallen, aber er musste seinen Anspruch auf den französischen Thron aufgeben. Vor allem jedoch gingen die Spanischen Niederlande an Österreich über, wodurch sie fester in den Eindämmungsring um Frankreich eingebunden wurden.

Der Frieden von Utrecht enthielt auch beachtliche kommerzielle und koloniale Bestimmungen, deren strategische Bedeutung indes wichtiger war als ihr rein ökonomischer Inhalt. Großbritannien annektierte Neufundland und den größten Teil von Neuschottland in Kanada, samt der Fischereiwirtschaft dieser Gebiete, die nicht nur als Nahrungsquelle, sondern auch für die Ausbildung von Seeleuten gebraucht wurde. Außerdem sicherte sich London den begehrten Asiento, das Handelsmonopol mit Südamerika, insbesondere im Sklavenhandel. Dieser wurde jetzt in die Hände der britischen South Sea Company gelegt, welche die Torys 1711 als Gegengewicht zur Bank von England und zur Ostindien-Kompanie gegründet hatten, die beide von den Whigs dominiert wurden. Die neue Gesellschaft sollte nicht nur Gewinne für die Anteilseigner generieren, sondern auch Kapital für Staatsanleihen aufbringen, mit denen eine kraftvolle Außenpolitik finanziert werden konnte. Die Schelde, an welcher der vormals größte Hafen Nordeuropas, Antwerpen, lag, sollte für den Schiffsverkehr gesperrt bleiben, um die Vorherrschaft Amsterdams aufrechtzuerhalten; der wirtschaftliche Erfolg der Niederlande beruhte mindestens so sehr auf diplomatischem Zwang wie auf Konkurrenzfähigkeit. Die auf diese Weise erzielten ökonomischen Gewinne sollten den Holländern helfen, ihre Grenzfestungen mit Garnisonen zu besetzen. In diesem Sinne strebte Bolingbroke einen Handelsvertrag mit Frankreich auch nicht deshalb an, weil er einen pekuniären Zugewinn erwartete oder die Franzosen »einspannen« wollte, sondern weil er überzeugt war, dass Großbritannien im offenen wirtschaftlichen Wettbewerb die Oberhand gewinnen würde. Insofern waren sowohl für die Briten als auch für die Holländer das kommerzielle und das strategische Gleichgewicht in Europa eng miteinander verbunden.[98]

Die Thronfolge Georg Ludwigs von Hannover stand für den Triumph des Parlaments im Vereinigten Königreich in einem Europa, in dem sich die repräsentative Regierungsform auf dem Rückzug befand.[99] Wie erwähnt, waren die französischen Generalstände, ohnehin schon wesentlich schwächer als ihr Londoner Pendant, seit 1614 nicht mehr einberufen worden. Die brandenburgischen Landstände wurden kurz nach dem Ende des Dreißigjährigen Kriegs entmachtet. In Dänemark tagten die Stände 1660 zum letzten Mal, und das Wahlkönigtum wurde in eine Erbmonarchie umgewandelt. Anderswo, beispielsweise in Polen, Schweden, Venedig und der Habsburgermonarchie, gab es zwar weiterhin repräsentative Institutionen, aber sie waren stets gefährdet. Überall wurde der Übergang zum Absolutismus oder wenigstens die Stärkung der fürstlichen Autorität mit der Notwendigkeit des Zusammenhalts gegenüber äußeren Herausforderungen begründet. In England argumentierte man umgekehrt. Dort war die politische Nation überzeugt, dass das Vereinigte Königreich nicht trotz, sondern wegen seines parlamentarischen Systems, auch wenn es mit Mängeln und Fehlern behaftet war, in Europa stark sei.

Auch in anderer Hinsicht war die Hannoveraner Thronfolge bedeutsam. In der Mitte des 15. Jahrhunderts hatte England den traumatischen Verlust fast seines gesamten französischen Reichs und damit seiner Präsenz in Europa hinnehmen müssen, und in den folgenden hundert Jahren hatte es auch die Enklaven Boulogne und Calais sowie das nur kurzzeitig besetzte Dünkirchen räumen müssen. Gegen Ende des 17. und am Anfang des 18. Jahrhunderts waren jedoch neue dauerhafte dynastische und militärische Verbindungen mit Europa geschaffen worden: zuerst in Form der vorübergehenden Personalunion über England und die Vereinigten Niederlande unter Wilhelm III. und dann durch die Personalunion mit Hannover, die wesentlich länger bestehen sollte und, wie wir sehen werden, Großbritannien zu einer norddeutschen Macht werden ließ. Seine Grenze verlief jetzt praktisch nicht mehr am Ärmelkanal, sondern an Elbe und Weser. England – oder das Vereinigte Königreich, dessen dominanter Bestandteil es jetzt war – war unverkennbar wieder ein »Stück des Kontinents«.

3
»Die Bollwerke Großbritanniens«
Das Vereinigte Königreich und der Kontinent im Zeitalter des Absolutismus[1]

Das [Heilige Römische] Reich kann als Bollwerk Großbritanniens betrachtet werden, das uns, wenn es niedergeworfen würde, nackt und schutzlos zurückließe.
Henry Pelham, künftiger britischer Premierminister, 13. April 1741[2]

Wann immer man Frankreich auf dem Kontinent tun lässt, was es beliebt, gibt man ihm freie Hand, und dann könnte eine Invasion dieses Landes [Großbritannien] kein Phantasieprojekt mehr sein. Alle Welt weiß, wie schnell Frankreich in der Zeit Ludwigs XIV. eine ehrfurchtgebietende Flotte aufgebaut hat. Genauso schnell könnte es wiedererringen, was es jetzt verloren hat, wenn es ihm freistünde, alle seine Unternehmungen und Männer für diesen Zweck zu nutzen.
William Pitt d. Ä., 1761[3]

Großbritannien hatte Europa 1713 durch den Frieden von Utrecht den eigenen Interessen gemäß geformt. Bald sollte jedoch deutlich werden, dass es ein System für den Umgang mit den Gefahren der Vergangenheit, die im Allgemeinen von Frankreich ausgingen, geschaffen hatte, nicht aber für den Kampf gegen die Gefahren der Zukunft. Die neuen Herausforderungen sollten künftig aus verschiedenen Richtungen kommen. Zunächst von Spanien, das den Verlust seiner Mittelmeergebiete nicht verwinden konnte, dann in den 1720er Jahren von den ehrgeizigen Plänen Kaiser Karls V. und im folgenden Jahrzehnt von einem wiedererstarkten Frankreich und den aufsteigenden Mächten im Osten, Preußen und Russland. Die Vereinigten Niederlande, ein alter Verbündeter, befanden sich im Niedergang und erwiesen sich als unfähig, ihre bisherige Funktion als »Barriere« zu erfüllen. Großbritannien passte sich der neuen Lage rasch an. In den folgenden fünfzig Jahren drohte es bei zahlreichen Gelegenheiten mit Krieg und führte ihn zuweilen auch. Zugleich eröffnete es eine neue Runde des Bündnisschmiedens, was eine Zeitlang sogar Frankreich einschloss. Spanien war in den ersten beiden Jahrzehnten des Jahrhunderts eingedämmt und wurde in der Mitte des Jahrhunderts in zwei großen Kriegen besiegt. Russland war abgeschreckt. Karl VI. schied ohne Krieg aus. Preußen wurde kooptiert. Frankreich wurde im Österreichischen Erbfolgekrieg (1740–1748) daran gehindert, die habsburgischen Lande auseinanderzureißen, und im Siebenjährigen Krieg (1756–1763) vernichtend geschlagen. In all diesen Fällen arbeitete Großbritannien eng mit seinen Verbündeten zusammen. Außerdem baute es ein neues Reich in Übersee auf, das sein Gewicht in Europa vergrößern sollte. Wie stets war das britische Engagement auf dem Kontinent umstritten, und es gab eine lautstarke Gruppe von »Euroskeptikern«, wie wir sie heute nennen würden, die eine stärker maritim und kolonial ausgerichtete Politik forderten. Der Konsens blieb jedoch die Verteidigung der »Freiheit und Ruhe Europas«, auf denen die Sicherheit und Freiheit des Vereinigten Königreichs beruhte.

Die britische Elite kannte Europa und lernte es im Lauf des 18. Jahrhunderts noch besser kennen. Eine beträchtliche Zahl von Briten hatte im Krieg der Großen Allianz gegen Ludwig XIV. dort gekämpft und tat es in den 1740er und 1750er Jahren wieder.[4] Einige studierten dort, wie William Pitt d. Ä., der eine Zeitlang die Utrechter Universität besuchte. Viele mehr unternahmen die »Grand Tour«.[5] Britische Staatsmänner begleiteten den König regelmäßig nach Hannover.[6] Britische Zeitungen und importierte ausländische Zeitungen berichteten ausführlich über das Geschehen auf dem Kontinent.[7] Daher war die britische Elite ausgesprochen gut informiert. Im Parlament trat dies deutlich zutage, wo – zumindest vor 1760 – peinliche Fehler oder manifeste geographische Ignoranz selten waren.[8] Zugleich waren die Akteure der britischen Außenpolitik des frühen 18. Jahrhunderts in vieler Hinsicht Teil einer breiteren europäischen Elite. Zwei der bekanntesten damaligen Experten, Luke Schaub und François Saint-Saphorin, waren im Ausland geboren und fassten die Berichte, die sie von ihren diplomatischen Posten nach London sandten, für gewöhnlich in Französisch ab. Was den Letzteren anging, so mussten englische Dokumente ins Französische übersetzt werden, damit er sie lesen konnte. Nur wenige britische Staatsmänner waren in Sachen Sprache und Kultur Europas so bewandert wie Lord Carteret, aber die meisten konnten sich auf Französisch verständigen.[9]

Das zeitgenössische englische Vokabular spiegelte die zentrale Rolle Europas wider, am auffälligsten bei der Benutzung der Worte »empire« und »electorate«. Ihre heutige Bedeutung erhielten diese Begriffe im 19. Jahrhundert. Wenn Engländer des 18. Jahrhunderts vom »empire« sprachen, meinten sie kein Weltreich, in dem die Sonne nicht untergeht, sondern das Heilige Römische Reich.[10] Und mit »electorate« war keine Wählerschaft gemeint, deren Stimmen britische Politiker gewinnen wollten, sondern das Kurfürstentum Hannover, mit dem Großbritannien dynastisch verbunden war und in das der König und »elector« (Kurfürst) regelmäßig reiste. Als der Höfling und Tagebuchschreiber Lord Hervey von Königin Caroline sagte, »wann immer es um die Interessen Deutschlands und die Ehre des Reichs ging, waren ihre Gedanken oftmals derart reichsbezogen, als käme England überhaupt nicht in Betracht«,[11] bezog er sich natürlich nicht auf Überseebesitzungen, sondern auf Mitteleuropa. Ganz ähnlich hatte der Herzog von Newcastle, als er von den »Freiheiten des Reichs, im Gegensatz zu Frankreich«, sprach,[12] die deutschen Fürsten im Sinn. Kurz, die britischen Staatsmänner des 18. Jahrhunderts lebten, jedenfalls vor 1760, immer noch in einer eurozentrischen Welt.

Natürlich gab es auch Gegner des auf Europa ausgerichteten strategischen Konsenses, die eine maritime und insulare Politik an seine Stelle setzen wollten.[13] Wie gesehen, war es keine neue Debatte, aber in den 1730er Jahren brach sie im Zusammenhang mit dem in der Öffentlichkeit und im Parlament erhobenen Ruf nach einem Seekrieg gegen Spanien mit neuem Furor aus.[14] Konkret wurden Rache für die Verstümmelung eines britischen Seemanns namens Jenkins durch die spanische Küstenwache, die Plünderung des spanischen Überseereichs und die Befreiung der unterdrückten Indianer gefordert, aber im Grunde ging es darum, die maritime Bestimmung Großbritanniens zu unterstreichen. Der ehemalige Minister und Erz-Tory Bolingbroke fasste diese Einstellung 1738 in seiner Schrift *Das Bild eines patriotischen Königs* zusammen: »Großbritanniens geographische Lage, Volkscharakter und Staatsform stempeln es für Handel und Gewerbe … Das Meer ist unsere Grenze, Schiffe [sind] unsere Festungen, und die Seeleute, die Handel und Gewerbe allein versorgen können, sind die Besatzung zu ihrer Verteidigung.« Großbritannien, fuhr er fort, sei eine Insel. Es sollte sich aus Kriegen auf dem Kontinent heraushalten; sein »fortgesetztes Bestreben« müsse sein, seine »natürliche, d. h. … maritime Macht zu fördern … Gleich anderen Amphibien«, schloss er, »kommen wir von Zeit zu Zeit aufs Land; aber unser eigentliches Element ist das Wasser, und in ihm sind wir wie jene am allersichersten und am allerstärksten.«[15] In der Zeit nach 1714 bildeten diese Themen den Haupttenor der Gegner eines britischen Engagements in Europa. An die im späten 17. Jahrhundert begründete »euroskeptische« Tradition anknüpfend, verdammten sie die Verwicklung in kontinentale Angelegenheiten als nutzlos und unbritisch.[16]

Es überrascht daher kaum, dass allein schon die Idee eines europäischen Gleichgewichts unter Einbeziehung Großbritanniens umstritten war. Robert Walpole bemerkte im Januar 1734 mit einer gewissen Bitterkeit:

»… nach der Art, wie manche Gentlemen reden, könnte man meinen, Englands Minister seien Minister Europas … Wenn irgendwelche unvorhergesehenen Unglücksfälle, wenn die Ambitionen irgendeines ausländischen Fürsten oder das Fehlverhalten irgendeines ausländischen Gerichts irgendwelche bedauerlichen Auswirkungen haben oder irgendwelche Schwierigkeiten oder Erschütterungen in Europa hervorrufen, wird es augenblicklich Englands Ministern aufgebürdet; als hätten sie das Übel angerichtet und müssen nun dafür geradestehen.«[17]

»Das Gleichgewicht Europas«, erklärte der Earl of Halifax, ein Walpole-Gegner, Whig-Höfling und überzeugter Kolonialist, ein Jahr später, »hat einen mächtigen Klang, den viele, die seine Bedeutung anscheinend noch nicht kannten oder erwogen hatten, ausgenutzt haben, um diese unglückliche Nation auszuplündern und Subsidien für Nachbarmächte herauszuschlagen.«[18] William Pitt d. Ä. äußerte sich, während er in der Opposition war, ähnlich.[19]

Vorherrschende Meinung in der Elite war jedoch, dass Großbritannien ein integraler Bestandteil Europas sei und sich von den europäischen Entwicklungen nicht ausschließen könne und solle. Dem lagen zum Teil wirtschaftliche Interessen zugrunde, da der Handel mit Europa denjenigen mit der übrigen Welt bei weitem übertraf. »Niemand von Verstand und Integrität«, bemerkte Lordkanzler Earl of Hardwicke im November 1755, »würde sagen, dass man sich vom Kontinent ganz abtrennen könne. Ein Handelskönigreich muss Verbindungen dorthin haben.«[20] Der Hauptgrund für die europäische Ausrichtung war jedoch strategischer Art.[21] Zu dieser Haltung hatten die Engländer während der Kriege der Großen Allianz (1688–1713) gefunden, als England – ab 1707 Großbritannien – im Zentrum der europäischen Anstrengungen im Kampf gegen Frankreich stand. 1716 zum Beispiel verurteilte der Earl of Sunderland die »alte Tory-Vorstellung, England könne sich selbst versorgen, was immer aus dem übrigen Europa werden möge«, als eine, die »zu Recht seit der Revolution [von 1688] geplatzt« sei.[22] 1752 rechtfertigte der Herzog von Newcastle die finanzielle Unterstützung des Kurfürsten von Sachsen damit, dass Großbritannien sich nicht nur auf die »Holzwälle« der Flotte verlassen sollte.[23] Ein Jahr später drängte William Pitt, jetzt als Regierungsmitglied, das Parlament, es müsse »so weit gehen, wie die Interessen dieses Landes mit denjenigen der Mächte auf dem Kontinent verbunden sind, denn sie sind verbunden«.[24]

Aus dieser Sicht genügten die Insellage und die »Holzwälle« der Flotte nicht, um Großbritannien vor den Folgen von Veränderungen des europäischen Gleichgewichts zu schützen. 1742 wies der Parlamentsabgeordnete John Perceval die »neue Doktrin« zurück, die »seit einigen Monaten gelehrt und verbreitet wird, dass das, was auf dem Kontinent geschehe, für diese Nation nicht wichtig sei; dass dieses Land eine Insel sei, die hinter ihren eigenen natürlichen Grenzen verschanzt sei und allen Stürmen in der übrigen Welt in Sicherheit und unberührt zuschauen könne«. Zwei Jahre später warnte er, wenn es Frankreich gelinge, »ganz Europa« in »universale Knechtschaft« zu nehmen, werde »unsere Lage als Insel niemals ein Ausgleich für unsere Lage in einer solchen Nachbarschaft sein können«.[25] Carteret hieb in die gleiche Kerbe, indem er diejenigen abkanzelte, die dazu aufforderten, »alle Probleme und Wirren auf dem Kontinent zu ignorieren und unsere Insel nicht zum Ziel von Feinden zu machen, sondern unserem Handel und unseren Vergnügungen nachzugehen«. Denn »unsere eigene Unabhängigkeit« sei eng mit den »Freiheiten des Kontinents« verknüpft.[26]

Dem lag zugrunde, dass die Briten des 18. Jahrhunderts – von Marine-Enthusiasten abgesehen – ihr Land geopolitisch nicht als Insel betrachteten. Noch konnte man sich nicht vollständig auf die Marinetechnologie verlassen und darauf setzen, dass eine Invasionsstreitmacht auf See abgefangen würde.[27] Darüber hinaus war Großbritannien seit 1714 aufgrund der Personalunion mit Hannover ein Staatenverbund, dessen Grenzen sowohl an Ärmelkanal, Atlantik und Nordsee als auch in Norddeutschland verliefen. Hannover, beklagte sich der Earl of Chesterfield, ein oppositioneller Whig-Peer, in einem berühmten Pamphlet, »hat uns des Vorteils beraubt, eine Insel zu sein«.[28] Tatsächlich sollte man Großbritannien in dieser Zeit richtiger »Hannover-Britannien« nennen.[29] Es war eine symbiotische Beziehung, da der König und oft auch seine Minister dazu neigten, die britischen und die Hannoveraner Interessen in eins zu setzen.

In vertraulichen Korrespondenzen und öffentlichen Äußerungen wird dies gleichermaßen deutlich. Viscount Townshend, damals Secretary of State for the Northern Department, erklärte Anfang der 1720er Jahre, es sei offensichtlich, dass »die Interessen Seiner Majestät als König und Kurfürst untrennbar sind und dass seine deutschen Angelegenheiten nicht Schaden nehmen können, ohne seine Regierung hier zu schwächen«. Sogar wenn »Seine Majestät zwei Charaktere/Identitäten hätte, wäre er dieselbe Person und hätte folglich dieselben Interessen«. Drei Jahre später erinnerte Townshend seinen Briefpartner: »[W]ir dienen alle einem Herrn, und die britischen wie die deutschen Minister müssen seinen Befehlen gehorchen …«[30] In den frühen 1740er Jahren bekräftigte Lord Carteret, dass man das »gesamte Gewicht und alle Macht« Großbritanniens zur Verteidigung der »deutschen Lande« des Königs aufbieten werde, »solange sie in der großen und allgemeinen Sache mit England verbunden sind«.[31] Ganz ähnlich erklärte der Earl of Hardwicke während des Siebenjährigen Kriegs, die »Angelegenheiten von Großbritannien und Hannover [seien] gemischt und verschränkt«.[32] Tatsächlich lehnten es britische Staatsmänner, als sie 1726, 1741 und 1757 Gelegenheit dazu hatten, überwiegend aus strategischen Gründen ab, Hannover zu neutralisieren. Hannover war in eine gemeinsame europäische Strategie eingebunden – manche sagten auch, ihr untergeordnet.[33] Britische und Hannoveraner Diplomaten arbeiteten, wenn auch nicht immer reibungslos, während der gesamten hier behandelten Zeitspanne eng zusammen, insbesondere unter Townshend in den 1720er und während der Partnerschaft von Newcastle und Münchhausen in den späten 1740er und frühen 1750er Jahren.[34] Kurz, Großbritannien besaß, wie der Tory Baron Bathurst es ausdrückte, einen »naturalisierten Anteil am deutschen Reich auf dem Kontinent«.[35] Anders gesagt, es wurde geographisch und strategisch nicht als Insel, sondern als europäischer Staat wahrgenommen.

Nach Ansicht der meisten Briten hatte ihr Land selbstverständlich die Hauptrolle bei der Aufrechterhaltung des Mächtegleichgewichts zu spielen.[36] Darüber hinaus erhielt sich das Gleichgewicht nicht selbst; es erforderte ein aktives britisches Management. »[O]bwohl alle Nationen Europas in gleicher Weise wie wir am Erhalt des Mächtegleichgewichts interessiert sind«, bemerkte ein Parlamentsabgeordneter Mitte der 1730er Jahre, »mögen einige von ihnen für ihre eigenen Interessen blind sein; nein, sehr wahrscheinlich wird es immer welche geben, die es sind.« Deshalb sollte Großbritannien nicht vernachlässigen, »was für seine eigene Sicherheit nötig« sei, oder sich weigern, seinen Teil zur Aufrechterhaltung des Gleichgewichts beizutragen. Seine Aufgabe sei es, Europa dazu zu bringen, seine eigenen Interessen zu erkennen. Lord Cholmondeley erklärte im April 1741 im Oberhaus, Großbritannien müsse Europa einen: »[S]olange wir nicht die Führung übernehmen, wird keine andere Macht sich rühren.« Mit ganz ähnlicher Begründung rechtfertigte der Whig-Abgeordnete Thomas Winnington im April 1742 die Entsendung von Truppen nach Flandern: Dies würde zeigen, »dass wir nicht nur willens, sondern auch bereit sind, uns mit jenen anderen Mächten in Europa zusammenzuschließen, die ein ebenso großes Interesse haben und in gleicher Weise darum besorgt sein sollten, das Gleichgewicht der Mächte in Europa aufrechtzuerhalten«.[37]

Großbritannien war aber nicht nur dazu berufen, das europäische Mächtegleichgewicht zu bewahren, es hatte auch ein klares Interesse daran. Nach Ansicht britischer Diplomaten, Staatsmänner und Abgeordneter stand nur dieses Gleichgewicht zwischen der britischen Freiheit und der Gefahr einer »Universalmonarchie«, die nicht nur den britischen Handel zugrunde richten, sondern auch die Rückkehr der Stuarts und die Rücknahme der Ergebnisse der Revolution von 1688 mit sich bringen würde. Die Jakobiten konnten und sollten im Innern bekämpft werden, aber das beste Mittel, sie in Schach zu halten, bestand darin, das allgemeine Gleichgewicht der Mächte abzustützen. Carteret erklärte im Dezember 1741, auf dem Höhepunkt des erneuten Aufschwungs der französischen Macht in Europa, die »Freiheit und Ruhe Europas ist fast verloren; danach werden auch wir die unsere nicht mehr lange behalten«.[38] Aus diesem Grund wurden die »Freiheiten Europas« und die »protestantische Sache« häufig in einem Atemzug genannt. Die Sorge um das europäische Gleichgewicht brachte die Briten, wenn auch widerstrebend, dazu, ihre Vorbehalte gegen ein stehendes Heer hintanzustellen, tief in die Tasche zu greifen und den Mutiny Act alljährlich zu bestätigen, der es erlaubte, ein stehendes Heer zu unterhalten und kontinentalen Mächten Subsidien zukommen zu lassen.

Robert Walpole, der die britische Politik in den beiden Jahrzehnten vor 1740 dominierte, nahm in dieser Frage eine bedeutende Ausnahmeposition ein. In der Innenpolitik ein Whig, war er in der Außenpolitik ein Tory, als der er beispielsweise verhinderte, dass Großbritannien am Polnischen Thronfolgekrieg teilnahm. Dennoch wurde die Außenpolitik während seiner langen Vorherrschaft in der Regel von den eher interventionistisch denkenden zuständigen Ministern, insbesondere Newcastle, Townshend und Carteret, und vom König bestimmt. Aber auch Walpole selbst stand Hannover weniger feindselig und Europa weniger ignorant gegenüber, als manchmal unterstellt wird.[39]

Die Verteidigung des Mächtegleichgewichts war im 18. Jahrhundert ein zentrales und häufig beherrschendes Thema der britischen Innenpolitik. Dass er sie nicht gewährleistete und die britischen

Verbündeten auf dem Kontinent nicht bei der Stange gehalten hatte, kostete Bolingbroke nach dem Frieden von Utrecht sein Amt. Während der 1730er Jahre nahm in Öffentlichkeit und Parlament die Opposition gegen Walpoles Beschwichtigungspolitik in Europa stetig zu. Rückschläge im Überseekrieg gegen Spanien erschütterten seine Regierung, aber als tödlich erwies sich das Missmanagement in Bezug auf das europäische Mächtegleichgewicht. Im Februar 1741 debattierte das Parlament über einen »Antrag über die Absetzung von Sir Robert Walpole«, in welchem dem Premierminister vorgeworfen wurde, »im Lauf [seiner] Amtszeit [seien] das Mächtegleichgewicht in Europa zerstört, das Haus Bourbon gestärkt … und das Haus Österreich herabgesetzt« worden. Die Vorwürfe wogen schwer, da Fehler in äußeren Angelegenheiten, wie ein Kritiker erläuterte – Lord Carteret, selbst ehemaliger Außen- und künftiger Premierminister –, schlimmer seien »als Fehler in der Innenpolitik, weil man sie nicht mehr korrigieren kann«. In den folgenden zwei Jahren wurde Walpoles Stellung von einer ganzen Reihe solcher Angriffe erschüttert, von denen viele nicht nur den Zweck hatten, ihn zu stürzen, sondern den Weg ebnen sollten, ihn seines Amtes zu entheben und, wenn möglich, sogar einzukerkern oder hinzurichten. Er, »der Tausende ins Grab gebracht« habe, zog der junge Whig-Hitzkopf William Pitt vom Leder, »der mit ausländischen Mächten gegen sein Land zusammengearbeitet« habe, sollte nicht bloß seines Amts und seiner Ehre verlustig gehen, sondern auch »seines Lebens«.[40] Nachdem die Kaiserkrone dem von Frankreich unterstützten bayerischen Kurfürsten und Herzog Karl Albrecht zugefallen war, wurde Walpoles Position unhaltbar, und er trat im März 1742 zurück. Für eine offizielle Untersuchung und wahrscheinliche rechtliche Sanktionen fehlten nur wenige Stimmen. Letztlich war er der Kultur der Intervention in Europa zum Opfer gefallen.

Tatsächlich hingen Aufstieg und Fall der meisten britischen Regierungen des 18. Jahrhunderts mit ihrer Haltung zu Europa zusammen. Auch Walpoles Nachfolger, Lord Carteret, stürzte über seine Deutschlandpolitik, zum einen wegen umstrittener Zahlungen für Hannoveraner Truppen in britischen Diensten und zum anderen wegen der misslungenen Eindämmung Friedrichs II. von Preußen. Ein Jahrzehnt später, während des Siebenjährigen Kriegs, bei dem es für Großbritannien zunächst sehr schlecht lief, wiederholte sich dieses Muster. Die Kritik an der Regierung des Herzogs von Newcastle nahm mit jeder Niederlage im Jahr 1756 zu. Als Menorca verlorenging, geriet die Regierung in ein Sperrfeuer aus Pamphleten und anderen kritischen Breitseiten, die ihr die Vernachlässigung des europäischen Mächtegleichgewichts vorwarfen. Am Jahresende führte die Unruhe zur Bildung einer neuen Regierung unter Einbeziehung des Vorkämpfers der Opposition, William Pitt, dessen lange Vorherrschaft auf seiner geschickten Synthese aus kontinentaler und kolonialer Strategie beruhte.

Wie in den vorangegangenen Jahrhunderten lösten die Kriegsgeschicke regelmäßig moralische Panik aus. In den 1730er Jahren führte die Sorge über die Stärkung der französischen Macht zur Ablehnung kontinentaler Weine und Opern. Letztere betrachteten viele als eine unmännliche und unbritische Kunstform. Eine weitere Runde der Selbstbefragung folgte in der unglückseligen Anfangsphase des Siebenjährigen Kriegs. Laut *Harrop's Manchester Mercury* vom August 1756 war »der unmittelbare Verlust, den wir im Mittelmeer erlitten haben [der Verlust von Menorca], … ein lauter Weckruf, aus dem Luxus und der Selbstsucht, Extravaganz und Gleichgültigkeit aufzuwachen«.[41] Ein Jahr später verdammte Jonas Hanway den Tee als orientalisches Sündengebräu, das den Engländern die Lebenskraft raube. »Waren es Söhne von Teetrinkern«, fragte er, »die die Schlachten von Crécy und Azincourt gewannen und die Donau [bei Höchstädt] mit gallischem Blut rot färbten?«[42] Andere führten die schlechte Leistung auf die Ungleichheit zwischen den Klassen zurück: Henry Home, Lord Kames, warf dem Privatschulsystem vor, den Jungen keinen »Patriotismus«

beizubringen.[43] In einem vielgelesenen Traktat gab Reverend John Brown einer »eitlen, verschwenderischen, selbstsüchtigen Verweichlichung« die Schuld an der Demütigung Großbritanniens in Europa.[44] Rettung konnte, diesen Kritikern zufolge, nur eine tiefgreifende moralische Erneuerung bringen, ergänzt durch den Aufbau einer wahrhaft inklusiven nationalen Landwehr, in welcher der neue männliche Geist Ausdruck finden würde. Diese militärische Perspektive wurde dann zu der Forderung nach größerer (männlicher) politischer Partizipation erweitert. »Jeder Untertan, jeder Mann«, predigte William Williams 1757, »ist ein Soldat.«[45] In dem 1757 verabschiedeten Militia Act spiegelte sich dieses Denken wider. Außerdem wurde der Staat immer nachdrücklicher aufgefordert, sich besser um die medizinische Versorgung des knappen Reservoirs an Männern zu kümmern, da sie in den Feldzügen in Übersee schwer unter Krankheiten litten und »in der Wildnis von Deutschland nach und nach verrottet[en]«.[46]

Während eines großen Teils des 18. Jahrhunderts, zumindest zwischen den 1730er und 1770er Jahren, ging nach Ansicht britischer Staatsmänner die Hauptgefahr für das europäische Gleichgewicht der Mächte von Frankreich aus. In den 1720er Jahren fürchteten jedoch viele österreichische, spanische und sogar russische Ambitionen auf eine »Universalmonarchie« oder wenigstens eine regionale Hegemonie in Schlüsselregionen wie dem Ostsee- oder dem Mittelmeerraum. Abgesehen vom orthodoxen Russland waren die Gegenspieler katholisch. Zwar gehörten Antipapismus, Protestantismus und Mächtegleichgewicht im zeitgenössischen Denken eng zusammen, aber die »Universalmonarchie« war im Wesentlichen ein politischer und kein konfessioneller Begriff. Immerhin war er im 17. Jahrhundert auch auf die protestantischen Niederlande angewandt worden, und Bündnisse mit katholischen Großmächten, vor allem mit Österreich, aber auch mit Frankreich, hatte er auch noch nie verhindert.[47] Das nationale Interesse Großbritanniens war jetzt ein säkulares Konzept, in dem die religiösen Konnotationen der vorangegangenen Jahrhunderte der Betonung der politischen Freiheit gewichen waren.

Wie im 17. Jahrhundert, als Cromwell die Waldenser gegen seinen Verbündeten Savoyen unterstützt hatte, stellte die britische Außenpolitik manchmal aber auch die Ideologie über die reine Staatsräson. Während des Österreichischen Erbfolgekriegs warf Kaiserin Maria Theresia den böhmischen Juden vor, sie würden mit Preußen kollaborieren, witterte in ihnen eine potentielle fünfte Kolonne und ordnete 1744 ihre Vertreibung aus Prag an. Dies löste die erste grenzüberschreitende Mobilisierung einer jüdischen Öffentlichkeit aus, die zu einer Flut von Petitionen und Protesten von Kaufleuten und Gemeinden aus ganz Europa führte. Sie waren nicht nur an die Kaiserin gerichtet, sondern auch an die Mächte, die in der Lage waren, Einfluss auf sie auszuüben. In einem Schreiben an den englischen König erklärten die Juden Londons, die Vertreibung werde sich »in ihren Folgen als dem wahren Interesse der gemeinsamen Sache [Englands und Habsburgs im Kampf gegen Frankreich] entgegengesetzt und abträglich erweisen«. Daraufhin ließ Außenminister Lord Harrington Wien übermitteln, dass Georg II. ihre Beendigung wünsche.[48] Dies stieß anfangs auf taube Ohren, doch Maria Theresia gab bald nach, und die vertriebenen Juden konnten zurückkehren. Es war die erste, wenn auch nur teilweise erfolgreiche humanitäre Intervention Großbritanniens zugunsten einer nichtchristlichen Gruppe.

All dies erforderte von den britischen Staatsmännern und Diplomaten ein hohes Maß an gedanklicher Flexibilität. Zumeist war es sinnvoll, die territoriale Beschaffenheit Europas als ein System von Barrieren zur Eindämmung Frankreichs zu betrachten. Die beiden Bourbonen-Höfe in Madrid und Versailles mussten um jeden Preis getrennt gehalten werden; nie wieder durfte der französische König verkünden können, wie es Ludwig XIV. einst getan hatte, dass es »keine Pyrenäen« mehr gebe. Piemont-Savoyen musste gestärkt werden, um Frankreich aus Italien herauszuhalten; die österreichische

Präsenz dort musste unterstützt werden. Die britische Anwesenheit in Gibraltar und insbesondere auf Menorca diente dazu, sowohl Spanien als auch Frankreich Einhalt zu gebieten. Deshalb war der Verlust von Neapel und Sizilien an die spanischen Bourbonen nach der Niederlage der Habsburger im Polnischen Thronfolgekrieg ein schwerer Schlag für die britische Europapolitik, in erster Linie, weil es die Eindämmung französischer Vorstöße nach Italien erschwerte, aber auch, weil es die österreichische Machtstellung generell und daher das Gleichgewicht als Ganzes untergrub.

Mitteleuropa war ebenso wichtig, wenn nicht noch wichtiger. Auf den ersten Blick mag dies überraschen. Eine ständige diplomatische Akkreditierung besaß Großbritannien nur in den beiden größten deutschen Staaten, Österreich und Preußen,[49] und die Art der Vertretung wechselte.[50] Tatsächlich war das Heilige Römische Reich ein wichtiger Pfeiler des europäischen Systems; seine Integrität gegen ein französisches Eindringen zu bewahren, gehörte zu den Prioritäten von Whitehall. »Das Reich«, erklärte der künftige Premierminister Henry Pelham im April 1741 und meinte damit selbstverständlich kein Kolonialreich, »kann als Bollwerk Großbritanniens betrachtet werden, das uns, wenn es niedergeworfen würde, nackt und schutzlos zurückließe.« Ganz ähnlich hob der Abgeordnete George Doddington hervor, Frankreich wisse »sehr gut, dass das Deutsche Reich, wenn es geeint ist, zu mächtig ist, um es mit ihm aufzunehmen«.[51] Ausschlaggebend für diese Einigkeit war eine starke Führung durch den Kaiser.[52] »Es ist im allgemeinen Interesse Europas«, betonte der Herzog von Newcastle, der sowohl Außen- als auch Premierminister war, Mitte der 1740er Jahre, »dass die Kaiserkrone fest an das Haus Österreich gebunden wird, was die jüngste Erfahrung, denke ich, zur Genüge gezeigt hat. Ein schwacher Kaiser wird (und muss früher oder später) ein französischer Kaiser sein.«[53] Dementsprechend entsetzt war die britische Elite, als Lothringen, das viele als Außenwerk des Reichs betrachteten, an Frankreich verlorenging.[54]

Die aus diesem Interesse folgende Vertrautheit britischer Politiker mit der Komplexität des Heiligen Römischen Reichs ist gut dokumentiert. So war Lord Townshend in den 1720er Jahren als Außenminister gezwungen, sich mit den Verästelungen des *privilegium de non appellando* – des Rechts von Territorialfürsten, ihren Untertanen zu verbieten, bei einer höheren Instanz Berufung gegen Gerichtsentscheidungen einzulegen – und anderen verschlungenen Reichsangelegenheiten zu befassen. Bei einer Gelegenheit musste jedoch selbst Townshend sich geschlagen geben. »Ich gestehe«, bemerkte er in Bezug auf die Versessenheit Georgs I. auf die Investitur mit den Herzogtümern Bremen und Verden, »dass ich die Gesetze des Reichs und insbesondere dessen Verfassungsstruktur nicht gut genug kenne.«[55] Er kannte sie allerdings gut genug, um sein eigenes Unwissen zu erkennen; möglicherweise hat er seinen Herrn aber auch nur taktvoll darauf hingewiesen, dass diese Frage eine hannoverische und keine britische Angelegenheit sei. Für William Pitt d. Ä. war es eine Selbstverständlichkeit, seinem Neffen in Cambridge die Schriften des deutschen Rechtsgelehrten Samuel von Pufendorf zu empfehlen. Ein anderes gelehrtes Werk »in Bezug auf das Reich von Deutschland« pries er als »in seiner Art bewundernswertes Buch, das von höchster Autorität in stark umstrittenen Fragen zeugt«.[56] Auch in den relevanten Parlamentsdebatten bewies Pitt, zumindest wenn es ihm passte, dass er mit der deutschen Politik vertraut war.[57]

Unmittelbar auf der anderen Seite des Ärmelkanals lag die »Barriere«, ein Ring von mit niederländischen Soldaten besetzten Festungen, die von den österreichischen Habsburgern im heutigen Belgien Rückendeckung erhielten, um zu verhindern, dass französische Truppen in Flandern einfielen und in die Vereinigten Niederlande vorstießen. Der fortschreitende Niedergang der Holländer zu Beginn und in der Mitte des 18. Jahrhunderts und das stetig nachlassende Interesse Österreichs am Bestand der »Barriere« wirkte sich seit den 1730er Jahren tiefgreifend auf das Nachdenken der britischen

Elite über Europa aus.[58] Gegen Ende des Österreichischen Erbfolgekriegs erklärte ein amtlicher Pamphletist, »diese Insel würde zum
Kriegsschauplatz, wenn unsere Außenwerke auf dem Kontinent
einst ganz in den Besitz des Feindes übergingen«.[59] In diesem
Zusammenhang war die Wortwahl bedeutsam: Die erste Verteidigungslinie war nicht der Ärmelkanal – der »Graben, der das Haus
verteidigt«, als den ihn Shakespeare und die Verfechter der maritimen Strategie sahen –, sondern das Festland. Zehn Jahre später
beklagte Newcastle, das »große System« sei dabei, »sich aufzulösen –
der Wiener Hof treibt die Republik [der Vereinigten Niederlande]
und mit ihr dieses Land, so schnell er kann, von sich fort«. Wenn
die Niederländer ihre Garnisonen aus den Barrierestädten abzögen,
wäre »das auf der Großen Allianz gegründete System am Ende«.[60]

Das größte Hindernis für die Herausbildung eines britischen
strategischen Konzepts für Europa bestand jedoch nicht in der Hin-
fälligkeit der Barriere, sondern darin, dass sie überflüssig war. Am
deutlichsten trat dies in den beiden Jahrzehnten nach Abschluss des
Friedens von Utrecht zutage, als das ausgefeilte System zur Eindämmung Frankreichs – ähnlich wie die Kanonen von Singapur im Jahr
1942 – in die falsche Richtung zeigte. In dieser Zeit wurden britische Interessen im Ostseeraum durch Russland, im Mittelmeerraum durch Spanien und in Mitteleuropa durch den zunehmenden
Ehrgeiz Karls VI. bedroht. Unter diesen Umständen musste die britische Politik den bisherigen Kurs umkehren. In den Jahren unmittelbar nach dem Frieden von Utrecht schloss Stanhope ein Bündnis
mit Frankreich (1716–1731), sperrte Spanien durch die Quadrupelallianz im Süden ein und versuchte – weniger erfolgreich –, Peter
den Großen im Norden einzudämmen.[61]

Um die durch das Staatensystem aufgeworfenen Herausforderungen zu bewältigen, dachte die britische Elite über Europa als
Ganzes nach. Dafür mussten mehrere sich herausbildende lokale Gleichgewichte gleichzeitig ins Auge gefasst werden. Manche
Regionen waren wichtiger als andere, aber man glaubte, dass sie

alle miteinander verbunden waren. So bemerkte der Herzog von Newcastle, der als Secretary of State for the Southern Department für einen Teil der britischen Außenpolitik verantwortlich war, im Februar 1725, »die Angelegenheiten des Nordens und Südens [seien] derart miteinander verwoben, dass jede Auseinandersetzung in einem der Gebiete sich in der Folge auf das andere auswirken muss«.[62] Wenig später hob Townshend den Zusammenhang zwischen dem Gleichgewicht im Mittelmeer und demjenigen in der Ostsee hervor, als er bemerkte, »auch wenn das Feuer fernab in Gibraltar beginnt, ist die Trasse so gelegt, dass die Flammen bald den Norden erreichen«.[63] Im selben Geist berichtete Newcastle ein Jahrzehnt später, Georg II. habe angesichts französischer Versuche, Schweden in den Polnischen Thronfolgekrieg hineinzuziehen, prophezeit, wenn Schweden am Krieg im Norden teilnehme, werde es »zwangsläufig die allgemeinen Angelegenheiten Europas beeinflussen«.[64] Zwei Jahrzehnte später drückte der Secretary of State for the Southern Department Thomas Robinson die Komplexität des Gleichgewichts aus, als er bemerkte, Großbritannien könne »nichts tun ohne die Holländer, die Holländer nichts ohne die Österreicher und die Österreicher nichts ohne die Russen«.[65]

Nirgendwo war die Vernetzung Europas augenscheinlicher als an der dynastischen Front. Der britische Anteil an ihr war begrenzt. In einer von den größeren katholischen Dynastien dominierten Welt standen Großbritannien nur wenige Optionen offen, und die Konversion des sächsischen Kurfürsten als Voraussetzung für seine Thronbesteigung in Polen verringerte sie zusätzlich. Als Paris Anfang der 1720er Jahre eine mögliche englisch-französische Heirat sondierte, wies Georg I. das Ansinnen, überwiegend aus konfessionellen Gründen, zurück. Eine Mitte der 1730er Jahre arrangierte Verbindung mit dem Statthalter der Vereinigten Niederlande diente in erster Linie dazu, den Niedergang der Republik aufzuhalten.[66] Abgesehen von Skandinavien blieben Großbritannien nur die Fürstenhäusern der mittleren und kleinen deutschen Staaten. Mitte der 1750er Jahre zum Beispiel wurden mehrere Heiraten vermittelt, um die Verteidigung von Hannover und zudem insbesondere das Bündnis mit Preußen zu stärken.[67] Natürlich darf der durch Eheschließungen erreichte Zusammenhalt nicht überschätzt werden: Die Spannungen zwischen Großbritannien und Preußen in den 1720er Jahren resultierten aus einem auf Gegenseitigkeit beruhenden Hass zwischen Georg I. und seinem Schwiegersohn Friedrich Wilhelm I.

Dynastische Heiraten auf dem Kontinent stellten ein enormes Gefahrenpotential dar. In der hier behandelten Zeitspanne lebten britische Staatsmänner und Diplomaten buchstäblich mit Almanachen, Hofkalendern und königlichen Genealogien in der einen Hand und einer Europakarte in der anderen. Die größten und am längsten anhaltenden dynastischen Kopfschmerzen bereitete den Briten im frühen 18. Jahrhundert die österreichische Thronfolge. Seit Anfang der 1720er Jahre war abzusehen, dass Karl VI. ohne männlichen Erben bleiben würde. Ob eine der Töchter seines verstorbenen älteren Bruders oder, wie Karl selbst in der Pragmatischen Sanktion bestimmt hatte, seine eigene älteste Tochter, Maria Theresia, die Nachfolge antreten würde, war an sich unwichtig. Von immenser Bedeutung war dagegen, ob und unter welchen Umständen das Habsburger Erbe weitergegeben wurde, ungeteilt oder geteilt. In den 1720er Jahren, als die britisch-österreichischen Beziehungen miserabel waren und eine dynastische Union Österreichs mit Spanien in Aussicht stand, zögerte London, die Pragmatische Sanktion und damit ein riesiges österreichisch-spanisches Konglomerat anzuerkennen. Doch als es in den 1730er Jahren angeraten zu sein schien, die österreichische Macht in Mitteleuropa als Bollwerk gegen Frankreich zu stützen, gab es keinen eifrigeren Befürworter der Pragmatischen Sanktion als Großbritannien. Manche Todesfälle und Heiraten waren wichtiger als andere, was zum großen Teil davon abhing, ob sie die strategische Landkarte grundlegend veränderten.

Beim Rundblick über Europa entdeckten die britischen Staatsmänner sowohl Chancen als auch Herausforderungen. Eine ihrer Standardtaktiken in den 1720er Jahren bestand darin, das Osmanische Reich gegen Russland zu mobilisieren. So instruierte Townshend den britischen Gesandten in Konstantinopel, Abraham Stanyan, im November 1725, die Russen in Asien zu binden, damit sie »weniger aufmerksam und weniger geneigt sind, dem König auf dieser Seite Schwierigkeiten und Ungemach zu bereiten«.[68] Ganz ähnlich wurde in den 1750er Jahren Russland mobilisiert, um Preußen von einem Angriff auf Hannover abzuschrecken. Diese Beispiele zeigen weniger, dass diese Strategie raffiniert und fundiert war, als vielmehr, dass britische Staatsmänner Europa und Großbritanniens Platz in ihm explizit in sehr breiter Perspektive sahen.

Es gab jedoch ein bedeutendes Hindernis für ein integriertes Konzept der Außenpolitik: die Aufteilung in zwei Ministerien, dasjenige für das Southern Department und dasjenige für das Northern Department. Letzteres war für Österreich, die Vereinigten Niederlande, Preußen, Polen, das Heilige Römische Reich, Dänemark, Schweden und Russland zuständig, während Ersteres die Politik gegenüber Frankreich, Spanien, Portugal, den italienischen Staaten, der Schweiz und dem Osmanischen Reich leitete. Dies konnte, mit den unvermeidlichen Spannungen, die es erzeugte, zu einer Spaltung der strategischen Vision führen. Streng genommen, war keiner der beiden Minister dem anderen unterstellt, und das Gleichgewicht zwischen ihnen verschob sich regelmäßig. In manchen Fällen war die Verantwortlichkeit klar: So wurden die bilateralen Beziehungen mit Preußen fast immer vom Northern Secretary und diejenigen zu Portugal vom Southern Secretary gepflegt. Bei Frankreich, das überall in Europa diplomatisch aktiv war, sah die Sache schon anders aus, aber im Allgemeinen fiel es ins südliche Ressort. Russland war ein besonders schwieriger Fall. Der Ostseeraum war offensichtlich eine Domäne des nördlichen Ressorts, und die meisten Verhandlungen mit Russland standen im Zusammenhang mit Norddeutschland oder Nordeuropa. Aber wie erwähnt, versuchten britische Staatmänner auch, das Osmanische Reich – das in die Verantwortung des Southern Secretary fiel – gegen Russland einzuspannen.

In Bezug auf Österreich, damals eine zugleich mittel-, west- und südeuropäische Macht, war die Kompetenzverteilung ähnlich unklar, wenn auch in weniger extremer Form. »Ich wundere mich nicht über unsere Verlegenheit in … Verhandlungen«, bemerkte der altgediente Diplomat Horace Walpole im August 1736 in Bezug auf das daraus folgende Durcheinander, »in solcher Verwirrung und so unverdaut werden Konsultationen und Anordnungen in England ausgeführt; die Angelegenheiten der Türkei sind die Domäne des einen Ministers, die Anweisungen nach Den Haag zu senden, fällt in den Bereich des anderen. Die beiden sehen sich, glaube ich, kaum, und ich nehme an, dass der eine [Harrington] nichts schreibt und der andere [Newcastle] es nicht duldet, dass irgendjemand außer ihm selbst über etwas nachdenkt oder schreibt, das in seine Zuständigkeit gehört.«[69] Heute würde man sagen, das Großbritannien des 18. Jahrhunderts litt unter einer schlechten »Vernetzung« der Regierung.

Manche fürchteten ein übereiltes und unüberlegtes Engagement auf dem Kontinent, das Großbritannien zum »Don Quijote« Europas machen könnte, der gegen imaginäre Bedrohungen des Gleichgewichts kämpft. Im März 1734, auf dem Höhepunkt des Polnischen Thronfolgekriegs, in dem Großbritannien neutral blieb, rief ein Parlamentarier aus:

»Um Gottes willen, … müssen wir deshalb ewig die Tölpel Europas sein? Wenn der Kaiser oder irgendeine andere Macht es versäumt, ihre befestigten Plätze in einem anständigen Verteidigungszustand zu erhalten, müssen wir dann für dieses Versäumnis geradestehen? Müssen wir um der Aufrechterhaltung des Mächtegleichgewichts willen auf eigene Kosten jede Macht in Europa verteidigen und verhindern, dass sie von einem ihrer Nachbarn besetzt oder erobert wird?«[70]

Zehn Jahre später warnte der Abgeordnete Edmund Waller:

> »[W]ir haben in letzter Zeit die lächerliche Angewohnheit ange-
> nommen, uns selbst zum Don Quijote Europas zu machen. Wir
> haben uns, manchmal unter dem Vorwand, ein Mächtegleichge-
> wicht in Europa aufrechtzuerhalten, ein andermal unter dem Vor-
> wand, ein Mächtegleichgewicht im Norden aufrechtzuerhalten, …
> an den Streitigkeiten fast jeden Staats in Europa beteiligt, der sich
> durch Unverfrorenheit oder Ehrgeiz in Schwierigkeiten gebracht
> hatte. Die Folge ist, dass wir die Last der Verteidigung unserer Ver-
> bündeten schultern, während sie sich kaum darum kümmern, sich
> selbst zu verteidigen.«[71]

Großbritannien laufe Gefahr, wie der Abgeordnete John Philipps im Dezember 1741 ergänzte, zu einem »fahrenden Ritter« zu wer-den, der das Blut und Vermögen der Nation für selbstlose Kämpfe verschleudere, welche die europäischen Mächte selbst ausfechten sollten.[72] Heutzutage würden wir von der Gefahr des »Trittbrettfah-rens« sprechen.

Für ihre Europapolitik standen britischen Staatsmännern ver-schiedene Mittel zur Verfügung, die jeweils eigene Probleme auf-warfen. Eine Option war die präventive oder einseitige Inter-vention. Dabei erwies sich die britische Marine als nützliches Instrument der Europapolitik. 1718 beispielsweise zerstörte ein bri-tischer Verband unter Admiral Byng noch vor der Kriegserklärung die spanische Flotte vor Capo Passero und vereitelte damit Madrids Plan, die Vorherrschaft im westlichen und zentralen Mittelmeer zu erringen. Präventivschläge wurden auch weithin befürwortet, als Mitte der 1730er Jahre die Spannungen im Verhältnis zu Spanien erneut zunahmen. 1742 tauchte Kommodore Martin in der Bucht

von Neapel auf und drohte den Königspalast dem Erdboden gleich-
zumachen, wenn der König nicht klein beigebe. Tatsächlich ausgeführt wurden Präventivschläge 1755, lange vor dem förmlichen
Ausbruch der Feindseligkeiten, gegen die französische Schifffahrt.
Auch aus dem Überraschungsangriff Friedrichs des Großen auf
Schlesien zog man seine Lehren. Im Oktober 1761 zum Beispiel
forderte der Abgeordnete George Lyttelton, Großbritannien solle
»*à la prussienne*« handeln und »zuerst losschlagen, während der
Feind ungeschützt« sei.[73]

Einseitige militärische – im Allgemeinen maritime – Interventionen waren jedoch nur ein beschränkt einsetzbares und unge-
naues Instrument.[74] Es genügte weder, um zwischen 1716 und 1720
Peter den Großen in der Ostsee einzuschüchtern, noch um 1739
bis 1741 Spanien zu überwältigen, noch um in den letzten beiden
Jahren des Österreichischen Erbfolgekriegs (1746/47) die britische
Schwäche an Land auszugleichen. Darüber hinaus war Großbritannien einfach nicht stark genug, um das europäische Gleichgewicht
allein aufrechtzuerhalten. Sein stehendes Heer war größer als dasjenige mittelgroßer deutscher Staaten, aber wesentlich kleiner als
das preußische und das österreichische, vom französischen ganz zu
schweigen. Zwischen 1714 und 1740 waren im Durchschnitt gut
35 000 Mann für den Dienst rund um die Welt verfügbar.[75]

Der Hauptpunkt des Interventionskonzepts war die Erkenntnis,
dass die britische Macht begrenzt war und britische Interessen nur
in Kooperation mit anderen Staaten durchgesetzt werden konnten.
Infolgedessen verließ man sich eher auf Diplomatie und europäische Allianzen, häufig mit Hilfe der beträchtlichen fiskalischen
Stärke Großbritanniens in Form von Subsidien. Aus diesem Grund
verkündete der vormalige Erz-Unilateralist William Pitt Ende 1759,
er habe seine »Jugendfehler überwunden und glaube nicht mehr,
dass England alles allein tun« könne.[76]

Auch wenn sich ein großer Teil der Öffentlichkeit, die lautstär-
keren parlamentarischen Stimmen und einige der grobschlächtige-

ren Politiker auf Kosten der Verbindungen zu Europa für die maritime Strategie ins Zeug warfen, war der anti-unilaterale Reflex der Elite doch stärker. In dieser Hinsicht wirkte in der ersten Hälfte des Jahrhunderts die traumatische Erfahrung des Friedens von Utrecht nach.[77] Sie ließ britische Staatsmänner davor zurückschrecken, um der Popularität willen das wahre nationale Interesse hintanzusetzen. »Ich erinnere mich an die große Zustimmung, auf die der Friede von Utrecht stieß«, bemerkte Carteret im Februar 1741, »und daran, dass seine Macher wenig später ihrer Ämter enthoben wurden. Sein Hauptfehler war, dass er Frankreich zu stark und Deutschland zu schwach machte.«[78] Der Rückzug aus Europa, argumentierte ein anderer Parlamentarier drei Jahre später, »wäre ein noch weniger gerechtfertigter Schritt als der Austritt aus der Großen Allianz im Jahr 1712«.[79] Derselbe Reflex veranlasste William Pitt im Dezember 1758, auf dem Höhepunkt des Siebenjährigen Kriegs, zu verkünden, er würde »kein Jota unserer Verbündeten für irgendwelche britischen Erwägungen aufgeben«.[80] Tatsächlich beschwor ein Freund Pitts nach dessen Rücktritt im Jahr 1761, der vorgeblich wegen Spanien, in Wirklichkeit aber wegen der Preisgabe Preußens erfolgte, die Aussicht auf ein »Gertrudenberg oder Utrecht« herauf.[81] Pitt selbst bezeichnete den Frieden von Utrecht als »unauslöschliche Schande der letzten Generation«.[82]

All dies sprach für strategische Zurückhaltung. Minister waren weder militante politische Pamphletisten noch scharfe Parlamentarier, die auf koloniale Plünderungszüge aus waren. Ihnen war klar, dass unilaterales Handeln Großbritanniens Verteidigung des europäischen Gleichgewichts zunichtemachen und womöglich sogar eine antihegemoniale Reaktion gegen London hervorrufen konnte. Deshalb zögerten britische Staatsmänner, gegen Ende des Siebenjährigen Kriegs den maritimen Vorteil Großbritanniens gegenüber Frankreich zur Geltung zu bringen. »[Zu] denken«, erklärte Newcastle, »dass wir in der Lage wären, die Franzosen aus Nordamerika zu vertreiben, und, wenn wir es könnten, unsere

Aufgabe damit erledigt wäre, und dass eine Nation wie Frankreich ruhig dabei zuschauen würde, ist in meinen Augen die müßigste aller Vorstellungen.«[83] Der Herzog von Bedford, ein ehemaliger Secretary of State for the Southern Department, ergänzte, der Versuch, »Frankreich gänzlich seiner Seemacht zu berauben, widerspricht der Natur und … wird sämtliche Seemächte Europas veranlassen, ein Bündnis gegen uns einzugehen, und zwar als grundlegendes Muster«.[84] Selbst Pitt räumte die Schlagkraft dieses Arguments ein. »Er sieht ein«, notierte ein Beobachter, »dass wir, wenn wir Frieden wollen, viele unserer Erwerbungen aufgeben müssen.«[85]

Dem europäischen Gleichgewicht wurde also explizit Vorrang vor kolonialen und kommerziellen Belangen eingeräumt.[86] Deshalb reagierten britische Staatsmänner in den 1730er Jahren zurückhaltend auf koloniale Übergriffe, um Spanien in Europa, wo Großbritannien vorübergehend isoliert war, nicht ins französische Lager zu treiben. Walpoles Regierung wurde weniger von ihrer viel kritisierten Einstellung zum Krieg gegen Spanien untergraben als vielmehr davon, dass sie 1740/41 die drohende Teilung der habsburgischen Lande nicht verhindert hatte. Ganz ähnlich tauschte man die kanadische Festung Louisbourg, die man den Franzosen erst drei Jahre zuvor mit großem Trara abgenommen hatte, im Frieden von Aachen gegen einen französischen Rückzug aus den Niederlanden ein, denen Großbritannien weit größere Bedeutung beimaß.[87] Die Neue Welt hatte tatsächlich »das Gleichgewicht der Alten wiederhergestellt«.[88]

Es war bedeutsam, dass Pitt in der Anfangsphase des Siebenjährigen Kriegs zuerst nicht um den Posten des für die Kolonien zuständigen Southern Secretary bat, sondern um denjenigen des Northern Secretary. Trotz seiner öffentlichen Äußerungen und späterer Mythen galt sein Hauptaugenmerk stets Europa. Im Juni und Juli 1757, auf dem Höhepunkt des Krieges, waren auf der heimischen Seite des Atlantiks weit mehr Schiffe und Männer stationiert

als auf der gegenüberliegenden.[89] Die berühmten Überfälle auf
Saint-Malo, Brest und Rochefort waren weniger Ausdruck seefah-
rerischer Kühnheit als verzweifelte Versuche, französische Ressourcen umzuleiten, um Großbritanniens einzigen Verbündeten auf
dem Kontinent, Friedrich den Großen, zu entlasten. Selbst auf dem
Höhepunkt des Konflikts, der imperialen Apotheose von 1759,
einem Jahr der Siege, operierten die meisten regulären britischen
Truppen in Europa und nicht in Übersee, und das Kontingent in
Deutschland wurde 1760 sogar noch aufgestockt.[90] Während des
größten Teils des Krieges, der heute in Großbritannien weithin als
imperiale Unternehmung erinnert wird, strebten britische Offiziere,
einschließlich des Helden von Quebec, General James Wolfe, nicht
koloniale, sondern europäische Stationierungen an. Im Dezember
1758 beklagte sich Wolfe, der freilich nichts von seinem Rendez-
vous mit dem kolonialen Schicksal seines Landes ahnte, es sei »sein
Unglück, zum Dienst in Amerika verdammt zu sein«, während sein
Freund das Glück habe, »in einer Armee zu dienen, die von einem
großen, fähigen Fürsten befehligt« werde, womit er den Herzog von
Braunschweig meinte.[91]

Der Siebenjährige Krieg bildete den Hintergrund der Apotheose
einer britischen Gesamtstrategie, die diplomatische mit militärischen und maritimen Instrumenten kombinierte. Die Aufrechterhaltung des europäischen Gleichgewichts stellte, jedenfalls nach
Ansicht vieler britischer Staatsmänner, keine Alternative zur Vorherrschaft auf See dar, sondern deren Voraussetzung. Sollte eine
europäische Macht eine hegemoniale Stellung auf dem Kontinent
erlangen, würde sie nicht nur die Kontrolle über die Häfen am
Ärmelkanal gewinnen, von denen aus England angegriffen werden
konnte, sondern wäre auch in der Lage, ihre gesamten Ressourcen
dafür zu verwenden, die britische Marine zu übertrumpfen.
Berühmt ist die Prophezeiung des Herzogs von Newcastle von 1749,
Frankreich würde Großbritannien auf See ausstechen, falls es nicht
von den britischen Verbündeten auf dem Kontinent davon abge-

lenkt werde.[92] Pitt ging noch weiter, indem er erklärte, nicht nur die maritime, sondern auch die koloniale Vorherrschaft hänge davon ab, dass man eine Landfront gegen den Feind in Europa aufrechterhalte. »Wären die Armeen Frankreichs nicht in Deutschland beschäftigt gewesen«, sagte er im Unterhaus, »wären sie nach Amerika transportiert worden. ... Amerika ist in Deutschland erobert worden.«[93] Seine Argumentation ging jetzt so: »Wie lästig und kostspielig der deutsche Krieg für England auch ist, für Frankreich ist er noch lästiger und kostspieliger.«[94]

Kurz, in der Mitte des Jahrhunderts hatte sich eine britische »strategische Kultur« herausgebildet, die unverrückbar eurozentrisch war: Eine Hegemonie auf dem Kontinent zu verhindern – wie Frankreich sie anstrebte, nachdem eine Generation zuvor Spanien, Russland und Österreich dies getan hatten –, besaß für sie oberste Priorität. Diese Kultur wurde überwiegend, wenn auch nicht gänzlich, von den Whigs geprägt. In ihr zählten politische und diplomatische Mittel ebenso viel wie militärische und maritime, und manchmal sogar mehr. Sie war selbstbeherrscht und kannte die Grenzen der britischen Macht. Engere maritime und koloniale Interessen wurden generell kontinentaleuropäischen Belangen untergeordnet, aber sie mobilisierte deren Kräfte auch, um das Gleichgewicht der Mächte auf dem Festland abzustützen. Untermauert wurde all dies von einem starken Gespür für Europas Struktur: Es wurde als ein Gesamtgleichgewicht wahrgenommen, das aus diversen regionalen Gleichgewichten bestand. Die britische Elite war im Allgemeinen gut über Europa informiert und reagierte stets empfindlich, manchmal auch überempfindlich auf potentielle dynastische Wechsel und geopolitische Umwälzungen. Britische Staatsmänner sprachen mit Blick auf Europa von »Systemen«, »Barrieren« und »natürlichen Verbündeten«, wie etwa Habsburg. Anstatt auf den »Graben« des Großbritannien umgebenden »Silbermeers« zu starren, betrachteten sie das europäische Festland als integralen Bestandteil der britischen Verteidigung, als »Bollwerk«. Wie

Walpole bemerkte, wurde von ihnen erwartet – und manchmal waren sie es gezwungenermaßen –, »Minister Europas« zu sein. All dies sollte sich bald ändern. Im November 1760 veröffentlichte der Dissenterpfarrer und Wollhändler Israel Mauduit ein scharfes Pamphlet mit dem Titel *Considerations on the Present German War*, in dem er eine Reihe bekannter Themen und Argumente mit neuer Leidenschaft aufgriff: dass Großbritanniens Schicksal auf dem Meer liege und es daher Landkriege vermeiden sollte; dass nur ein vereinigtes Deutschland als Barriere gegen Frankreich von Nutzen sei, weshalb ein Eingreifen in einen im Wesentlichen österreichisch-preußischen »deutschen Bürgerkrieg« unangebracht sei.[95] Mauduits Streitschrift erzielte sofort enorme Wirkung. In fünf Auflagen von zusammen rund fünftausend Exemplaren gedruckt, wurde sie in London und im ganzen Land gelesen, verlesen und besprochen – in Tavernen, Gasthäusern, Zeitungen und Zeitschriften. Ihre Argumente fanden nicht nur bei einer wachsenden Zahl von Parlamentariern Anklang, sondern auch bei dem neuen König, Georg III., der 1760 den Thron bestiegen hatte und die Orientierung seines Großvaters in Richtung Heiliges Römisches Reich nicht teilte. Insbesondere sein neuer Premierminister, Lord Bute, ließ sich von Mauduits *Considerations* beeindrucken. Zwei Jahre nach deren Veröffentlichung ließ Großbritannien Friedrich den Großen fallen und zog sich aus dem Krieg auf dem Kontinent zurück. Kurz darauf, 1763, zwang es Frankreich und Spanien zu einem demütigenden Friedensschluss, durch den es große Teile des Globus, einschließlich Quebecs und andere umkämpfte Gebiete in Nordamerika, gewann.

Im Innern hatten das Ende des Siebenjährigen Kriegs und insbesondere die Art, wie er ausging, unmittelbare politische Auswirkungen. Premierminister Bute wurde in der Öffentlichkeit wegen der Aufkündigung des Bündnisses mit Preußen derart scharf angegriffen, dass er Anfang April 1763 zurücktrat. Der radikale Whig-Abgeordnete und Pamphletist John Wilkes warf ihm vor, britische

Interessen verraten zu haben, als er das Bündnis mit Preußen gebrochen, dessen »großartigen« König »im Stich gelassen« und einen »schändlichen« Frieden geschlossen hatte.[96] Gleichzeitig löste das schiere Ausmaß des Triumphs von 1763 eine Welle nationaler Selbstbeweihräucherung aus. Der Sieg wurde der Überlegenheit des britischen Handels und moralischen Werts zugeschrieben, und dieser Überschwang spiegelte sich bald auch in der neuen Ausrichtung der britischen Außenpolitik wider.

Natürlich änderten die Thronbesteigung Georgs III. und das siegreiche Ende des Siebenjährigen Kriegs drei Jahre später die britische strategische Kultur nicht über Nacht. Das Hauptaugenmerk der britischen Staatsmänner lag weiterhin auf Europa,[97] aber sie bewegten sich jetzt in einem Kontext, der stärker kolonial und maritim geprägt war als jemals zuvor. Im Gegensatz zu den ersten rund vierzig Jahren nach 1714 arbeiteten sie jetzt für einen Monarchen, der den »deutschen Krieg« strikt ablehnte und Hannover in erster Linie nicht durch europäische Bündnisse, sondern durch die Strukturen des Heiligen Römischen Reichs absichern wollte. Darüber hinaus waren die britischen Staatsmänner selbst nicht immun gegen die durch den Ausgang des Siebenjährigen Kriegs ausgelöste Marinebegeisterung, und sie waren weniger als frühere Generationen bereit, zugunsten eines europäischen Bündnisses Zugeständnisse zu machen. Interventionen auf dem Kontinent verloren ihre Selbstverständlichkeit.[98] Im neuen Weltbild nahm das koloniale Empire wesentlich mehr Platz ein als Europa.

Gegenüber Frankreich und Spanien die maritimen Muskeln spielen zu lassen, wurde zum probaten politischen Mittel. So wurde 1763 eine Kriegsflotte entsandt, um Frankreich im Streit um die Turks Islands in der Karibik und die Spanier im Golf von Honduras einzuschüchtern. Solche Maßnahmen waren verführerisch, weil sie Gratifikationen ohne Engagement versprachen, aber sie brachten den Briten auch den Ruf ein, arrogant zu sein. Ganz konkret ermöglichte es der neue maritime Ansatz, die diplomatische und militärische Präsenz in Europa, insbesondere im Heiligen Römischen Reich, zu verringern, was allerdings eine gefährliche Isolation zur Folge hatte.[99] Versuche in den 1760er Jahren, mit Österreich, Preußen oder Russland ein Bündnis zustande zu bringen, scheiterten völlig, nicht zuletzt weil London nicht bereit war, St. Petersburg – oder sonst irgendjemandem – im Gegenzug für russische Hilfe in Europa Unterstützung gegen die Türken zuzusagen. Um alles noch schlimmer zu machen, hatte Großbritannien mit Flottenkonfrontationen im Mittelmeer und im Südatlantik zu tun. 1768 erwarb Frankreich Korsika von Genua, besetzte die Insel und unterdrückte einen separatistischen Aufstand unter Führung des charismatischen Pasquale Paoli. Dies war ein schwerer Schlag für die Stellung Großbritanniens in Europa insgesamt und eine direkte Bedrohung seiner Stützpunkte auf Menorca und in Gibraltar. London war davon völlig überrascht worden und konnte daher nicht angemessen reagieren.

Darüber hinaus wurde rasch klar, dass die Triumphe im Siebenjährigen Krieg das bourbonische Gespenst nicht gebannt hatten; ganz im Gegenteil. Anstatt über ein überwiegend kommerzielles Geflecht aus Handelsposten und -kolonien zu herrschen, war Großbritannien jetzt für ein großräumiges territoriales Reich mit einer neuen und noch verwundbareren Umfangslinie verantwortlich. Es wurde von Indianeraufständen in Amerika sowie von Unruhen in Irland und Indien erschüttert und von den rivalisierenden Bourbonen bedroht.[100] Diesmal reagierte die Regierung in London rasch und versuchte, vom Empire einen größeren Beitrag zur eigenen Verteidigung einzutreiben. 1763 gab sie eine Proklamation heraus, der zufolge in Nordamerika westlich der Appalachen, jenseits der »Proklamationslinie«, wie sie genannt wurde, nicht gesiedelt werden sollte.[101] Dies verkürzte zum einen die Verteidigungslinie in Nordamerika und war zum anderen eine Geste in Richtung der Bourbonen und der indianischen Bevölkerung. Ungefähr zur gleichen Zeit führte London ein Zuckergesetz sowie eine Bodensteuer ein, um die amerikanischen Siedler zu zwingen, für ihre eigene Verteidigung zu zahlen.[102] Beide Maßnahmen lösten bei den Kolonisten Empörung aus. Sie wollten sich weder in Bezug auf ihre territoriale Expansion einschränken noch darüber hinaus besteuern lassen. Die Bühne war bereit für eine Konfrontation, die tiefgreifende Auswirkungen auf Großbritanniens Stellung in Europa haben sollte.

4
So viel zur Nachbarschaft
Großbritannien und Europa im Zeitalter
der Revolution[1]

Eine grässlichere Vorstellung kann es nicht geben, als dass in einem Land ein beliebiger Grad von Bösartigkeit, Gewalt und Unterdrückung auftreten, die abscheulichste, mörderischste und zerstörerischste Rebellion in ihm wüten oder die grausamste und blutigste Tyrannei herrschen kann, ohne dass eine benachbarte Macht davon Kenntnis nimmt und den Unglücklichen, die darunter leiden, Beistand leistet.

    Edmund Burke an Lord Grenville, 18. August 1792[2]

Ich bin … der Meinung, dass die Nachbarschaft in Europa nicht allein ein Recht hatte, sondern dass es auch ihre unumgängliche Schuldigkeit war und ihr Interesse erforderte, dies neue Werk [die Französische Revolution] anzugeben [anzuprangern], ehe es die Gefahr verursacht hatte, die wir so schwer empfanden und die wir noch lange empfinden werden.

    Edmund Burke, Vorschläge zum Frieden, 1796[3]

Großbritannien eroberte in den ersten beiden Dritteln des 18. Jahrhunderts ein Reich in Amerika, verlor aber weitgehend seine Rolle in Europa. Mit seinen Überseebesitzungen beschäftigt und voller Stolz über das ruhmvolle Ende des Siebenjährigen Kriegs, ließ es zu, dass sich das kontinentale Gleichgewicht verschob. Die britischen Bündnisse liefen aus; die östlichen Mächte erlebten einen rasanten Aufschwung; Polen wurde geteilt, was die Sicherheit des Heiligen Römischen Reichs gefährdete; die Bourbonen-Mächte Frankreich und Spanien verschworen sich, um Rache zu üben. Schließlich wurde die britische Welt von zwei Revolutionen erschüttert. Zuerst revoltierten die amerikanischen Kolonisten, über den weltweiten

Niedergang der britischen Macht schockiert, gegen die Metropole. Der nachfolgende Unabhängigkeitskrieg, in den alle großen Mächte Europas hineingezogen wurden, endete mit der Teilung des ersten Britischen Empires. Der Verlust Amerikas war ein fast so traumatisches Ereignis wie dreihundert Jahre zuvor derjenige Frankreichs. In Europa erholte sich Großbritannien unerwartet schnell, aber es wurde bald von der zweiten Revolution aufgewühlt, der französischen. Beide Herausforderungen schaut man sich am besten durch die Brille des berühmtesten politischen Denkers Großbritanniens an, des Iren (und England-Enthusiasten) Edmund Burke. Er war es, der die Whig-Doktrin des Eingreifens in Europa zu einem Grundprinzip erhob, das die Sicherheit Großbritanniens nicht nur mit dem geopolitischen, sondern auch mit dem ideologischen Zustand der europäischen Nachbarschaft verband.

Es ist häufig angemerkt worden, dass Burke vieles war: Ire, Brite und kritischer Anhänger eines Überseereichs. Vor allem aber war er Europäer.[4] Er beschwor die Solidarität der mittelalterlichen Christenheit auf eine Weise, die früheren Generationen von Engländern vertraut gewesen wäre.[5] Am Ende des Jahrhunderts stand das »Commonwealth von Europa« im Mittelpunkt seines Denkens.[6] Es wurde immer deutlicher zum Hauptthema seiner »großen Melodie«,[7] die einsetzte, als er im Zusammenhang mit den drei aufeinanderfolgenden Schlägen, welche die europäische Freiheit und das Gleichgewicht der Mächte trafen, als politischer Polemiker hervortrat. Der erste Schlag war die französische Besetzung Korsikas. Frankreich kaufte der Republik Genua die Insel im Mai 1768 ab und schlug den Widerstand der korsischen Patrioten unter Pasquale Paoli rasch nieder, so dass sich die Insel Mitte 1769 völlig unter seiner Kontrolle befand.[8] Die britische Öffentlichkeit war empört. Der Schriftsteller James Boswell gab nicht nur später im selben Jahr *Britische Essays zugunsten der tapferen Korsen* heraus, sondern warb auch genügend Subskriptionen ein, um dreißig

Kanonen für Paoli kaufen zu können.[9] Burke betonte anfangs
hauptsächlich die strategischen Implikationen für Großbritannien.[10] Später allerdings verdammte er im Zuge seiner grandiosen
Attacke auf die Regierung in den »Gedanken über die gegenwärtig
Unzufriedenen« von 1770 »die Eroberung von Korsika durch die
erklärten Feinde der Freiheit der Menschheit gegen den Willen derjenigen, die bisher deren erklärte Verteidiger waren«.[11] Dann unternahm Gustav III. von Schweden im August 1772 mit französischer
Unterstützung einen Staatsstreich gegen das schwedische Parlament. Burke sah darin eine Gefahr für die europäischen und britischen Freiheiten allgemein, die mehr oder weniger opportunis-
tisch mit seinem eigenen Kampf gegen die angeblich despotischen
Neigungen Georgs III. verknüpft werden konnten. Im folgenden
Monat schrieb er in einem Briefwechsel, der Hof könnte »in diesem Land eine ebenso unumschränkte Macht erlangen, wie der
König von Schweden es in seinem getan« habe.[12]

Ungefähr zur gleichen Zeit gaben Russland, Österreich und
Preußen bekannt, dass sie die alte Königliche Republik Polen-
Litauen untereinander aufteilen würden. Zur Rechtfertigung verwiesen sie auf die schlechte Behandlung religiöser Minderheiten,
wie der Protestanten und der orthodoxen Christen. In Burkes
Augen war die polnische Teilung jedoch ein Affront gegen die europäischen Freiheiten. Er sprach vom »völligen Umsturz fast aller verbliebenen Monumente der öffentlichen Freiheit«, durch den »der
Menschheit und der Gerechtigkeit Gewalt angetan« worden sei.
Zudem sei die Teilung »der erste große Bruch des modernen politischen Systems Europas«. Die nicht provozierte Zerstückelung
eines großen europäischen Staats durch eine Koalition von Räu-
bern schien einen ominösen Präzedenzfall für »Europa als großes
Commonwealth« zu schaffen – diesen Begriff sollte er später noch
öfter verwenden. Damit sprach er weniger einen Grundsatz des allgemeinen Völkerrechts an als vielmehr eine direkte geopolitische
Bedrohung der Sicherheit Großbritanniens. Er bezweifelte, dass

dessen Insellage die Anwendung der Prinzipien des Mächtegleichgewichts so sehr schwächte, wie manche behaupteten. Burke wies darauf hin, dass kein »einzelner Staat im gegenwärtigen politischen und physischen Zustand Europas …, losgelöst von allen anderen, Unabhängigkeit und Sicherheit erwarten« könne.[13] Mit anderen Worten, die in Polen verübte Gewalt gegen »Freiheit« und »Menschheit« würde schließlich einen Weg bis vor Englands Tore finden, da es geopolitisch ein Teil des Kontinents war.

Der Grund für diese Befürchtung war, dass die territorialen Veränderungen das Heilige Römische Reich und seine abschirmende Funktion – den neuralgischen Punkt des traditionellen strategischen Denkens britischer Whigs – geschwächt hatten. Bisher, erläuterte Burke, sei Polen »die natürliche Barriere Deutschlands sowie der nördlichen Kronen gegen die überwältigende Macht und die Ambitionen Russlands« gewesen. Die Teilung drohe nun das »alte System Deutschlands und des Nordens völlig aus den Angeln zu heben«. Polen könnte zur »Straße werden, auf der Russland Deutschland betritt«. Darüber hinaus fürchtete Burke, dass die Teilung eine Kettenreaktion weiterer Teilungen und »Tausche«, etwa zwischen dem Herzogtum Mecklenburg-Schwerin und Preußen, in Gang setzen würde. Dies könne »einer totalen Veränderung des Systems in Deutschland den Weg ebnen«. Zudem werfe das Scheitern der Adelsfreiheit in Polen ein hartes Licht auf die Überlebensfähigkeit fürstlicher Freiheiten in einem von einem unversöhnlichen internationalen Umfeld umgebenen Deutschland. »Dieses Reich«, schrieb er, »scheint sich in einer ebenso prekären Lage zu befinden wie zu jedem anderen Zeitpunkt seit seiner Gründung. Das Gleichgewicht ist völlig umgestürzt worden.«[14] All dies spielte eine Rolle, weil die Integrität des Heiligen Römischen Reichs die Grundlage bildete, auf der die Sicherheit der Niederlande, der Achillesferse der britischen Strategie, beruhte.

Kurz, die polnische Teilung und der Umsturz in Schweden waren nicht nur verheerende Schläge für die europäische Freiheit

und das europäische Gleichgewicht, sondern eine Gefahr für das
Letztere, *weil* sie die Freiheit bedrohten – und umgekehrt. »Keine
Zeitspanne von gleicher Länge«, bemerkte Burke, »war für die
öffentliche Freiheit und die Menschenrechte derart fatal wie jene,
die den Umsturz der Verfassung« in Schweden und Polen umfasste.
Dies implizierte, dass Militäraktionen mit dem Ziel, diese Umwälzungen umzukehren und die Menschenrechte wiederherzustellen,
vollauf gerechtfertigt wären. »Kriege mögen hinausgeschoben werden«, schrieb Burke, »aber sie können nicht ganz vermieden werden, und gegenwärtige Ruhe um den Preis künftiger Sicherheit zu
erkaufen, ist zweifellos eine Feigheit der würdelosesten und grund-
legendsten Art.«[15] Die Verteidigung der Freiheit in Europa und die
Verteidigung des europäischen Gleichgewichts waren in Burkes
Denken also schon lange vor der Französischen Revolution ebenso
wie für Generationen von Engländern und Briten vor ihm unauflöslich miteinander verknüpft.

Großbritannien griff jedoch weder ein, um die Korsen zu unterstützen, noch, um die schwedischen Freiheiten wiederherzustellen
oder den Bestand von Polen zu schützen. Im letzteren Fall standen
praktische Hindernisse einer Intervention entgegen: Man konnte
schließlich, wie ein Witzbold bemerkte, »die Flotte nicht über Land
nach Warschau ziehen, um dort die Verfassung wieder einzusetzen«.[16]
Dennoch führten die internationalen Turbulenzen der späten
1760er und der 1770er Jahre zu einer Neubelebung der interventionistischen Einstellung in Großbritannien. In einer Hinsicht war
dies nichts Neues. Die überwiegend protestantische Öffentlichkeit
stand dem Gedanken von Interventionen zugunsten bedrängter
Glaubensgenossen schon seit langem positiv gegenüber und forderte sie. Die sich herausbildende humanitäre Sensibilität brachte
diesen Diskurs nun einen Schritt weiter. Bekannte Schriftsteller
und Parlamentarier, wie Boswell und Burke, setzten sich auf eine
Weise für die »Freiheit« von Korsika und Polen ein, die über die
Konfessionsgrenzen hinausging.[17] Natürlich wurden viele solcher

Interventionen aus eigennützigen Gründen empfohlen und durchgeführt. Tatsächlich beruhte ein wirksamer Minderheitenschutz auf einer Synergie von Gefühl und Strategie, wobei diese nicht immer leicht voneinander zu unterscheiden waren. Die Sympathie für das Freiheitsverlangen der Korsen beispielsweise bildete einen Aspekt einer breiteren Sorge um die britischen Freiheiten und die Eindämmung Frankreichs, von der sie letztlich abhingen.

1775 revoltierten die nordamerikanischen Kolonien, zum einen aus Protest gegen das Unvermögen des britischen Staats, die Sicherheit in der Neuen und der Alten Welt zu garantieren, und zum anderen, weil sie Londons Versuche ablehnten, sie für diese Sicherheit zahlen zu lassen. Aus Londoner Sicht stand nicht weniger als das europäische Gleichgewicht auf dem Spiel. Ohne Amerika, so der Konsens in der britischen Elite, wäre Großbritannien nicht in der Lage, sich Spanien und Frankreich in Europa entgegenzustellen. Lord Stormont, Secretary of State for the Northern Department, fürchtete, dass Großbritannien, wenn die Ressourcen »zur Unterstützung des allgemeinen Interesses an Europa« wegfielen, sein »Gewicht auf der allgemeinen Skala«, das heißt für das europäische Gleichgewicht, verlöre.[18] Umgekehrt war man in vielen europäischen Staaten überzeugt, dass die Briten, wenn sie in Amerika die Oberhand behielten, eine solche Macht anhäufen würden, dass sie unverletzbar wären. Bei einem Sieg der Kolonisten, bemerkte der französische leitende Minister, Graf Vergennes, Ende 1775, würde »England … an Macht verlieren und unsere Macht im selben Maß wachsen«.[19] Nachdem Frankreich die Amerikaner lange Zeit verdeckt unterstützt und über ihren Sieg bei Saratoga im Jahr 1777 gejubelt hatte, trat es 1778 schließlich offen in den Krieg ein, gefolgt von Spanien ein Jahr später. Großbritannien war völlig isoliert und entging nur knapp einer bourbonischen Invasion. Ein Jahr darauf waren die Holländer derart verärgert über die britische Eigenmächtigkeit und Arroganz, dass auch sie sich der Liste anschlossen. Ungefähr in dieser Zeit organisierte Katharina die

Große, die ihrerseits über das Vorgehen der britischen Kriegsmarine gegen Schiffe neutraler Länder empört war, die Liga der bewaffneten Neutralität. Danach befand sich Großbritannien, in den beschämenden Worten des damaligen Chefs der Admiralität, Lord Sandwich, praktisch »mit der ganzen Welt im Krieg ... Die vereinigten Mächte werden unseren Staat zerstückeln und nach Belieben unter sich aufteilen.«[20]

Eine bedeutende Minderheit in Großbritannien, zu der unter anderen William Pitt d. Ä. und Burke gehörten, sah die Lage anders. Sie sympathisierte mit den Kolonisten und ihrer liberalen Liebe für die Freiheit und einen begrenzten Staat. Gewiss waren auch diese Kritiker über die Neubelebung der Macht der Bourbonen besorgt, aber sie warfen der Regierung vor, dies mit herbeigeführt zu haben, indem sie die Amerikaner vor den Kopf stieß. Sie beklagten das Blutvergießen auf beiden Seiten des Atlantiks. Im Parlament stellte Pitt, inzwischen zu Lord Chatham erhoben, die patriotische Tugend der Kolonisten den unbritischen absolutistischen Absichten von Lord North und Georg III. gegenüber, die auf ausländische Söldner zurückgreifen mussten, um den Krieg gegen die amerikanischen Kolonisten führen zu können. Ende Mai 1777 beschuldigte er die Regierung, »jeden Winkel von Niedersachsen zu durchsuchen; aber 40 000 deutsche Tölpel können niemals die zehnfache Anzahl englischer freier Männer überwältigen«. Wenig später forderte er, die Regierung solle »sich konziliant bezeigen, um das Vertrauen derjenigen zu gewinnen, die die indianischen Tomahawks und deutschen Bajonette überlebt haben«.[21] Sein Ziel war es, Briten auf beiden Seiten des Atlantiks gegen den gemeinsamen Feind in Europa zu vereinen.

Angesichts dieser neuen maritimen, militärischen und revolutionären Herausforderungen setzte Großbritannien das ambitionierteste Mobilisierungsprogramm seiner bisherigen Geschichte in Gang. Der Zugriff des Staats wurde ausgeweitet. Was die Armee betraf, ermöglichten die Rekrutierungsgesetze von 1778 und 1779

die Aushebung gesunder Arbeitsloser und Krimineller, und ein
Gesetz von 1779 vergrößerte die Möglichkeiten der Zwangsrekrutierung für die Kriegsmarine. Durch diese Maßnahmen gelangten
nicht nur die üblichen Verdächtigen von beiden Enden des sozialen
Spektrums, Aristokraten und verkrachte Existenzen, in die Streitkräfte, sondern auch viele Bürger und Handwerker. Das Ergebnis
dieser beispiellosen Mobilisierung war beeindruckend: Die britische Marine vermehrte die Zahl ihrer Kampfschiffe in den drei Jahren zwischen 1778 und 1780 um 50 Prozent, und die Zahl der Seeleute stieg um mehr als die Hälfte. Außerdem begann die Regierung
darüber nachzudenken, wie sie das riesige Rekrutenreservoir des
katholischen Irland nutzen und die Einwände der heimischen protestantischen Mehrheit dagegen überwinden konnte.[22] Aber die
gewaltige Anstrengung der Nation und die erstaunliche Leistung
des »fiskalisch-militärischen« Staats genügten nicht, um das Blatt
in Amerika zu wenden oder die britische Seeherrschaft aufrechtzuerhalten, als sie am nötigsten gebraucht wurde. Die Isolation in
Europa erwies sich letzten Endes als fatal. Ungestört von einem
Landkrieg in Europa, bauten die bourbonischen Mächte, wie es die
Whigs stets befürchtet hatten, ihre Flotten derart aus, dass sie der
britischen überlegen waren. Frankreich gewann nicht nur vorübergehend die Kontrolle über die Gewässer vor Nordamerika, sondern
konnte auch eine Landstreitmacht, die General Washington unterstützen sollte, an der Küste absetzen. 1781 schloss ein französisch-
amerikanisches Heer bei Yorktown eine große britische Armee ein
und zwang sie zur Kapitulation. Nach diesem Schlag war der Regierung von Lord North kein langes Leben mehr beschieden, und ihre
Nachfolgerin ersuchte bald um Frieden.

Der Amerikanische Unabhängigkeitskrieg ging mit dem Frieden von Paris 1783 zu Ende und markierte eine Revolution im internationalen Staatensystem. Ein großer Teil des britischen Kolonialbesitzes in Nordamerika wurde zwischen Frankreich, Spanien und
den amerikanischen Siedlern aufgeteilt. Großbritannien musste die

Unabhängigkeit der 13 Kolonien anerkennen; es behielt zwar Gibraltar, musste aber Florida und Menorca an Spanien abtreten, und mit der Übergabe Louisianas an Frankreich war, wie der französische Außenminister Vergennes triumphierend erklärte, der »dunkle Fleck von 1763 ausgelöscht«. Darüber hinaus war eine neue Macht in der westlichen Hemisphäre aufgetaucht, und weitsichtige Beobachter sagten bereits voraus, dass die Vereinigten Staaten bald die Nachfolge Großbritanniens antreten würden. »Diese kleine Insel [England]«, bemerkte Horace Walpole, als er von der amerikanischen Unabhängigkeitserklärung erfuhr, »wird in einer späteren Epoche lächerlich stolz auf ihre ruhmreichen Zeiten sein und schwören, ihre Hauptstadt werde einst wieder so groß sein wie Paris oder – je nachdem, welche Stadt Europa dann die Gesetze gibt – vielleicht New York oder Philadelphia.«[23] Als ein Franzose prophezeite, die 13 Kolonien würden zum »größten Reich der Welt« werden, gab ein Mitglied der britischen Delegation in Paris in Bezug auf die Bewohner dieses Reichs zurück: »Ja, Sir, und sie werden alle Englisch sprechen, jeder Einzelne von ihnen.«[24] So erwies sich schließlich, dass die Whigs mit ihrer Auffassung, dass man sich dem amerikanischen Freiheitsverlangen nicht in den Weg stellen sollte, recht gehabt hatten. Die Entstehung eines neuen »britischen« Staats auf der anderen Seite des Atlantiks stärkte letzlich die Sicherheit Großbritanniens.

Die Vereinigten Staaten entwickelten sich rasch zu einem größeren, stärkeren Vereinigten Königreich, einschließlich der Absicht, seine Stellung unter den europäischen Großmächten zu verteidigen. Anfangs war dies eine dringliche Frage der Selbstverteidigung. Da man nach der Revolution den Schutz der britischen Marine verloren hatte, waren amerikanische Handelsschiffe heftigen Angriffen der von Nordafrika aus operierenden Korsaren ausgesetzt. Auch in größerer Nähe zur neuen Republik drohten zahlreiche Gefahren. Spanien sperrte 1784 den Mississippi für die Schifffahrt und blieb im Süden von Florida aus eine ständige Bedrohung. Großbritannien hatte Kanada behalten und stand der neuen Republik weiterhin feindselig gegenüber. Darüber hinaus waren die von der Revolution hinterlassenen Verfassungsregelungen für die Bewältigung der Herausforderungen der 1780er Jahre völlig ungeeignet. Es gab keine erwähnenswerte Exekutive, der Kongress durfte keine Steuern erheben, um nationale Projekte zu finanzieren, und internationale Verträge mussten von jedem einzelnen Bundesstaat ratifiziert werden, bevor sie in Kraft treten konnten. Die Schulden aus dem Revolutionskrieg wurden überwiegend von den Bundesstaaten gehalten – mit nur geringer Aussicht, beglichen zu werden, was die Kreditwürdigkeit der öffentlichen Hand zerstörte. Ferner fehlte den Vereinigten Staaten ein richtiges Militär, denn die Bundesstaaten konnten sich nicht darauf einigen, wie es finanziert werden sollte, und viele Amerikaner argwöhnten, dass es eingesetzt werden könnte, um ihre Freiheit zu beschneiden. Tatsächlich waren die Bande, welche die Konföderation zusammenhielten, derart schwach, dass viele befürchteten, sie könnte in ihre Bestandteile zerfallen oder im Streit über die westlichen Territorien sogar in einen Bürgerkrieg geraten. Man hatte die Wahl: Entweder die Amerikaner rückten enger zusammen und schufen einen Staat, der zu Kriegführung und territorialer Expansion in der Lage war, oder sie zogen gegeneinander in den Krieg und wurden letzten Endes Opfer der Expansion einer fremden Macht.[25]

Deshalb kamen Vertreter der 13 Kolonien 1787 in Philadelphia zusammen, um die Konföderationsartikel einer Revision zu unterziehen. Sie standen vor der Frage, welchem europäischen Unionsmodell sie folgen sollten. Das »föderative System« des Deutschen Reichs war nach Ansicht von James Madison und Alexander Hamilton »ein kraftloser Körper, der unfähig ist, seine eigenen Glieder zu dirigieren«, und »wehrlos gegen Gefahren von außen und zugleich unaufhörlich von inneren Gärungsprozessen erschüttert«. Polen sei gleichermaßen »unfähig, sich selbst zu regieren und sich selbst zu verteidigen«. Es sei »lange Zeit von der Gnade seiner mächtigen

Nachbarn abhängig« gewesen, die vor kurzem sogar die »Gnade«
besessen hätten, »es von einem Drittel seiner Bevölkerung und seines Gebiets zu entlasten«.²⁶ Von allen europäischen Präzedenzfällen
konnte nur einer dem kritischen Blick der »Federalists« standhal-
ten, nämlich die englisch-schottische Union von 1707, durch welche die zuvor so tief getrennten Länder zusammengekommen
waren, um »allen [ihren] Feinden zu widerstehen«.²⁷

Die Verfassung, auf die man sich 1787/88 in Philadelphia einigte,
zeigte, dass die Amerikaner aus ihren eigenen und den Erfahrungen der Briten, Deutschen und Polen gelernt hatten. Wie die Schotten und die Engländer waren sie, wie es in der Präambel hieß, entschlossen, ihren »Bund zu vervollkommnen«. In Form einer
Präsidentschaft, die ermächtigt war, die Außenpolitik zu führen
und Verträge zu schließen – die allerdings durch beide Häuser des
Kongresses ratifiziert werden mussten –, wurde eine starke Exekutive geschaffen. Wie die Engländer und später die Briten gaben die
Amerikaner sich selbst eine Verfassung, die den außenpolitischen
Anforderungen an den Staat genügte und die Herausbildung eines
einzigartig mächtigen Mitspielers ermöglichte, der bei mindestens
drei Gelegenheiten Großbritannien in Europa zu Hilfe kam.

In Großbritannien löste der Amerikanische Unabhängigkeitskrieg eine gründliche Untersuchung der Ursachen der Katastrophe
aus. Klar war, dass sich die »freien« Staatswesen Polen, Schweden
und Vereinigte Niederlande endgültig im Niedergang befanden.
Die Zukunft schien den mittel- und osteuropäischen Autokratien
zu gehören, die ihre Gesellschaften auf die militärische Mobilisierung und Expansion ausgerichtet hatten. Auf dem Höhepunkt des
Krieges in Amerika wies der britische Kriegsminister darauf hin,
dass »die großen Militärmächte in den inneren Teilen Europas, die
große Reichtümer angehäuft und ihre Untertanen zu großen
Armeen geformt haben, ... in absehbarer Zeit die vorherrschenden
Mächte« werden würden.²⁸ Wenn das britische Parlamentssystem
seine Fähigkeit behalten wollte, in Europa oberhalb seiner Gewichts-

klasse mitzuspielen, waren eine grundlegende innere Reform und vielleicht auch ein Wechsel der Strategie nötig. Die daraufhin durchgeführten Veränderungen und die Lernkurve bewies sowohl Großbritanniens außerordentliche Fähigkeit, Fehler zu erkennen und zu korrigieren, als auch die Widerstandfähigkeit seiner Institutionen.

Die Niederlage zog in allen Bereichen Reformen nach sich. Viele stimmten darin überein, dass eine Erholung nur mit Hilfe triefgreifender innerer Reformen möglich war. Manche hielten eine geistige und moralische Erneuerung für ausreichend. Andere forderten eine Ausweitung der Wählerschaft, weil ihrer Ansicht nach nur so die gesamte Kraft des Landes für die gemeinsame Sache mobilisiert werden konnte. Viele sprachen sich für eine Wirtschaftsreform aus, um die Finanzen wieder in Ordnung zu bringen. Währenddessen wurde ein »zweites«, geographisch noch umfangreicheres Empire aufgebaut, indem man die demographische Reserve amerikanischer Loyalisten nutzte, zu der auch befreite schwarze Sklaven gehörten.[29] 1788 wurden in Australien die ersten Siedler an Land gesetzt, und in Afrika, Asien und Amerika, insbesondere in Kanada, wurden neue Kolonien gegründet oder alte ausgebaut. Die Hauptaufgabe war jedoch die Wiederherstellung der europäischen Bündnisse Großbritanniens. Strukturell gehörte die 1783 erfolgte Zusammenlegung der beiden außenpolitischen Ressorts der Regierung zum Außenministerium dazu, von der man sich eine kohärentere Außenpolitik versprach. Konzeptuell bedeutete es eine Überprüfung der seit 1760 verfolgten Politik. Der »Hochsee«-Ansatz der Torys mit seiner Verachtung für europäische »Verstrickungen« galt weithin als diskreditiert. »Unser Gewicht auf dem Kontinent durch vernünftige Bündnisse wiederzuerlangen«, erklärte der erfahrene Diplomat und Abgeordnete James Harris im Dezember 1783, »ist der allgemeine Wunsch eines jeden, der auch nur die geringste Ahnung von den Interessen dieses Landes hat.«[30] Niemals wieder sollte Großbritannien in Europa isoliert sein.

Das Vereinigte Königreich erlangte seine europäische Stellung weit schneller zurück, als man erwartet hatte. William Pitt d. J. brachte die Staatsschulden erfolgreich unter Kontrolle. Irland wurde wenigstens vorläufig befriedet. 1787 vereitelte Großbritannien gemeinsam mit Preußen den französischen Versuch, das Haus Oranien in den Vereinigten Niederlanden zu entmachten. Ein Jahr später war London wieder am diplomatischen Spiel in Europa beteiligt, indem es mit Preußen und den Niederlanden eine Tripelallianz schloss. Frankreichs Finanzen dagegen waren von den militärischen Anstrengungen des Jahrhunderts derart erschöpft, und seine Bemühungen, die eigenen Interessen in Mittel- und Osteuropa zu schützen, insbesondere gegen die aufsteigenden Mächte Preußen und Russland, blieben derart erfolglos, dass die Monarchie ihrem Untergang entgegenging. Die Gründe für den Ausbruch der Revolution von 1789 waren zu einem guten Teil die gleichen wie jene, die zweimal zum Sturz der Stuart-Herrschaft in England geführt hatten.

In London waren die unmittelbaren Auswirkungen begrenzt. Man war sich allgemein lediglich darin einig, dass die Revolution endlich den französischen Einfluss innerhalb des Staatensystems ausgeschaltet hatte. »Ich glaube kaum«, bemerkte der britische Außenminister, der Herzog von Leeds, kurz nach dem Fall der Bastille, »dass die fähigsten Köpfe Englands eine derart fatale Situation für ihren Rivalen hätten planen oder der gesamte Reichtum des Landes eine solche hätte erkaufen können wie diejenige, in die Frankreich jetzt durch seine eigenen inneren Wirren gestürzt ist.«[31] Tatsächlich wurde Großbritannien von anderen Dingen in Anspruch genommen. Im Mai 1790 geriet man wegen des Nootka Sound an der kanadischen Westküste in eine Konfrontation mit Spanien, die beide Mächte an den Rand eines Krieges brachte. Vor allem aber verfolgte London mit wachsender Sorge den russischen Vormarsch in Osteuropa. Man befürchtete, Katharina die Große strebe nach der »exklusiven Vorherrschaft in der Ostsee«, von wo die britische Marine unverzichtbare Materialien wie Masten, Teer und Hanf bezog. Auch über das russische Eindringen in Polen war man beunruhigt, würde es Moskau doch dazu dienen, wie es in einer Denkschrift hieß, »nach Belieben weiter vorzustoßen und den Frieden Europas zu stören«. Und als wäre dies noch nicht schlimm genug gewesen, fürchtete man, die Zarin würde, wie es der britische Gesandte in Wien ausdrückte, »einen unglücklichen Augenblick, wenn das übrige Europa nicht in Lage ist, [das Osmanische Reich] zu unterstützen, nutzen, um ihre Standarte in Konstantinopel aufzurichten.« Pitt d. J. argwöhnte, dass Moskau das Osmanische Reich als potentielle Basis betrachtete, von der aus es in »Rivalität mit unseren Interessen in Ostindien« treten konnte. Als Russland die strategisch bedeutsame Festung Otschakow an der Nordküste des Schwarzen Meers eroberte, entschied sich London zu handeln. Im März 1791 beschloss das Kabinett, militärische Maßnahmen zu ergreifen, doch das Vorhaben zerschlug sich. Einerseits wäre es schwierig gewesen, Katharina mit den Mitteln der Flotte zum Nachgeben zu zwingen, andererseits stieß der Plan auf massiven Widerstand des Parlaments und der Öffentlichkeit, die absolut nichts davon hielten, am anderen Ende Europas wegen einer Stadt, von der nur wenige Briten schon einmal gehört hatten, in den Kampf zu ziehen.[32] Es sah also 1789–1791 eher danach aus, dass Großbritannien wegen Nordamerika oder Osteuropa Krieg führen würde, nicht aber wegen Frankreich.

Doch dies sollte sich binnen kurzem ändern. Dass London sich aus Europa heraushalten wollte, bedeutete nicht, dass Europa dies zuließ. Österreich und Preußen griffen 1792 in Frankreich ein, um die Revolution niederzuschlagen, und holten sich in der Schlacht bei Valmy eine blutige Nase. Die wiedererstarkten französischen Truppen drangen in die Niederlande ein und bedrohten die Südküste Englands. Nach ernsten Warnungen aus London erklärte Frankreich Großbritannien und den Vereinigten Niederlanden den Krieg, und bald darauf stießen seine Heere in den Niederlanden, Deutschland und Italien vor. Überall in Europa stürzten angesichts des Ansturms etablierte Regierungen. Am Ende des Jahrzehnts befand sich ein großer Teil West- und Südeuropas unter direkter französischer Herrschaft oder unter derjenigen von »Schwesterrepubliken«, die sich der Revolution angeschlossen hatten. Großbritannien besaß immer noch die Vorherrschaft auf See und in der Neuen Welt, aber wiederholte Versuche, durch die Entsendung von Expeditionstruppen oder die Unterstützung von Rebellionen in Frankreich in Europa die Initiative zurückzugewinnen, scheiterten kläglich. Noch schlimmer war, dass Frankreich sehr wahrscheinlich nicht nur den Rest des Kontinents übernehmen, sondern auch einen Angriff auf die Britischen Inseln selbst unternehmen würde.

Die Frage, wie man auf diese Gefahr reagieren sollte, dominierte die britische Politik in den 1790er Jahren. Die Debatte darüber spaltete die Whigs. Manche, wie Charles James Fox, sympathisierten offen mit der Revolution, während viele andere – mit dem Herzog von Portland an der Spitze – von deren Gewalt abgestoßen waren und die Kriegsanstrengungen unterstützten. Die Wellen schlugen derart hoch, dass Fox und seine Anhänger sich schließlich vorübergehend aus dem Unterhaus zurückzogen. Pitt d. J. profitierte von der Spaltung der Opposition, war aber selbst angeschlagen, da es ihm angesichts der französischen Gefahr nicht gelungen war, das europäische Gleichgewicht zu bewahren und, was besonders schwer wog, die Revolutionäre aus den Niederlanden fernzuhalten. Außerdem hatte er mit zwei grundsätzlichen strategischen Debatten im eigenen Lager zu kämpfen. Die eine setzte eine weit zurückreichende Auseinandersetzung in der englischen und britischen Geopolitik fort, ob nämlich der Krieg gegen Frankreich vornehmlich auf See, wie Kriegsminister Henry Dundas meinte, oder auf dem europäischen Festland, wofür Außenminister Lord Grenville plädierte, geführt werden sollte. Die andere Debatte drehte sich um ein altes Thema in neuem Gewand: ob nämlich auf der

Grundlage der gegenseitigen Koexistenz eine Übereinkunft mit den Revolutionären erreicht werden konnte, wie Pitt hoffte, oder ob, wovon ein anderer Kriegsminister, William Windham, überzeugt war, vom revolutionären Frankreich eine derart große ideologische Gefahr ausging, dass die Sicherheit Großbritanniens nur durch seine Vernichtung garantiert werden konnte. Diese Fragen beschäftigten alle, die im Vereinigten Königreich politisch aktiv waren, und viele, die es nicht waren, aber niemandes Stimme war in diesen Debatten deutlicher zu vernehmen als diejenige von Edmund Burke.

Burke bezog aus der Glorreichen Revolution von 1688 eine Whig-Liebe zu Freiheit und begrenztem Staat, die ihren Ausdruck in seiner Unterstützung der amerikanischen Kolonisten fand.[33] Der Aufklärung entnahm er einen »besonderen Universalismus«, der sich in seinem Eintreten für die Rechte der Inder in Bengalen und seiner Ablehnung des Sklavenhandels widerspiegelte.[34] Während des Prozesses gegen Warren Hastings, den ehemaligen Generalgouverneur von Britisch-Ostindien, verurteilte Burke »die geographische Moralität, nach welcher die Pflichten der Menschen in öffentlichen und privaten Angelegenheiten nicht durch ihr Verhältnis zum Großen Gouverneur des Universums oder ihre Beziehungen zu Menschen bestimmt werden, sondern durchs Klima … [und] Parallelen nicht des Lebens, sondern von Breitengraden«.[35] Gleichwohl war er vom Temperament her und in mancher Hinsicht auch in Sachen Ideologie konservativ, stand er doch jedem Gesamtplan, die Gesellschaft unter Missachtung von Geschichte und Tradition neu gestalten zu wollen, skeptisch gegenüber. Deshalb lehnte er die Französische Revolution fast augenblicklich ab.[36] Ein noch wichtigerer Grund für seine leidenschaftliche Teilnahme an europäischen Angelegenheiten war seine Verwurzelung in der interventionistischen Tradition der Whigs, der zufolge Großbritannien die europäischen »Freiheiten« aktiv verteidigen sollte, zumal seine eigenen Freiheiten

1688 schon einmal durch eine Intervention von außen gerettet worden waren. »Ein abstraktes Prinzip des öffentlichen Rechts, das solche Einmischung verböte«, schrieb er später,»wird … weder durch
die Praxis dieses Königreichs noch durch diejenige irgendeiner
anderen zivilisierten Nation der Welt unterstützt. Diese Nation verdankt seine Gesetze und Freiheiten, Seine Majestät verdankt den
Thron, auf dem er sitzt, dem entgegengesetzten Prinzip.«[37]
Natürlich unterschied sich Burkes Verständnis von»Freiheit« in
vieler Hinsicht von modernen Vorstellungen. So war sie der»Demokratie«, jedenfalls der jakobinischen, ausdrücklich entgegengesetzt.
Auch Burkes leidenschaftliche Verteidigung der»Religion« brachte
ihn, obwohl er alles andere als intolerant war, in Gegensatz zu den
»atheistischen« französischen Revolutionären. Darüber hinaus
beruhte seine»Freiheit« wie diejenige anderer Europäer auf einer
ungleichen Ständegesellschaft. Davon abgesehen, waren seine
Ablehnung der»Tyrannei«, sein Eintreten für einen schlanken Staat,
seine leidenschaftliche Verteidigung der Eigentumsrechte, sein
Beharren auf einvernehmlicher Besteuerung und anderen verfassungsmäßigen Freiheiten unverkennbar modern. Mit seinem Eintreten für»Millionen« von Indern, denen er die Befreiung von
»Unterdrückung und Tyrannei« wünschte,[38] hob er sich deutlich
von einer streng konservativen Verteidigung des Kastensystems ab.
In unserem Zusammenhang noch wichtiger ist, dass Burkes Frei-
heitsbegriff seine Herangehensweise an internationale Angelegenheiten und seine Interventionslehre prägte.
Am Anfang stand Burke der Französischen Revolution zwiespältig gegenüber,»ohne zu wissen [im August 1789], ob ich anklagen
oder applaudieren soll«.[39] Zwar teilte er die Schadenfreude nicht,
mit der viele den Niedergang der französischen Macht im Jahr 1789
aufnahmen, aber die verbreitete Ansicht, die Ereignisse in Frankreich seien von Englands Glorreicher Revolution von 1688 angeregt
worden, wies er anfangs nicht völlig zurück. Binnen eines Jahres
wurde er jedoch zum entschiedenen Gegner der Revolution. Aus-

druck dessen waren seine 1790 erschienenen *Betrachtungen über die französische Revolution.*[40] Das Buch war nicht nur ein literarisches und politisches Ereignis, sondern auch ein sensationeller Bucherfolg – von der englischen Ausgabe wurden deutlich über 17 000 Exemplare verkauft, die eine noch weit größere Leserschaft erreichten –; außerdem zog es rund hundert Streitschriften nach sich. Viele hassten es, und die meisten bewunderten eher seine »Eloquenz« als seinen Inhalt, aber fast alle lasen es.[41] Seit Israel Mauduits *Considerations on the Present German War* (1760) und davor Jonathan Swifts *Das Verhalten der Verbündeten und des letzten Ministeriums bei Beginn und Führung des gegenwärtigen Krieges* (1711) hatte die britische Öffentlichkeit keine derart lebendige Diskussion über ein Buch mehr geführt.[42]

Burke verurteilte den französischen Umsturz als Angriff auf Tradition, Religion, Eigentum und »Rittertugenden« und sprach von einer »Revolution in Sitten, Meinungen und moralischen Gefühlen«. Die Beleidigungen der königlichen Familie, insbesondere von Marie Antoinette, seien in Wirklichkeit Attacken auf die Institution der Monarchie generell. »Mir ist«, schreibt Burke auf den ersten Seiten der *Betrachtungen,* »als winkte uns eine fürchterliche Krise nicht für die Angelegenheiten von Frankreich allein, sondern für die Angelegenheiten von Europa, und vielleicht von mehr als Europa. Alle Umstände zusammengenommen ist die französische Revolution die erstaunenswürdigste, die sich noch bisher in der Welt zugetragen hat.« Später beklagte er, die »Zeiten der Rittersitte« seien dahin, dafür diejenigen »der Sophisten, der Ökonomisten und der Rechenmeister« angebrochen, »und der Glanz von Europa ist ausgelöscht auf ewig«.[43] Was an diesen Passagen frappiert, ist weniger ihre Hellsichtigkeit – sie wurden lange vor der Hinrichtung des Königs und dem Beginn der Terrorherrschaft zu Papier gebracht – als vielmehr die Tatsache, dass Burke das Problem von Anfang an nicht im engen Sinn als französische oder britische, sondern als europäische Frage behandelt.

Mit der explizit ideologischen Art seiner Ablehnung des revolutionären Frankreich positionierte sich Burke jedoch nicht außerhalb des traditionellen britischen Diskurses über das Mächtegleichgewicht. Natürlich trifft es zu, dass seine Ansichten der vorherrschenden Auffassung der Regierung Pitt diametral entgegengesetzt waren.[44] Richtig ist auch, dass die Regierung den französischen Emigranten, für die Burke sich einsetzte, mit einer gewissen Zurückhaltung begegnete, zum Teil, weil sie ihren militärischen Wert bezweifelte, vor allem aber, weil jedes Entgegenkommen ihnen gegenüber den Weg zu einem Friedensschluss mit dem revolutionären Frankreich verbauen konnte. Das Ziel Großbritanniens war nicht die Rücknahme der Revolution, sondern die Eindämmung der Macht Frankreichs, insbesondere durch die Wiederherstellung der Integrität der Niederlande. Gleichwohl sollte man Burkes Reaktion auf die Französische Revolution nicht einfach als Abkehr vom Gleichgewichtsdenken verstehen – und damit von dem, was wir heute »Realismus« nennen würden –, sondern als eine Variation dieses Denkens.

Burke hielt die Revolution aus drei Gründen für eine tödliche Bedrohung der britischen Freiheit und Sicherheit. Erstens fürchtete er das subversive Beispiel der Revolution. In den *Betrachtungen* unterstrich er die Gefahr, die von den revolutionären Ideen ausging. »Frankreich hat zu allen Zeiten einen entscheidenden Einfluss auf die Sitten in England und in allen übrigen Ländern unsers Weltteils gehabt«, stellte er fest, »und wenn dort die Quelle verstopft und verunreiniget ist, so wird auch bei uns und vielleicht bei allen andern Nationen der schöne Strom zeitig genug stillstehen oder trübe und schlammig fließen.« Deshalb sprach Burke von den »Rechten des Menschen« als einer »großen Rüstkammer« voller »trefflicher Instrumente«. »Ehemals«, erklärte er, »waren die französischen Angelegenheiten nur Frankreichs Sorge. Wir bekümmerten uns um sie, weil wir Menschen sind: doch wir sahen sie nur von fern, weil wir nicht Bürger von Frankreich waren. Wenn aber das, was dort vorgeht, uns hier zum Muster aufgestellt wird, dann müssen wir es als Briten fühlen und uns als Briten dagegen sichern.« Die Antwort bestehe darin, die revolutionäre »Pest« von Großbritannien fernzuhalten. Die »strengste Quarantäne« könne »kaum strenge genug sein …, uns dagegen zu schützen«.[45] Zu diesem Zeitpunkt plädierte Burke noch nicht für ein militärisches Eingreifen, sondern lediglich dafür, die Revolution unter ideologische Quarantäne zu stellen.

Bald jedoch gelangte er zu dem Schluss, dass Eindämmung nicht ausreiche. 1791 betonte er in einem »Brief an ein Mitglied der Nationalversammlung«, nur eine Macht »von *außen*« wäre in der Lage, die Revolution zu entmachten. Dies, so fuhr er fort, sei »voller Mitleid gesagt, denn sicherlich verlangte noch keine Nation jemals so traurig nach dem Mitgefühl aller ihrer Nachbarn«.[46] Mit anderen Worten, man hatte eine humanitäre Verpflichtung gegenüber Frankreich. Denn obwohl die Einwände gegen die Revolution von der »Religion« über das »Eigentum« bis zu den »Rittertugenden« reichten, konnten sie alle unter eine Überschrift subsumiert werden: »Tyrannei«. Die Französische Revolution, erklärte Burke, »unterdrückte« die »kleinen Reste der verfolgten Ländereibesitzer«, die »Bürger und Bauern. … Zwei Personen können einander nicht begegnen und miteinander sprechen, ohne ihre Freiheit und selbst ihr Leben in Gefahr zu setzen. Eine kaum glaubliche Menge Leute ist hingerichtet und ihr Vermögen eingezogen worden.«[47]

Burke äußerte unmissverständlich eine säkulare, universale Sorge um die Freiheit. Der revolutionäre Krieg gegen die inneren Freiheiten der Franzosen bekümmerte ihn ebenso sehr, wie es in den 1770er Jahren die (vermeintliche) Gefahr für die britischen Freiheiten und in den 1780er die Rechte der Inder getan hatten. Er fand, dass »alle Menschen, die [die Freiheit] wünschen, sie verdienen«. In seinen Augen war sie kein geographisch, historisch oder kulturell bedingtes Phänomen, sondern »unser Erbe, das Geburtsrecht unserer Art«.[48] Anfang Dezember 1794 schrieb Burke, die Wiederher-

stellung der Ordnung in Frankreich sei nicht nur »im Interesse dieses Königreichs [Großbritannien]«, sondern auch der »Menschheit
insgesamt«.[49] Im folgenden Jahr bezeichnete er die Revolution als
»infernalischste Tyrannei und Unterdrückung, welche die Menschheit jemals bedrängt und bedroht hat«.[50] Wiederum ein Jahr später
schrieb er: »Wir können in den jetzigen Zeitläuften keinen Vergleich [mit Frankreich] treffen, ohne das Interesse des menschlichen
Geschlechts aufzugeben.«[51] Hier geht aus dem Kontext klar hervor,
dass die Begriffe »Menschheit« und »menschliches Geschlecht«
nicht bloß sentimentale moralische Prinzipien evozieren sollten,
sondern sich auch auf Werte und Rechte bezogen, die das Geburtsrecht aller (oder der meisten) Menschen mit Eigentum waren.

In einer solchen Situation war eine Intervention nach Burkes
Ansicht nicht nur gerechtfertigt, sondern geboten, da es keinen
anderen Weg gab, um den Opfern zu helfen. Anfang 1791 schrieb
er, er habe »keine Meinung zu inneren Gegenmitteln« und könne
sich »nicht vorstellen, dass ohne großen Druck von außen irgend-
etwas erreicht werden« könne.[52] In den später im selben Jahr veröf-
fentlichten *Gedanken über die französischen Angelegenheiten* stellte
er kurz und bündig fest, »dass man in Frankreich keine Gegenrevo-
lution von innerlichen Ursachen allein erwarten« könne.[53] Daher
stießen die Argumente französischer Emigranten bei ihm auf offene
Ohren, die ihm wie Pierre-Gaeton Dupont im Mai 1791 erklärten,
»dass es in Fällen, in denen die Unterdrückung so groß ist, dass die
Unterdrückten nicht einmal nach Hilfe rufen können, genügt,
wenn dies öffentlich und eindeutig bekannt ist, um die Intervention einer ausländischen Macht zu erfordern«.[54]

In seiner Streitschrift *Hauptpunkte zur Betrachtung über den gegen-
wärtigen Zustand der öffentlichen Angelegenheiten* von 1792 brachte
Burke alle diese Themen zusammen. Er tadelte die Herrscher von
Österreich und Preußen für die Annahme, »sie hätten nichts mit
Frankreichs innerer Einrichtung zu tun«, wobei seine Wortwahl
andeutet, dass ihm bewusst war, welchen Handlungsspielraum der

Westfälische Frieden den gegenrevolutionären Mächten im Grunde eingeräumt hatte. »In Absicht dieses Punktes«, fuhr er fort, »scheinen die zwei Höfe so wenig das System der Publizisten Deutschlands als ihr eigenes wahres Interesse und das aller Souveräne Deutschlands und Europas beherziget zu haben.« Kein Wunder, dass man nach Burkes Ansicht mit der Lehre von der Nichteinmischung in die inneren Angelegenheiten souveräner Staaten einen »falschen Grundsatz in das Völkerrecht« eingeführt hatte.[55]

Ihm schwebte natürlich mehr als nur Wohlwollen vor. »Hilfe«, schrieb er, »sollte von Nachbarn aus Gründen der eigenen Sicherheit gewährt werden. Ich käme nie auf den Gedanken, dass irgendein Land in Europa sicher ist, während in dessen Mitte ein Staat (wenn man ihn denn so nennen kann) errichtet wird, der auf den Grundsätzen der Anarchie beruht und der in Wirklichkeit eine Schule bewaffneter Fanatiker ist, zur Verbreitung der Prinzipien von Mordanschlägen, Raub, Rebellion, Betrug, Spaltung, Unterdrückung und Pietätlosigkeit.«[56] »Wie konnten wir überhaupt einen Krieg vermeiden«, fragte er 1792 das Parlament, »wenn Frankreich allen Königen von Europa die Vernichtung [an]gekündigt hatte. Wir waren aus Gründen der Selbstverteidigung zu einem Bündnis mit allen Souveränen Europa gezwungen.«[57] Später, 1796, bezeichnete Burke die Revolution als »bewaffnete Lehre«, ein »System, welches vermöge seines Wesens allen anderen Regierungen feind ist und Frieden macht oder Krieg anfängt, so wie Frieden und Krieg zu ihrem Umsturze am zuträglichsten sind«.[58] Deshalb müsse man ihr sowohl aus »Mitgefühl« als auch um der eigenen »Sicherheit« willen entgegentreten.

Der Hauptgrund zum Handeln lag darin, dass Frankreich »so mächtig und so nah« war.[59] Die bloße Nähe oder »Nachbarschaft«[60] nicht nur der französischen Macht – »nur wenige Meilen von den Ufern meines Vaterlandes entfernt«[61] –, sondern auch französischer Ideen berechtigte Großbritannien nach Burkes Ansicht, entschlossen gegen den »Ansteckungsherd« vorzugehen. Andernfalls hätten

»[d]iejenigen aber, welche in der Nachbarschaft dieses neuen Gebäudes leben müssen, … sich darauf gefasst zu machen, in beständigen Verschwörungen und Empörungen zu leben, und endlich dahin zu kommen, dass sie, wo nicht zu ihrer Herrschaft, doch zu ihrer Ähnlichkeit erobert werden«.[62] Tatsächlich warnte Burke Frankreich davor, »ein Weltreich« zu schaffen, indem es eine »Weltrevolution« entfesselte. Großbritannien habe es mit einer »Sekte« zu tun, die auf ein »Weltreich« abziele und »mit der Eroberung von Frankreich begonnen« habe.[63] Auf einer Ebene deutete der Begriff der »Nähe« oder »Nachbarschaft« auf die Tatsache hin, dass Frankreich gleich auf der anderen Seite des Ärmelkanals lag. Aber Burke dachte auch an eine weiter gefasste europäische »Nähe«, die »große Nachbarschaft von Europa«. Er war der Meinung, in Europa dürfe allgemein kein »neues Gebäude« errichtet werden, »woraus dem Nachbarn ein Nachteil erwachsen kann, wenn es auch nur durch eine Folge geschieht«, und die Revolution verletzte »nicht bloß die Rechte, auf welche die Gemeinheit von Frankreich, sondern auch diejenigen, auf welche alle Gemeinheiten gegründet sind«.[64] Und als seine Kritiker einwandten, die britische »Insellage« sei »gegen jede Neuerung sicher«, entgegnete er: »Sie reden, als wäre England nicht Europa.«[65]

Österreich aufzugeben, betonte Burke 1793, heiße, die Niederlande aufzugeben und damit Frankreich einen Stützpunkt für einen Angriff auf Großbritannien zu überlassen. Er verurteilte »die direkte oder indirekte Annexion sämtlicher Häfen des Kontinents, von Dünkirchen bis Hamburg, durch Frankreich und dessen immensen territorialen Zuwachs, in einem Wort *die Aufgabe der Unabhängigkeit Europas*«.[66] Andererseits erklärte er, ganz Westindien könne »niemals nach einer richtigen Schätzung so viel betragen …, dass es ein richtiges Äquivalent für Holland, für die österreichischen Niederlande, für Niederdeutschland« und alle anderen Teile des Kontinents wäre, welche »unter dem Joch des Königsmords« seien.[67] Tatsächlich bezeichnete Burke – der beständig hervorhob, dass

Großbritannien mehr als eine Insel, nämlich ein Teil Europas sei –
den Kaiser nicht nur als »Verbündeten«, sondern darüber hinaus als
»integralen Bestandteil der Stärke Großbritanniens ... und in
gewisser Weise einen Teil von Großbritannien selbst«.[68] Kraftvoller
hätte er die Verbindung zwischen dem Vereinigten Königreich und
dem Kontinent nicht zum Ausdruck bringen können.

Aus all diesen Gründen musste Burke zufolge die Souveränität
Frankreichs um des größeren Guts willen hintangestellt werden.
»Eine eindeutig bösartige, schimpfliche Regierung«, schrieb er
schon vor den Exzessen der Revolution, »sollte ausgewechselt werden, wenn nötig mit Gewalt, sofern sie (wie es manchmal der Fall
ist) nicht reformiert werden kann.«[69] Immerhin hatte im Jahr 1688
Wilhelm von Oranien die Freiheiten Englands gerettet. Deshalb
lehnte Burke den Gedanken, »dass keine benachbarte Macht ... es
sich leisten könne«, einem Volk zu Hilfe zu eilen, das »der abscheu-
lichsten, mörderischsten und zerstörerischsten Rebellion« und »der
grausamsten und blutigsten Tyrannei« ausgesetzt ist, als »schänd-
lich« ab.[70] Tatsächlich trat Burke dafür ein, die Revolution nicht
nur einzudämmen, sondern zu stürzen, wenn nötig durch eine
Intervention. Was er forderte, war ein »Regimewechsel«, wie man
heute sagen würde.[71] Das Recht auf Einmischung in die inneren
Angelegenheiten unabhängiger Staaten gründete sich auf der Nähe:
Die »Nachbarschaft selbst [ist] der natürliche Richter. Sie ist ... der
Verteidiger ihrer eignen Rechte«. Darüber hinaus gestatte das
»Gesetz der bürgerlichen Nachbarschaft« Großbritannien und seinen Verbündeten, Präventivmaßnahmen zu ergreifen, um einem
Schaden »vorzubeugen ..., ehe man noch einmal klärlich weiß, ob
die Neuerung schädlich sein kann oder nicht«. Daher sei er der Auffassung, »dass die Nachbarschaft in Europa nicht allein ein Recht
hatte, sondern dass es auch ihre unumgängliche Schuldigkeit war
und ihr Interesse erforderte, dies neue Werk anzugeben [anzupran-
gern], ehe es die Gefahr verursacht hatte, die wir so schwer empfanden und die wir noch lange empfinden werden.«[72]

Diese breitere europäische »Nachbarschaft« war für Burkes interventionistische Haltung entscheidend, da sie ihn in die Lage versetzte, die Spannung zwischen universalen Grundsätzen und praktischen Beschränkungen aufzulösen.[73] »Menschen«, stellte er fest, »sind selten ohne Mitgefühl für die Leiden anderer.« Doch »in der immensen, höchst unterschiedlichen Masse menschlichen Elends, das man bemitleiden, aber im Allgemeinen nicht erleichtern kann, muss der Geist eine Wahl treffen«. Deshalb werde »unser Mitgefühl stets vom Unglück bestimmter Personen und bestimmter Umstände stärker angezogen, und diese mitfühlende Anziehungskraft enthüllt unmissverständlich unsere geistigen Neigungen und Wahlverwandtschaften.«[74] Der Auswahl lägen zwei Kriterien zugrunde: Praktikabilität und Notwendigkeit. So erwiderte Burke auf die Frage, warum er 1793 nicht gegen die zweite Teilung Polens Stellung bezogen habe, dass »England, welche Meinung man auch zu dieser Teilung haben mag, allein nicht in der Lage ist, Polen irgendwelche Hilfe zukommen zu lassen«.[75] Und auf die Klage, die furchtbaren Verbrechen der Barbaresken-Korsaren blieben ungesühnt, entgegnete er: »Algier ist nicht nahe; Algier ist nicht mächtig; Algier ist nicht unser Nachbar; Algier ist nicht ansteckend. Wenn ich Algier nach Calais verlegt sehe: so will ich Ihnen sagen, was ich von diesem Punkte denke.«[76] Die Ablehnung der Tyrannei in Frankreich war daher keine Vorstufe eines endlosen Kreuzzugs. Die Prinzipien der Freiheit waren universal, Großbritanniens Möglichkeiten, sie durchzusetzen, aber begrenzt. Burke zog daraus den Schluss, dass es zwar seine Stimme erheben sollte, wo immer die Freiheit bedroht war, aber sein Augenmerk auf Bedrohungen in der Nähe richten sollte. Um den Jakobinismus auszurotten und sowohl die Religion als auch die sozialen Unterschiede, auf denen die Freiheit beruhte, wiederherzustellen, war eine Intervention unerlässlich. In der Praxis bedeutete dies, dass Großbritannien die Verfehlungen der Ostindien-Kompanie beenden sollte, weil es dies konnte, und diejenigen der Französischen Revolution, weil es dies musste.

Der zweite Grund, warum Burke die Französische Revolution als eine tödliche Bedrohung der britischen Freiheit und Sicherheit betrachtete, war die spezifisch geopolitische Gefahr, die von ihr für die britischen Interessen im Heiligen Römischen Reich ausging. Er präsentierte sich während der gesamten 1790er Jahre als Experte für die Reichsverfassung.[77] Während das Ancien Régime der »natürliche Stifter und Beschützer des Westfälischen Friedens« und der »natürliche Beschützer der Unabhängigkeit und des Gleichgewichts von Deutschland« gewesen sei, seien die neuen Ideen »gänzlich unvereinbar« mit der deutschen Reichsverfassung. »Der Westfälische Traktat«, befand Burke, »ist für Frankreich eine veraltete Fabel.« Allerdings nicht, wie man denken könnte, weil es mit traditionellen Vorstellungen der Staatssouveränität gebrochen hätte, sondern weil die »Rechte und Freiheiten, die es zu verteidigen verpflichtet war, … nun ein System des Unrechts und der Tyrannei [sind], welches es verpflichtet ist zu zerstören«.[78] An der Spitze der Dämonologie der Revolutionäre standen zum einen die deutschen Kleinfürsten, die den verhassten Emigranten in ihren Residenzen jenseits des Rheins – insbesondere in Koblenz – Zuflucht gewährt hatten, zum anderen aber die verachtete Reichsverfassung, die zwischen der Revolution und der Verwirklichung ihrer ideologischen und strategischen Ziele stand.[79] Die *liberté* von 1789 prallte mit den deutschen Freiheiten zusammen und zog dabei die »Freiheiten von Europa«, das Mächtegleichgewicht, auf dem die britischen Freiheiten beruhten, in Mitleidenschaft.

Nach Burkes Ansicht war dies von Bedeutung, weil die gesamte Politik von »mehr als zwei Jahrhunderten« gezeigt habe, dass »die Unabhängigkeit und das Gleichgewicht des deutschen Reichs« für »das System richtig abgewogener Macht« sowie für das »System des öffentlichen Rechts oder die Masse von Gesetzen, auf welchen jene Unabhängigkeit und jenes Gleichgewicht beruhen«, »durchaus wesentlich« seien. Die Ambivalenz einer früheren Generation von Whigs aufnehmend, sah Burke das Gleichgewicht durch die

Ereignisse in Frankreich auf zweierlei Weise gefährdet: Zum einen konnte die Schwäche Frankreichs dazu führen, dass Deutschland zwischen Österreich und Preußen aufgeteilt wurde; Frankreich allein könne garantieren, dass »die gemeinschaftliche Freiheit Deutschlands gegen den einzelnen oder vereinigten Ehrgeiz irgendeiner andern Macht gesichert« sei. Zum anderen drohte Frankreichs revolutionärer Impetus »das Reich in Verwirrung zu stürzen«. Schlimmer noch, es sei bekannt, dass die Franzosen »von Zeit zu Zeit den Gedanken äußerten, alle die andern Provinzen, aus welchen Gallien vor Alters bestand, zu vereinigen, mit Einschluss Savoyens auf der andern Seite; und auf dieser Seite bestimmten sie den Rhein zu ihrer Grenze«. Aus all diesen Gründen sagte Burke voraus, »die Dämme, welche aufgeführt sind, die deutsche Freiheit zu unterstützen«, würden »[v]on Seiten der [westdeutschen] geistlichen Kurfürsten … zuerst nachgeben«.[80]

Wenn dies geschah, wäre das Barrieresystem in den Niederlanden in Gefahr, das, wie Burke wusste, das Bollwerk der britischen Freiheiten bildete, »jene Außenwerke, die wir bis jetzt als starke Grenze unserer eigenen Würde und Sicherheit und in nicht geringerem Maß der Freiheiten Europas stets mit so viel Mühe erhalten haben«.[81] Ihr Verlust würde »jede politische Kommunikation zwischen England und dem Kontinent abschneiden«.[82] »Holland«, erklärte Burke 1791 im Unterhaus, »kann mit Recht als ebenso notwendiger Teil dieses Landes betrachtet werden wie Kent.«[83] Später schrieb er, wie schon erwähnt, der deutsche Kaiser, dem die Verteidigung der Habsburger Niederlande oblag, sei ein »integraler Bestandteil der Stärke Großbritanniens … und in gewisser Weise ein Teil von Großbritannien selbst«.[84] Burke nahm Frankreich also schon im Dezember 1791 als Gefahrenherd für die Barriere wahr, lange bevor französische revolutionäre Truppen in die Niederlande einfielen (1793).[85] All dies war natürlich klassische, bis zur Glorreichen Revolution und über sie hinaus zurückreichende Whig-Geopolitik: die entscheidende Rolle der Niederlande, die daraus folgende herausragende Bedeutung des Heiligen Römischen Reichs und der »gemeinschaftlichen Freiheit Deutschlands«, das Wechselspiel von »Sicherheit« und Solidarität oder »Mitgefühl«, die Verwendung von Begriffen wie »Deiche«, »abgewogene Macht« und »Gleichgewicht«.[86] Ideologie und Strategie lassen sich hier nicht sinnvoll trennen.

Zusammenfassend gesagt, war Burkes interventionistische Lehre kein neuer Ansatz, sondern eine Ausarbeitung traditionellen Whig-Denkens über britische, deutsche und europäische Freiheiten sowie das gegenseitige Recht der Einmischung in die inneren Angelegenheiten anderer zur europäischen »Nachbarschaft« gehörender Staaten. Burke ging jedoch einen großen Schritt weiter und stellte diese Lehre auf eine feste geistige Grundlage. Die europäischen Vorstellungen darüber, wer und was geschützt werden sollte, hatten bereits den Rahmen einer engen konfessionellen Solidarität gesprengt und zumindest einen Teil derjenigen, die unter einer Willkürherrschaft litten, einbezogen. Burke brachte nun den noch umfassenderen Begriff der »Menschheit« ins Spiel. Dahinter stand auch ein wirkmächtiger strategischer Imperativ. Die Niederschlagung der Revolution war nach Burkes Ansicht von ausschlaggebender Bedeutung für die Aufrechterhaltung des deutschen und damit des gesamteuropäischen Gleichgewichts und außerdem nicht nur eine wesentliche Voraussetzung der britischen Sicherheit, sondern auch für den Schutz der universalen Rechte der gesamten »Menschheit« notwendig, ohne die das Überleben der einzelnen Mitglieder des europäischen Commonwealth bedeutungslos wäre.

5
»Die große Bank Europas«
Großbritannien und der Kontinent im napoleonischen Zeitalter[1]

Ich sehe verschiedene, widersprüchliche Eigenschaften – all die großen und kleinen Leidenschaften, die der öffentlichen Ruhe abträglich sind – in der Brust eines Mannes [Napoleon] vereinigt, dessen persönliche Launen unglücklicherweise selten auch nur für eine Stunde wechseln können, ohne sich auf das Geschick Europas auszuwirken.

William Pitt d. J., um 1804[2]

Unser Interesse ist es, dass bis zu einer abschließenden, dauerhaften Regelung alles so ungeregelt wie möglich bleibt; dass kein Usurpator sich der Anerkennung, kein Volk seiner neuen Herren, kein Königreich seiner Existenz, kein Beutemacher seiner Beute sicher sein kann und noch nicht einmal die Ausgeplünderten sich mit ihrem Verlust abfinden können.

George Canning, 1807[3]

Das Vereinigte Königreich bekam die Französische Revolution nicht in den Griff und musste lange kämpfen, um das nachfolgende napoleonische Regime zu Fall zu bringen. Ein ums andere Mal entsandte es Heere nach Europa, finanzierte europäische Koalitionen oder unterstützte Aufstandsbewegungen. Doch jedes Mal platzte die Hoffnung, die französische Hegemonie zu brechen. Man musste der Gefahr ins Auge sehen, dass Napoleon seine riesigen kontinentalen Ressourcen für den Ausbau der Marine und koloniale Erwerbungen nutzen würde. Mehrmals waren die Britischen Inseln selbst bedroht. Wiederholt schien es so, als würde die ideologisch und strategisch abzulehnende neue Ordnung auf dem Kontinent auf Dauer bestehen bleiben. Dennoch schwankten London und die

Nation nie in ihrer Entschlossenheit. Als die Gefahr einer Invasion
abgewendet war, erklärte Premierminister William Pitt d. J., England habe »sich durch seine Anstrengungen selbst gerettet« und
hoffe nun, »Europa durch sein Beispiel« retten zu können – und
genau so kam es letzten Endes auch. An eine lange Tradition des
Engagements auf dem Kontinent anknüpfend, auf die enorme
Wirtschaftsstärke und Kreditwürdigkeit des fiskalisch-militärischen
Staats gestützt und im Vertrauen auf die Belastbarkeit ihrer politischen Institutionen hielten die Briten Kurs und gewannen schließlich an der Spitze einer großen Koalition europäischer Mächte die
Oberhand.

Vor fast 80 Jahren, als die Britischen Inseln im Sommer 1940 an der
Straße von Dover erneut einem mächtigen kontinentalen Gegner
gegenüberstanden, suchten die Briten instinktiv Kraft und Inspira-
tion in dem großen Kampf mit Napoleon 150 Jahre zuvor. Schon
1938 hatte der Exilant Paul Frischauer in *England's Years of Danger*
die damaligen Ereignisse mit offensichtlichem Blick auf die Gegenwart dargestellt.[4] 1943 erschien Carola Omans Buch *Britain against
Napoleon*.[5] Auf der anderen Seite des Atlantiks publizierten Frank J.
Klingberg und Sigurd B. Hustvedt unter dem Titel *The Warning
Drum* eine Sammlung bekannter britischer Streitschriften gegen die
1803 herrschende Angst vor einer »totalitären« napoleonischen Invasion.[6] Sogar Arthur Bryant, einst recht anfällig für moderne bona-
partistische Verlockungen, entdeckte in der napoleonischen Ära
»viele vertraute Erscheinungen aus unserer eigenen bewegten Zeit«
wieder und leistete mit den beiden Büchern *The Years of Endurance,
1793–1802* und *Years of Victory, 1802–1812* einen Beitrag zum Thema,
in denen er seine patriotische Zuverlässigkeit über alle Zweifel hinweg nachwies.[7] Diese Werke waren nur ein Teil einer langen und
andauernden britischen Beschäftigung mit Napoleon. Noch über
hundert Jahre nach seinem Tod wurde ihm die Ehre zuteil, Gegenstand einer größeren Anzahl englischsprachiger Studien zu sein als

jeder andere britische oder europäische Staatsmann. Das Interesse an ihm ist bis heute nicht abgeebbt: In den letzten 35 Jahren sind Tausende von englischsprachigen Büchern, von den Aufsätzen ganz zu schweigen, erschienen, zuletzt etwa die umfangreiche und erstaunlich positive Biographie von Andrew Roberts.[8]

Die Auseinandersetzung zwischen Großbritannien und Napoleon wurde als Kampf zwischen Universalmonarchie und Machtgleichgewicht, Karthago und Rom,[9] Parlament und Empire, Latinern und Angelsachsen, revolutionärem Umsturz und evolutionärem Wandel, hegemonialer europäischer Integration und nationalem Partikularismus, Empirismus und Rationalität, Behemoth und Leviathan, Land und See,[10] Tiger und Hai interpretiert.[11] Es war, wie die Londoner *Times* anmerkte, »ein Krieg von System gegen System«. Wann genau er begann und endete, ist umstritten. Nahm er 1793 mit der Belagerung von Toulon seinen Anfang, bei der dem jungen Napoleon Bonaparte, dem Befehlshaber der revolutionären Belagerungstruppen, von einem britischen Soldaten eine lebensgefährliche Verwundung an der Hüfte beigebracht wurde? Oder 1797, als Napoleon das Kommando über die »Armee von England« erhielt, stattdessen aber Ägypten angriff? Oder 1799, als er zum Ersten Konsul aufstieg? Oder erst 1803, als ein isoliertes Großbritannien mit dem Wiederaufleben der Feindseligkeiten mit Frankreich konfrontiert war? Endete er mit Napoleons Verbannung nach St. Helena im Jahr 1815? Oder 1821, als mit seinem Tod ein langer kalter Krieg mit seinem Bewacher Hudson Lowe zu Ende ging?

Das Vereinigte Königreich war nicht die erste Macht, die es mit dem revolutionären Frankreich aufnahm – Österreich und Preußen kamen ihm neun Monate zuvor –, aber es sollte rund zwanzig Jahre in einem mehr oder weniger ununterbrochenen Kampf mit Frankreich stehen. In der zweiten Hälfte dieser Periode der Auseinandersetzung mit Napoleon wurde Großbritannien zur Führungsmacht eines großen Bündnisses, kämpfte zeitweise aber auch

als einzige Macht gegen Frankreich. Im Frieden befand sich das
Land nur vorübergehend in den Jahren 1802/03 und 1814/15. Während des größten Teils dieses Zeitraums rückte Napoleon unablässig vor, angefangen mit seinem triumphalen Zug durch Italien in
den 1790er Jahren, dem in den Anfangsjahren des neuen Jahrhunderts im Zweiten Koalitionskrieg die Siege in Deutschland folgten.
Im Dritten Koalitionskrieg unterwarf er Österreich, trieb die Russen zurück und besiegte kurz darauf Preußen. Ein weiterer österreichischer Versuch, seiner Vorherrschaft zu entkommen, wurde 1809
niedergeschlagen. Inzwischen hatte er sich zum Kaiser gekrönt, und
Großbritannien nahm beunruhigt zur Kenntnis, dass er zwei seiner
Schlachtschiffe nach zwei kontinentalen Hegemonen *Charlemagne*
und *Louis XIV* taufte. Seine Absicht, das Erbe des Heiligen Römischen Reichs anzutreten, trat auch darin zutage, dass er in zweiter
Ehe eine österreichische Prinzessin heiratete. »Ich wollte ein europäischen System begründen«, erklärte Napoleon später, das »einen
europäischen Gesetzeskodex [und] eine europäische Gerichtsbarkeit« umfassen sollte: »Es sollte nur noch ein Volk in Europa
geben.«[12] Auf dem Höhepunkt seiner Macht herrschte Napoleon
über den größten Teil des Kontinents, vom Atlantik bis zur russischen Grenze und von der Ostsee bis zum italienischen Stiefelabsatz. Die »Universalmonarchie«, deren Schaffung die Briten so
lange gefürchtet hatten, schien Wirklichkeit geworden zu sein.

Napoleon war besessen von Großbritannien und später von der
Rolle, die es bei seinem Sturz gespielt hatte.[13] Schon als Schüler
hatte er die englische Geschichte vor Wilhelm III. studiert und sich
ausführliche Notizen dazu gemacht,[14] wobei er allerdings die Lektion aus der Konfrontation Ludwigs XIV. mit Großbritannien
überging. Er sollte später bedauern, England 1797/98 – vielleicht
über Irland – nicht erobert zu haben. Auf St. Helena behauptete er,
er hätte binnen vier Tagen nach der Landung London erreicht, in
das er als »Befreier und zweiter Wilhelm III.« eingezogen wäre;
allerdings hätte er sich »uneigennütziger und großzügiger« als die-

ser verhalten.[15] Solche wohlwollenden Phantasien gehen jedoch in
der Masse missgünstigerer Äußerungen unter. So charakterisierte
Napoleon die Engländer als »schneidig, intrigant und aktiv« und
bewies damit ein für einen Korsen erstaunlich schwaches Gespür
für die Nuancen der britischen Identität. »Unsere Regierung«, fuhr
er fort, »muss die englische Monarchie vernichten oder damit rechnen, selbst durch die Korruption und die Intrigen dieser aktiven
Inselbewohner vernichtet zu werden.« Damit gab er ein auf dem
Kontinent weitverbreitetes Klischee über die Briten wieder. Während der Dritten Koalition von 1805 bezeichnete er sie verächtlich
als »Liga, die der Hass und das Gold Englands geschmiedet haben«
und sprach von »[d]iesem russischen Heer, welches das englische
Gold aus den Weiten des Universums herangeschafft hat«. Die Russen – die über ein Heer verfügten, das weit ehrfurchtgebietender
war als alles, was Großbritannien jemals auf ein Schlachtfeld
geschickt hatte – waren in seinen Augen einfach nur »Lohndiener
Englands«.[16] Während der gesamten Auseinandersetzung schüttete
die staatlich gesteuerte Propagandamaschinerie, einschließlich der
unterwürfigen klerikalen Zeitschrift *Journal des Curés,* Gift und
Galle über Großbritannien aus – gewissermaßen als frühes Beispiel
des Mottos »Gott strafe England«.[17] 1808 erklärte Napoleon Großbritannien zum »Feind der Welt«.[18] Auf St. Helena sinnierte er, für
sein Frankreich wäre »England am Ende natürlicherweise nicht
mehr als ein Anhang gewesen. Die Natur hat es, genauso wie
Oleron oder Korsika, zu einer unserer Inseln gemacht.«[19]

Es überrascht nicht, dass besonders britische Politiker zur Ziel-
scheibe Napoleons wurden. William Pitt d. J., bis 1801 und noch
einmal zwischen 1804 und 1806 Premierminister, war für ihn eine
»wirkliche Geißel, ein böser Genius«, der »das Universum in Brand
steckt und dessen Name in die Geschichte eingehen wird wie
derjenige von Herostratos, inmitten von Flammen, Klagen und
Tränen«. Lord Castlereagh, Kriegs- und Außenminister in mehreren Kabinetten der Kriegszeit, sei ein Mann, der »alle Arten von

Verderbtheit und Unmoralität in höchstem Grade« fördert.[20] Im
Rückblick bezeichnete Napoleon »England« als »den Agenten des
Sieges, den Dreh- und Angelpunkt aller Intrigen des Kontinents«.[21]
Das Schlagwort vom »perfiden Albion« kam um diese Zeit auf und
wurde 1809 beispielsweise in einem napoleonischen Propaganda-
lied aufgegriffen. 1813, nachdem der preußische General Yorck von
Wartenburg die Seiten gewechselt hatte, interpretierte Napoleon in
der Proklamation von Aalst dessen Verrat als »eine Handlung, die
nur die Intrigen und das korrumpierende Gold des perfiden Albions
bewirkt haben können«.[22] Freilich war er nie in England gewesen
und konnte kein Englisch.

Umgekehrt waren die Briten von Napoleon fasziniert. Von William Pitt, seinem großen Widersacher in der ersten Hälfte der Auseinandersetzung, stammt der berühmte Satz, er sehe »verschiedene,
widersprüchliche Eigenschaften – all die großen und kleinen Leidenschaften, die der öffentlichen Ruhe abträglich sind – in der
Brust eines Mannes vereinigt, dessen persönliche Launen unglücklicherweise selten auch nur für eine Stunde wechseln können, ohne
sich auf das Geschick Europas auszuwirken«.[23] Diese Faszination
beschränkte sich nicht auf die Elite. Populäre Balladen und Flug-
schriften attackierten Napoleon mit Schimpfkanonaden und wett-
eiferten miteinander in demonstrativem Patriotismus. In den Kari-
katuren von James Gillray, George Cruikshank und anderen wurde
der Kaiser der Franzosen gnadenlos durch den Kakao gezogen, als
könnte die existentielle Gefahr, die von ihm ausging, in Spott aufgelöst werden. Noch profaner war, dass Mütter und Kindermäd-
chen landauf, landab widerspenstigen Kindern mit »Little Boney« –
wie die Karikaturisten Napoleon genannt hatten – drohten, um sie
zum Essen oder Schlafen zu bewegen.

Eine kleine, aber lautstarke Minderheit – hauptsächlich die lite-
rarische Avantgarde und radikale Whigs – sympathisierte mit
Napoleon.[24] Sie stand in der langen Tradition von Flirts zwischen
britischen Radikalen und ausländischen Tyrannen, vorzugsweise

solchen in weiter Ferne. Für viele langjährige Kritiker der Krone und der Regierung Pitt war die napoleonische Gefahr ein nützliches Instrument, um Georg III. und seine Minister unter Beschuss zu nehmen. »Der Sieg der französischen Regierung über die britische«, bemerkte Charles James Fox 1801 gegenüber seinem politischen Verbündeten Charles Grey, »bereitet mir in der Tat eine gewisse Freude, die ich nur schwer verhehlen kann.«[25] Im Jahr darauf erklärte er Napoleon zum Sieger des Friedens von Amiens und fügte dunkel hinzu, die Engländer hätten sich schon einmal eines Königs entledigt und einen anderen gewählt. Für die meisten »Napoleonisten« war es aber vielleicht nur eine Pose, und sei es eine widersprüchliche. So konnte ein radikaler Whig wie Lord Holland sowohl für Napoleon als auch für den spanischen Kreuzzug gegen ihn Begeisterung aufbringen.

Der Gedanke, dass der Zusammenstoß zwischen Großbritannien und Frankreich ein typischer Kampf zwischen Meer und Land, zwischen imperialer Metropole und einem Korsarennest sei, reichte in die revolutionären 1790er Jahre und darüber hinaus zum Ancien Régime zurück. Lange vor dem Aufstieg Napoleons sah man Großbritannien als Haupthindernis für das imperiale Projekt der jakobinischen rationalistischen Expansion an. Georges Danton, der erste Vorsitzende des Wohlfahrtsausschusses, drängte mit den Worten auf die Eroberung der Niederlande: »Nehmt Holland, und Karthago [Großbritannien] ist unser!« Der preußische Jakobiner Anacharsis Cloots, der auf Besuch in Paris weilte, erklärte, die Rheinmündung sei »wesentlich für unser Wohlergehen. In Holland wird es sein, wo wir Karthago vernichten ...«[26] Aber erst unter Napoleon schälte sich die Konfrontation zwischen der französischen Vorherrschaft auf dem Festland und der britischen Seemacht endgültig heraus. Als er 1798 die Nachricht von der vernichtenden Niederlage erhielt, welche die britische Flotte unter Admiral Nelson seiner eigenen vor der ägyptischen Küste bei Abukir beigebracht hatte, bemerkte er: »Bei dieser Gelegenheit scheinen die Parzen, wie so oft in der Vergangenheit, uns beweisen zu wollen, dass sie, wenn sie uns die Hegemonie an Land geben, unsere Rivalen zu Herrschern über die Meere machen.«[27]

Die Enttäuschung und sogar Resignation angesichts der britischen Überlegenheit auf See spiegelte sich in Napoleons Rückgriff auf ein altes Glücksspiel der Bourbonen wider, das diese 1763 aufgegeben hatten: den Angriff auf das Kurfürstentum Hannover, die Erblande des britischen Königs Georg III.[28] Während die revolutionären Regierungen diese Verbindung – die einst ein Pfeiler der internationalen Konstellation des 18. Jahrhunderts gewesen war – zumeist ignoriert hatten, griff Napoleon den vermeintlich schwächsten Punkt Großbritanniens mindestens dreimal an: 1801, als er Preußen zwang, als Teil seiner Verpflichtungen im Rahmen der bewaffneten Neutralität das Kurfürstentum zu besetzen; 1803 als direkte Vergeltung für das Wiederaufleben der Feindseligkeiten mit Großbritannien und 1806, als er Hannover zu einem Gegenstand der in jenem Jahr geführten Friedensverhandlungen machte. 1803, als er sich einen großen Teil des Kontinents unterworfen hatte, bemerkte er einsichtig: »Die Engländer beherrschen die Meere und sind in diesem Augenblick die erste Macht Europas ... Bevor das Schicksal Europas durch den Erfolg oder das Scheitern einer Invasion Englands entschieden ist, bleibt mir nur das Territorium von Hannover.«[29] Sein Besitz brachte ihm jedoch ebenso wenig Glück wie seinen bourbonischen Vorgängern.

Napoleons schicksalsergebene Akzeptanz der britischen Vorherrschaft auf See könnte fehl am Platz gewesen sein. Immerhin entsprach die Tonnage der französischen, russischen, niederländischen, dänischen und spanischen Flotte im Jahr 1800 zusammengenommen ungefähr derjenigen der britischen Marine. Der Sieg in der Schlacht von Trafalgar im Jahr 1805 machte die britische Seemacht keineswegs unangreifbar, und die Invasionsgefahr war damit keinesfalls ein für alle Mal gebannt.[30] Tatsächlich war die französische Flotte bis zum Ende von beachtlicher Größe, und in den letzten

Jahren des Krieges versuchte Frankreich in Antwerpen, unmittelbar an der Türschwelle der britischen Marine, einen Flottenstützpunkt aufzubauen. Lord Melville, der Erste Lord der Admiralität, gestand später ein, Napoleon hätte zuzeiten »derart mächtige Flotten aussenden können, dass unsere Marine schließlich vernichtet worden wäre, da wir weder beim Bau von Schiffen mit ihm hätten Schritt halten noch diese ausreichend hätten bemannen können, um mit der gewaltigen Macht, die er gegen uns aufbieten konnte, fertigzuwerden«.[31] Dennoch war die britische Marine 1810, als die Herrschaft Frankreichs über den Kontinent am größten war, so stark wie noch nie. In jenem Jahr war die Gesamttonnage der britischen Großschiffe um ein Drittel größer als diejenige der Kriegsschiffe ihrer potentiellen europäischen Gegner zusammengenommen,[32] und nach 1806 verlor die britische Marine mehr Schiffe durch raue See als durch Feindeinwirkung.[33]

Das einzige Mittel, mit dem Napoleon hoffen konnte Großbritannien in die Knie zu zwingen, war ein Handelskrieg – zum Teil auf dem Meer, vor allem aber durch das Kontinentalsystem. Durch die im November 1806 nach der preußischen Niederlage in der Schlacht bei Jena und Auerstedt erlassenen Berliner Dekrete sollten der gesamte britische Handel ausgeschlossen und in der Folge dessen Zulieferer ausgehungert werden. Der britische Export und Re-Export sollte ausgeschaltet, die britischen Steuereinnahmen sollten verringert und auf diese Weise sowohl die Kriegsanstrengung als auch die Fähigkeit Londons, Allianzen zu finanzieren, geschädigt werden. Napoleons Ziel war es, wie er selbst es ausdrückte, »durch die Herrschaft über das Land das Meer zu erobern«.[34] Es funktionierte nicht: Der britische Handel mit Amerika florierte, und Schmuggel und Korruption hielten die Handelsverbindungen mit dem Kontinent offen. Den kontinentalen Handel mit Großbritannien unterbrechen zu wollen, bemerkte Louis Napoleon, der Bruder des Kaisers und König von Holland, sei so, »als wollte man die Haut am Schwitzen hindern«.[35] Umgekehrt entfaltete die bri-

tische Antwort eine verheerende Wirkung. Die königlichen Verord-
nungen von 1806 reduzierten den Handel neutraler Länder mit
Frankreich und dem französisch besetzten Europa drastisch. Tatsächlich blieb Großbritannien während des gesamten Krieges, selbst
auf die Gefahr hin, seine europäischen Verbündeten zu verprellen
und Friedensbemühungen zu untergraben, bei seiner maritimen
Blockadestrategie. Diese Frage war für Großbritannien derart wichtig, dass es 1812–1814, als es anderswo alle Hände voll zu tun hatte,
ihretwegen sogar einen Krieg mit den Vereinigten Staaten führte.
»Sie wissen, wie viel wir auf politische Gegenstände geben«, erklärte
Außenminister Lord Castlereagh im Dezember 1813 zu einem Kollegen, »wenn unsere Gefühle seit langem von erregenden Ereignissen aufgewühlt sind, dass eine maritime Frage uns aber zu allen Zeiten bis ins Mark berührt.«[36]
    Die britische Sorge um die maritime Sicherheit und Vorherr-
schaft brachte ihre eigenen Neurosen, Ambitionen und Animositä-
ten mit sich. Eine nach der anderen fielen nicht nur Frankreichs
Kolonien, sondern auch diejenigen seiner – halb freiwilligen – Verbündeten den Briten in die Hände. Bis 1811 verlor Frankreich – zum
ersten Mal im zweiten Hundertjährigen Krieg mit Großbritannien – alle seine Überseebesitzungen. Tatsächlich erklärt der Zusammenprall zwischen französischen Ambitionen hinsichtlich einer
Universalmonarchie und britischer Überseehegemonie die Zwie-
spältigkeit, mit der andere europäische Staaten die ganze Auseinandersetzung betrachteten. Sie neigten dazu, beide Seiten – zumindest rhetorisch – gleichzusetzen, und bildeten zeitweise eine
gemeinsame Front mit Napoleon gegen Großbritannien. Das
extremste Beispiel dafür war sicher die bewaffnete Neutralität von
1800/01, die Dänemark, Schweden, Russland und Preußen trotz der
britischen Seeblockade gemeinsam einhielten. Aber während der
gesamten Ära kam es zu der einen oder anderen Kombination dieser Art. Solcherlei Bedrohung lag einer Reihe britischer Präventiv-
angriffe auf europäische Mächte zugrunde, mit denen man einer

Eroberung von deren Flotten durch Frankreich zuvorkommen wollte. Dänemark musste zweimal eine solche Demütigung über sich ergehen lassen, 1801 und 1807; im letzteren Fall verloren in Kopenhagen zweitausend unbeteiligte Zivilisten ihr Leben. Spanien musste 1804 die präventive Eroberung seiner Schatzflotte hinnehmen. Tatsächlich ist es eine der Merkwürdigkeiten der napoleonischen Kriege, dass Großbritannien, das vorgeblich für die Verteidigung der europäischen Freiheiten gegen Frankreich kämpfte, sich irgendwann in dieser Zeit mit fast allen großen und vielen mittleren Mächten Europas im Kriegszustand befand. So erklärte es Russland, Preußen, Spanien, Schweden, Dänemark und den Niederlanden den Krieg und führte ihn häufig auch; die große Ausnahme war Österreich.

Die daraus resultierende Isolation fasste ein gewisser Commander Inglis 1801, als er auf der Fahrt nach Ägypten von der bewaffneten Neutralität und dem ersten Angriff auf Kopenhagen erfuhr, mit den Worten zusammen: »Ich denke, wir müssen jetzt Frieden schließen. Wir können nicht gegen die ganze Welt kämpfen.«[37] Der Gedanke, dass nicht Napoleon, sondern Großbritannien es mit der Welt aufnahm, war weit verbreitet und wurde von der napoleonischen Propaganda immer wieder aufgegriffen.[38] Sogar der deutsch-österreichische Diplomat Friedrich Gentz, politisch ein entschiedener Anglophiler und Kritiker der französischen Macht, stellte im Jahr 1800 fest, der »vorherrschende Grundsatz aller politischen Theoretiker und Schriftsteller ist gegenwärtig Eifersucht auf die britische Macht«. Ganz ähnlich erklärte der ehemalige britische Diplomat William Augustus Miles 1807 nach dem zweiten britischen Angriff auf Kopenhagen, der Hof in London müsse »sehr schlecht informiert sein über die Stimmung und Einstellung des Kontinents uns gegenüber, wenn er noch nicht weiß, dass man uns überall verabscheut«.[39] Nach 1808 hielt sich sogar unter Spaniern und in französischen Emigrantenkreisen das traditionelle Misstrauen gegenüber Großbritannien.

Gründe für diese Feindseligkeit waren vor allem die kolonialen
Ambitionen Großbritanniens, die arrogante Zurschaustellung seiner Seemacht und die selbstherrliche Zerstörung der Flotten poten-
tieller maritimer Rivalen. Dies war allerdings nicht alles. Großes
Misstrauen rief in der Öffentlichkeit wie in den Kabinetten Europas auch das britische Ziel hervor, das Gleichgewicht der Mächte
auf dem Kontinent aufrechtzuerhalten, da man glaubte, dass London für dessen Durchsetzung bereit war, Österreicher, Preußen und
Russen bis zum letzten Mann zu opfern, während die britische
Marine französische Kolonien – und solche anderer Länder –
eroberte. Bis 1800 erzielte Großbritannien in der Tat beachtliche
koloniale Zugewinne: 1793 waren es Tobago, Saint-Pierre und
Miquelon sowie Pondicherry; 1794 Martinique, St. Lucia und Gua-
deloupe; 1795 Ceylon und das Kap der Guten Hoffnung; 1797 Tri-
nidad; 1798 Menorca; 1800 Surinam – und weitere Eroberungen
sollten folgen. Nach dem langwierigen Geschacher über Subsidien
in den 1790er und frühen 1800er Jahren waren die europäischen
Mächte für die französische Propaganda in Bezug auf »englisches
Gold« nur allzu empfänglich.[40] Dreimal hatte Großbritannien, so
schien es, sie zum Beitritt zu prekären Allianzen verleitet, ohne größere eigene Kräfte auf dem Kontinent in Gefahr zu bringen – und
sie dann, als es hart auf hart kam, zugunsten kolonialer Erwerbungen im Stich gelassen: in der Ersten Koalition in den 1790er Jahren,
in der Zweiten Koalition von 1798 bis 1800 und in der Dritten Koalition 1804/05.

Auf den ersten Blick erschien diese Skepsis gerechtfertigt. Im britischen Kabinett und besonders in der politischen Nation insgesamt gab es Stimmen, die dafür eintraten, den Krieg gegen das
napoleonische Frankreich mit maritimen Mitteln und zur Erreichung kolonialer Ziele zu führen. Der herausragende Verfechter
dieser »Hochsee«-Strategie, deren Wurzeln bis zu den großen
Debatten zwischen Kolonialisten und Kontinentalisten im 18. Jahrhundert zurückreichten, war Pitts langjähriger Kriegsminister

Henry Dundas, der spätere Viscount Melville. Er legte seine Strategie im März und Juli 1800 in einer Reihe von Denkschriften dar, in denen er forderte, anstatt in Europa selbst zu kämpfen, was »über unsere Mittel« ginge, solle man das Schwergewicht auf die Expansion in Übersee legen, insbesondere mittels des kommerziellen Eindringens in Südamerika, das nur halbherzig vom schwachen, französisch dominierten Spanien kontrolliert werde.[41] Anstatt sich in sinnlosen Ausfällen auf den Kontinent zu erschöpfen, sollten Marine und Landheer gegen den Handel und die Kolonien des Feindes eingesetzt werden. Ab 1806, nach dem Zusammenbruch der Dritten Koalition, der Niederlage Preußens und der Annäherung zwischen Frankreich und Russland, schien die »Hochsee«-Strategie als ebenso billige wie profitable Alternative zu ruinösen Subsidienzahlungen und Landfeldzügen auf breitere Zustimmung zu stoßen.

Trotz des Anscheins wurde die auf den Kontinent ausgerichtete orthodoxe Strategie, mit der Großbritannien in den Krieg eingetreten war, jedoch nie ersetzt. 1794 hatte William Pitt festgestellt, Großbritannien habe »nie so erfolgreich [gegen Frankreich] gekämpft wie dann, wenn seine maritime Stärke durch den vernünftigen Einsatz einer Landstreitmacht auf dem Kontinent unterstützt wurde«. Rund zehn Jahre später ließ sich Pitt immer noch nicht von maritimen Trugbildern in die Irre führen und drückte seine »Entschlossenheit« aus, »in diesem Stadium alle verfügbare Kraft für einen möglichen Beitrag zu einem entscheidenden Ergebnis in Europa aufzubringen«.[42] Wann immer er eine »Hochsee«-Strategie anwandte, geschah es nicht freiwillig, sondern weil es notwendig war, und abgesehen von der katastrophalen Ausnahme der »Regierung aller Talente« von 1806/07 galt dies auch für seine Nachfolger.[43] Die britischen Strategen konnten sehen, dass den Fiaskos auf dem Kontinent, wie den Feldzügen in Holland und Norddeutschland von 1805/06 und der Katastrophe von Walcheren im Jahr 1809, ebenso viele Debakel in Übersee gegenüberstanden, wie

die Pest auf den Gewürzinseln, der in den 1790er Jahren mehr britische Soldaten zum Opfer fielen als im Kampf mit den Franzosen,
oder das spektakuläre Scheitern in Südamerika in den Jahren
1806/07. Nach 1806/07 verlagerte sich der Fokus der britischen Strategie jedoch deutlich. Am klarsten – und völlig untypisch – trat dies
unter der »Regierung aller Talente« zutage, deren Amtszeit die einzige Zeit während der napoleonischen Ära war, in der eine echte
»Hochwasser«-Strategie verfolgt wurde. Die populistische Festlegung auf die Expansion in Übersee auf Kosten des Engagements
in Europa und der Subsidien für den Kontinent war nicht nur eine
Reaktion auf die bitteren jüngsten Erfahrungen, sondern auch
dem Sparwillen und dem tiefsitzenden Misstrauen gegenüber den
anderen europäischen Mächten geschuldet. 1807 teilte das Kabinett den Österreichern etwas umständlich mit: »Wenn die jetzt im
Krieg befindlichen oder von Frankreich bedrohten Mächte nicht
selbst die Mittel für diese Kraftanstrengung aufbringen können,
ist nicht zu erwarten, dass dieses Land mit irgendwelchen Mitteln, die wir uns leisten könnten, in der Lage wäre, sie wirkungsvoll zu unterstützen.«[44] Tatsächlich fragte Kriegsminister Windham betrübt, ob Großbritannien die »große Bank Europas« sei,
»die in Anspruch zu nehmen, um ihre eigene Existenz zu verteidigen, die verschiedenen Nationen Europas berechtigt sein sollten?
Wäre das Resultat nicht wahrscheinlich, dass sie selbst keine spon-
tanen Anstrengungen unternehmen würden?« Im Oktober 1806
schlug der *Morning Chronicle* im Sinne solcher Resignation und
strategischen Schicksalsergebenheit vor, den Kontinent Napoleon
zu überlassen, »bis seine Vorherrschaft unter günstigeren Umständen eine allgemeine Widerstandsanstrengung auslöst« und er sich
selbst befreite.[45]

Nach dem unglückseligen Zwischenspiel der »Regierung aller
Talente« kehrte man zur Pitt'schen Orthodoxie zurück, wenn auch
mit mehr Vorsicht gegenüber Engagements auf dem Kontinent.

Die traditionelle Argumentation der europäischen Mächte wurde
jetzt umgekehrt auf sie angewandt: Anstatt in Bezug auf das Schmieden von Bündnissen gegen Napoleon die Initiative zu ergreifen,
bemühte sich London, Frankreich keinen Vorwand für eine weitere
Expansion zu liefern, indem es darauf bestand, dass Österreich,
Russland und die anderen Länder für ihre eigenen Ziele Krieg führten und nicht auf angebliches Geheiß Großbritanniens. Dennoch
blieb es unverändert das grundlegende Ziel, Napoleon mit Hilfe
direkter oder durch Subsidien unterstützter Aktionen auf dem
Kontinent zu besiegen. Dies war jedenfalls die Haltung von George
Canning, der zu denjenigen gehörte, die in der Außenpolitik unverkennbar in Pitts Fußstapfen traten. Weit davon entfernt, eine Ordnung zu akzeptieren, in der sich die britische Seemacht und die
französische Landmacht die Waage hielten, erklärte er im Oktober
1807, »bis zu einer abschließenden, dauerhaften Regelung [sollte]
alles so ungeregelt wie möglich bleib[en]«. Kein Usurpator solle
sich seiner Beute sicher sein können und kein unterdrücktes Volk
sich mit seinen neuen Herren abfinden. Anders ausgedrückt, alle
Wetten sollten bis zur Endrunde offenbleiben. Bis nicht alles – zur
Zufriedenheit Großbritanniens – geregelt war, sollte nichts geregelt
werden. Ein Jahr später erklärte Canning: »Wir folgen dem Grundsatz, dass jede Nation Europas, die sich zum Widerstand ... gegen
den gemeinsamen Feind aller Nationen entschlossen zeigt, ...
sofort zu unserem engen Verbündeten wird.«[46] Fast 15 Jahre nach
dem Beginn eines blutigen und kostspieligen Krieges gab Großbritannien seine Entschlossenheit zu erkennen, weiterzukämpfen, bis
das europäische Gleichgewicht wiederhergestellt war.

Dass Europa in der britischen Strategie während des größten
Teils der napoleonischen Ära an erster Stelle stand, zeigte sich ein
ums andere Mal. Wann immer sich die Gelegenheit bot, trat Großbritannien Frankreich an Land entgegen: 1799 in Holland, 1805/06
in Deutschland, ab 1808 auf der Iberischen Halbinsel, 1809 auf Walcheren und natürlich 1815 in den Niederlanden. Das bis dahin

größte jemals aufgebotene britische Expeditionsheer wurde nicht für irgendwelche imperialen Zwecke eingesetzt, sondern nach Walcheren entsandt.[47] Nur zwei größere Unternehmungen verfolgten koloniale Ziele: die Rückeroberung Südafrikas im Jahr 1805 und der Vorstoß nach Südamerika in den Jahren 1806/07, wobei Letzterer einfach die opportunistische Ausbeutung einer nicht autorisierten Initiative des Marinekommandanten Home Popham war und am Ende scheiterte. Zweifellos um solche Reinfälle zu vermeiden, erhielt Richard Wellesley in Indien den strikten Befehl, die Expansion nicht weiter voranzutreiben und keine neuen Vorstöße zu unternehmen. Ganz ähnlich lag der machtvollen britischen Präsenz im Mittelmeer, die zu Beginn der napoleonischen Ära auf Gibraltar beschränkt war, kein Masterplan zugrunde; vielmehr ergab sie sich nach und nach aus strategischen Momententscheidungen: Malta wurde besetzt, um Frankreich fernzuhalten, und Sizilien, um Malta zu schützen und ernähren zu können; der Präsenz auf den Ionischen Inseln lagen ähnliche Überlegungen zugrunde. Darüber hinaus war die große Welle kolonialer Erfolge zwischen 1808 und 1811 nicht das Ergebnis einer neuen Strategie oder der Entsendung frischer Kräfte, sondern des Vorgehens örtlicher Garnisonen in Reaktion auf unmittelbare Bedrohungen und Gelegenheiten. Wo London diese Eroberungen abgesegnet oder angeregt hatte, ging es darum, Schiffe freizusetzen, um sie in Europa gegen Napoleon verwenden zu können, insbesondere gegen die in Antwerpen im Aufbau befindliche Flotte. Tatsächlich betrachtete London koloniale Besitzungen überwiegend als Pfänder, die für die Wiederherstellung des europäischen Mächtegleichgewichts genutzt werden konnten. 1802 wurde beispielsweise das Kap der Guten Hoffnung den Niederlanden übergeben, so wie Großbritannien schon in früheren Konflikten koloniale Eroberungen zurückerstattet hatte, um das europäische Gleichgewicht aufrechtzuerhalten.

Dieser große Konflikt war nicht einfach ein »Weltanschauungskrieg«, ein Zusammenstoß unversöhnlicher Ideologien und politischer Systeme, obwohl er manchmal zu einem solchen wurde. Selbst in den 1790er Jahren, als in Frankreich der revolutionäre Furor am stärksten und die innere Gefahr des Umsturzes am größten war, beschäftigte man sich in Großbritannien mehr mit dem Schicksal Flanderns als mit den inneren Wirren in Frankreich. Pitt etwa bestritt jede »Absicht, gegen Meinungen Krieg zu führen«.[48] Napoleons Aufstieg lockerte, zumindest anfangs, die ideologische Spannung ein wenig. Manche glaubten wie Dundas, dass die neue innere Stabilität Paris in die Lage versetzen würde, auf der Grundlage der britischen Vorherrschaft auf See und der französischen Hegemonie auf dem Kontinent einer Übereinkunft zuzustimmen.[49] Diejenigen, die wie William Wickham und William Windham den Konflikt als Kreuzzug betrachteten, waren in der Minderheit. Die britische Regierung erkannte nach der Hinrichtung Ludwigs XVI. dessen Bruder, den Grafen der Provence und späteren Ludwig XVIII., nicht als König von Frankreich an, und die Wiederherstellung der Bourbonen-Monarchie war nie ein britisches Kriegsziel. Anfangs hatte man keine Bedenken, Royalisten und andere Umstürzler zu benutzen, um die französische Macht zu schwächen, aber von dieser Taktik machte man ab 1803 kaum noch Gebrauch, hauptsächlich weil zuvor jeder Aufstand noch katastrophaler verlaufen war als der vorangegangene und eine sinnlose Vergeudung britischer Ressourcen bedeutet hatte, die nur Napoleons innere Stellung gestärkt hatte. 1807 erklärte Castlereagh, der damals Kriegsminister war, einem Vertreter Ludwigs XVIII., es sei weder im britischen noch im royalistischen Interesse, »Aufstandsbewegungen in irgendeiner Weise zu ermutigen«.[50] Dass es London nicht gelang, ein dauerhaftes Übereinkommen mit Napoleon zu erzielen, lag nicht an irgendeinem sozialen Abscheu gegenüber dem »Usurpator«, sondern an seiner Unzuverlässigkeit und der offensichtlichen Grenzenlosigkeit seiner Ambitionen.

Das britische Ziel war einfach und änderte sich während des Konflikts nicht: Das europäische Gleichgewicht der Mächte sollte wiederhergestellt werden, und zwar insbesondere um zu verhindern, dass die Niederlande unter französische Herrschaft gerieten. Großbritannien war 1793 nicht in den Krieg eingetreten, um die Revolution zu stürzen, sondern um die Franzosen aus Flandern fernzuhalten. Selbst während der Zweiten und Dritten Koalition gehörte die Wiedereinsetzung der Bourbonen nicht zu Pitts erklärten Kriegszielen, wohl aber die Unabhängigkeit der Niederlande und die Schaffung einer wirksamen Barriere für französische Ambitionen. Noch 1813 beteuerte der britische Unterhändler Lord Harrowby,»Antwerpen und Vlissingen nicht in den Händen Frankreichs« zu wissen sei »zwanzigmal besser, als Martinique in unserer Hand« zu haben.[51] Deshalb war Großbritannien immer wieder bereit, sich in die Front gegen Napoleon einzureihen und, wenn nötig, maritime Erwerbungen aufzugeben. Napoleons Ziele in Bezug auf England waren dagegen weniger klar umrissen, zum einen bescheidener, zugleich aber auch grandioser. Denn trotz aller zeitgenössischen Ängste und späterer übertriebener britischer Vorstellungen und der letzten Worte des Ex-Kaisers selbst war Großbritannien kaum Napoleons oberste Priorität. Er hatte die Auseinandersetzung mit Großbritannien von den revolutionären Regierungen geerbt, während sein kurz- bis mittelfristiger Schwerpunkt eindeutig auf Frankreichs Beziehungen zu den europäischen Großmächten lag. Anders als Vergennes nach 1763 steckte Napoleon nie einen Großteil der französischen Ressourcen in den maritimen und kolonialen Kampf mit Großbritannien.[52] Die nicht unbeachtliche Flotte, die er 1805 und erneut ab 1809 zusammengezogen hatte, trat nicht an die Stelle der Grande Armée und des Grand Empire, mit denen sie stets um die Mittelzuweisung konkurrieren musste, sondern ergänzte sie.

In mancher Hinsicht hatte Napoleon natürlich globale Absichten, die mit den britischen Vorstellungen kollidierten. Dafür standen der berühmte Ägyptenfeldzug von 1798, der geplante russisch-französische Angriff auf Indien über Persien im Jahr 1801 und der weniger bekannte neuerliche Plan eines persischen Vorstoßes. Über einen solchen verhandelte Napoleon 1807 in dem entlegenen westpreußischen Schloss Finckenstein mit einer Delegation des Schahs und entsandte anschließend eine Vorhut unter General Gardane nach Teheran.[53] Tatsächlich wurden in den ersten 15 Jahren des Krieges die größten Landungsoperationen von Frankreich durchgeführt: General Hoches gescheiterte Invasion Irlands mit 15 000 Mann im Jahr 1796 und die ägyptische Expedition mit 300 Schiffen und 40 000 Mann, einem wahren Corps d'Afrique, zwei Jahre später. Noch 1809 wurde ein französischer Offizier weitab vom Schuss auf Sumatra in Niederländisch-Ostindien, dem heutigen Indonesien, aufgegriffen, der von einem geplanten Angriff französischer Fregatten auf diese Region sprach.[54] Doch all dies war weniger Teil eines großen imperialen Konzepts als vielmehr ein Versuch, wirkungsvolle Schläge gegen Großbritannien zu führen. Der Ägyptenfeldzug war dazu angetan, einen Angriff auf Indien vorzubereiten, der die britische Macht in ihren Grundfesten erschüttern sollte. Soweit man es den Äußerungen Napoleons entnehmen kann, reichten seine territorialen Ambitionen nicht über die Levante hinaus,[55] aber sein Appetit hätte möglicherweise, wenn er in Ägypten erfolgreich gewesen wäre und er seine Pläne in Persien verwirklicht hätte, beim Essen zugenommen.

Die Auseinandersetzung zwischen Großbritannien und Frankreich hätte also globale Ausmaße annehmen können, aber ihre Substanz und Schärfe erhielt sie von Napoleons grenzenlosen Ambitionen in Europa. Deshalb musste auch der 1802 geschlossene Frieden von Amiens scheitern, der auf französischer Zurückhaltung auf dem Kontinent und britischer Selbstbeschränkung auf See beruhte. Der unmittelbare, offensichtliche Grund für den Vertragsbruch war die britische Weigerung, sich wie vereinbart von Malta zurückzuziehen, woraufhin Napoleon dem britischen Gesandten, Lord Whitworth, mit einem »Vernichtungskrieg« drohte und ihn vor die Wahl stellte: »Malta oder Krieg.« Genau genommen verstieß Großbritannien tatsächlich gegen seine vertraglichen Verpflichtungen, weshalb seither nicht nur französische Historiker mit eindeutigen Schuldzuweisungen in Bezug auf die Wiederaufnahme der Feindseligkeiten im Jahr 1803 vorsichtig sind. Aber Malta war nicht der eigentliche Streitgegenstand. Das britische Zögern beruhte nicht auf dem Widerstreben, eine maritime Erwerbung aufzugeben, sondern auf tiefer Skepsis gegenüber Napoleons Absichten in Europa. Aus Londoner Sicht musste der Vertrag von Amiens zusammen mit demjenigen von Lunéville gelesen werden, der 1801 zwischen Frankreich und Österreich geschlossen worden war und in dem Napoleon zugesagt hatte, sich aus Holland zurückzuziehen und die Unabhängigkeit der Schweiz wiederherzustellen. Bis Ende 1802 hatte er in keiner Weise erkennen lassen, dass er dies tun würde. Zur Beruhigung des britischen Misstrauens trug es auch nicht bei, dass an der Küste französische Spione gefasst wurden, die englische Häfen und Uferstreifen ausspioniert hatten.

Napoleon gestaltete nicht nur das kontinentale Europa um, sondern veränderte auch Großbritannien. Gewiss erlebte es keine derart tiefgreifende Umwälzung, wie Preußen, die Rheinbundstaaten, die Niederlande, die italienischen und andere europäische Staaten sie zwischen 1792 und 1815 durchmachten. Napoleon wurde besiegt, ohne dass in Großbritannien eine grundlegende Reform des politischen, gesellschaftlichen und militärischen Systems stattfand, auch wenn solche Veränderungen damals viel diskutiert wurden.[56] Das Räderwerk des britischen fiskalisch-militärischen Systems drehte sich einfach weiter, nur schneller und in größerem Rahmen. Die rasante ökonomische Entwicklung des Landes, die bereits im Gang war, ging nicht nur unvermindert weiter, sondern wurde durch den Krieg zusätzlich angeregt. Die sich herausbildende »Werkstatt der Welt« produzierte sowohl Ausrüstungen für Land- und Seestreitkräfte aller Art als auch Konsumgüter, von denen viele trotz Napoleons Versuch, den Handel zu unterbinden, auf den Kontinent exportiert wurden. Dennoch blieb kaum ein Aspekt des politischen und gesellschaftlichen Lebens Großbritanniens von dem langen europäischen Kampf gegen die französische Hegemonie in der Revolutionszeit und der napoleonischen Ära unberührt. Er bildete zwei Jahrzehnte lang den Hintergrund des Alltagslebens. »Mrs. Forster kam am Abend für eine Stunde«, notierte Mary Hardy, die Frau eines Bierbrauers in Norfolk, in ihrem Tagebuch. »Die britischen Truppen und die Alliierten in Flandern besiegt.« An einem anderen Tag schrieb sie: »Mrs. Lebor und Miss Braithwaite zum Tee hier. In Deutschland wird eine große Schlacht geschlagen.«[57]

Auf der Ebene der hohen Politik waren die Auswirkungen der napoleonischen Politik und Kriegführung gemischt. Wie gesehen, war die politische Nation seit den 1790er Jahren in der Frage, wie man auf die Französische Revolution reagieren sollte, gespalten, und Napoleons Aufstieg führte nicht zu neuer nationaler Einigkeit oder politischer Zurückhaltung, sondern verschärfte diese Spannungen noch. Zwar wurde die Entscheidung vom Mai 1803, die Feindseligkeiten wiederaufzunehmen, von rund fünf Sechsteln des Unterhauses gebilligt, aber die Kriegführung blieb die ganze Zeit über ein heftig umstrittenes Thema. Die einzige annähernd »nationale« Koalition – die »Regierung aller Talente«, ein bunter Haufen aus Whig-Sybariten, kolonialen Opportunisten, fiskalischen Biedermännern, bourbonischen Reaktionären und dem ein oder anderen verwaisten Pitt-Anhänger – war in Wirklichkeit weder inklusiv noch besonders talentiert. Militärisch-politische Fehlschläge wie die Invasion von Walcheren wurden im grellen Licht einer öffentlichen Untersuchung auseinandergenommen. Ungewöhnlich war jedoch, dass keine Regierung direkt über eine kriegsbedingte Krise stürzte: Für Pitt und die Talente wurde 1801 und 1807 die Emanzipation der Katholiken zum Stolperstein, Henry Addington musste 1804 wegen seiner Finanzpolitik gehen, Pitts zweite Regierung endete mit seinem Tod im Jahr 1806, der Herzog von Portland trat 1809 wegen seines schlechten Gesundheitszustands zurück, und Spencer Perceval fiel 1812 einem Attentat zum Opfer.

Gleichwohl hatte Napoleon erhebliche Auswirkungen auf die britische Gesellschaft. Zunächst einmal erforderte die Kriegführung die bis dahin umfassendste Mobilisierung der wehrfähigen britischen Bevölkerung.[58] Gewiss waren die verfügbaren Streitkräfte stets relativ klein, insbesondere als große Truppenteile auf die Iberische Halbinsel entsandt worden waren. Aber in der spätnapoleonischen Ära stand rund ein Sechstel der Bevölkerung für den Militärdienst in Heer, Marine, Milizen, Freiwilligeneinheiten und anderen Verbänden bereit, wahrscheinlich mehr als zur selben Zeit in Frankreich.[59] 1809 zum Beispiel konnte Großbritannien bei einer Bevölkerung von 11 Millionen Menschen rund 240 000 reguläre Soldaten und 100 000 Seeleute aufbieten, während Frankreich bei einer doppelt so großen Bevölkerung über 310 000 Soldaten verfügte. Möglich wurde dieser erstaunliche Mobilisierungsgrad durch den britischen »fiskalisch-militärischen« Staat, wie er sich im 18. Jahrhundert entwickelt und infolge der Herausforderungen durch das revolutionäre und dann napoleonische Frankreich weiter ausgebildet und vergrößert hatte.[60] Dieser implizite Vertrag zwischen Verwaltung, politischer Nation und Finanzelite über Krieg, Handel und koloniale Expansion versetzte Großbritannien in die Lage, das Nationalvermögen nicht nur zu vergrößern, sondern im Kriegsfall auch auf es zuzugreifen.

Ganz ähnlich hatten Pitt und die »Regierung aller Talente«, als sie die Emanzipation der Katholiken durchsetzen wollten, nicht nur religiöse Toleranz und eine Reform der britischen Verfassung im Sinn, sondern darüber hinaus zwei Kriegsziele: Das erste, im engeren Sinn strategische Ziel war die Absicht, Irland zu befrieden und zu verhindern, dass Frankreich dort eine neue Front eröffnen konnte, wie es das 1796 und 1798 versucht hatte. Das zweite, breitere Ziel bestand darin, das große, ungenutzte Menschen- und Kraftreservoir der benachteiligten britischen Katholiken anzuzapfen. Überall in Europa führte die französische Herausforderung dazu, dass die traditionellen Hierarchien, Überzeugungen und Ungleichheiten in Frage gestellt wurden. Großbritannien war in dieser Hinsicht keine Ausnahme, und wenn die Auswirkungen auf die sozialen Strukturen und Einstellungen letztlich weniger tiefgreifend waren, dann lag dies nicht nur an den verbissenen Nachhutgefechten der Krone und anderer reaktionärer Kräfte, sondern auch daran, dass die Gefahr relativ weit entfernt war. Wie sich herausstellte, konnte das britische Heer auch ohne den Anreiz einer Katholiken-Emanzipation, die bis 1829 warten musste, eine große Zahl katholischer irischer Rekruten gewinnen.

Die napoleonische Herausforderung löste in Großbritannien auch eine breite Debatte über die Reform von Staat und Gesellschaft aus. 1808 schrieb der Earl of Selkirk in einem Pamphlet, in allen umliegenden Ländern habe sich derart viel verändert, dass »unsere inneren wie äußeren Arrangements den neuen Umständen angepasst werden« müssten. Nach dem Verlust der europäischen Verbündeten könne die Nation angesichts der weit größeren Bevölkerung Frankreichs nur zu überleben hoffen, wenn sie »beispiellose Anstrengungen zur Verbesserung unserer inneren Ressourcen« unternehme.[61] Höhere Steuern und Rekrutierungszahlen waren nur ein Teil der Lösung; darüber hinaus mussten die versteckten Kräfte der britischen Gesellschaft freigesetzt werden. »Um dieses Land vor ausländischer Unterjochung zu retten«, erklärte der radikale Whig-Abgeordnete Francis Burdett, »müssen wir die innere Unterdrückung loswerden; wir brauchen Waffen und Reformen.« In diesem Sinn forderten die Grundbesitzer von Middlesex die Wiederherstellung sowohl des »zivilen Zweiges« der Verfassung – »unsere parlamentarische Repräsentanz, die der vollkommene und undurchdringliche Schild unserer Verteidigung sein sollte« – als auch des »militärischen Zweiges«, der »Macht der vereinigten Countys«, die alle wehrfähigen Männer in der Landwehr zusammenzögen. Daher habe Großbritannien, wie der Wahlreformer John Cartwright 1809

betonte, »keine andere Alternative als jene zwischen Parlaments-
reformen unter Georg III. und nationaler Unterwerfung unter
Napoleon I.«.[62]
Vorerst widerstand die britische Regierung noch der Forderung
nach einer Wahlrechtsreform. Die Whig-Regierung »aller Talente«
unternahm einen neuen Versuch, die Emanzipation der Katholiken durchzusetzen, wurde 1807 aber vom Parlament ausgebremst.
Erfolgreicher war Großbritannien mit der Förderung radikaler Veränderungen in Europa und der übrigen Welt, die es im Rahmen
seiner Kriegsanstrengungen betrieb. Im britisch besetzten Sizilien
setzte die Verwaltung unter Lord Bentinck ein tiefgreifendes sozia-
les und politisches Modernisierungsprogramm in Gang, das nicht
als Experiment mit radikalen Whig-Ideen gedacht war, sondern als
Strategie mit dem Ziel, die Insel zu einem leistungsfähigeren Verbündeten gegen Napoleon zu machen. Außerdem sollte es eine
Inspirationsquelle für liberale italienische Patrioten sein, die Napoleon hassten, aber den Gedanken nicht ertragen konnten, ins Joch
des Ancien Régime zurückzukehren.[63] Auch in Spanien, wo 1808
ein antinapoleonischer Aufstand ausbrach, förderte Großbritannien aus ähnlichen Gründen eine größere politische Teilhabe. Hier
hatte die Untergrabung der Monarchie durch Frankreich dazu
geführt, dass der Cortes die der Krone übertragene Souveränität
»zurücknahm«. Seine erste revolutionäre Maßnahme war die Kriegserklärung an das napoleonische Frankreich.[64] Bald darauf verab-
schiedete er eine mit britischer Unterstützung entworfene neue spanische Verfassung. Auf diese Weise formulierte Großbritannien
eine alternative Vision für Europa, die über die bloße Ablehnung
der französischen revolutionären Ideen und die generelle Unterstützung der konservativen Kräfte hinausging. Überall auf dem Kontinent, insbesondere in Deutschland, arbeiteten britische Agenten
verdeckt gegen Napoleon, indem sie Propaganda finanzierten und
Guerillagruppen mit Waffen versorgten.[65] Auch beim Verbot des
internationalen Sklavenhandels, dem das britische Parlament 1807

Gesetzeskraft verlieh, übernahm Großbritannien die Führung. Die Vereinigten Staaten folgten im selben Jahr, womit sie eine Verfassungsbestimmung von 1787 umsetzten, der zufolge der Sklavenhandel nach einer Frist von zwanzig Jahren beendet werden sollte, und verboten den Transport von Sklaven unter amerikanischer Flagge. Dies markierte den Beginn einer neuen subversiven humanitären Geopolitik: Die kriegführende britische Marine sollte ihre Durchsetzungskraft voll nutzen, um Sklavenschiffe auf hoher See aufzubringen. Dieses Vorgehen war gewissermaßen das Gegenstück zur britischen Mission in Europa, den Kontinent von der Sklaverei, in die Napoleon ihn gezwungen hatte, zu »befreien«.[66]

So wie die Gefahr, die von Ludwig XIV. ausgegangen war, Engländer und Schotten dazu bewegt hatte, sich in einer Union zusammenzuschließen, veranlasste die napoleonische Herausforderung London, eine verfassungsmäßige Verbindung mit Irland anzustreben. Der irische Aufstand von 1798 und dessen Unterstützung durch französische Truppen hatten erneut gezeigt, wie gefährlich die offene Flanke im Westen war. Deshalb legte William Pitt d. J. im Jahr 1800 den Act of Union vor, der die Verschmelzung der Parlamente beider Länder vorsah. Mit der Union einhergehen sollte die Emanzipation der Katholiken, um der katholischen Mehrheit in Irland die Vereinigung schmackhaft zu machen und ihre Rekrutierung für die britischen Streitkräfte zu ermöglichen. Die Vereinigung, hoffte der liberale britische Vizekönig General Cornwallis, sollte eine »Union mit der irischen Nation« und nicht nur »mit einer Partei [den Protestanten] in Irland« sein. In dieser Hinsicht, merkte der für Irland zuständige Staatssekretär Edward Cooke an, ahme Großbritannien bloß seinen Gegenspieler nach: »Frankreich kennt dieses Prinzip und den Eingliederungszwang gut. Es macht jeden Staat, den es mit sich vereinigt, zu einem Teil seines geeinten und unteilbaren Reichs.«[67] »Angenommen, es gäbe keinen anderen Grund, aus dem die Vereinigung der Schwesterkönigreiche wünschenswert wäre«, fügte Cooke hinzu, »würde der Zustand

Europas, insbesondere Frankreichs, sie nötig machen.« So wie die Vereinigung mit Schottland im Jahr 1707 vor allem dem Wunsch geschuldet war, einer von den Bourbonen unterstützten jakobitischen Rebellion zuvorzukommen und die Ressourcen für den Kampf gegen Ludwig XIV. besser nutzen zu können, lag dem Zusammenschluss mit Irland die Notwendigkeit zugrunde, ein Einfallstor nach England zu schließen, die irischen Katholiken für den Krieg gegen Frankreich zu mobilisieren und dadurch, wie John Bruce, ein Verfechter der Union, feststellte, »das Gleichgewicht der Mächte in Europa zu erhalten«.[68] Wie die Union mit Schottland stellte auch diejenige mit Irland im Grunde eine Vergrößerung Englands durch eine vollständige Parlamentsvereinigung dar. Die Schaffung des Vereinigten Königreichs von Großbritannien und Irland, die damit vollendet war, geschah also in erster Linie in Reaktion auf Herausforderungen des europäischen Systems.

Der Zusammenhang zwischen der Auseinandersetzung mit Napoleon und der inneren Struktur Großbritanniens wurde von einem merkwürdigen kleinen Ereignis unmittelbar nach der Niederlage des Franzosen auf die Probe gestellt. Im Juli 1815 wandte sich Napoleon mit einem Asylersuchen an den Prinzregenten. »Ich komme«, erklärte er, »wie Themistokles, um mich an den Herd des britischen Volkes zu setzen. Ich stelle mich unter den Schutz seiner Gesetze, den ich aus der Hand Eurer Königlichen Hoheit erbitte, des mächtigsten, standfestesten und großzügigsten meiner Feinde.«[69] Es war nicht das letzte derartige Ersuchen eines geschlagenen Feindes; eine ähnliche Bitte sollte auch der letzte deutsche Kaiser, Wilhelm II., äußern, der sich sehnlichst wünschte, seine Tage als Gentleman in England beschließen zu können. Daher ist es verlockend, Napoleons Gesuch als typisches Beispiel eines erniedrigten, Zuneigung suchenden Ausländers, der sich um die Anerkennung der Briten oder auch nur der Engländer bemüht, zu interpretieren. Aber es gibt auch eine andere Erklärung: Zunächst einmal war die englische Option nur die zweite Wahl. Ursprünglich wollte

Napoleon ins Exil in die Vereinigten Staaten gehen, zögerte aber zu lange, bis die britische Marine ihm den Weg versperrte.[70] Darüber hinaus wusste er, als er sich auf die HMS *Bellerophon* begab, sehr gut, dass er in Großbritannien eine kleine, aber lautstarke und gut vernetzte Anhängerschaft besaß. Seine letzte Chance, der Verbannung aus Europa oder Schlimmerem zu entgehen, bestand darin, den nicht unbeträchtlichen Reichtum und das juristische Können dieser Gruppe für seine Sache zu mobilisieren. Einmal in England – fern von Preußen, Österreichern und Russen –, konnte er darauf hoffen, die einst von ihm so verachtete britische Verfassungskultur zu seinem Vorteil nutzen zu können. Dies hofften auch einige radikale Whigs, die darüber nachdachten, wie sie unter Ausnutzung verschiedener Formalien seine Freilassung erreichen konnten. Möglicherweise verhinderte nur die Geistesgegenwart des Kapitäns der *Bellerophon,* dass Napoleon derjenige war, der zuletzt lachte, denn Maitland vereitelte alle Versuche, Napoleon zu einer Vorladung vor ein Londoner Gericht zu verhelfen.

Das Vereinigte Königreich spielte eine zentrale Rolle bei Napoleons Sturz. Die britische Überlegenheit auf See und mehrere britische Expeditionsheere, insbesondere in Spanien, schwächten die Macht Frankreichs. Natürlich konnten solche peripheren Strategien den endgültigen Ausgang nur am Rande beeinflussen. Die Grande Armée verblutete nicht an Wunden, die ihr von durch Großbritannien finanzierten Partisanen beigebracht wurden, und verhungerte nicht aufgrund der Seeblockade der britischen Marine, vielmehr wurde sie unter großen eigenen Verlusten 1812/13 in Russland vernichtet, und das Nachfolgeheer unterlag 1813/14 der vereinigten Streitmacht von Russen, Preußen und Österreichern. Klar ist, dass, wäre der Russlandfeldzug 1812 erfolgreich gewesen, im folgenden Jahr ein verstärktes französisches Heer die Pyrenäen überquert hätte, um Wellington seine geschickt erzielten Gewinne wieder abzujagen. Wellingtons Sieg bei Waterloo im Jahr 1815 verdankte sich nicht zuletzt den Preußen, Hannoveranern und anderen Deutschen sowie Holländern und Belgiern unter seinem Kommando.[71] Genau das ist jedoch der Punkt: Großbritanniens einzigartige Fähigkeit, kontinentale Verbündete zu finden und mit ihnen zusammenzuarbeiten, sicherte dem gemeinsamen Anliegen in Europa den Sieg. Es war eine Leistung, die in der großen Tradition Marlboroughs und der britischen Befehlshaber im Österreichischen Erbfolgekrieg und im Siebenjährigen Krieg stand.

Auch in politischer Hinsicht war der Beitrag Großbritanniens ausschlaggebend. Es trifft nicht ganz zu, dass es gegen Napoleon »allein dastand«: Während eines großen Teils der napoleonischen Ära genoss es die Unterstützung Gustavs IV. Adolf von Schweden. Aber es ist sicherlich angemessen zu sagen, dass Großbritannien – abgesehen von der einjährigen prekären Friedensphase von 1802/03 und vielleicht noch vom »Hochsee«-Zwischenspiel von 1806/07 – den Brennpunkt des europaweiten Widerstands gegen Napoleon bildete. Es formulierte eine umfassende kontinentale Vision, die andere Mächte übernehmen konnten. Pitt versuchte beispielsweise mit seinem Plan eines allgemeinen »Öffentlichen Rechts in Europa« von 1805 die Koalitionspartner nicht nur zur Wiederherstellung des Mächtegleichgewichts, sondern auch zur Aufrechterhaltung der kollektiven Sicherheit in Friedenszeiten zu verpflichten. Damit nahm er die Ergebnisse des Wiener Kongresses und das »Konzert« der Großmächte (Pentarchie) vorweg. In London dachte man zudem eingehend über die künftige geopolitische Ordnung Europas nach. Außenminister Lord Mulgrave fügte der langen Tradition der Stärkung Deutschlands als Bollwerk gegen Frankreich und der Verteidigung der Niederlande eine neue Facette hinzu: Um »Frankreich wirkungsvoll in Schach zu halten«, erklärte er im selben Jahr, in dem Pitt seinen Plan vorstellte, sei es »wünschenswert, Preußen eine militärische Grenzlinie von Antwerpen bis Luxemburg zu geben, mitsamt einem Stück Land, das ausreichend erscheint, um es zu veranlassen, diese Linie zu besetzen«.[72] Die traditionelle

Siegesformel von britischem Gold und europäischen Bündnissen, die für Pitt und seine Nachfolger bis 1813 nicht aufgegangen war, setzte sich am Ende doch durch. Und zwar nicht nur wegen der Veränderungen auf dem Kontinent, sondern auch, weil Großbritannien an ihr festgehalten hatte. 1813/14 waren es nicht zuletzt Castlereaghs geschickte Diplomatie und ein feinfühligerer und großzügigerer Einsatz von Subsidien, die verhinderten, dass die letzte Koalition ebenso endete wie ihre drei oder vier Vorgängerinnen.[73] Schließlich regten die britischen Bemühungen andere an, sich ihnen anzuschließen, weil sie dasselbe Europa wie London wollten oder es zumindest der Alternative vorzogen.

Darüber hinaus war Wellingtons Koalitionssieg in Waterloo im Jahr 1815 nicht nur militärisch, sondern auch politisch entscheidend. Hätte Napoleon gesiegt, wäre er wahrscheinlich letztlich vom in Mitteleuropa heranwachsenden österreichisch-preußischen Moloch niedergeworfen worden. Es ist aber auch denkbar, dass er noch einige seiner Feinde besiegt und dann einen politischen Keil zwischen sie getrieben hätte. Auf jeden Fall hätten die Besetzung von Brüssel und der chaotische Rückzug eine völlig andere strategische Lage geschaffen. Selbst wenn Napoleon erst später besiegt worden wäre, wäre das Ergebnis die erneute Besetzung Frankreichs durch die östlichen Mächte und ein wesentlich ungünstigerer Friedensvertrag gewesen; außerdem hätte Großbritannien eine erheblich geringere Rolle gespielt. Wie die Dinge lagen, war der Sieg über Napoleon jedoch vor allem ein britischer Sieg, weit mehr als derjenige irgendeines anderen Staates, und er wurde auch als solcher wahrgenommen. Von allen Großmächten war allein Großbritannien fast von Anfang an bis zum triumphalen Ende auf Kurs geblieben. Die Folge davon war, dass das Europa, das 1815 entstand – ein lockerer, nichthegemonialer Staatenbund –, als internationale Größe weit »britischer« war, als es ansonsten der Fall gewesen wäre.

6

»Wo das Wetter herkommt«

Großbritannien und der Kontinent im Zeitalter des Nationalismus

Wir haben also einen Rang und eine Autorität in Europa errungen, die dieses Land auf eine Höhe stellt, die kein wahrscheinlicher Rückschlag erschüttern kann. Wir haben einen militärischen Glanz und Ruhm errungen oder besser zurückgewonnen, der uns an die Seite der größten Militärnationen der Welt stellt.

George Canning, 1814[1]

Der deutsche Bund ist keine Union, die allein durch den freiwilligen Zusammenschluss der zu ihm gehörenden Staaten entstanden ist und daher nach dem Gutdünken dieser Staaten ohne Bezugnahme auf eine Konsultation mit anderen Parteien verändert und modifiziert werden könnte. Der Deutsche Bund ist eine Union anderer Wesensart. Er ist das Ergebnis und die Schöpfung eines europäischen Vertrags, der 1815 in Wien geschlossen wurde, und bildet einen Teil der allgemeinen Befriedung Europas, die dieser Vertrag geschaffen und reglementiert hat.

Lord Palmerston, 1850[2]

[Deutschen Forderungen nach einer britischen Neutralitätserklärung in Europa nachzukommen, bedeutete eine] Abkehr von der ehrenwerten Rolle, die Großbritannien seit mehr als dreihundert Jahren in Europa gespielt und die erheblich zum Frieden auf der Welt beigetragen hat ... Auf dieser Grundlage ... wäre keine politische Vereinbarung annehmbar ..., die derart weitreichend wäre, dass sie wahrscheinlich das politische Gleichgewicht in Europa stören würde.

Charles Hardinge, Unterstaatssekretär im Außenministerium, 1909[3]

Das Vereinigte Königreich ging aus den Revolutions- und napoleonischen Kriegen als dominante Macht in Europa hervor.[4] Mit

seinem globalen Gewicht und seiner Handelsmacht konnte sich
kein anderes Land messen. Die neue europäische Ordnung war,
zumindest am Anfang, weitgehend seine Ordnung, und deren Aufrechterhaltung galt während des gesamten 19. Jahrhunderts ein großer Teil der britischen Aufmerksamkeit. Das »öffentliche Recht«
Europas, das Pitt gegen Napoleon verteidigt hatte, wurde noch
hundert Jahre später von Edward Grey angesichts der Verletzung
der belgischen Neutralität hochgehalten. Darüber hinaus verstärkte
sich bei den Briten die Auffassung, dass die Ideologie nicht von der
Geopolitik zu trennen sei. Ihrer Überzeugung nach konnte der
Liberalismus im Vereinigten Königreich nicht losgelöst vom Liberalismus in Europa – auf der Iberischen Halbinsel, auf dem Balkan
und insbesondere in Mitteleuropa – verteidigt werden. Gleichzeitig schauten sie über die Grenzen des Kontinents hinaus, indem
sie riesige koloniale Besitzungen erwarben. Gegen Mitte des Jahrhunderts hatten viele Briten das Gefühl, sie wären über den alten
Kontinent hinausgewachsen und lebten in einem eigenen Ökosys-
tem und Klima, abgeschottet gegen Stürme, die vom andern Ufer
des Ärmelkanals herüberwehten. Aber sie sollten bald eines Besseren belehrt werden. Insbesondere die Vereinigung Deutschlands
schuf eine völlig neue Lage auf dem Kontinent. Am Ende des »langen 19. Jahrhunderts« war klar, dass das Wetter trotz des globalen
Ausmaßes des Britischen Empires immer noch von dort kam, wo
es schon immer hergekommen war: aus Europa.

Großbritannien hatte den Krieg gewonnen und ein, wie George
Canning es nannte, »rechtliches Commonwealth europäischer
Staaten« geschaffen.[5] Aber konnte es nun auch den Frieden gewin-
nen? Seine Hauptsorge auf dem Wiener Kongress, der das Ende
der Revolutions- und napoleonischen Kriege besiegelte, war die
Sicherheit Europas und dessen zentrales Thema, die »deutsche
Frage«.[6] Im Februar 1814 hatten sich die Alliierten auf ein mittel-
europäisches Rahmenwerk geeinigt, bestehend »aus souveränen

Fürsten, die durch ein föderatives Band verbunden sind, welches die Unabhängigkeit Deutschlands sichert und verbürgt«.[7] Acht Monate später ergänzte Castlereagh, Deutschland solle »ein vermittelndes System zwischen Russland und Frankreich« bilden, das beide Staaten eindämme, ohne sie zu bedrohen.[8] Großbritannien wollte verhindern, dass Russland das Vakuum in Mitteleuropa füllte. Ein wiedererstandenes Polen, das »in Wirklichkeit russisch« wäre, warnte Castlereaghs Bruder, der Diplomat Charles Stewart, würde »die russische Grenze … fast bis ins Herz Deutschlands vorverlegen«.[9]

Die territoriale Ordnung Europas, auf die man sich einigte, fiel weitgehend zur britischen Zufriedenheit aus. Frankreich wurde gleichsam eingerahmt durch die Schaffung des Königreichs der Vereinigten Niederlande, das aus den Österreichischen Niederlanden und der früheren Republik der Sieben Vereinigten Provinzen gebildet wurde, die Vergrößerung Savoyens, die Wiederherstellung der Unabhängigkeit Spaniens und insbesondere an seiner Ostgrenze durch die Annexion des Rheinlands durch Preußen. Die Stabilität Mitteleuropas wurde durch die Gründung des Deutschen Bundes, des Nachfolgers des Heiligen Römischen Reichs, gesichert, dessen Bundestag sich in Frankfurt am Main befand. Er unterhielt Festungen und Truppen, um Frankreich und, wenn auch weniger unverholen, Russland fernzuhalten, alles unter dem Vorsitz Österreichs, der beherrschenden Macht des Bundes. Russland wurde gezwungen, seinen Griff um Polen etwas zu lockern. Die Personalunion Großbritanniens mit Hannover und damit eine direkte dynastische Verbindung zum Kontinent blieben erhalten. In Frankreich wurde eine britische Besatzungsarmee stationiert, die erst abziehen sollte, wenn Paris die ihm auferlegten beträchtlichen Reparationen gezahlt hatte. Im Grunde hatte Großbritannien das alte kontinentale Barrieresystem wiedererrichtet und seine Sicherheitsarchitektur so gestaltet, dass die Aufrechterhaltung des Mächtegleichgewichts und die Unversehrtheit der englischen Südküste gewährleistet waren.

Im Unterschied zu den anderen Siegermächten machte Großbritannien keine territorialen Gewinne in Europa, behielt allerdings seine koloniale Beute – einschließlich Ceylons und der Kapkolonie – sowie eine Reihe von Stützpunkten, etwa auf Malta. In Nordamerika erkannte Großbritannien die Vorherrschaft der Vereinigten Staaten in dieser Hemisphäre an. Ausdruck dessen waren der im Dezember 1814 unterzeichnete Friede von Gent, durch den der Britisch-Amerikanische Krieg im darauffolgenden Jahr beendet wurde, und die spätere Zustimmung zur Monroe-Doktrin, ungeachtet fortbestehender Spannungen über die Grenze zu Oregon und Maine. Die Monroe-Doktrin sah vor, dass europäische Mächte keine neuen Kolonien in Amerika gründen sollten; zudem bekräftigte sie den Anspruch der USA auf die Rolle der internationalen Kontrollmacht in der westlichen Hemisphäre. Canning, der die Vereinigten Staaten als ideologischen Verbündeten gegen den europäischen Konservatismus betrachtete, pries all dies als »Gründung einer neuen Welt, um das Gleichgewicht der alten wiederherzustellen«. Die anglo-amerikanische Rivalität war keineswegs beendet, aber die Zeit der bewaffneten Konfrontation war endgültig vorüber, und die Umrisse einer neuen Beziehung auf der Grundlage der Annahme, dass die Vereinigten Staaten im Allgemeinen, zumindest in Bezug auf Europa, dasselbe wollten wie Großbritannien, zeichneten sich ab.

Dem Koalitionssieg in Waterloo folgte somit ein Koalitionsfriede. Dank des Sieges in Waterloo war die britische Rolle wesentlich größer, als sie es andernfalls gewesen wäre, was zu einem relativ liberalen Friedensvertrag führte. Beispielsweise konnte Castlereagh zwar keine sofortige Ächtung des internationalen Sklavenhandels durchsetzen, erreichte aber immerhin eine der Schlussakte beigelegte »Erklärung der Mächte über die Abschaffung des Sklavenhandels«, die der illegalen Kampagne der britischen Marine gegen Sklavenschiffe auf hoher See eine moralische Rechtfertigung bot. Natürlich erregte es den Unwillen der britischen Abolitionisten, dass der Vertrag den internationalen Sklavenhandel nicht auf der Stelle und vollständig verbot oder, wenn dies schon nicht erreicht werden konnte, wenigstens die Annexion der an ihm beteiligten französischen Kolonien gestattete. »Wir waren die Herren der Verhandlungen«, beklagte sich der Whig Lord Grenville. »In dieser Sache war das Beispiel Großbritanniens übermächtig ..., seine Entschlossenheit endgültig.«[10] Die britische Zurückhaltung in dieser Hinsicht war eine Folge von Castlereaghs Entschluss, den europäischen Mächten nichts zu diktieren, sondern mit ihnen zu kooperieren. Gleichwohl war das Ansehen Großbritanniens hoch, was auf beispiellose Weise die Verehrung zeigte, die dem Herzog von Wellington überall auf dem Kontinent entgegengebracht wurde. Noch heute ist im Apsley House, seinem Wohnhaus in London, eine Vielzahl von Gemälden, Silberservicen, Statuen und anderen Gegenständen zu sehen, die ihm Europas gekrönte Häupter und andere Bewunderer als Ausdruck ihrer Wertschätzung geschenkt haben.

Großbritannien hielt sich 1815 bewusst zurück. »Unser Ansehen auf dem Kontinent«, erklärte Castlereagh Mitte April 1814, »als Ausdruck unserer Stärke, unserer Macht und unserer Vertrauenswürdigkeit ist von realerer Wirkung als irgendeine Erwerbung.«[11] Dieses Ansehen brachte er in die 1815 erneuerte Quadrupelallianz zwischen Russland, Preußen, Österreich und Großbritannien ein, die zum Ziel hatte, auf künftige Bedrohungen für das europäische Staatensystem, insbesondere von Seiten eines wiedererstarkten Frankreich, eine koordinierte alliierte Antwort geben zu können. Eine Klausel der Bündnisvereinbarung bestimmte, dass die Alliierten »ihre Treffen in regelmäßigen Abständen erneuern« würden, »entweder unter Federführung der Souveräne selbst oder durch ihre jeweiligen Minister, um über ihre gemeinsamen Interessen zu beraten und Maßnahmen zu erwägen, die in jedem dieser Zeitabschnitte für die Ruhe und das Wohlergehen der Nationen und die Bewahrung des Friedens in Europa als am förderlichsten betrachtet werden«. Dieses Arrangement, das dazu dienen sollte, die Probleme des Kontinents auf multilateraler Ebene zu lösen, wurde als »Kongresssystem« bekannt. Der Frieden in Europa hatte enorme Auswirkungen auf Regierung und Gesellschaft in Großbritannien. Premierminister Lord Liverpool war sich der Rolle seines Landes in Europa bewusst, wollte aber auch die Ausgaben verringern, um die Staatsschulden unter Kontrolle zu bekommen.[12] Infolgedessen wurde der »fiskalisch-militärische« durch den »Laissez-faire«-Staat abgelöst.[13] Die Armee wurde von 650 000 auf 100 000 Mann verkleinert, von denen die Hälfte in Amerika stationiert war. Dies hatte einerseits finanzielle Gründe, spiegelte aber auch einen politisch-kulturellen Wandel wider. Die Armee geriet als kostspielige und verrohte Institution immer stärker in Verruf, weshalb sie bald von armen irischen Rekruten dominiert wurde (oder umgekehrt). 1816 sprach sich der junge Whig Lord John Russell gegen Armeeausgaben aus, weil sie Großbritannien »von einer Marine- in eine Militärnation und einen kontinentalen Kleinstaat« verwandeln würden, »anstatt weiter eine mächtige Insel zu sein«.[14] Der fiskalisch-militärische Staat, der sich seit ungefähr 1690 während des langen 18. Jahrhunderts herausgebildet hatte, wurde weitgehend abgebaut. Durch diese Entscheidung verringerte Großbritannien nach langjähriger kostspieliger Kriegführung sein Haushaltsdefizit, was das Wirtschaftswachstum angeregt haben dürfte, die Nation aber in eine schwierige Lage bringen würde, wenn sie das nächste Mal aufgerufen war, in einen großen Landkrieg in Europa einzugreifen.

Nach 1815 ging die Hauptgefahr für die Stabilität Europas, zumindest zunächst, nicht von den Großmächten aus, sondern von neuen politischen Kräften, die sich überall auf dem Kontinent bemerkbar machten.[15] Von der Französischen Revolution und Napoleon inspirierte liberale und nationalistische Gedanken untergruben die innere Ordnung auf eine Weise, die häufig tiefgreifende internationale Auswirkungen hatte. Der österreichische Außenminister und (ab 1821) Staatskanzler, Fürst Metternich, war kein

völliger Reaktionär; häufig bemühte er sich, stärker rückwärtsgewandte Fürsten zu Reformen zu bewegen, um eine Revolution zu
vermeiden, aber sein Hauptanliegen war es, inneren Dissens durch
zwischenstaatliche Zusammenarbeit zu unterdrücken, entweder
durch Informationsaustausch oder durch direkte militärische Intervention. Preußen und Russland unterstützten im großen Ganzen
dieses Arrangement, das als »Metternichsystem« innerhalb des
»Konzerts« der europäischen Großmächte bekannt wurde. 1819 bil-
ligten die »östlichen Mächte«, wie sie genannt wurden, die von
Metternich vorgeschlagenen Karlsbader Beschlüsse, die der Unterdrückung liberaler und nationaler Bestrebungen in Deutschland
dienten. In den frühen 1820er Jahren stimmten sie auf einer Reihe
von Kongressen auch seiner Forderung nach militärischem Eingreifen gegen Revolutionen in Spanien, Piemont und Neapel zu. Russland fügte sich zunächst sogar seinem Appell, die griechischen Aufständischen, die gegen die osmanische Herrschaft kämpften, nicht
zu unterstützen.

London verfolgte all dies voller Misstrauen. Gewiss wollte man
ebenso sehr wie das übrige Europa revolutionäre Unruhen, die das
Gleichgewicht der Mächte gestört hätten, vermeiden. Deshalb
stand Großbritannien im Kampf gegen den revolutionären Nationalismus in Italien lange zuverlässig hinter Wien, in erster Linie
um Frankreich von der Halbinsel fernzuhalten. Es gab jedoch
erhebliche Bedenken in Bezug auf die Angemessenheit und Wirk-
samkeit ständiger Eingriffe in die inneren Angelegenheiten eines
anderen Landes. Der britische Staatsmann George Canning warnte
im Oktober 1818, ein regelmäßiger europäischer Kongress würde
Großbritannien »tief in alle politischen Fragen des Kontinents« verwickeln, »während in Wahrheit unsere Politik doch immer auf
Nichteinmischung ausgerichtet war, solange es nicht um besondere
Notfälle geht, dann aber mit befehlender Stärke«.[16] Selbst ein so
überzeugter Interventionist wie Castlereagh räumte ein, dass die
Quadrupelallianz zur Eindämmung Frankreich geschaffen worden

und »nie als Union für die Regierung der Welt oder die Überwachung der inneren Angelegenheiten anderer Staaten gedacht« gewesen sei.[17]

Der Unterschied zwischen Großbritannien und den anderen europäischen Mächten lag nicht im Reich abstrakter Völkerrechtsprinzipien, sondern in demjenigen von Politik und Ideologie. Castlereagh wollte Einmischungen aus rein reaktionären Gründen verhindern. Viele europäische Staaten, erklärte er, seien »jetzt mit der schwierigen Aufgabe beschäftigt, ihre Regierungen auf dem repräsentativen Prinzip neu aufzubauen«, und die Absicht zu äußern, »solche Experimente entweder durch einen ausländischen Rat oder einen ausländischen Feind überwachen, einschränken und regulieren zu wollen, wäre ebenso gefährlich, wie es unmöglich wäre, sie in die Tat umzusetzen«.[18] Er lehnte Interventionen nicht grundsätzlich ab. Immerhin hatte Großbritannien seit der Schaffung des Vereinigten Königreichs in die Angelegenheiten des Kontinents eingegriffen. Deshalb überrascht es nicht, dass Castlereagh im Januar 1821 verkündete, keine Regierung könne »stärker bereit sein als die britische, das Recht jedes Staats oder jeder Staatengruppe hochzuhalten, zu intervenieren, wo die eigene unmittelbare Sicherheit oder grundlegende Interessen durch das internationale Verhalten eines anderen Staats ernstlich gefährdet sind«.[19]

In geopolitischer Hinsicht stimmte Castlereagh mit Metternich darin überein, dass Interventionen dem Gleichgewicht der Mächte nicht schaden durften, beispielsweise indem sie dem französischen oder russischen Expansionsstreben einen Vorwand boten. Der britische Außenminister erkannte auch an, dass die »allgemeine Sicherheit Deutschlands … unauflöslich« mit derjenigen von Europa als Ganzem verknüpft sei. Er bestand jedoch darauf, dass die Gefahr einer Revolution sowohl »direkt und unmittelbar« als auch »ihrem Wesen nach tatsächlich militärisch« sein müsse. Andernfalls hätte Russland einen Vorwand, um in Deutschland einzumarschieren.[20] In seinem berühmten »Staatspapier« vom Mai 1820 führte er aus, dass er es daher ablehne, einfach aus »abstrakten und spekulativen Gründen der Vorsicht« in den Krieg zu ziehen.[21] Tatsächlich wuchs in Großbritannien die Sorge, dass das Interventionsprinzip einseitig benutzt wurde, um eine ausschließlich repressive Agenda durchzusetzen, die den liberalen und emanzipatorischen Grundsätzen widersprach, die man in London für sich zu entdecken begann. Kurz, Castlereagh wollte kein Prinzip akzeptieren, das vorhandene Regierungen vor Interventionen schützte, ganz gleich wie schlimm sie waren. Das Fehlen von verfassungsmäßig garantierten Freiheiten konnte, davon war er überzeugt, für die europäische Stabilität ebenso gefährlich sein wie ihre Verbreitung. Im Übrigen betrachtete Großbritannien die Spanische Revolution von 1820 – und den anschließenden Zusammenbruch des spanischen Kolonialreichs – als Gelegenheit, in das Vakuum in Lateinamerika vorzustoßen, bevor eine andere europäische Macht, insbesondere Frankreich, dies tat.[22] Deshalb unterstützte Großbritannien auf der Iberischen Halbinsel die Liberalen gegen die Konservativen. Es intervenierte sogar mit Marinetruppen in Portugal, um die konstitutionelle Regierung gegen reaktionäre Rebellen zu verteidigen. Auch nach Griechenland schickte es Schiffe, allerdings weniger um den dortigen Aufständischen zu helfen, als vielmehr um Russland einzudämmen, das seinen Vormarsch nach Süden in Richtung Konstantinopel fortsetzte.

Die Revolutionen von 1830 bis 1832 in Frankreich, Belgien und mehreren deutschen Staaten trafen die britischen Interessen in Europa indes im Kern. Eine Vereinigung von Frankreich und Belgien, wo die Aufständischen den französischen König zu ihrem Monarchen machten, hätte die 1815 errichtete Barriere zerstört, die englische Südküste für Angriffe geöffnet und die Westgrenze des Deutschen Bundes aufgerissen. Anders als die jüngsten russischen Erwerbungen auf Kosten des Osmanischen Reichs hätte sie Frankreich einen einseitigen territorialen Zugewinn verschafft, der groß genug gewesen wäre, um das europäische Gleichgewicht auszuhebeln. »Ob Russland im Kaukasus ein oder zwei Breitengrade mehr besitzt«, bemerkte der britische Außenminister Lord Palmerston im Mai 1831, »kann für England, Preußen, Österreich und Spanien nicht die gleiche Bedeutung haben wie jede kleinere Veränderung der Territorien und Ressourcen Frankreichs, denn Ersteres erweitert Russlands Mittel für einen Angriff auf Europa nur geringfügig, während Letzteres Frankreichs Offensivfähigkeiten materiell vergrößern kann.«[23] Das Problem wurde entschärft, indem man auf einem neutralen Kandidaten für den belgischen Thron und einem internationalen Abkommen über die Neutralität des neuen Staats bestand, das 1839 schließlich geschlossen wurde und die britischen Befürchtungen für die Sicherheit der Niederlande vorläufig ausräumte.

Mit Besorgnis verfolgten britische Staatsmänner die Entstehung einer starken Nationalbewegung in Deutschland. Jede innere und äußere Bedrohung Deutschlands stellte eine tödliche Gefahr für die internationale Stabilität und daher für die britische Sicherheit dar.[24] »Unser Interesse ist«, bemerkte ein hoher britischer Diplomat, »dass der Bund stark ist und funktioniert. Er ist ein entschieden defensives Gemeinwesen, das unmöglich für Angriffszwecke benutzt werden kann, während er, wenn er für die Verteidigung vereint ist, einen großen Krieg in Europa fast unmöglich macht.« Dagegen hätte die von der deutschen Nationalbewegung geforderte politische Vereinigung das europäische Gleichgewicht zerstört. Deshalb warnte der britische Gesandte beim Deutschen Bund vor der »extravaganten Lehre von der Einheit Deutschlands«.[25] Hierbei war die Sorge weniger, dass der entstehende Koloss eigene hegemoniale Ambitionen entwickeln würde, sondern eher, dass eine liberale Ordnung in Deutschland einem französischen Vordringen weniger Widerstand entgegensetzen würde als die etablierten Regime.

Dagegen hatten Großbritannien und die neue, liberale »Julimonarchie« in Frankreich auf der Iberischen Halbinsel ähnliche Interessen. 1833 vereinbarten die östlichen Mächte in Münchengrätz, überall in Europa, insbesondere aber in Spanien und Portugal, den Konservatismus zu stärken. Im folgenden Jahr bildeten Großbritannien, Frankreich und die beiden liberalen Regierungen in Madrid und Lissabon eine Quadrupelallianz, um ihnen gemeinsam entgegenzutreten. In Palmerstons Augen bestand die oberste Aufgabe dieses »Westbundes« darin, den Konstitutionalismus auf der Iberischen Halbinsel zu schützen, die er als erste Frontlinie zur Verteidigung der Freiheit in größerer Nähe zu Großbritannien betrachtete.[26] »Dort«, erklärte er Mitte April 1837 im Parlament, »auf diesem engen Feld wird die große Auseinandersetzung zwischen entgegengesetzten, einander widerstreitenden Regierungsprinzipien – Willkürherrschaft auf der einen und verfassungsmäßige Regierung auf der anderen Seite –, die derzeit überall in Europa stattfindet, durch eine Schlacht entschieden werden müssen.«[27] Hierin spiegelte sich die Überzeugung wider, dass der europäische Frieden und die britische Sicherheit von der »Aufrechterhaltung der Freiheiten und der Unabhängigkeit aller anderen Nationen« abhingen, wie Palmerston es ausdrückte. Er glaubte, dass konstitutionelle Regierungen »mit geringerer Wahrscheinlichkeit in den Krieg [ziehen] als despotische Regierungen, weil ihre repräsentativen Versammlungen weniger leicht Geld bewilligen«.[28] Dies war ein frühes Beispiel dessen, was später »demokratische Friedenstheorie« genannt werden sollte.

Die internationale Politik der 1830er Jahre hatte tiefgreifende Auswirkungen auf die britische Innenpolitik. Parteirivalitäten in Westminster wurden durch Meinungsverschiedenheiten über Europa verschärft, und Whigs und Torys attackierten einander mit immer schärferen Anwürfen. Auch innerhalb der Whig-Partei selbst polarisierte die Außenpolitik: John Russell warf Gemäßigten vor, die Sache der Freiheit aufzugeben; Palmerston spottete über zaghafte »Breitkrempige« – die wegen ihrer angeblichen quäkerpazifistischen Ansichten so genannt wurden –, die an den Heeresausgaben sparen wollten.[29] Das liberale Lager war zwischen der interventionistischen Palmerston-Fraktion und den orthodox-wirtschaftsliberalen Anhängern von Richard Cobden gespalten. Cobden, der seine innenpolitischen Auffassungen beim Studium der internationalen Beziehungen für seine ersten Veröffentlichungen – *England, Ireland and America* (1835) und *Russia* (1836) – entwickelt hatte, war strikt gegen Interventionen und wurde mit dem Ruf »Keine Außenpolitik!« in Verbindung gebracht. Er spielte nicht nur die vom zaristischen Russland ausgehende Gefahr herunter, sondern glaubte auch, dass eine aktive Außenpolitik eine rückwärtsgewandte Innenpolitik bedingte – mit allem, was dazugehörte: einem großen stehenden Heer, wachsenden Staatsschulden, Kolonien und Korngesetzen zur Absicherung der aristokratischen Vorherrschaft in Staat, Gesellschaft und Streitkräften. Es war eine Neuauflage der Kritik am britischen fiskalisch-militärischen Staat, wie sie Jonathan Swift in der Endphase des Spanischen Erbfolgekriegs geäußert hatte. Nach Cobdens Ansicht waren die Aufhebung der Korngesetze und die Förderung des internationalen Handels Instrumente zur Stärkung des Liberalismus im Innern und daher zum Frieden im Äußeren – und umgekehrt.[30] Dies war ein frühes Beispiel dessen, was später »Interdependenz« genannt wurde, an die viele britische Liberale bis 1914 und dann wieder nach dem Ende des Kalten Kriegs hartnäckig glaubten.

1848/49 war Großbritannien erneut gezwungen, sich um das europäische Gleichgewicht zu kümmern. In Frankreich, Österreich, Preußen, Ungarn, Italien und vielen anderen Ländern brachen Revolutionen aus, die etablierte Regierungen stürzten. Die Hauptsorge galt wie stets der Herausforderung für den Deutschen Bund und der Rolle Habsburgs in ihm.[31] Österreich, betonte Palmerston im Parlament, sei »ein höchst wichtiges Element im Mächtegleichgewicht Europas. Österreich bildet in der Mitte Europas eine Barriere einerseits gegen Übergriffe [durch Russland] und andererseits gegen eine Invasion [durch Frankreich]. Die politische Unabhängigkeit und die Freiheiten Europas hängen … von der Erhaltung und Integrität Österreichs ab.«[32] Besorgt war man in London auch über Italien, weil dort die südliche Barriere gegen eine französische Expansion zerstört wurde. Die Region bildete, wie Palmerston im Juni 1848 feststellte, nicht mehr den »Ajaxschild«, sondern die »Achillesferse«.[33] Da Österreich auf der Halbinsel keine signifikante Rolle mehr spielte, suchte Palmerston gemeinsam mit Russell nach einer anderen Lösung des Barriereproblems, und er begann auch über ein vereintes Deutschland nachzudenken, vorausgesetzt, dies würde unter liberalen Auspizien erreicht werden. Es schien, als könnten Realpolitik und Ideologie sich gegenseitig verstärken, anstatt der britischen Außenpolitik einander widersprechende Direktiven zu erteilen.

Den Zusammenhang zwischen beiden Bereichen beleuchtete Palmerston im März 1848 in einer berühmten Unterhausrede, die häufig als Ausdruck eines eng gefassten britischen »Realismus« missverstanden wird. »Englands Realpolitik«, erklärte er, »muss es sein – abgesehen von Fragen, die seine eigenen politischen oder kommerziellen Sonderinteressen betreffen –, der Vorreiter von Recht und Gerechtigkeit zu sein.« Diesen Kurs sollte England »mit Mäßigung und Vorsicht verfolgen, um nicht zum Don Quijote der Welt zu werden, sondern mit seinem moralischen Gewicht zu sanktionieren oder zu unterstützen, wo immer es glaubt, dass Gerechtigkeit herrscht, und wo immer es glaubt, dass Unrecht getan wurde.« Großbritannien, fuhr Palmerston fort, habe »keinen ewigen Verbündeten« und »keinen ewigen Feind«, weshalb seine Politik »von den Interessen Englands« geleitet sein sollte.[34] Mit anderen Worten, er sah keinen Widerspruch zwischen der Verteidigung britischer Interessen und dem Schutz des Rechts; tatsächlich waren beide Motive in seinem Denken eng miteinander verknüpft.

London Sorgen wurden durch die Niederlage der französischen Revolutionäre nicht geringer. Der neue französische Präsident, der bald als Kaiser Napoleon III. regieren sollte, war in vieler Hinsicht eine noch größere Bedrohung. Schon sein Name war Programm.

»Ich halte es für sehr wahrscheinlich«, bemerkte der Earl of Malmesbury gegenüber Premierminister Lord Derby nach dem französischen Staatsstreich von 1851, »dass dieser Präsident, sobald er fest im Sattel sitzt, versuchen wird, einen europäischen Kongress zustande zu bringen, um die Verträge von 1815 umzuschreiben. Dies war schon immer sein noch dazu ziemlich gefährliches Steckenpferd.« Derby war indes nicht der Mann, der sich allzu große Sorgen über die innere Verfasstheit europäischer Staaten machte. »Wir haben kein Recht«, lautete seine berühmte Maxime, »besondere Vorurteile oder besondere Sympathien für diese oder jene Regierungsweise zu hegen, die andere Länder als für sich passend erachten, mögen diese Regierungsweisen oder -formen nun der absoluteste Despotismus, die begrenzte Monarchie, die konstitutionelle Republik oder, wenn so etwas überlebensfähig sein sollte, ein absoluter roter Republikanismus sein.« Dies sei »die Wahl der Nationen, welche die britische Regierung, soweit es deren individuelle innere Angelegenheiten betrifft, anzuerkennen hat«. Das Problem war nur, dass die innere Struktur der europäischen Staaten, wie die Erfahrung lehrte und die Zukunft zeigen sollte, nicht derart losgelöst von allem anderen betrachtet werden konnte. Auf die eine oder andere Weise waren Derby und seine Konservativen, selbst als der Glanz der britischen Industrie während der Londoner Industrieausstellung von 1851 am hellsten strahlte, zutiefst besorgt über die Ereignisse in Europa. Der Gedanke, sich vom Kontinent abzukapseln, existierte einfach nicht auf ihrer »kognitiven Karte«, wie man heute sagen würde.[35]

Im nächsten Jahrzehnt verschoben sich die britischen Interessen nach Osten zum Balkan und zur Levante, wo Russland unablässig expandierte. Großbritannien kämpfte im Krimkrieg an der Seite Frankreichs, um den Zusammenhalt des Osmanischen Reichs zu sichern. Doch das Hauptaugenmerk lag weiterhin auf Mitteleuropa. In der großen Parlamentsdebatte im Februar 1854 am Vorabend der Kriegserklärung trat Russell dafür ein, dass Großbritannien sich Russland entgegenstellen sollte, um »die Unabhängigkeit nicht nur der Türkei, sondern auch Deutschlands und sämtlicher europäischer Nationen zu bewahren«.[36] Im Juli 1855 unterstrich Außenminister Lord Clarendon, Deutschland müsse »aufgrund seiner geographischen Lage das Hauptbollwerk gegen russische Aggressionen« sein.[37] Viele britische Liberale verstanden den Kampf mit dem Zarenreich als gesamteuropäische Auseinandersetzung zwischen Konstitutionalismus und Konservatismus. »Würde Russland gelähmt und zu Fall gebracht«, schrieb einer von ihnen, »wäre es in jedem Dorf in Deutschland, in jedem Verlies in Italien, vor jedem Kamin und in jedem Herzen von der Ostsee bis zum Mittelmeer zu spüren.«[38] Der frühere Schatzkanzler William Ewart Gladstone erklärte 1855 im Parlament, das britisch-französische Bündnis verkörpere »ein Prinzip …, das ich fast eine Art europäisches Gesetz nennen möchte, das … seit dem Frieden von 1815 besteht …, um das öffentliche Recht Europas [gegenüber Russland] zu bekräftigen und durchzusetzen«.[39] Anfangs verlief der Konflikt enttäuschend, und das Wort »Kriegführung« wurde zu einem Synonym für Unvermögen. Letztlich wurde Russland jedoch an seiner eigenen Türschwelle, auf der Krim, vernichtend geschlagen. Die Überlegenheit des britischen parlamentarischen Systems über den zaristischen Despotismus hätte nicht deutlicher demonstriert werden können, und der Ausgang des Krieges löste in Russland eine Reformwelle aus, die ihren Höhepunkt in der Abschaffung der Leibeigenschaft erreichte.

Der Krimkrieg hatte tiefgreifende Auswirkungen auf die britische Innenpolitik.[40] Die Nachrichten über die militärischen und organisatorischen Katastrophen auf der Krim riefen im Parlament und in der Öffentlichkeit weithin Bestürzung hervor. Im Januar 1855 stürzte die von Lord Aberdeen geführte Regierung, weil sie eine Abstimmung über die Bildung eines Untersuchungsausschusses, der die militärischen Operationen unter die Lupe nehmen sollte, verlor, und Palmerston trat als Hoffnungsträger, dem man zutraute, den Krieg zu gewinnen, an Aberdeens Stelle. Man war sich jedoch

uneinig darüber, wie die britische Gesellschaft auf die Erfordernisse
des europäischen Staatensystems ausgerichtet werden sollte. Manche, wie der Wirkwarenfabrikant und spätere Unterhausabgeordnete Samuel Morley aus Nottingham, waren der Ansicht, dass die
anfänglichen Katastrophen auf der Krim Ausdruck mangelnder
öffentlicher Legitimität waren und »die Menschen selbst« durch
eine Landwehr- und Wahlrechtsreform mehr Verantwortung für
ihre Sicherheit übernehmen sollten.[41] Andere verwiesen auf den
Konservatismus und die mangelnde Professionalität der Armee, in
der man sich ein Offizierspatent kaufen konnte, anstatt es durch
Verdienste zu erwerben. In den Augen liberaler und radikaler Kritiker zeigte all dies, dass die »aristokratische« Vorherrschaft in den
britischen Institutionen, welche die Nation in Kämpfen mit äußeren Feinden schwächte, fortbestand. Um für künftige Herausforderungen gewappnet zu sein, führte Großbritannien eine Reihe innerer und kolonialer Reformen durch. Eine königliche Kommission
zur Untersuchung der Verteidigung des Vereinigten Königreichs
wurde gebildet, das Außenministerium reformiert und der Militär-
etat erheblich vergrößert. Ein großer Teil der neu bereitgestellten
Mittel kam nicht der Marine zugute, sondern wurde für das kost-
spieligste Befestigungsprogramm an der Südküste seit der Ära
Heinrichs VIII. ausgegeben.

Gegen Ende der 1850er Jahre verschob sich der geographische
Fokus der britischen Politik erneut – zurück auf die italienische
Halbinsel. Piemont, Frankreich und die Nationalbewegung unter
Garibaldi vertrieben die Österreicher in einer Reihe dramatischer
Ereignisse, deren Höhepunkte die Annexion Savoyens durch Frank-
reich und die Vereinigung Italiens im Jahr 1861 darstellten, aus dem
Land. Großbritannien verfolgte diese Entwicklung mit gemischten
Gefühlen. Einerseits rief der Wiederaufstieg Frankreichs in Südeng-
land Invasionsängste hervor und führte zu einer »Freiwilligen«-
Bewegung.[42] Andererseits stärkte der italienische Sieg ein liberales
Triumphgefühl, dem die Überzeugung zugrunde lag, dass die Ereig-

nisse in Europa unaufhaltsam auf eine national geprägte, konstitutionalistische Modernität nach englischem Vorbild zuliefen. Gladstone erwiderte auf die Frage, was ihn vom Konservativen zum Liberalen gemacht habe, kurz und bündig:»Italien.«[43] Man hoffte, wie der erfahrene britische Diplomat Robert Morier erklärte, die Erfolge der europäischen Nationalbewegungen für die geopolitischen Interessen Großbritanniens nutzen zu können.»Ich glaube, dass es in Englands Interesse ist«, schrieb er, Frieden zu schaffen, »indem die großen nationalen Gruppen in ihr jeweiliges Land gelangen«, anstatt sich auf das bisherige »künstliche, durch Verträge geschaffene Mächtegleichgewicht« zu verlassen.[44] Außerdem hoffte man weithin, das britische Beispiel würde andere europäische Staaten veranlassen, ein Verfassungssystem einzuführen.[45] Dieses grundlegende Gefühl der Teilhabe an den Ereignissen in Europa existierte neben der tief verwurzelten Ablehnung staatlicher Rüstungsausgaben mit dem Argument, sie seien nicht bloß überflüssig, sondern kontraproduktiv. So wurde der britisch-französische Handelsvertrag von 1860 als Alternative zu einem Krieg oder einem Rüstungswettlauf mit Napoleon III. betrachtet. Freihandel, nicht Militärmacht, so der Gedanke, würde den Frieden in Europa aufrechterhalten.

Der deutsche Einigungsprozess, der das Staatensystem in den 1860er Jahren prägte, stellte diese Zuversicht auf eine harte Probe. 1864 drückte der preußische Ministerpräsident Otto von Bismarck Dänemark an die Wand und entwand ihm, ungeachtet britischer Einwände, Schleswig-Holstein. Er forderte London heraus, weil er wusste, dass die britische Marine kaum etwas tun konnte, um Dänemark zu helfen, und darauf vertraute, dass es keine Landarmee auf den Kontinent entsenden würde. Zwei Jahre später siegte Preußen über Österreich, und Bismarck schuf unter Ausschluss Österreichs und mit Preußen als Führungsmacht den Norddeutschen Bund. Anschließend nahm er es 1870/71 mit Napoleon III. auf. Frankreich musste Elsass-Lothringen abtreten, eine gewaltige

Reparationszahlung leisten und die Bildung eines Deutschen Reichs akzeptieren, das sich vom Rhein bis nach Ostpreußen erstreckte. Zum ersten Mal seit Napoleons Zeit wurde dieser gesamte Raum von einer einzige Macht beherrscht, und zum ersten Mal überhaupt war er politisch geeint. Die territoriale, demographische, militärische und ökonomische Landkarte Europas war grundlegend umgestaltet worden, und es war nur eine Frage der Zeit, bis diese Tatsache London zu einer Reaktion zwingen würde.

Anders als bei früheren Gelegenheiten setzte sich Großbritannien nicht an die Spitze einer als Gegengewicht zu der neuen Machtballung gebildeten Koalition.[46] Dies lag zum Teil daran, dass es seine Zukunft in Übersee sah. Benjamin Disraeli verkündete 1866, Großbritannien sei keine europäische Macht mehr, sondern eine globale. Dies erinnerte an die »Hochsee«-Rhetorik früherer Epochen, sollte aber nicht überbewertet werden. Selbst auf dem Höhepunkt des viktorianisch-imperialen Ruhmes lag das Hauptaugenmerk britischer Staatsmänner und Diplomaten auf Europa.[47] Die britische Zurückhaltung war vor allem darin begründet, dass das strategische Paradigma Londons unverändert blieb. Britische Strategen standen Frankreich zwiespältig gegenüber. Einerseits betrachteten sie es als liberales Bollwerk gegen ein konservatives, expansionistisches Russland. Andererseits sahen sie in ihm immer noch eine Gefahr für West- und Mitteleuropa, weshalb sie die deutsche Vereinigung begrüßten. Palmerston wiederholte 1865 kurz vor seinem Tod, dass ein starkes Deutschland unter preußischer Führung notwendig sei, um Russland abzuschrecken. Im Rückblick erklärte der britische Botschafter in Preußen, Lord Loftus, er beobachte die Zunahme der Macht Preußens »ohne jede Unzufriedenheit oder Furcht vor einer Gefahr für England ... Es wird schrittweise zu einem konstitutionellen Regierungssystem fortschreiten, und es wird die Rolle des Vermittlers in Europa übernehmen.«[48] Die britische Hauptsorge in den 1860er Jahren war, dass Frankreich die Gelegenheit nutzen würde, um das territoriale Arrangement in

Westeuropa wieder aufzuschnüren, insbesondere in Bezug auf Belgien. Deshalb garantierte London im Mai 1867 die Sicherheit Luxemburgs, womit es nicht nur seine Entschlossenheit demonstrierte, Frankreich aus den Niederlanden fernzuhalten, sondern auch den Willen zu erkennen gab, das europäische Gleichgewicht der Mächte aufrechtzuerhalten.[49]

Die Vereinigung Deutschlands und die Art, wie sie sich vollzog, löste in Großbritannien eine lebhafte Debatte aus. Manche waren der Ansicht, die Annexion Elsass-Lothringens habe gezeigt, dass das neue Deutschland eine potentielle Gefahr für das europäische Gleichgewicht darstelle.[50] »Ich glaube nicht, dass die Vereinigung Deutschlands als despotische Militärmacht zu Europas Bestem ist«, klagte ein Unterhausabgeordneter im Februar 1871.[51] Zwei Jahre später warnte der britische Botschafter in Berlin, Odo Russell, Bismarcks Ziel sei es nicht nur, Frankreich auf Dauer niederzuhalten, sondern auch, die »Vorherrschaft Deutschlands in Europa und der deutschen Rasse in der Welt« zu erreichen.[52] Die meisten Briten hielten die deutsche Vereinigung jedoch für etwas Gutes, von dem keine wirkliche Gefahr für ihr Land ausging. Tatsächlich hatte die französische Niederlage die Gefahr für die englische Südküste verringert.[53] Viele Diplomaten und Kommentatoren waren vollkommen begeistert über die Entstehung eines mächtigen protestantischen und potentiell liberalen Staats im Herzen Europas, der fähig war, sowohl Frankreich als auch Russland die Stirn zu bieten.[54] Im Übrigen schenkten im Lauf der Zeit die meisten Skeptiker, einschließlich Russell, Bismarcks Versicherung, Deutschland sei jetzt ein »saturierter« Staat, Glauben. Wirklich wichtig waren die Ereignisse von 1870/71 jedoch nicht, weil sie zur Vereinigung Deutschlands führten, sondern weil sie den Zusammenbruch der französischen Macht markierten, die nun weniger in der Lage war, Russland einzudämmen. Disraeli bezeichnete diese Entwicklung in einer häufig missverstandenen Rede als das Hauptergebnis der »deutschen Revolution«.[55]

Die deutschen Vereinigungskriege hinterließen tiefe Spuren in
der britischen Innenpolitik, denn sie überzeugten viele davon, dass
Großbritannien frische Ressourcen mobilisieren musste, um seine
Stellung im Staatensystem zu verteidigen. Der Radikale John Morley sprach sich 1866 in einem Artikel über »England und die europäische Krise« für eine größere politische Teilhabe der Bevölkerung
aus, die notwendig sei, um das »tiefe Verlangen nach Harmonie im
Innern und moralischer Macht im Äußern« zu befriedigen.[56] Tatsächlich wurde 1867 der Kreis der Wahlberechtigten erweitert;
diese Maßnahme hatte sicherlich massive innere Gründe, aber sie
wurde auch ergriffen, weil man sich ihrer Bedeutung für die internationale Stellung Großbritanniens bewusst war.[57] Darüber hinaus
war Großbritannien in seiner liberalen Grundauffassung wankend
geworden. Vor allem der unverkennbar brutale Prozess der deutschen Vereinigung hatte den liberalen Glauben an die besänfti-
gende Wirkung des Handels und den unaufhaltsamen Fortschritt
des Völkerrechts erschüttert.[58] Die Idee, dass liberale Werte ohne
Krieg die Oberhand gewinnen würden und nicht mit militärischen
Mitteln verteidigt werden müssten, war nicht länger glaubwürdig.
»Gladstone«, bemerkte der frühere konservative Premierminister
Lord Derby im Juli 1870 mit vernichtender Schärfe, »glaubte wirklich an Cobdens Theorie, dass der Mensch für den Krieg zu zivi-
lisiert geworden sei.« Deshalb habe der Konflikt die Liberalen
»erstaunt und verwirrt«.[59] Das Land wurde von Kriegsangst erfasst.
Futuristische Abhandlungen, die die Invasion und Eroberung der
Britischen Inseln voraussagten, erreichten in die Hunderttausende
gehende Auflagen. Ein berühmtes Beispiel ist das im Mai 1871
erschienene Werk *Battle of Dorking*. Ihr Autor, der Armeeoffizier
und spätere Unterhausabgeordnete G. T. Chesney, erzählt darin
von einem preußischen Angriff, der schlecht ausgebildete Land-
wehreinheiten beiseitefegt, während die regulären britischen Truppen in Übersee ohnmächtig aus der Ferne zuschauen. »Europa«
schien plötzlich sehr nah zu sein.

Nach Ansicht mancher Briten war jetzt nicht weniger, sondern mehr Staat nötig, um mit der neuen Instabilität in Europa fertigzuwerden. Eine Heeresreform, die von liberalen und radikalen Kritikern der »unmännlichen« Aristokraten schon lange gefordert wurde, war jetzt unumgänglich. Nach dem Deutsch-Französischen Krieg waren auch genügend Konservative davon überzeugt, dass die aristokratischen Privilegien und traditionellen Praktiken in der Armee nicht mehr zu rechtfertigen waren, und genügend Liberale waren zu dem Schluss gelangt, dass ihre Freiheiten von einer kampffähigen Armee abhingen, die sie schützen konnte. 1871 brachte Gladstones Kriegsminister Edward Cardwell die Heeresreform schließlich, trotz hitzigen Widerstands, durchs Parlament. Es setzte so den schlimmsten Missständen, wie dem Kauf von Offizierspatenten, ein Ende und brachte die britische Armee auf den Stand des späten 19. Jahrhunderts. Danach war es Gladstone nicht mehr möglich, die Militärausgaben wie geplant zu kürzen, um die Einkommenssteuer abschaffen zu können. Im Gegenteil legte Schatzkanzler Lowe im April 1871 einen Haushalt vor, der vorsah, die höheren Ausgaben für die Armee durch eine Erhöhung der Einkommenssteuer um 1 Prozent, die Einführung einer Streichholzsteuer und die Verdoppelung der Erbschaftssteuer für Ländereien zu finanzieren. Dies war als gesamtgesellschaftlicher Beitrag zur nationalen Verteidigung gedacht, aber der anschließende Aufschrei der Empörung zwang Gladstone, statt der letzteren beiden Maßnahmen die Einkommenssteuer noch weiter zu erhöhen. In den folgenden zwei Jahren konnte der Premierminister diese Frage nicht zu einem zufriedenstellenden Abschluss bringen, und als Heer und Marine sich weigerten, den von ihm geplanten Mittelkürzungen zuzustimmen, setzte er für Januar 1874 eine allgemeine Wahl an.[60] Seine Niederlage und die Machtübergabe an den Führer der Konservativen, Disraeli, war also in großem Maß eine Folge des Deutsch-Französischen Krieges.

Gleichzeitig versuchte Großbritannien durch globale und innere Stärke wettzumachen, was ihm in Europa an militärischer Macht fehlte.[61] Im Schatten der deutschen Vereinigung kamen im Juli 1871 in London Verfechter eines »Empire-Bundes« zusammen, die engere politische Bindungen zwischen den weißen Siedlerkolonien und dem Mutterland forderten, bis hin zu einem gemeinsamen Parlament.[62] Einer ihrer Hauptvertreter, der Australier Edward Morris, wies darauf hin, dass die weiße Bevölkerung der britischen Kolonien nicht nur rund ein Drittel so groß war wie diejenige des Mutterlands, sondern auch wesentlich schneller wuchs. Großbritannien sollte ihr, wolle es nicht die »völlige Auslöschung« riskieren, in einer feindlichen Welt einen gemeinsamen Rahmen bieten. »Die gesamte Geschichte«, schrieb Morris, »verläuft in Richtung der Vereinigung … Die Zukunft gehört den großen Staaten.« Darüber hinaus habe Deutschland »noch nicht seine volle Größe erreicht« und würde »weiter expandieren«. Diese Voraussage gelte »für drei große Reiche, die Vereinigten Staaten und Russland sowie, nicht weit dahinter, Deutschland«. Wenn Großbritannien die »völlige Auslöschung« vermeiden wolle, müsse es sein Empire effektiver in die Reichsverteidigung einbeziehen.[63] Disraeli machte Königin Viktoria zur »Kaiserin von Indien«, um mit dem alten russischen und dem neuen deutschen Reich Schritt zu halten.[64] Der europäische Zweck der überseeischen Kolonien hätte nicht deutlicher vor Augen geführt werden können.

Auch das Nachdenken über innerbritische Verfassungsfragen war stark von strategischen Überlegungen beeinflusst, insbesondere im Hinblick auf die Selbstregierungsbewegung in Irland in den 1870er und 1880er Jahren. Nach Gladstones Ansicht war die Kluft zwischen dem katholischen Irland und England nicht nur ein moralischer Makel auf dem englischen Gewissen, sondern sie verhinderte auch ein wirklich geeintes Auftreten des Vereinigten Königreichs auf der Weltbühne. Er dachte an eine Grundsatzübereinkunft mit den irischen Nationalisten, angefangen mit einem Home-Rule-Gesetz, das die Sünden der Vergangenheit wiedergutmachen, Irland in den imperialen Schoß holen, dessen Anfälligkeit für das Papsttum und einen Republikanismus nach amerikanischem Vorbild verringern, ausländische Mächte von Interventionen abschrecken und Großbritannien allgemein zu einem glaubwürdigeren Verteidiger liberaler Werte auf der ganzen Welt machen würde. Die Gegner der Selbstregierung sahen in ihr dagegen das spitze Ende eines separatistischen Keils, der nicht nur zur lokalen Vorherrschaft des Katholizismus führen, sondern auch den Zusammenhalt des Empires zerstören und seine Verteidigung im Westen schwächen würde. Besonders ausgeprägt war diese Auffassung unter den Protestanten von Ulster, deren Begeisterung für die Union zum Teil in dem Gefühl begründet war, zu einem mächtigen größeren Ganzen zu gehören.[65] Die Regierung teilte diese Besorgnis. Irland, fürchtete der liberale Unionist und zeitweilige Schatzkanzler George Goschen, würde zu »einer an unserer Flanke stehenden separaten Nation« werden.[66] In dieser Hinsicht war die Debatte seit dem 16. Jahrhundert kaum vorangekommen, und die strategischen Argumente, die 1800/01 für die Vereinigung vorgebracht worden waren, blieben stichhaltig. Europa hatte das Vereinigte Königreich geschaffen, und Europa half, zumindest vorläufig, es zusammenzuhalten.

Die Spannung zwischen Realpolitik und Ideologie in der britischen Politik trat Mitte der 1870er Jahre erneut zutage, als in Bosnien-Herzegowina und Bulgarien Aufstände gegen die osmanische Herrschaft ausbrachen. Die Brutalität der türkischen Reaktion empörte einen lautstarken und gut vernetzten Teil der britischen Öffentlichkeit, ließ die konservative Regierung Disraeli, die das Osmanische Reich als Gegengewicht zu Russland erhalten wollte, aber völlig ungerührt. Für Gladstone, der sich jetzt in der Opposition befand, war die Angelegenheit ein willkommener Anlass, seinen Rivalen zu attackieren. Im September 1876 veröffentlichte er eine leidenschaftliche Streitschrift über »Die bulgarischen Gräuel und die Frage des Ostens«, von der innerhalb eines Monats zweihunderttausend Exemplare verkauft wurden. Darin rief er die Türken auf, die Schreckenstaten zu beenden und den Balkan »mit Hab

und Gut« zu verlassen. An »unsere gemeinsame Menschlichkeit«
appellierend,[67] verlangte er von der britischen Regierung, »sich
gemeinsam mit anderen Staaten Europas mit aller Kraft für die
Beendigung der türkischen Regierungsgewalt in Bulgarien einzusetzen«.[68] Die Immoralität der konservativen Außenpolitik stand
im Mittelpunkt von Gladstones berühmter Midlothian-Kampagne,
im Zuge derer er die »gemeinsame Menschlichkeit« und die »Bru-
derschaft der Menschen« hervorhob. Die Kampagne stellte einen
Meilenstein auf dem Weg zur britischen Doktrin der humanitären
Intervention dar.

Der britischen Haltung zu Europa lag ein tiefes Vertrauen in
das eigene politische System und die eigene Wirtschaft zugrunde.
In Friedenszeiten fehlten Großbritannien einige der klassischen
Instrumente der Landmacht, aber seine Stärke auf See und sein
ökonomisches Potential waren beträchtlich. England war immer
eines der reichsten Länder in Europa gewesen. Im späten 17. und
frühen 18. Jahrhundert war es zur führenden Handelsmacht geworden, wobei es nicht nur den eigenen Reichtum vermehrt, sondern
mittels seiner Finanzwirtschaft auch denjenigen anderer Länder
angezogen hatte. Im späten 18. und frühen 19. Jahrhundert hatte
sich Großbritannien zur industriellen »Werkstatt« der Welt entwickelt. Gegen Ende des 19. Jahrhunderts, mit dem Aufstieg Deutschlands und der Vereinigten Staaten, begann seine Produktionskraft
jedoch relativ zum weltwirtschaftlichen Ganzen zu schwinden. Als
Zentrum politischer und finanzieller Macht blieb London allerdings bis weit ins folgende Jahrhundert einzigartig. Es konnte einen
erheblichen Teil der globalen Ressourcen mobilisieren, konzentrieren und in harte militärische Macht verwandeln, die Europa
mit Tod und Zerstörung zu überziehen vermochte, wie sich im
Krimkrieg gezeigt hatte. Britische Staatsmänner waren sich dessen
bewusst, und, was wichtiger war, das übrige Europa wusste es auch.

Dies war im Wesentlichen eine in der »Hochsee«-Tradition wur-
zelnde maritime und kommerzielle Vorstellung von Großbritan-

nien. Sie setzte voraus, dass man die Reichsverteidigung den »hölzernen Wällen« oder, dem modernen Material entsprechend, den »Stahlhüllen« der Marine überlassen konnte. Dank der globalen Ausdehnung des Empires und der weit gestreuten Bekohlungsstationen konnte London seiner Macht weltweit, insbesondere aber auf dem europäischen Kontinent Geltung verschaffen. Der Krimkrieg, in dem Großbritannien auf dem Seeweg schneller eine größere Streitmacht hatte zusammenziehen können als Russland auf dem Landweg, hatte dies erst kürzlich bewiesen. Diesen strategischen Vorteil sollte der amerikanische Marineschriftsteller Alfred Thayer Mahan bald in seinem in der angelsächsischen Welt ebenso wie auf dem Kontinent vielgelesenen Werk *Der Einfluss der Seemacht auf die Geschichte, 1660–1812* behandeln. Die aus ihm resultierende vermeintliche Fähigkeit Großbritanniens, sich aus Europa herauszuhalten und seinen Willen mittels der maritimen »Abstandswaffen«, wie man sie heute nennen würde, durchzusetzen, wurde zustimmend in dem Begriff der »splendid isolation« zusammengefasst, der häufig fälschlicherweise dem langjährigen Premierminister Marquess of Salisbury zugeschrieben wird. Tatsächlich stand Salisbury der »sterilen« und »gefährlichen« Isolationspolitik äußerst kritisch gegenüber.[69] In seinen Augen lag Englands Schicksal auf dem Kontinent: »Wir sind Teil der Gemeinschaft Europas, und wir müssen unsere Pflichten als solcher erfüllen.«[70]

Seit den 1880er Jahren verwandelte sich die politische Landschaft Europas angesichts einer drohenden Annäherung zwischen Frankreich und Russland jedoch zum Nachteil Großbritanniens. Nach Ansicht britischer Staatsmänner und der öffentlichen Meinung war diese Verbindung mindestens ebenso sehr gegen ihr Land wie gegen das Deutsche Reich gerichtet. In diesem Zusammenhang verkündete die britische Marine 1889 den »Zwei-Mächte-Standard«, dem zufolge sie selbst stets so stark sein sollte, »wie die beiden nächstkleineren Marinen der Welt zusammengenommen«. In Mittelasien kam es zu Spannungen mit Russland und in Afrika mit Frankreich.

Die ohnehin bestehende Befürchtung, dass Großbritannien sein ökonomisches Potential nicht in militärische und diplomatische Stärke umsetzen könne, wuchs. Dennoch wies London Bismarcks Bündnisangebot von 1889 zurück, und weitere Versuche seiner Nachfolger in den frühen 1890er Jahren führten zu nichts. Großbritanniens Fokus lag weiterhin auf seinem Überseereich, und konkrete Verwicklungen in kontinentale Angelegenheiten versuchte man zu vermeiden. Als London 1897 einen Handelsvertrag mit Berlin aufkündigte, bemerkte Kaiser Wilhelm II. bitter: »Hätten wir eine starke, achtunggebietende Flotte gehabt, wäre Kündigung nicht erfolgt.«[71] Er war überzeugt, dass man Deutschland als europäischer Partner nur ernst nehmen würde, wenn es über eine eigene maritime und »globale« Machtbasis verfügte. Es musste entweder als nützlicher Verbündeter oder als gefürchteter Feind wahrgenommen werden. Ganz allgemein begannen mehr und mehr deutsche Strategen und wichtige Teile der Öffentlichkeit der Weltreichslehre anzuhängen, der zufolge die geoökonomische Macht des britischen und des russischen Reichs sowie der Vereinigten Staaten den schwächeren mitteleuropäischen Block überwältigen würde. »[D]rei riesenhafte Eroberungsreiche«, warnte der bekannte Ökonom und Sozialwissenschaftler Gustav von Schmoller im Jahr 1900, würden »mit ihrer Ländergier, ihrer See- und Landmacht, ihrem Handel, ihrem Export, ihrer expansiven Kraft alle andern kleineren Staaten herabdrücken, ja sie zu vernichten, wirtschaftlich einzuschnüren, ihnen das Lebenslicht auszublasen drohen«.[72]

Auf dieser Grundlage entstand die deutsche »Weltpolitik«. Sie sah vor, dass das Deutsche Reich eine Weltmachtstellung erlangen sollte, die der britischen ebenbürtig war. Mitte Januar 1896 verkündete Wilhelm II.: »Aus dem Deutschen Reiche ist ein Weltreich geworden.«[73] Nun begann er die Aufmerksamkeit Londons zu suchen. Ostentativ sandte er dem südafrikanischen Buren-Präsidenten Paul Kruger ein Glückwunschtelegramm zur Niederschlagung des »Jameson-Raid«, eines halboffiziellen britischen Einfalls in Transvaal. Ganz allgemein entwickelte Deutschland ein reges Interesse an den Geschehnissen in Südafrika.[74] Im November 1897 besetzte das Deutsche Reich die chinesische Hafenstadt Kiautschou. Im folgenden Jahr unternahm der Kaiser, von großem Presserummel begleitet, eine Reise ins Osmanische Reich mit einem Zwischenstopp in Palästina. Kurz darauf erhielt ein deutsches Unternehmen den Auftrag zum Bau einer Eisenbahn nach Bagdad und an den Golf von Akaba. Ungefähr zur gleichen Zeit nahm das Deutsche Reich im Pazifik die Karolinen, die Palauinseln und die Marianen in Besitz und zeigte neuerlich Interesse an Samoa. Und zu allem Überfluss gab der Staatssekretär des Reichsmarineamts Vizeadmiral Alfred Tirpitz 1897 ein umfangreiches Flottenbauprogramm bekannt, in dessen Rahmen vor allem Schiffe für die Nordsee, das heißt die britischen Heimatgewässer, gebaut werden sollten.[75] 1898 folgte die Verabschiedung des ersten Flottengesetzes. Diese globalen Muskelspiele sollten jedoch nicht die Weltmachtstellung des Britischen Empires erschüttern, sondern London zu einem Bündnis gegen Paris und St. Petersburg veranlassen.

Der Plan ging nicht auf, stattdessen erreichte Deutschland durch sein Verhalten nur, dass sich Großbritannien gegen es wandte. Das Empire wurde bereits in Mittelasien und im Fernen Osten durch Russland, im Sudan durch Frankreich, in Südafrika durch die Buren und in Amerika durch die Vereinigten Staaten bedroht. Jetzt waren britische Offizielle ebenso wie die Öffentlichkeit über das »Kruger-Telegramm« empört. Ein britischer Diplomat sprach von der »Entschlossenheit auf Seiten der deutschen Regierung, ihren Einfluss in Südostafrika geltend zu machen«.[76] Die Bekanntgabe des deutschen Flottenbauprogramms im Jahr 1897 verschärfte die Spannungen zusätzlich. In einem 1898 geschlossenen britisch-deutschen Geheimabkommen sagte Berlin im Gegenzug für das Anrecht auf die portugiesischen Kolonien in Afrika zwar zu, die Buren ihrem Schicksal zu überlassen, aber der Schaden war bereits angerichtet. Fortan mischten sich in den in verschiedenste Rich-

tungen zielenden feindseligen Diskurs auch immer schärfere anti-
deutsche Töne. Der Zwei-Mächte-Standard reichte nicht mehr aus.
Großbritannien würde Verbündete brauchen, um die vor ihm liegenden Herausforderungen zu überleben, und es würde sie entweder in der Neuen Welt oder im traditionellen europäischen System,
dem es so lange den Rücken zugewandt hatte, finden müssen. Isolation vom Kontinent war keine Option mehr.

Das neuerliche Primat Europas in der britischen Strategie wurde
von den Ereignissen in Südafrika deutlich illustriert. Im Oktober
1899 unternahmen die Buren einen Blitzangriff auf die Kap-Provinz,
und es bedurfte der vereinten Kräfte von Mutterland und Empire,
um sie zurückzuschlagen. Während des gesamten Konflikts wurde
London von der Furcht geplagt, die Großmächte könnten auf Seiten der Buren eingreifen, so wie es Spanien und Frankreich im
Amerikanischen Unabhängigkeitskrieg getan hatten. »Wir haben
keinen Freund in Europa«, klagte ein Kabinettsmitglied kurz nach
Kriegsausbruch im November 1899, »und … der Hauptgrund dieser Abneigung ist …, dass wir wie ein Krake mit riesigen Tentakeln
sind, die sich über die bewohnbare Welt ausstrecken und andere
Nationen ständig an dem hindern oder bei dem unterbrechen, was
wir früher selbst getan haben«.[77] Europa, insbesondere Frankreich,
Deutschland und Irland, wurde von einer Welle der Sympathie für
die Buren erfasst.[78] Im Jahr 1900 besprachen Paris und St. Petersburg ein gemeinsames militärisches Vorgehen, wobei Frankreich
Großbritannien und Russland Afghanistan angreifen sollte. Man
dachte sogar an eine Teilung des Britischen Empires, durch die Spanien Gibraltar, Frankreich Gebiete in Afrika und Russland Territorien in Mittelasien erhalten sollte. Aber der »Saratoga«-Augenblick
kam und ging, und im Mai 1902 kapitulierten die Buren.

Die Erfahrung der diplomatischen Isolation während des Buren-
kriegs löste in Großbritannien eine tiefschürfende Debatte über die
Gesamtstrategie aus. Auf dem Höhepunkt der Kämpfe war kein
einziges Infanteriebataillon für den Schutz des Mutterlands zurück-

geblieben. »Der kampfmüde Titan«, bemerkte Joseph Chamberlain 1902 auf einer Kolonialkonferenz, »schwankt unter der allzu großen Kugel seines Schicksals.« Es war klar, dass das Empire mehr zur gemeinsamen Verteidigung beitragen musste, insbesondere durch Zahlungen für den Unterhalt der Flotte.[79] Noch wichtiger war jedoch das neuerliche Engagement in Europa. Großbritannien brauchte Verbündete, und obwohl man den Absichten Frankreichs und Russlands immer noch misstraute, verlief die Diskussion eindeutig zuungunsten Deutschlands.[80] In jedem Fall würde das Vereinigte Königreich wieder ein großes Heer für den Einsatz auf dem Kontinent benötigen. Dies war der Hintergrund des Heeresreformgesetzes von 1901. Der junge Winston Churchill war eines der wenigen Parlamentsmitglieder, die das Gesetz ablehnten, denn er folgte der Argumentation Alfred Thayer Mahans, dass die Marine und nicht das Heer das Schlüsselinstrument der Sicherheit des Landes sei. In der *Daily Mail* erklärte er, »Geschichte« und »Geographie« zeigten, dass das Britische Empire »im Wesentlichen von Handel und Marine« getragen werde und von Armeen aus »Ausländern« verteidigt worden sei.[81] Churchill befand sich jedoch in der Minderheit, da angesichts fehlender Bündnisse nicht ersichtlich war, wo diese Ausländer herkommen sollten. Tatsächlich würden die wichtigsten Stationierungsorte der Flotte in den Heimatgewässern liegen müssen, um überraschende Invasionen zu vereiteln. Ganz ähnlich war der 1902 gebildete Reichsverteidigungsausschuss, trotz seines Namens, in erster Linie für die von Kontinentaleuropa drohenden neuen Gefahren zuständig.[82]

Verstärkt wurden die britischen Befürchtungen durch den wachsenden Eindruck, dass Seemacht an sich ihren Zenit überschritten hatte und die Zukunft den großen Landmächten gehörte. Die Ausbreitung der Eisenbahnnetze über die eurasische Landmasse, die jetzt auch das äußerste Ende des russischen Reichs erschlossen hatten und bald Berlin mit Bagdad verbinden würden, schien eine Ära einzuläuten, in der die britische Marine nicht mehr nach Belieben

zuschlagen konnte. Mahans Lehre, die erst kurz zuvor zur Orthodoxie erhoben worden war, geriet unter Beschuss, und zwar nirgendwo stärker als in Großbritannien selbst, wo der herausragende
Geograph Halford Mackinder 1904 einen Aufsatz über den »geographischen Angelpunkt der Geschichte« veröffentlichte, der für
viel Wirbel sorgte. Nach Mackinders Auffassung gehörte das neue
Jahrhundert den Landmächten, insbesondere denjenigen, die Eurasien zu beherrschen vermochten. Wenn er recht hatte, folgte daraus, dass die nächste Herausforderung für die britische Sicherheit
aus Mittel- oder Osteuropa kommen würde, das heißt entweder
von Deutschland oder von Russland, vielleicht auch von beiden.

Eine für Großbritannien positive Entwicklung war, dass sich die
Beziehungen zu den Vereinigten Staaten um die Jahrhundertwende
herum merklich verbesserten. Dies lag zum Teil an der fortdauern-
den britischen Zurückhaltung in der westlichen Hemisphäre, vor
allem aber an der Unterstützung, die Washington 1898 während
des Spanisch-Amerikanischen Kriegs von London zuteilgeworden
war.[83] Außerdem spiegelte sich in der Verbesserung des anglo-amerikanischen Verhältnisses das Gefühl eines gemeinsamen »angelsächsischen« Schicksals in der Welt wider, das vornehmlich in der
Feindschaft gegenüber kontinentaleuropäischen Mächten zutage
trat: bis zu einem gewissen Grad gegenüber den »lateinischen«
Ländern Frankreich und Spanien, in wesentlich größerem Maß
gegenüber dem autokratischen russischen Zarenreich und in
zunehmendem Maß gegenüber dem »teutonischen« deutschen
Kaiserreich. Die amerikanische Abneigung gegenüber dem deutschen Kaiser, die aus vollem Herzen erwidert wurde, nahm in den
1900er Jahren weiter zu. All dies ließ Großbritannien und die USA
näher zusammenrücken, aber nicht einmal die optimistischsten
britischen Staatsmänner hätten sich träumen lassen, in welchem
Ausmaß ihr Land sich im neuen Jahrhundert bei der Wiederherstellung des Gleichgewichts in der Alten Welt auf die Neue verlassen
würde.

1904 schloss Großbritannien eine Entente cordiale mit Frankreich, die allerdings eher eine informelle Übereinkunft als ein wirk-
liches Bündnis darstellte und zum Teil dem Wunsch geschuldet
war, koloniale Differenzen beizulegen. Aber die Implikation eines
gemeinsamen Anliegens in Europa war dennoch klar. Als Deutschland zwischen 1905 und 1911 versuchte, die Entente durch Angriffe
auf die französische Stellung in Marokko zu spalten, brachte dies
Frankreich und Großbritannien nur noch näher. »Wenn Deutschland die kleinste Schwächung auf unserer Seite sähe«, bemerkte der
britische Diplomat Harold Nicolson, »würde sein Druck auf Frankreich unerträglich werden, so dass es schließlich würde kämpfen
oder kapitulieren müssen. Im letzteren Fall wäre die deutsche Hegemonie fest etabliert.«[84] Im selben Monat hielt Lloyd George im
Londoner Mansion House eine starke Rede zugunsten Frankreichs.
Die Sicherheit Frankreichs und der Niederlande, die seit Jahrzehnten kein Thema mehr gewesen war, trat wieder in den Vordergrund.
Der neue Chef für militärische Operationen im Kriegsministerium,
Henry Wilson, begann offen – und mit erheblicher politischer
Rückendeckung – mit Planungen für ein militärisches Engagement
auf dem Kontinent, dabei spielte sicherlich auch seine frankophile
und germanophobe Einstellung eine entscheidende Rolle.[85]

Im Januar 1906 autorisierte der britische Außenminister Edward
Grey erste britisch-französische Stabsgespräche. Das maritime
Wettrüsten mit Deutschland, in dessen Mittelpunkt jetzt eine neue,
fortgeschrittene Schiffsklasse stand, die sogenannten Dreadnoughts
oder Schlachtschiffe, eskalierte.[86]

Im Januar 1907 umriss der hohe Diplomat Eyre Crowe in einer
berühmt gewordenen »Denkschrift über den gegenwärtigen
Zustand der britischen Beziehungen mit Frankreich und Deutschland« das Deutschlandbild, das sich in London herausbildete.
Großbritannien sei hinter seinem Meeresgraben keineswegs unangreifbar, erklärte Crowe. Tatsächlich sei es, »im buchstäblichen Sinn
des Wortes, der Nachbar eines jeden auf dem Seeweg erreichbaren

Landes«. Deshalb bestehe das oberste Interesse des Landes, noch
vor »freiem Verkehr und Handel«, darin, sicherzustellen, dass es
keine »allgemeine Kombination der Welt« gegen es gebe, die rasch
zum Verlust der Vorherrschaft auf den Meeren führen würde. Dies
wiederum bedeute, dass es »fast ein Naturgesetz« sei, dass London
intervenieren müsse, um das europäische Gleichgewicht der Mächte
aufrechtzuerhalten, das jetzt von Seiten Deutschlands bedroht sei.
Nach einer langen Aufzählung der deutschen Missetaten in Südafrika und China sowie im maritimen Rüstungswettlauf warnte
Crowe, dass »das Gebäude des Pangermanismus mit seinen Außenposten in den Niederlanden, in den skandinavischen Ländern, in
der Schweiz, in den deutschen Provinzen Österreichs und an der
Adria … auf keinem anderen Fundament errichtet werden [könne]
als den Trümmern der Freiheiten Europas«. Wenn dies das Ziel des
Deutschen Reichs sei, schloss Crowe, dann bedrohe die angestrebte
»allgemeine politische Hegemonie und maritime Überlegenheit …
die Unabhängigkeit seiner Nachbarn und letztlich die Existenz
Englands« und müsse verhindert werden.[87]

Großbritanniens neue Verwundbarkeit und die Schwierigkeiten, welche die Buren ihm bereitet hatten, lösten eine neue Welle
von Befürchtungen über die Leistungsfähigkeit des Landes aus. Es
gab ernste Zweifel daran, dass die Bevölkerung für einen langen
Kampf parat war. Aus dem schlechten körperlichen Zustand vieler städtischer Rekruten wurde der Schluss gezogen, dass die nationale Erbmasse »degeneriert« sei. Diese Sorge führte zur Gründung
der »Effizienzbewegung«, die die Briten und damit auch ihre Gesellschaft gesünder, produktiver, rationaler und robuster machen wollte.[88] Ab Februar 1902 kämpfte die Nationale Service League, der ein
Viertel der Parlamentsmitglieder angehörte, für die Einführung der
Wehrpflicht, um »die Last der nationalen Verteidigung gleichmäßig auf alle Klassen zu verteilen, anstatt zuzulassen, dass ihr ganzes
Gewicht allein dem Proletariat aufgebürdet wird«.[89] Ein Jahr später
versuchte Joseph Chamberlains Zollreformbund das Empire durch

eine »Empire-Präferenz« vor »unfairen« ausländischen Importen enger an das Mutterland anzubinden, auch wenn dies den Wettbewerb einschränkte und infolgedessen, insbesondere bei Landwirtschaftsprodukten, zu steigenden Endverbraucherpreisen führte.[90] Das Ziel war die Umwandlung des Empires in einen geschlossenen Handelsblock, der mit Deutschland und den Vereinigten Staaten auf Augenhöhe konkurrieren konnte. Die Einnahmen aus hohen Einfuhrzöllen, erklärten die Verfechter der Zollreform, könnten für Sozialreformen verwendet werden, die notwendig seien, um die Bevölkerung für die großen Aufgaben, die vor dem Land lagen, zu einen. Ein anderer Hauptaspekt des Projekts der nationalen Erneuerung war die Landfrage. 1904 warnte der liberale Unterhausabgeordnete Herbert Samuel vor den Übeln der Mietskasernen und pries die Vorteile der Landreform für die nationale Sicherheit. »Waterloo«, erinnerte er seine Leser, »wurde nicht allein auf den Spielfeldern von Eton gewonnen, sondern auch auf Englands Dorfwiesen; und wenn es keine Dorfwiesen mehr gibt, werden künftige Waterloos, trotz aller Anstrengungen, möglicherweise anders ausgehen.«[91]

Die Außenpolitik – und damit vor allem Europa und die deutsche Bedrohung – prägte auch die britische Wahlpolitik. Liberale und viele Konservative lehnten die Zollreform ab, weil sie gegen das Prinzip des Freihandels verstieß und die Lebensmittelpreise in die Höhe treiben würde. Im Dezember 1905 zerbrach die konservative Regierung von Arthur Balfour an dieser Frage. In der anschließenden Wahl im Januar 1906 gewannen die Liberalen mit Henry Campbell-Bannerman an der Spitze eine klare Mehrheit. Damit war die Zollreform fürs Erste vom Tisch. Stattdessen griff die neue Regierung auf klassische liberale Mittel zurück, um das Land zu stärken. 1907 brachte Kriegsminister Lord Haldane ein Gesetz über die Territorial- und Reservestreitkräfte ins Parlament ein, das unter anderem eine Militärausbildung an Schulen und Universitäten vorschrieb. Darin sah man eine Alternative zu Wehrpflicht und »Militarismus«; zugleich sollten auf diese Weise vor dem Hintergrund der deutschen Bedrohung die Moral und die physische Leistungsfähigkeit der Bevölkerung gestärkt werden.[92]

Darüber hinaus suchte die liberale Regierung die Arbeiterklasse mit dem Staat zu versöhnen, indem sie Sozial- und Fürsorgereformen einleitete und unter anderem eine Kranken- und Rentenversicherung einführte. Das Problem war nur, dass die Politik der Stärke im Äußeren und der Gerechtigkeit im Inneren einander zwar konzeptuell ergänzten, sie sich vom fiskalischen Standpunkt aus aber widersprachen. Haushaltsexperten verlangten zu wissen, was man wolle: »Dreadnoughts oder Altersrenten?«, Kanonen oder Butter?[93] Die Kontroverse spitzte sich zu, als 1909 Nachrichtendienstberichte an die Öffentlichkeit drangen, denen zufolge Deutschland beim Flottenbau vorn lag. Hinzu kamen wilde Gerüchte über deutsche Spione, die angeblich East Anglia und die englische Südküste auskundschafteten.[94] In Reaktion darauf gründete die Regierung das Secret Service Bureau – das später in den MI5 und den MI6 aufgeteilt wurde –, das speziell für die Abwehr deutscher Spionageanstrengungen zuständig war.[95] In zwei Wahlen im Jahr 1910 lagen Liberale und Konservative fast gleichauf. Der knappe Vorsprung der Liberalen reichte jedoch, um mit Unterstützung der irischen Nationalisten eine Regierung zu bilden, die sowohl für Renten als auch mehr Kriegsschiffe sorgte.

Eine neue Gefahr drohte dem Vereinigten Königreich durch die Erfindung des Flugzeugs. Nachdem der Pressetycoon Lord Northcliffe im November 1906 die Versuchsflüge des brasilianischen Motorflugpioniers Alberto Santos Dumont gesehen hatte, bemerkte er: »England ist keine Insel mehr. Damit sind die Luftstreitwagen eines Feindes gemeint, die im Kriegsfall über britischen Boden herfallen werden.« In seinem Sprachorgan, der *Daily Mail*, hieß es, »durch die buchstäbliche Vernichtung der Grenzen und den Erwerb der Fähigkeit, durch die Luft über das Meer hinweg einzudringen«, sei ein neues Problem entstanden. Die »Isolation des Vereinigten Königreichs«, sagte das Blatt voraus, »könnte verschwinden«.[96] Bald darauf begann die britische Regierung die Entwicklung der Militärluftfahrt zu fördern, die binnen kurzem zu einem bedeutenden Industriezweig werden sollte. Die alten strategischen Paradigmen wurden infolge dieser Entwicklungen jedoch nicht hinfällig, ganz im Gegenteil, denn die Hauptstützpunkte für Luftangriffe auf England würden wahrscheinlich in den traditionellen Sorgengebieten liegen – in Nordfrankreich und den Niederlanden. Darüber hinaus sollte sich mit der Zeit herausstellen, dass das Flugzeug nicht nur eine Gefahr für das Land darstellte, sondern auch zu seiner Verteidigung dienen konnte. Es konnte geradezu als Sicherheitsschleuse nach Kontinentaleuropa eingesetzt werden.

Großbritannien war seinen europäischen Partnern – »Verbündete« wäre vielleicht ein zu starker Begriff für die zusehends enger werdende Entente mit Frankreich – und der Verteidigung des kontinentalen Gleichgewichts gegen Deutschland jetzt fest verpflichtet. Wenn das »Gleichgewicht in Europa« nicht geschützt werde, warnte der Staatssekretär im Außenministerium Arthur Nicolson im Februar 1911, und die Tripelallianz auseinanderbrechen sollte, wäre Großbritannien »isoliert und gezwungen, sich der Macht, welche die Vorherrschaft in Europa übernommen hat [Deutschland], entgegenzustellen«.[97] Im selben Jahr unterstützte Großbritannien Frankreich, als Deutschland einen neuen Versuch unternahm, dessen Stellung in Marokko zu untergraben. Gäbe es, wie in der »alten napoleonischen Zeit«, einen allgemeinen Kampf um »die Vorherrschaft in Europa«, würde Großbritannien, wie Edward Grey befürchtete, unweigerlich hineingezogen, denn es konnte nicht riskieren, dass sich eine kontinentale »Kombination« herausbildete, die ihm »die Herrschaft über die Meere« nehmen würde.[98] Dies war der alte Whig-Standpunkt, dass das europäische Gleichgewicht von grundlegender Bedeutung für die Aufrechterhaltung der Seeherrschaft sei. Im Juni 1912 überließ Großbritannien Frankreich in einem Marineabkommen die Führungsrolle im Mittelmeer, so dass es selbst sich auf die Nordsee konzentrieren konnte. Danach blieb

der größte Teil der Flotte in den Heimatgewässern stationiert.[99]
Europa, erklärte der Erste Lord der Admiralität Winston Churchill
den Australiern und Neuseeländern im April 1913, sei der Ort, »wo
das Wetter herkommt«.[100]

Vor diesem Hintergrund ist die Reaktion Londons auf die Ermordung des österreichischen Erzherzogs Franz Ferdinand im Juni 1914
in Sarajevo zu betrachten. Anfangs sah man keinen Anlass, sich in
einen Balkanzank einzumischen.[101] Als jedoch Russland sich hinter
Serbien und gegen Österreich-Ungarn stellte und Frankreich sich
auf Russlands Seite schlug, während Deutschland zu seinem österreichischen Verbündeten hielt, war klar, dass Großbritannien bald
genötigt sein würde, Stellung zu beziehen. Ungeachtet dessen, ob
es nun förmlich an Paris gebunden war oder nicht – Letzteres war
der Fall –, konnte Großbritannien es sich nicht leisten, dass Frankreich erneut eine Niederlage erlitt, die das gesamte europäische
Gleichgewicht, wie man es in London verstand, in Gefahr bringen
würde. Schon bevor Deutschland die britische Sicherheitsgarantie
für Belgien zu »einem Fetzen Papier« erklärte und das Land angriff,
verschob sich in Großbritannien die öffentliche Meinung zugunsten des Eingreifens. Doch die Gefahr für die Niederlande, das alte
»Außenwerk Englands«, durfte nicht außer Acht gelassen werden.
Parlament, Presse und Bevölkerung des Vereinigten Königreichs
zogen gewiss mit einigem Trara in den Krieg, aber sie waren nicht
ignorant. Vielmehr hielten sie die »Freiheiten Europas« hoch und
die auf ihnen beruhende kontinentale Ordnung, von der ihre eigenen Freiheiten abhingen. Sie »schlitterten« oder »schlafwandelten«
nicht in den Konflikt, auch wenn andere dies taten. Im August 1914,
nachdem Berlin ein Ultimatum für den Rückzug aus Belgien hatte
verstreichen lassen, erklärte Großbritannien dem Deutschen Reich
den Krieg. Die Wetterfront war aus Europa herangezogen, ganz wie
Churchill es vorausgesagt hatte. Jetzt würde man sehen, ob die Britischen Inseln und das Empire gewappnet waren, um den vor ihnen
liegenden Sturm zu bewältigen.

7

»Unter einer einzigen Macht«

Großbritannien und Europa im Zeitalter des totalen Krieges

Müssen wir langfristig nicht damit rechnen, dass ein großer Teil des eurasischen Kontinents eines Tages unter einer einzigen Macht vereinigt wird und dass sich möglicherweise eine unverwundbare Seemacht darauf stützen wird? … Sollten wir nicht anerkennen, dass dies, soweit es die Strategie betrifft, die große, ultimative Gefahr für die Freiheit der Welt ist, und dem in unserem neuen politischen System vorbeugen?

Halford Mackinder, 1919[1]

Wenn man an die Verteidigung Englands denkt, denkt man nicht mehr an die weißen Klippen von Dover; man denkt an den Rhein. Dort verläuft unsere Grenze.

Stanley Baldwin, 1934[2]

Wenn Europa wie ein Gefängnistor hallt
und das flinke, freigelassene Meer
enger als ein Dorfbach fließt
und Männer, die uns nicht lieben,
trotzdem für unsere Freiheit kämpfen …

Dorothy Sayers, »The English War«, 1940

In der ersten Hälfte des 20. Jahrhunderts war das britische Verhältnis zu Europa von der deutschen Frage geprägt und zehn schreckliche Jahre lang von den deutschen Kriegen. Großbritannien kämpfte als einziger westlicher Alliierter in beiden Weltkriegen von Anfang bis Ende. In beiden Konflikten erklärte London Deutschland den Krieg, nicht umgekehrt. Dies war ein strategischer Schritt in defensiver Absicht, der verhindern sollte, dass der Feind den

Kontinent dominierte und dadurch das europäische Gleichgewicht über den Haufen warf. In beiden Konflikten war das Britische Empire nicht stark genug, um allein siegreich sein zu können, aber es gelang ihm, eine globale Koalition zu mobilisieren – im Ersten Weltkrieg gegen die Mittelmächte und im Zweiten gegen die Achsenmächte. In beiden Fällen verteidigte Großbritannien das »öffentliche Recht Europas« und diente dem Gemeinwohl des gesamten Kontinents, indem es sein Eigeninteresse mit demjenigen der meisten Europäer verknüpfte. Allerdings war Deutschland nicht der einzige und bisweilen auch nicht der Hauptfeind. Es gab Zeiten, in denen der sowjetische Kommunismus als größere Gefahr erschien, zum Teil, weil er das Empire bedrohte, aber vor allem, weil es sein erklärtes Ziel war, Mitteleuropa zu übernehmen und Deutschland mit Russland zu einer einzigen ideologisch feindlichen Großmacht zu vereinigen. So oder so war Großbritannien entschlossen, zu verhindern, dass eine feindliche Macht die riesige Landmasse jenseits des Ärmelkanals beherrschte.

Großbritannien zog 1914 offenen Auges in den Krieg. Der Grund hierfür war der übliche: das europäische Gleichgewicht der Mächte musste aufrechterhalten werden. Genauer gesagt, wollte Großbritannien verhindern, dass die Niederlande in deutsche Hand fielen, wodurch die Britischen Inseln selbst angreifbar würden. Es verteidigte das Völkerrecht, insbesondere in Bezug auf die Neutralität Belgiens, die von allen europäischen Großmächten feierlich beschworen worden war, gegen die deutsche Aggression.[3] Außerdem gab es die starke ideologische Befürchtung, das deutsche Kaisertum – das viele Briten einfach als jüngste Form kontinentaler despotischer Heimsuchungen betrachteten – stelle eine direkte Gefahr für die eigenen politischen Freiheiten dar. Dies war in erster Linie kein universales, sondern ein begrenzt lokales Motiv. Die Briten waren sich der Grausamkeit des Zarismus durchaus bewusst, schließlich hatten sie ihn nur wenige Jahrzehnte zuvor auf der Krim angeprangert und besiegt. Im deutschen Fall spielte aber der Faktor Nähe, wie stets, eine große Rolle: Ein »Hunne« in Belgien stellte eine wesentlich größere Gefahr dar als ein Kosak im Ansiedlungsrayon des Zarenreiches – jedenfalls glaubten die Briten dies. In ihren Augen war dies weder widersprüchlich noch heuchlerisch. Edmund Burke hätte es verstanden.

Der Erste Weltkrieg war, wie sein Name sagt, ein globaler Konflikt. Er wurde in Afrika, im Nahen Osten und sogar in Ostasien ausgefochten, aber die Hauptfronten befanden sich in Europa, und von ihnen war keine wichtiger als die Westfront in Frankreich und Flandern. Auf diesem relativ kleinen Landstreifen, den englische und britische Truppen seit Jahrhunderten gut kannten, kämpften die Armeen des Britischen Empires und seines französischen Verbündeten mit dem deutschen Heer. Zum fünfhundertsten Jahrestag der Schlacht von Azincourt erinnerte eine britische Zeitung daran, dass England »heute noch größere Kriege« führen musste »und seine Söhne wieder auf den gleichen Schlachtfeldern im Kampf stehen, auf denen der edle Plantagenet und sein ›Häuflein Brüder‹ aus einer drohenden Katastrophe einen überwältigenden Sieg machten«.[4] Entgegen der Hoffnung, dass der Konflikt bis Weihnachten beendet sein würde, steckten beide Seiten bald in einem Grabenkrieg fest. Zermürbung statt Manöver sollte den Ausgang dieses Zusammenpralls von Willenskraft, Demographie und Wirtschaftspotential bestimmen. Gewiss konnte Deutschland die Ressourcen ganz Mitteleuropas mobilisieren. Großbritannien war jedoch in der Lage, auf seinen tief verwurzelten fiskalisch-militärischen Staat zurückzugreifen, der 1815 teilweise abgebaut worden war und während des Krimkriegs sowie der Burenkriege kurzzeitig wiedererrichtet worden war. Die Marine hielt die Seewege offen, versorgte das Land mit Lebensmitteln und ermöglichte es ihm aufgrund der Kontrolle über die globalen Gemeingüter, Deutschland von diesen auszuschließen und die Ressourcen der Welt nach Großbritannien zu leiten – Rohstoffe, Fertiggüter und Menschen –, wo sie in Armeen und Waffen für den Einsatz auf dem europäischen Festland umgewandelt wurden.

Vier Jahre schlug das Britische Empire an der Westfront auf Deutschland ein. 1915 führte es bei Loos und Neuve Chapelle große Offensiven durch; ein Versuch, den Feind zu spalten und durch die Einnahme von Konstantinopel einen Weg nach Südrussland zu öffnen, blieb an den Dardanellen stecken. Im Jahr darauf unternahm die vergrößerte britische Armee an der Somme eine enorme Anstrengung, die zwar äußerst verlustreich war, aber den Abnutzungsprozess auf deutscher Seite in Gang brachten. Ein von Deutschland unterstützter Aufstand irischer Nationalisten, die »Englands Schwierigkeiten« auszunutzen versuchten, wurde niedergeschlagen. 1917 folgten weitere Offensiven bei Arras, Vimy, Cambrai und andernorts, und obwohl keine von ihnen den gewünschten Durchbruch erzielte, verstärkten sie bei den Deutschen die physische und moralische Erschöpfung. Wie in vergangenen Konflikten begann Großbritannien langsam. Anfangs fehlte es an allen Ecken und Enden; insbesondere Granaten waren knapp, und vor allem die Armee litt unter mangelnder Professionalität. Wie bei früheren Gelegenheiten wurde Großbritannien im Verlauf des Konflikts jedoch besser, wozu nicht zuletzt eine Regierung und eine Nation beitrugen, die entschlossen waren, ihn durchzustehen, um am Ende das europäische Gleichgewicht wiederherzustellen. Die Briten trösteten sich mit dem Gedanken an ein historisches Muster in ihrer kontinentalen Strategie. Es habe zwanzig Jahre gedauert, bis »England« Napoleon besiegt habe, erklärte der Waliser David Lloyd George, der damals Kriegsminister war, 1916 und fügte hinzu: »Diesen Krieg zu gewinnen, wird nicht zwanzig Jahre dauern, aber es wird geschehen, wie viel Zeit es auch brauchen wird.«[5]

Der Konflikt prägte jeden Aspekt der britischen Politik und Gesellschaft. Anhänger der irischen Selbstregierung und unionistische Iren zogen gemeinsam in den Krieg gegen die Deutschen, anstatt sich gegenseitig zu bekämpfen. Die Konservativen unterstützten die Kriegsanstrengungen der liberalen Regierung, weniger, um Belgien zu schützen, als vielmehr, um zu verhindern, dass Frankreich von Deutschland überwältigt und damit das gesamte europäische Gleichgewicht zerstört wurde.[6] Auf der Linken vereinte die Independent Labour Party Zustimmung zum Krieg mit Gegnerschaft zum Kapitalismus und Argwohn gegenüber Deutschland aufgrund des Hasses auf den »Kruppismus«.[7] Sobald Großbritannien in den Konflikt eingegriffen hatte, wurde die Kriegführung zum Thema: die Ernennung von Befehlshabern, die Bereitstellung von Mitteln und die Frage, ob irgendeine innovative Peripheriestrategie den Kampf verkürzen konnte oder ob der Schlüssel zum Sieg, wie die Generäle und die meisten Politiker widerstrebend einräumten, ein Vernichtungsschlag gegen Deutschland an der Westfront war.

Im Mai 1915 schädigte die »Granatenkrise« das Ansehen von Premierminister Asquith derart, dass er gezwungen war, eine Koalition mit den Konservativen einzugehen, um die Kriegführung effizienter zu gestalten. Im Dezember 1916 musste Asquith, da er den Krieg immer noch nicht siegreich beendet hatte, dem radikalliberalen Lloyd George weichen, dem man den entscheidenden »Knock-out-Schlag« zutraute.[8] Großbritannien zeigte sich in der Lage, eine intensive Kriegsanstrengung mit Offenheit und parlamentarischer Regierung in Einklang zu bringen. So beendete das Gallipoli-Fiasko nicht nur fürs Erste Churchills politische Karriere, sondern zog Mitte 1916 auch die Bildung eines parlamentarischen Untersuchungsausschusses nach sich.[9] Doch selbst in Churchills Augen bildete das Parlament das Zentrum der Kriegsanstrengung. Im März 1917 bemerkte er gegenüber einem liberalen Abgeordneten: »Dieser kleine Ort [Westminster] unterscheidet uns von den Deutschen. Dank dieser Einrichtung werden wir uns bis zum Erfolg durchwursteln, und Deutschlands glänzende Effizienz wird das Land schließlich ins Unglück führen, weil es dort so etwas nicht gibt.«[10] Selbst auf dem Höhepunkt des globalen Konflikts behielt die britische Politik also die Fähigkeit zu öffentlicher strategischer Kritik. Tatsächlich war dies eine Voraussetzung für den britischen Kriegserfolg.

Der Kriegsdruck verstärkte die politische Paranoia der Öffentlichkeit, die staatliche Zensur und die Überwachung durch die Polizei.[11] In Großbritannien warfen Mobs Schaufensterscheiben von Geschäften mit deutschen Namen ein, und fast 30 000 »Fremde« wurden interniert. Auch das Königshaus geriet aufgrund seiner deutschen Herkunft, die bis zur hannoverschen Thronfolge im 18. Jahrhundert zurückreichte und durch Königin Viktorias Ehe mit Prinz Albert von Sachsen-Coburg-Gotha erneuert worden war, so stark unter Beschuss, dass es sich genötigt sah, sich in »Haus Windsor« umzubenennen. Als Wilhelm II. dies erfuhr, bemerkte er, die Briten sollten jetzt Shakespeares Stück in »Die lustigen Weiber von Sachsen-Coburg-Gotha« umtaufen. Ein Versuch, Personalausweise einzuführen, scheiterte hingegen an breitem öffentlichen Widerstand.[12] Aber die Kriegserfordernisse hatten auch bedeutende emanzipatorische Auswirkungen. Arbeiterfrauen fanden in der aufblühenden Rüstungsindustrie problemlos Anstellung, während Frauen aus Bürgertum und Adel sich verschiedenen wohltätigen Aktivitäten widmeten oder als Krankenschwestern dienten. Die Feministin Vera Brittain etwa, die als Angehörige des Freiwilligen Hilfsdiensts in einem Krankenhaus arbeitete, schrieb ihrem Vater: »Ich kann dem nicht zustimmen, dass mein Platz zu Hause sei, wo ich nichts tun kann, denn ich denke, dass der Platz eines jeden, der jung und dazu in der Lage ist, dort ist, wo die Arbeit, die notwendig ist, getan wird.«[13] Die Frauen akzeptierten, dass die Staatsbürgerschaft, die sie beanspruchten, auch patriotische Pflichten mit sich brachte.

In der ersten Kriegsphase kämpfte Großbritannien mit einem reinen Freiwilligenheer.[14] Dabei konnte es nicht bleiben, und sowohl Liberale – darunter viele Sozialradikale – als auch Konservative forderten eine Reform. Im Sommer 1915 verlangte ein Manifest über den Wehrdienst, dass »jeder geeignete Mann, ungeachtet seiner Stellung, verfügbar gemacht werden muss, wenn sein Land ihn ruft«. Der *Manchester Guardian* hieb in die gleiche Kerbe, als er im August 1915 erklärte, die Landesverteidigung sei »eine Pflicht, die auf alle Staatsbürger, je nach ihrer Dienstfähigkeit, gleichmäßig verteilt sein sollte«. Mitte 1916 wurde die Wehrpflicht schließlich eingeführt, wobei das politisch heikle Irland vorerst ausgenommen wurde. Lloyd George begründete seine Zustimmung zu dem Gesetz damit, dass »jede große Demokratie, die herausgefordert wurde, deren Freiheit in Gefahr war, zu ihrer Verteidigung auf Zwangsmittel zurückgegriffen« habe. Darüber hinaus war es, laut dem liberalen Abgeordneten und früheren Staatssekretär im Innenministerium Ellis Griffith, richtig, die Wehrpflicht auf den Dienst im Ausland auszudehnen, »wenn wir das Reich im Grunde auf den Schlachtfeldern in Frankreich verteidigen, so als stünde der Angreifer auf britischem Boden«.[15] Diese Feststellung hätte auch bei den Engländern vergangener Jahrhunderte Anklang gefunden. Mit anderen Worten, die Frontlinie des Vereinigten Königreichs verlief nicht am oder im Ärmelkanal, sondern auf dem Kontinent.

Das Empire, insbesondere die weißen Siedlerkolonien, leistete einen großen Beitrag zur britischen Kriegsanstrengung in Europa. Im kanadischen Expeditionskorps dienten rund 400 000 Männer, die überwiegend an der Westfront eingesetzt wurden. Hinzu kamen Hunderttausende Soldaten aus Australien und Neuseeland. Der australische Ministerpräsident hatte versprochen, dem Mutterland »bis zum letzten Mann und letzten Shilling« zu helfen.[16] An der Westfront fielen mehr Australier als in der Schlacht von Gallipoli.[17] Über 70 000 weiße Südafrikaner, überwiegend englischsprachige, und rund 40 000 Schwarze wurden in Europa eingesetzt. Rund eine Million Inder dienten außerhalb Indiens, viele von ihnen auf dem Hauptkriegsschauplatz in Europa. Insgesamt stellten die Dominions über eine Million Soldaten bereit, von denen die meisten in Europa eingesetzt wurden. Auch der ökonomische Beitrag des Empires war riesig. Ende 1916 deckte Kanada allein rund ein Viertel des britischen Munitionsbedarfs, und die gesamten Kriegskosten des Empires wurden, mit der teilweisen Ausnahme der südafrikanischen, mit lokalen Einnahmen oder Anleihen beglichen.[18] Kurz, das Empire erfüllte seine ursprüngliche Funktion, die britische Macht in Europa zu stärken.

Noch wichtiger war letztlich die amerikanische Unterstützung. Die Neue Welt half vom Ausbruch des Konflikts an, das Gleichgewicht der Alten wiederherzustellen. Anfangs war die öffentliche Meinung in den Vereinigten Staaten zwar gespalten, aber der größte Teil des weißen, angelsächsisch-protestantischen Establishments an der Ostküste stand auf der Seite Großbritanniens. Amerikanisches Geld floss in die Kassen der Entente; amerikanische Schiffe beförderten Kriegsmaterial zu den Alliierten, und viele Amerikaner meldeten sich freiwillig für den Dienst in Europa. Im April 1917 erklärten die Vereinigten Staaten Deutschland den Krieg. Bis Kriegsende wurden Millionen von Amerikanern nach Europa entsandt, und wie jener britische Diplomat im Jahr 1783 nach der Gründung der Vereinigten Staaten prophezeit hatte, sie sprachen alle englisch, »jeder einzelne von ihnen«.

Großbritannien war die einzige europäische Großmacht, in der keine Unruhen ausbrachen. Frankreich erlebte 1917 eine Reihe von Meutereien. In Russland brach im selben Jahr eine Revolution aus. Deutschland war durch die britische Seeblockade vom Weltsystem abgeschnitten und buchstäblich ausgelaugt, so dass seine Bevölkerung immer weniger fähig und bereit war, den Kampf fortzusetzen. Großbritannien dagegen mochte unter dem letzten deutschen Ansturm im März 1918 gewankt haben, aber die Front hatte gehalten. Durch die bis zu diesem Zeitpunkt gewaltigste nationale Kraftanstrengung, die einen hohen Preis kostete, übertraf es das Deutsche Reich in jedem Bereich der Kriegführung. Als dann im Sommer und Herbst 1918 schließlich amerikanische Soldaten in großer Zahl in Frankreich eintrafen, war Deutschland gezwungen, seine Niederlage einzugestehen. Das Britische Empire und seine Verbündeten hatten in inzwischen bekannter Weise ihren Willen auf dem Kontinent durchgesetzt.

Deutschland lag am Boden, aber erst nach einem furchtbaren Kampf. »Ohne die enge Zusammenarbeit aller verbündeten Armeen an der Westfront unter dem Befehl eines großen Führers und ohne die koordinierte Nutzung aller maritimen, militärischen, industriellen und wirtschaftlichen Ressourcen der Alliierten für die gemeinsame Sache«, bemerkte der ehemalige Operationschef im Kriegsministerium, Frederick Maurice, kurz nach Kriegsende, »hätte Deutschland im Feld nicht derart besiegt werden können, wie es geschehen ist.«[19] Deshalb stand die Notwendigkeit, Deutschland einzudämmen, im Mittelpunkt des Versailler Vertrags von 1919, der Deutschland beträchtliche Gebietsverluste abnötigte und ihm seine Flotte und seine Kolonien nahm. Es wurde praktisch entwaffnet, bis auf eine Rumpfarmee von hunderttausend Mann ohne Panzer und Flugzeuge, was freilich als Beginn einer gesamteuropäischen Abrüstung gedacht war. Im völlig entmilitarisierten Rheinland wurde eine große alliierte Besatzungsarmee stationiert, einschließlich einer »britischen Rheinarmee«. Erneut standen also britische Truppen in Deutschland, wenn auch diesmal als »Wächter des Rheins«, um Frankreich zu schützen und Deutschland im Zaum zu halten – und nicht andersherum. Das Barrieresystem war unter neuen Vorzeichen wiedererrichtet worden.

Die langfristige Lösung des deutschen Problems erforderte allerdings nach Ansicht vieler Briten mehr als Eindämmung. Sie misstrauten Frankreich wegen seiner traditionellen Ambitionen in Mitteleuropa und waren überzeugt, dass man Deutschland am besten bändigte, indem man nicht sein Potential, sondern sein Verhalten änderte. London und Washington waren sich darin einig, dass die Aggressivität des wilhelminischen Kaiserreichs eine Folge der mangelnden inneren Freiheit war. Daher bestand die offensichtliche Lösung in der Abschaffung des Kaisertums und dem Aufbau einer liberalen Demokratie. Der britische Finanzminister Austen Chamberlain erklärte kurz nach dem Krieg, wenn Deutschland »demokratisch bleibt oder wird, kann es die Narrheiten Friedrichs des Großen, Bismarcks und ihrer späteren Anhänger nicht wiederholen«.[20] Dies sollte, wenn möglich, durch lokale Akteure, wenn nötig aber auch durch äußeren Druck bewirkt werden. »Die tragische Tatsache bleibt bestehen«, erklärte der britische Historiker und Politiker William Harbutt Dawson, »dass die deutsche Nation seine politischen Fesseln nicht von sich aus abwerfen wird.« Er sprach für viele Briten und Amerikaner, als er hinzufügte, dass ein Eingreifen von außen erforderlich sei, um ein »System« zu beseitigen, »das sich fünfzig Jahre lang als Seuchenzentrum im Leben Europas erwiesen hat«.[21]

Darüber hinaus fürchtete Großbritannien, dass, wenn schon nicht Deutschland, dann der Bolschewismus die Vorherrschaft in Europa antreten könnte. Deshalb forderte Churchill, »ein starkes, gleichwohl friedliches Deutschland aufzubauen, das unseren französischen Verbündeten nicht angreifen, gleichzeitig aber als moralisches Bollwerk gegen den Bolschewismus dienen« und so »einen Damm aus friedlicher, gerechter, geduldiger Kraft und Tugend gegen die von Osten anströmende Flut der roten Barbarei bilden« würde.[22] All dies veranlasste London und Washington, dem besiegten Feind gegenüber eine konziliantere Haltung einzunehmen. Deutschland wurde genügend geschwächt, um keine Bedrohung für das europäische Gleichgewicht mehr darzustellen, aber nicht so sehr, dass es den Verlockungen der Bolschewiken erliegen würde. Es war die gleiche Spannung, die dem britischen Verhältnis zum Kontinent seit vierhundert Jahren zugrunde lag: Wie konnte ein Hegemon eingedämmt werden, ohne einen anderen zu fördern?

Die britische Innenpolitik blieb auch nach 1918 im Schatten Europas. Frauen über dreißig erhielten in Anerkennung ihres Beitrags zur Kriegsanstrengung das Wahlrecht; mit der Altersgrenze wollte man, angesichts der vielen im Krieg gefallenen Männer, ein weibliches Übergewicht verhindern, aber sie hatte zur Folge, dass viele Frauen, die tatsächlich gedient hatten, vorläufig ausgeschlossen blieben, während andere, die nicht gedient hatten, wählen durften. In ganz Großbritannien kehrten Millionen von entlassenen Soldaten mit ungewissen Aussichten auf den Arbeitsmarkt zurück. Als sich die Leidenschaften legten, beschlich viele Briten angesichts der Kriegskosten und der vermeintlichen französischen Rachsucht das Gefühl, dass der Konflikt ein tragischer Fehler gewesen war, und diese Stimmung trat in der öffentlichen Meinung sowie im politischen und kulturellen Diskurs immer deutlicher zutage. Daher stieß John Maynard Keynes 1919 mit seiner Schrift *Die wirtschaftlichen Folgen des Friedenvertrages* auf offene Ohren. Keynes, der zur britischen Delegation bei der Pariser Friedenskonferenz gehört hatte, hielt die erdrückenden Reparationsklauseln für ein ökonomisches Eigentor. Die allgemeine ökonomische Erholung Europas, von der die globale und insbesondere die britische Wirtschaft abhänge, so sein Argument, könne nur am Rhein beginnen. Wenn man Deutschland zwinge, zu exportieren, um die Reparationen zahlen zu können, verringere man die Chancen britischer Produkte. Außerdem, warnte er, enthalte der Friedensvertrag »keine Bestimmungen zur wirtschaftlichen Wiederherstellung Europas, nichts, um die geschlagenen Mittelmächte wieder zu guten Nachbarn zu machen, nichts, um die neuen Staaten Europas zu festigen, nichts, um Russland zu retten«.[23]

Das Kriegsende brachte dem Britischen Empire global kaum eine Ruhepause. Es befand sich in Indien unter Beschuss, dessen Nordwestgrenze 1919 von Afghanistan angegriffen wurde, und auch im Irak, in Ägypten, Irland und an vielen anderen Orten hatte es mit nationalen Aufständen zu kämpfen. In Irland gab London nach, indem es die Errichtung eines Irischen Freistaats gestattete, in erster Linie, um die amerikanische Öffentlichkeit zu beschwichtigen, aber auch weil es, zumindest vorläufig, die strategisch wichtigen »Vertragshäfen« an der Südküste behalten konnte. Die britische

Hauptsorge galt jedoch Europa, wo der Aufruhr nach 1918 noch viele Jahre anhielt. Insbesondere Mittel-, Ost- und Südosteuropa wurde von Staatsstreichen, Kriegen und Revolutionen erschüttert. In Italien, wo Mussolini 1922 seinen Marsch auf Roma unternahm, in Polen und anderswo wich die Demokratie einer Diktatur. Das Auge des Sturms bildete jedoch Deutschland, wo die neue Weimarer Republik unter Attacken von Links- und Rechtsextremen schwankte. Das Problem war, dass die Eindämmungspolitik, insbesondere die Reparationen und die demütigende Entwaffnung durch den Versailler Vertrag, ein solches wirtschaftliches Elend und solchen Missmut in der deutschen Bevölkerung verursacht hatte, dass die Hoffnung auf einen langfristigen Wandel der politischen Mentalität, der Sicherheit mit anderen Mitteln ermöglicht hätte, untergraben wurde. Darüber hinaus platzte die Hoffnung auf ein amerikanisches Engagement für die Befriedung Europas. Die Neue Welt verlor, zumindest vorläufig, das Interesse am Gleichgewicht der Alten.

Auf die Spitze getrieben wurden die Ereignisse 1923 in der Ruhrkrise, die ausbrach, weil Frankreich und Belgien auf einen deutschen Zahlungsverzug bei den Reparationen reagierten, indem sie das Ruhrgebiet besetzten und Separatisten im Rheinland zum Handeln ermutigten. Der britische Premierminister Ramsay MacDonald verurteilte den Schritt als Ausdruck des »historischen Verlangens«, Mitteleuropa zu beherrschen. Auch Außenminister Lord Curzon warf Frankreich Anfang Oktober 1923 vor, die »Vorherrschaft auf dem europäischen Kontinent« erlangen zu wollen. In einem Memorandum, das das britische Außenministerium auf seine Bitte anfertigte und das die Haltung des ehemals deutschlandkritischen und nun als graue Eminenz geltenden Eyre Crowe widerspiegelte, wurde dafür plädiert, die Franzosen an einer permanenten Präsenz im Ruhrgebiet zu hindern, da dies das europäische Mächtegleichgewicht bedrohen würde, auf dem die Sicherheit Großbritanniens beruhte. Deshalb weigerte sich London, die »sogenannten autonomen Regierungen der Pfalz« anzuerkennen, die als bloße französische Marionetten angesehen wurden.[24] Einfach ein Gegengewicht zu Frankreich zu schaffen, indem man die Integrität Deutschlands bewahrte, genügte indes nicht. »Wenn wir nicht zum alten System des Mächtegleichgewichts mit all seinen zugehörigen Gefahren eines Rüstungswettstreits und unvermeidlicher Kriege zurückkehren wollen«, bemerkte der britische Botschafter in Washington Esmé Howard im Dezember 1924, »müssen wir etwas finden, das seinen Platz einnimmt.«[25] Deshalb trat MacDonald im Juni 1924 für die Einberufung einer europäischen Sicherheitskonferenz ein, zu der auch Deutschland eingeladen werden sollte, »nicht um mit einem endgültig festgelegten Dokument konfrontiert zu werden«, sondern »um mit den Alliierten ... Verhandlungen zu führen«.[26]

Das Ergebnis war der im Oktober 1925 geschlossene Vertrag von Locarno, ein von London und Rom garantierter Nichtangriffspakt zwischen Paris, Berlin und Brüssel. Deutschland, mit Außenminister Gustav Stresemann als Verhandlungsführer, gab seine territorialen Ansprüche im Westen auf, insbesondere diejenigen auf Elsass-Lothringen. Im Gegenzug konnte Deutschland dem Völkerbund beitreten. Großbritannien versprach, Frankreich militärisch beizustehen, und zwar nicht nur, wenn es von Deutschland angegriffen wurde, sondern auch, wenn Deutschland sich offensichtlich auf einen Angriff vorbereitete, indem es in der entmilitarisierten Zone aufmarschierte. Aber auch wenn alle im Oktober 1925 vereinbarten Verpflichtungen erfüllt worden wären, hätte der Vertrag nur im Westen gehalten. Deutschland lehnte es entschieden ab, seine Grenzen zu Polen und der Tschechoslowakei als endgültig anzuerkennen, was darauf hindeutete, dass es in nächster Zukunft vorhatte, auf deren Revision zu drängen. Darüber hinaus machte Stresemann keinen Hehl daraus, dass er Deutschlands enorme geoökonomische Macht zu nutzen gedachte, um seine internationale Stellung wiederzuerlangen. Großbritannien weigerte sich, seine Verpflichtung

gegenüber Frankreich und Belgien auf Ost- und Mitteleuropa aus-
zuweiten. »Keine britische Regierung«, verkündete Chamberlain in
an Bismarck erinnerndem Tonfall, würde für die Verteidigung
Polens »die Knochen auch nur eines einzigen britischen Grenadiers
riskieren«.[27] Dies zwang Paris, seine Vertragszusagen an die Staaten
des Cordon sanitaire in einer Reihe von Zusatzabkommen zum
Vertrag von Locarno zu bekräftigen. Großbritannien hielt die
Sicherheit Europas offenbar für teilbar und glaubte, der territoriale
Revisionismus im Osten könne eingedämmt werden.

Die neue europäische Regelung prägte die britische strategische
Debatte und die Innenpolitik gleichermaßen. Man stimmte allge-
mein darin überein, dass Großbritannien die Integrität Belgiens
und Luxemburgs und damit auch Südenglands verteidigen müsse,
aber alles darüber hinaus war höchst umstritten. Hinzu kam, dass
Churchill, der ab 1925 als Schatzkanzlers amtierte, strikt gegen eine
Erhöhung der Verteidigungsausgaben war, wie sie die Aufrechterhaltung der in Locarno abgegebenen Garantie erfordert hätte.
Außerdem wurde, als 1925 im Reichsverteidigungsausschuss die
Frage eines europäischen Sicherheitspakts diskutiert wurde, rasch
klar, dass dieser ohne Absprache mit dem Empire nicht geschlossen
werden konnte. Das Problem war, wie Chamberlain unterstrich,
dass »nirgendwo im Empire jemand das Recht hat, in seinem
Namen zu sprechen oder zu handeln«, weshalb die große Gefahr
bestand, dass die britische Verteidigungspolitik gelähmt wurde.[28]
Im Januar 1926 verfasste Maurice Hankey, der Sekretär des Aus-
schusses, eine einflussreiche Denkschrift, in der er ausführte, dass
eine neue Art von »panbritischer« Empire-Organisation notwendig
sei, um mit dem Wiedererstarken Deutschlands, der »Balkanisie-
rung Europas« und dem Aufstieg Japans im Fernen Osten fertig
werden zu können.[29] Dies wurde auf der Empire-Konferenz erreicht,
die im Oktober und November 1926 in Westminster stattfand. Auf
ihr wurde die Gleichheit der Dominions anerkannt und ihnen
implizit sogar das Recht auf die Trennung vom Empire zugestan-

den. Im Gegenzug versprachen alle Teilnehmer, außer dem irischen Premierminister William Thomas Cosgrave, Großbritannien in Kriegszeiten zu helfen. Damit war sichergestellt, dass London nicht noch einmal eine solch traumatische Konfrontation erleben würde wie mit seinem ersten Empire in Nordamerika. Vielmehr würde es sich in einem neuen europäischen Konflikt auf die Unterstützung der weißen Siedlerkolonien verlassen können.

Bis zum Ende der 1920er Jahre zog Großbritannien nach und nach sämtliche Truppen aus Deutschland ab. Danach war der »Wächter am Rhein« fort und die britische Barriere auf dem Kontinent abgebaut, wodurch die europäische Abrüstung, die das deutsche Streben nach militärischer Parität überflüssig machen würde, besonderes Gewicht erhielt. Jetzt hing alles davon ab, ob in den Abrüstungsverhandlungen in Genf eine Übereinkunft erzielt werden konnte, die sowohl Berlin als auch Paris zufriedenstellen würde.[30] Auf diese Weise wäre Deutschland in europäische Strukturen eingebunden worden. Andernfalls, warnte das britische Außenministerium, würden die Amerikaner sich voller Abscheu abwenden, die Autorität des Völkerbunds würde zerstört, Frankreich bliebe »keine Alternative zur militärischen Vorherrschaft und seinem Bündnissystem, und Deutschland [würde] an den Rand des Abgrunds der Verzweiflung« getrieben.[31]

Eine Lösung für diese Probleme war die politische Vereinigung Europas. Dieses Konzept wurde in Großbritannien und auf dem Kontinent schon seit Jahrhunderten diskutiert. Ein erster moderner Ausdruck dieser Idee wurde von dem Quäker William Penn formuliert, der vorschlug, ein europäisches Parlament zu schaffen. Neue Dringlichkeit erhielt der Einigungsgedanke durch die Schrecken des Ersten Weltkriegs. Am eloquentesten verfocht ihn Richard Coudenhove-Kalergi, der 1922 die Paneuropa-Union gründete. Sein 1923 erschienenes Buch *Pan-Europa* wurde breit diskutiert. Im Mai 1930 legte der französische Außenminister Aristide Briand, ein Mitglied der Paneuropa-Union, einen förmlichen Vorschlag für die

Schaffung einer »Europäischen Union« vor, dieser beinhaltete eine »europäische Konferenz« als repräsentativer Versammlung und eine Exekutive für die Koordination der wirtschaftlichen und militärischen Zusammenarbeit. Großbritannien lehnte die dafür nötige Abgabe von Souveränitätsrechten ab, aber vielen war die Idee einer kontinentaleuropäischen Union unter liberalen Vorzeichen sympathisch. Der Erzimperialist Leo Amery war ein eifriger Bewunderer Coudenhove-Kalergis und seines Projekts, das er als Ausdehnung angelsächsischer Grundsätze auf den Kontinent betrachtete. Auch Schatzkanzler Churchill hoffte, wie er im Juni 1925 im Unterhaus erklärte, dass man »Gallier und Teutonen wirtschaftlich, gesellschaftlich und moralisch so eng miteinander verbinden kann, dass kein neuer Streit mehr entstehen kann und alte Gegensätze angesichts der beiderseitigen Prosperität und gegenseitigen Abhängigkeit verschwinden«. Dann könne »Europa wiedererstehen«. Churchill glaubte jedoch nicht, dass Großbritannien Mitglied einer kontinentalen Union sein sollte. »Wir sind bei Europa, aber nicht in ihm«, schrieb er 1930. »Wir sind verbunden, aber nicht eins. Wir sind interessiert und assoziiert, aber nicht einbezogen.« Gleichwohl müssten »wir [*sic*!] … eine Art Vereinigte Staaten von Europa aufbauen«, selbst aber außen vor bleiben, als »Freunde und Förderer des neuen Europa«, zusammen mit dem britischen Commonwealth und dem »mächtigen Amerika«.[32]

Die Tage dieser positiven britischen Haltung zur paneuropäischen Vision waren jedoch gezählt. Die Weltwirtschaftskrise, die 1929 mit dem Crash an der Wall Street begann, erfasste Anfang der 1930er Jahre ganz Europa, insbesondere Deutschland. Banken brachen zusammen, die Arbeitslosigkeit nahm ungeahnte Ausmaße an und untergrub die demokratische Regierungsform. Überall in Europa befanden sich der politische Extremismus und der mit ihm verbundene territoriale Revanchismus auf dem Vormarsch. »Die gegenwärtige weltweite ›Vertrauenskrise‹«, hieß es in einer Denkschrift des britischen Außenministeriums vom Dezember 1931, sei

von »einer Reihe miteinander zusammenhängender Probleme« verursacht, »die von dem rein finanziellen und monetären Problem am
einen Ende bis zu dem vom Friedensvertrag geschaffenen rein territorialen Problem am anderen Ende reichen«. Daraus sei eine uner-
bittliche »Kette« entstanden, da die »monetäre Krise unweigerlich
auf das ökonomische Chaos in Europa« zurückwirke, das seinerseits
eine Folge der »politischen Fragen der Reparationen und der Kriegs-
schulden« sei, die wiederum in der französischen Sorge über das
»Sicherheitsproblem« und letzten Endes den »territorialen Status
quo in Europa« wurzelten.[33] Am Ende ging es um Geopolitik, insbesondere um die Frage, wie die deutsche Macht eingedämmt und
Europa geordnet werden konnte, zwei Themen, welche die beiden
Seiten ein und derselben Medaille bildeten.

Bald nach dem Abzug der letzten britischen Truppen aus
Deutschland und lange vor Hitlers Machtantritt begann Whitehall
über ein neuerliches Engagement auf dem Kontinent nachzudenken. Die Integrität Belgiens und der Niederlande musste um jeden
Preis bewahrt werden. »Um die Unabhängigkeit der Niederlande
zu sichern«, schrieb Austen Chamberlain 1931, »haben wir im
16. Jahrhundert gegen Spanien, im 19. Jahrhundert gegen Napoleon
und im 20. Jahrhundert gegen Deutschland gekämpft.«[34] Wenig
später, im Dezember 1931, gab die Regierung indes bekannt, sie sei
»nicht bereit, zusätzlich zu Locarno und über es hinaus eine wie
auch immer geartete Garantie abzugeben, die unter denkbaren
Umständen dazu führen würde, dass britische Truppen in einem
Krieg auf dem europäischen Kontinent eingesetzt werden« müssten.[35] London rechtfertigte diese Haltung damit, dass Frankreich,
das in Europa »stark überversichert« sei, an der anhaltenden Instabilität schuld sei, indem es auf der Erfüllung der Versailler Abrüs-
tungsbestimmungen durch Deutschland bestehe, während es selbst
sich weigere, in nennenswertem Umfang zur allgemeinen Abrüstung beizutragen, die der Friedensvertrag ebenfalls vorsehe. »Ein
hoher Rüstungsstand«, erklärte ein britischer Diplomat, »ist kein

Ersatz für Sicherheit. Bestenfalls schafft er in einer Gegend die Illusion von Sicherheit, während gleichzeitig in einer anderen das Gefühl der Unsicherheit verstärkt wird.«[36] London rang mit einem Problem, das die Politiker seit 1918 umtrieb, nämlich der Frage, wie Deutschland wieder zu einem Subjekt des europäischen Staatensystems werden konnte, ohne automatisch alle schwächeren Mitspieler zu Objekten zu machen.

Als Hitler im Januar 1933 Reichskanzler wurde und die bereits in der Weimarer Republik begonnene Wiederaufrüstung beschleunigte, geriet alles ins Wanken. Sein Machtantritt wurde augenblicklich als große Herausforderung für das europäische Gleichgewicht, auf dem die britische Sicherheit beruhte, wahrgenommen. Im November 1933 erhielt der britische Unterausschuss für Verteidigungserfordernisse des Reichsverteidigungsausschusses die Aufgabe, die britische Weltstellung nach dem Ausstieg Deutschlands aus dem Völkerbund und der Genfer Abrüstungskonferenz einzuschätzen. Er stellte unmissverständlich fest, dass zwar Japan und in geringerem Ausmaß Italien eine ernste Bedrohung darstellten, der »ultimative potentielle Feind« aber Deutschland sei.[37] Vorerst, hieß es in dem im Februar 1934 vorgelegten Bericht weiter, habe dessen »permanentes System mit der vollen Ausstattung an Waffen und ausgebildeten Reserven noch nicht Gestalt angenommen«, aber in »wenigen Jahren« werde Deutschland »eine ernste Bedrohung für dieses Land« darstellen. Die Verteidigung des Empires insgesamt war weniger wichtig. »Japan«, bemerkte der Staatssekretär im Außenministerium Robert Vansittart, »würde uns nur angreifen, wenn wir anderswo in Schwierigkeiten geraten sind …, und anderswo kann nur Europa bedeuten, und Europa kann nur Deutschland bedeuten.«[38] Aus diesem Grund beschloss die britische Regierung im Juli 1934, eine umfangreiche »Field Force« aufzustellen, die im Kriegsfall auf den Kontinent entsandt werden sollte. Ihr Hauptauftrag war die traditionelle Aufgabe, von Angriffen auf die Niederlande abzuschrecken. Diejenigen, die wie der Konservative Leo

Amery überzeugt waren, dass Großbritannien die Verpflichtungen im Empire an erste Stelle setzen sollte, blieben in der Minderheit, allerdings einer lautstarken und bedeutenden. Doch selbst Amery betrachtete das Empire in erster Linie als ein Instrument zur Aufrechterhaltung der britischen Stellung in Europa,[39] was sich auch in seinem Slogan »Für das Empire und Europa!« ausdrückte.[40]

Neville Chamberlain, der zu diesem Zeitpunkt Schatzkanzler war, war sich des Ausmaßes der Gefahren, die dem Empire nicht nur von Hitler, sondern auch im Mittelmeer von Italien und im Fernen Osten von Japan drohten, vollauf bewusst. »Die *fons et origo* aller unserer europäischen Probleme und Befürchtungen«, schrieb er 1934 in sein Tagebuch, »ist Deutschland.« Mit Blick darauf fürchtete er eine imperiale und fiskalische Überdehnung. Um Hitler abzuschrecken, setzte Chamberlain auf den Aufbau einer großen, »stehenden« Flotte von Bombenflugzeugen, während die traditionelle interventionistische Strategie die Vorbereitung auf die Entsendung einer massiven Interventionsarmee nach Frankreich verlangte.

Die vermeintliche Stärke der deutschen Luftwaffe vertiefte die Furcht vor Hitler beträchtlich. Stanley Baldwin, damals Lord President of the Council und später Premierminister, hatte schon 1932 im Unterhaus gewarnt, Bomber würden »immer durchkommen«.[41] Doch dies führte nicht zu einem grundlegenden Wandel der strategischen Sorge, die London seit dem Mittelalter beschäftigte: die Sicherheit der südenglischen Küste. Die Niederlande, stellten die Stabschefs Ende Juli 1934 fest, seien,

»wenn möglich, für die Verteidigung dieses Landes noch wichtiger als in der Vergangenheit. Sie sind für unsere Seemacht ebenso unerlässlich wie eh und je. Hinzu kommt, dass sich, sollte es den Deutschen gelingen, die Niederlande zu überrennen und an der belgischen und holländischen Küste Luftwaffenstützpunkte einzurichten, nicht nur London, sondern sowohl sämtliche Industriegebiete in den Midlands und im Norden als auch unsere Schiffe, die sich der

Küste nähern, in effektiver und entscheidender Reichweite von Luftangriffen befänden, die dank der kurzen Entfernung massiv, kontinuierlich und anhaltend sein könnten.«

Deshalb erinnerte Stanley Baldwin das Unterhaus im Juli 1934 in einer Debatte über die Vergrößerung der Luftwaffe daran, dass seit Einführung der Luftfahrt »die alten Grenzen verschwunden« seien, und fügte hinzu: »Wenn man über die Verteidigung Englands nachdenkt, denkt man nicht mehr an die Kreideklippen von Dover; man denkt an den Rhein. Dort befindet sich unsere Grenze.«[42] Diese Feststellung hätte er auch zweihundert Jahre zuvor treffen können. Mit anderen Worten, das Auftauchen der Luftwaffe hatte die traditionelle geopolitische Verwundbarkeit des Vereinigten Königreichs nicht grundlegend verändert, sondern bekräftigt.

Noch war jedoch keine Begeisterung dafür zu spüren, Hitler die Stirn zu bieten. Das Misstrauen gegenüber Frankreich war seit den vermeintlichen Schikanen gegenüber Deutschland in den 1920er Jahren weit verbreitet, und die Zusammenarbeit mit den Vereinigten Staaten war schwierig und wurde durch anhaltende Spannungen wegen der Rückzahlung von Schulden aus dem Ersten Weltkrieg belastet.[43] Darüber hinaus hielten viele in der Regierung den Status quo für unhaltbar; nach ihrer Ansicht hatte Deutschland ein Recht, sich innerhalb gewisser Grenzen wiederzubewaffnen. Sie hielten es für an der Zeit, die Fehler von Versailles zu korrigieren. Allgemein war man der Meinung, dass Hitler »beschwichtigt« werden könne, indem man ihm in Mitteleuropa freie Hand ließ; was die Rückgabe der deutschen Kolonien und eine Bedrohung der Niederlande und Frankreichs anging, sollte man aber hart bleiben.[44] In den ersten Jahren nach 1933 herrschte weithin die Hoffnung, man könne den Nationalsozialismus in Schach halten. Er sei »nicht für den Export« geeignet, glaubte man, und zwischen dem Westen und den totalitären Regimen sei eine friedliche Koexistenz möglich. »Wir werden niemals weit kommen« mit der

Vermittlung, erklärte der britische Premierminister Neville Chamberlain Anfang November 1938 im Unterhaus, »wenn wir uns nicht an den Gedanken gewöhnen, dass die Demokratien und die totalitären Staaten nicht in zwei einander feindlich gegenüberstehen Blöcken aufgestellt sind«. Es sei für Großbritannien weit besser, mit seinen Rivalen »zusammenzuarbeiten« und dadurch »den internationalen Austausch von Gütern und die Regelung internationaler Beziehungen auf unterschiedliche Weise zum Besten aller zu fördern«.[45]

Die Herausforderung durch Hitler hatte beträchtliche Auswirkungen auf die britische Innenpolitik der 1930er Jahre. Einer Nachwahl in East Fulham im Oktober 1933 ging ein erbittert geführter Wahlkampf voraus, in dem die Frage der Wiederaufrüstung im Mittelpunkt stand; die Wahl gewann der Kandidat, der gegen höhere Militärausgaben plädiert hatte.[46] Im Wahlkampf vor den allgemeinen Wahlen von 1935 sprachen sich beide großen Parteien – Labour sogar leidenschaftlich – gegen eine umfangreiche Wiederaufrüstung aus, und der siegreiche konservative Premierminister Stanley Baldwin machte später die berühmte Bemerkung, jede andere Aussage hätte ihm eine Niederlage eingebracht. Dieser Zurückhaltung lag die verbreitete Furcht vor Luftangriffen zugrunde, die nach allgemeiner Ansicht Hunderttausende, wenn nicht sogar Millionen zivile Opfer fordern würden. Das Thema beherrschte die Unterhausdebatten über Außenpolitik und Wiederaufrüstung, mit der Folge, dass sich das Interesse von Presse, Parlament und Öffentlichkeit an der nationalen Sicherheit darin erschöpfte, mehr für die Luftverteidigung zu tun; man rechnete damit, dass Hitler in Schach gehalten und schließlich durch eine Seeblockade besiegt werden konnte. Der bekannte Militärhistoriker und Kommentator Basil Liddell Hart sprach von einem traditionell britischen »indirekten Ansatz«, der den Vorteil hatte, Zurückhaltung mit Sparsamkeit zu verbinden. Kaum jemand machte sich Sorgen über das europäische Gleichgewicht und das riesige kontinentale Engagement, das nötig werden könnte, um es aufrechtzuerhalten. In den Augen der Öffentlichkeit war die »Hochseepolitik« (*blue water policy*) früherer Marinestrategen einer »Himmelspolitik« (*blue skies policy)* gewichen, durch die das britische Engagement in Europa möglichst gering gehalten werden sollte.

Nur wenige pflichteten Churchills Ansicht bei, dass die Deutschen – »dieses großartige Volk, das mächtigste und gefährlichste der westlichen Welt« – sich freiwillig Hitler unterworfen hätten und man Deutschland unverzüglich Widerstand leisten müsse.[47] Nur wenige sahen wie er und Vansittart einen titanischen Kampf zwischen den Demokratien und den Diktaturen voraus. »Wenn man Deutschland zu wachsen erlaubt, während wir schwach bleiben«, warnte Churchill im Februar 1934, »wird es Freunde in sein Lager ziehen. Sollte dies geschehen, würde es letztlich zu einem Erdrutsch in Europa führen, und das demokratische Prinzip würde verschwinden.«[48] Nur eine kleine Zahl von Westminster-Politikern, wie Austen Chamberlain, Edward Spears, Harold Nicolson, Robert Boothby und Churchill, stellte eine direkte Verbindung zwischen dem Wesen der NS-Diktatur und der strategischen Bedrohung her, die sie für den europäischen Frieden darstellte.[49] Darüber hinaus scheuten selbst eiserne Beschwichtigungsgegner wie Robert Vansittart vor einem offenen Konflikt mit Hitler zurück, was ihre Position gegenüber den dominanten »Beschwichtigern« zusätzlich schwächte. »Es ist leicht, mit Worten mutig zu sein«, hielt der Staatssekretär im Außenministerium Alexander Cadogan Vansittart während Hitlers Ultimatum an Österreich vor und fragte ihn: »Wollen Sie kämpfen?« Als Vansittart mit Nein antwortete, erwiderte Cadogan: »Wozu dann das alles? Ich finde es ausgesprochen feige, einen kleinen Mann zum Kampf gegen einen großen zu drängen, wenn man ihm nicht helfen will.«[50]

Von der Beschwichtigungspolitik und dem offensichtlichen Niedergang der westlichen Demokratien ermutigt, verloren die Diktatoren überall in Europa jedes Maß. 1935 gab Hitler die Einführung der Wehrpflicht bekannt und verkündete öffentlich die Existenz einer Luftwaffe; im Jahr darauf remilitarisierte er das Rheinland. All dies waren flagrante Verletzungen des Vertrags von Locarno. Trotzdem reagierte London nicht darauf. Deutschland griff auf Seiten Francos in den Spanischen Bürgerkrieg ein und begann dort und auf dem Balkan ein informelles Wirtschaftsimperium aufzubauen. Im Mittelmeer ließ Mussolini seine Muskeln spielen; im Fernen Osten war Japan auf dem Vormarsch. Großbritannien spürte die »imperiale Überdehnung« nur allzu deutlich, lehnte es aber ab, mit Stalins Sowjetunion eine gemeinsame diplomatische und militärische Front zu bilden. Im Frühjahr 1938 annektierte Deutschland Österreich, und im Herbst des Jahres folgte das Sudetenland, nachdem Chamberlain und die Franzosen in dem berüchtigten Münchener Abkommen klein beigegeben hatten. Ein halbes Jahr später, im März 1939, griff Hitler nach dem, was von Böhmen übriggeblieben war, und beendete die Staatlichkeit der Tschechoslowakei. Die Versailler Bestimmungen und damit die gesamte britische Sicherheitsarchitektur in Europa lag in Trümmern.

Angesichts der nationalsozialistischen Erfolgswelle stellten die Briten die Beschwichtigungspolitik in Frage. Immer mehr Mitglieder der Labour Party wandten sich vom Pazifismus ab und bekehrten sich zu der Ansicht, dass Hitler aufgehalten werden müsse; die linke Presse, mit dem *Daily Mirror* an der Spitze, schoss sich auf die Beschwichtigungspolitik ein.[51] Die Konservativen blieben gespalten; die einen, wie Churchill, Harold Macmillan und Anthony Eden, waren überzeugt, dass Zugeständnisse nur zu weiteren Forderungen ermunterten, während die anderen, die Mehrheit der Chamberlain-Anhänger, an ihrer Auffassung festhielten, dass ein weiterer Krieg gegen Deutschland die Zivilisation, so wie sie sie kannten, zerstören und der kommunistischen Machtübernahme in ganz Europa Tür und Tor öffnen würde. Manche, wie Außenminister Lord Halifax, sahen in Hitler sogar ein »Bollwerk des Westens gegen den Bolschewismus«. Im erbitterten Wahlkampf vor den

Nachwahlen Ende Oktober und Anfang November 1938 spitzte sich der Streit zu; Liberale, Labour-Anhänger und konservative Abweichler setzten sich gemeinsam für die Wahl von Beschwichtigungsgegnern ein. In Oxford warnte ihre Wahlwerbung, dass jede Stimme für den offiziellen konservativen Kandidaten Quintin Hogg »eine Stimme für Hitler« sei. Hogg wurde schließlich zwar dennoch gewählt, musste aber einen großen Stimmenverlust hinnehmen. Drei Wochen später indes verloren die Konservativen in Bridgewater ihre Mehrheit, was allgemein als Ablehnung der Beschwichtigungspolitik durch die Wähler verstanden wurde. Die Botschaft war klar: Chamberlain musste Hitler aufhalten, wenn auch nur, um den negativen Trend in den Meinungsumfragen zu stoppen.[52]

Angesichts der europäischen Bedrohungen stützte sich Großbritannien, wie schon seit langem, auf die Hilfe des Empires. Der isolationistische kanadische Parlamentsabgeordnete, nach dessen Ansicht die Kanadier »in einem feuersicheren Haus weitab von entzündlichen Materialien« lebten, sprach zwar nur für eine Minderheit, aber in Kanada, Australien, Neuseeland und insbesondere Südafrika, wo die Sympathie der Buren für Deutschland unübersehbar war, zweifelten viele daran, dass es notwendig und klug wäre, Deutschland militärisch entgegenzutreten. Dies lag nicht zuletzt auch daran, dass in Übersee die Furcht vor Italien und insbesondere Japan häufig größer war als im Mutterland. Es lohnte allerdings die zusätzliche Anstrengung, die Dominions auf Linie zu bringen, denn der Verteidigungshaushalt des Empires insgesamt war größer als derjenige des „Dritten Reichs" nach dem Beginn der Wiederaufrüstung. Kurz, die Überseebesitzungen und Dominions wurden in erster Linie nicht als Wert an sich betrachtet, sondern als Ressourcen, die zur Verteidigung des europäischen Mächtegleichgewichts eingesetzt werden konnten. Ungeachtet aller imperialen Probleme bestand die Hauptaufgabe des Empires, wie der britische Staatssekretär im Finanzministerium Warren Fisher Mitte der

1930er Jahre bemerkte, darin, die »teutonischen Stämme, die Jahrhundert um Jahrhundert von der Philosophie der brutalen Gewalt angetrieben worden sind«, in Schach zu halten.[53]

In Großbritannien wandte sich die öffentliche Meinung jetzt scharf gegen die Beschwichtigungspolitik. Die deutsche Besetzung Prags hatte bei Bevölkerung und Presse das Vertrauen in die Deutschlandpolitik der Regierung zerstört, und das Grummeln im Parlament nahm deutlich zu. Die *Times* verurteilte die »Expansion der politischen Tyrannei«, und die meisten anderen britischen Zeitungen taten es ihr gleich.[54] Chamberlain sah sich ständigen Angriffen der Opposition ausgesetzt, und in den eigenen Reihen forderten Beschwichtigungsgegner die Bildung einer Allparteienregierung. Die britische Regierung musste einsehen, dass Hitler nicht nur Mitteleuropa beherrschte – was sie, wenn auch mit schweren Bedenken, tolerierte –, sondern auch beabsichtigte, dessen Stärke zur Verschiebung des gesamten europäischen Gleichgewichts zu nutzen. Im Westen fürchtete London einen Angriff auf die Niederlande. Die Stabschefs empfahlen im Januar 1939, einer solchen Aggression Widerstand zu leisten. Ende Februar übernahm das Kabinett diese Auffassung und beschloss, Deutschland im Fall eines Angriffs auf die Niederlande, Belgien oder die Schweiz den Krieg zu erklären. Außerdem garantierte es öffentlich die Sicherheit Frankreichs. Als Nächstes wurde in den ersten Monaten des Jahres 1939 die kontinentale »Field Force« mobilisiert, und bald darauf begannen die ersten ernsthaften britisch-französischen Stabsgespräche. Damit war die Entente cordiale wiederbelebt worden. Auch in den Dominions löste die »Vergewaltigung von Prag« Empörung aus, so wie die englisch-protestantische Diaspora in den 1620er und 1630er Jahren über das Schicksal der Pfalz und Böhmens empört gewesen war. Im März 1939 erklärte der kanadische Premierminister Mackenzie King im Parlament in Ottawa, Kanada würde Großbritannien in einen Krieg gegen die Achsenmächte folgen. Was in Europa verteidigt wurde, hatte globale Auswirkungen.

Es genügte jedoch nicht, nur im Westen eine Linie zu ziehen. Weitere deutsche Gewinne in Osteuropa – Gerüchte sprachen bereits von einem bevorstehenden Überfall auf Polen oder Rumänien – mussten verhindert werden. Deutschland, so Staatssekretär Cadogan, selbst ein Anhänger der Beschwichtigungspolitik, im Mai 1939, dürfe keine »freie Hand« erhalten, »nach Osten zu expandieren und sich die Kontrolle über die Ressourcen Mittel- und Osteuropas zu verschaffen«, denn dann »könnte es kräftig genug sein, um mit überwältigender Stärke über die westlichen Länder herzufallen«.[55] »Wenn Deutschland Zugang zu den ökonomischen Ressourcen Rumäniens erhält«, hatten die Stabschefs Mitte März gewarnt, »wird es große Fortschritte bei der Immunisierung gegen die Auswirkungen einer ökonomischen Kriegführung gemacht haben.«[56] Darüber hinaus konnte Hitler nur besiegt oder, besser noch, abgeschreckt werden, wenn er gezwungen wäre, an zwei Fronten zu kämpfen; Polen musste also unbedingt im Spiel gehalten werden. Deshalb gaben die Westmächte im März 1939 eine förmliche Garantie der Unabhängigkeit Polens und Rumäniens ab, was indes nicht notwendigerweise auch für deren territoriale Integrität galt.[57] Dies ließ genügend Spielraum für eine deutsch-polnische Vereinbarung über territoriale Fragen, würde Hitler aber möglicherweise von einer direkten Annexion abhalten und ihm damit den Zugang zu Ressourcen versperren, die er für eine erfolgreiche Kriegführung gegen die Westmächte benötigte. Es war die gleiche Strategie, welche die britische Außenpolitik seit Jahrhunderten gegenüber dem Kontinent verfolgt hatte.

Für London standen weiterhin die vom NS-Regime ausgehende Gefahr für das gesamte europäische Mächtegleichgewicht sowie die seinem ideologischen Charakter immanente Bedrohung des Weltfriedens im Mittelpunkt. Ende August 1939 kommentierte die *Times*, die zuvor die Beschwichtigungspolitik unterstützt hatte, die deutsch-sowjetischen Teilungspläne für Polen würden zeigen, dass Staaten, in denen jede persönliche Freiheit verschwunden sei, mit

Recht ein brutaler Zynismus attestiert werde und »solche Missachtung der internationalen Moral und der Menschenrechte ... lokalisiert« werden könne.[58] Im November 1939 betonte sogar Lord Halifax, im Allgemeinen sei es »nicht Sache der Nationen, sich in die innere Verwaltung einer anderen Nation einzumischen, und die Geschichte enthält viele Beispiele für die Vergeblichkeit solcher Versuche«, wenn aber »die Herausforderung in der Sphäre der internationalen Beziehungen verschärft wird, wie heute in Deutschland, indem Männern und Frauen elementare Menschenrechte vorenthalten werden, dann ist diese Herausforderung augenblicklich auf etwas Instinktives und Grundlegendes im universalen Gewissen der Menschheit ausgeweitet«.[59]

Hitler ließ sich jedoch nicht abschrecken. Im September 1939 überfiel Deutschland Polen und teilte es anschließend zwischen sich und Russland auf. Großbritannien erklärte Deutschland den Krieg. Es war damit der einzige alliierte Kriegsteilnehmer, der von Anfang bis Ende in ihm mitkämpfte, und der aus eigener Entscheidung in den Krieg eintrat, ohne angegriffen worden zu sein. Es entsandte ein Expeditionsheer nach Frankreich und erwartete eine Wiederholung des Ersten Weltkriegs mit einem Abnutzungskampf, der durch die langsame wirtschaftliche Strangulation des Deutschen Reichs entschieden werden würde. Stattdessen erlitt Großbritannien anfangs katastrophale Niederlagen und lange Phasen der Isolation, bevor neue Alliierte auf der Bühne erschienen. Die Niederlande und Frankreich wurden in einem Blitzfeldzug überrannt, und die britische Garnison in Calais führte einen grimmigen Abwehrkampf, um dem Expeditionsheer den Rückzug über Dünkirchen zu ermöglichen. Die Sowjetunion besetzte die baltischen Staaten, zwang Rumänien zur Abtretung von Moldawien und verleibte sich ein großes Stück von Finnland ein. London erwog ernsthaft, gegen die Sowjetunion ins Feld zu ziehen, besann sich aber eines Besseren.[60] Im November 1939 wurde die Sowjetunion aus dem Völkerbund ausgeschlossen, aber eine Kriegserklärung blieb aus. Buchstäblich der gesamte Kontinent befand sich jetzt in Feindeshand. Ein nationalsozialistisch-sowjetischer Block stand voller Selbstbewusstsein den westlichen »plutokratischen« Demokratien gegenüber,[61] von denen auf der europäischen Seite des Atlantiks Großbritannien als letzte übriggeblieben war. Es war die dunkelste Stunde, die es seit den napoleonischen Kriegen erlebt hatte, wenn die Situation nicht sogar noch aussichtsloser war.

Der Kriegsausbruch veränderte die britische Politik und Gesellschaft tiefgreifend. Er brachte beinah die Regierung Chamberlain zu Fall, der weithin vorgeworfen wurde, Hitler nicht von Anfang an Paroli geboten zu haben. Einen Tag nach dem deutschen Angriff auf Polen sprach sich der Premierminister im Unterhaus gegen den Krieg und für weitere Verhandlungen aus, woraufhin ein Abgeordneter den Oppositionsführer, als dieser sich zu einer Erwiderung erhob, aufforderte: »Sprecht für England!« Im Kabinett regte sich Widerstand, und am Ende war der Premierminister aufgrund der entschlossenen Haltung von Öffentlichkeit, Presse und Parlament zu einer harten Haltung gegenüber Deutschland genötigt. Infolgedessen trat London zwar ohne Begeisterung, aber geeint in den Krieg ein. Der Soldat G. E. Trapp, der in der Territorialarmee diente, fasste die Stimmungslage mit den Worten zusammen, Großbritannien kämpfe für »die Beilegung des europäischen Problems – die nur durch die vollständige Vernichtung des Hitlerregimes erreicht werden kann«.[62] Darüber hinaus scharten sich Australien, Kanada, Neuseeland und Südafrika um das Mutterland, wenn auch Letzteres erst nach einer erbitterten Parlamentsdebatte; Irland blieb neutral. Die Kriegswirtschaft arbeitete vom Beginn der Feindseligkeiten an effizient, nicht zuletzt dank der von der Regierung geförderten Kooperation von Industrie und Gewerkschaften bei der Steigerung der Rüstungsproduktion.[63]

Der Krieg beschleunigte auch die Herausbildung des Wohlfahrtsstaats. Die alten Eliten waren durch ihr vermeintliches strategisches Unvermögen in den Jahren zwischen 1936 und 1940 diskreditiert. 1941 gab die britische Koalitionsregierung auf Anregung der Labour Party einen Bericht in Auftrag, der als Grundlage für eine tiefgreifende Umgestaltung der britischen Gesellschaft dienen sollte. Das Ergebnis, der 1942 veröffentlichte »Beveridge-Bericht«, enthielt Vorschläge für die Schaffung eines Nationalen Gesundheitsdiensts, eine Verbesserung des sozialen Wohnungsbaus und ein umfassendes Sozialhilfesystem. Hauptziel war die Förderung des gesellschaftlichen Zusammenhalts und der demographischen Stärke, die nötig waren, um nicht nur während des Krieges, sondern auch danach den Großmachtstatus des Landes aufrechtzuerhalten. Besonders deutlich wurde dies in den Ausführungen über Familie und Frauengesundheit, in denen zur Erhöhung der Geburtenrate die Einführung eines Mutterschaftsgeldes vorgeschlagen wurde. »In den nächsten dreißig Jahren«, schrieb Beveridge, »werden die Hausfrauen als Mütter lebenswichtige Aufgaben zu erfüllen haben, um das notwendige Weiterbestehen des britischen Volkes und der britischen Ideale in der Welt zu sichern.«[64] Ganz allgemein sollte der Bericht den Soldaten und den Menschen an der Heimatfront einen greifbaren Lohn für ihren Einsatz im Kampf gegen Hitler in Aussicht stellen. Die Logik lag auf der Hand: Wenn die Briten zur Verteidigung von Heim und Herd mobilisiert werden sollten, war es sinnvoll, denjenigen, die weder Heim noch Herd besaßen, etwas zu bieten.

Die deutsche Invasion der Niederlande löste im Mai 1940 in London eine Parlamentsrevolte gegen Chamberlain aus. Die neue Regierung unter Winston Churchill war entschlossen, zu kämpfen und alle militärischen, ökonomischen, sozialen und konstitutionellen Opfer zu bringen, die für den Sieg nötig waren. Wie sein Biograph William Manchester feststellt, hätte er wie William Pitt d. Ä. im Jahr 1756 sagen können: »Ich glaube, ich kann dieses Land retten, außer mir kann es niemand.«[65] Mitte Juni schlug Churchill erfolglos eine Union mit Frankreich vor, mitsamt gemeinsamer Staatsbürgerschaft und Regierung, um Frankreich unauflöslich in die Kriegsanstrengung gegen Deutschland einzubinden oder, sollte dies fehlschlagen, wenigstens seine Flotte zu sichern.[66] Die von Deutschland ausgehende Gefahr war derart existentiell, dass die Aufgabe der britischen Souveränität oder deren Aufgehen in einer größeren Einheit gerechtfertigt erschien. Wenig später, nach der französischen Kapitulation, wies London Hitlers Friedensangebot zurück. Im Sommer vereitelte die Royal Air Force den Versuch der deutschen Luftwaffe, die Lufthoheit über England zu gewinnen; aber selbst mit Luftüberlegenheit wäre es unwahrscheinlich gewesen, dass Deutschland an der britischen Flotte vorbeigekommen wäre.[67] Hitler blies das »Unternehmen Seelöwe«, die Landung an der britischen Südküste, ab. Großbritannien hatte sich aus eigener Kraft selbst gerettet. Jetzt konnte es darangehen, Europa zu retten.[68] Im Oktober 1940 verfasste Churchill ein Vorwort zu einer Sammlung von Reden, die William Pitt d. J. während des Kampfs gegen Napoleon gehalten hatte. Darin drückte er die »Entschlossenheit weiterzukämpfen« aus, »so wie Pitt und seine Nachfolger weiterkämpften, bis wir unsererseits unser Waterloo erreichen«.[69]

Großbritannien begann, seine eigene immense Wirtschaftskraft und diejenige des Empires in Europa zur Geltung zu bringen.[70] In der Luftschlacht um England leisteten Hunderte von »imperialen« Piloten einen unschätzbaren Beitrag, und Millionen von Männern und Frauen aus dem Empire kämpften an allen Fronten des Krieges.[71] Neuseeland hatte im Verhältnis zur Größe der Bevölkerung von allen Kriegsteilnehmern nach der Sowjetunion die meisten Gefallenen zu beklagen.[72] Die Industrieproduktion des Britischen Empires übertraf bald in jeder Kategorie, außer bei Gewehren, diejenige des deutschbesetzten Europa.[73] Langsam, aber sicher machte sich die Überlegenheit auf dem Kontinent bemerkbar. Eine Bomberoffensive überwiegend gegen zivile Ziele in Deutschland wurde in Gang gesetzt und hatte ab Ende 1940, wenn auch zu einem hohen Preis, eine erhebliche psychologische Wirkung.[74] London unterstützte mit dem Ziel, Europa gegen die Achse zu entflammen, verschiedene Widerstandsbewegungen auf dem Kontinent.[75] Die britische Marine erhielt die Seeblockade von Hitlers Europa aufrecht, so dass Deutschland vom globalen Wirtschaftssystem abgeschnitten war, während Großbritannien von ihm profitieren konnte. Von den Vereinigten Staaten unter Präsident Franklin D. Roosevelt zu Sonderkonditionen gelieferte amerikanische Rüstungsgüter wurden in großem Umfang über den Atlantik gebracht. Ohne Zugang zu den Märkten und Rohstoffen der Welt waren die europäischen Wirtschaften in Hitlers neuer Ordnung, obwohl ihre Leistungsstärke immer noch beachtlich war, im Vergleich mit der Vorkriegszeit nur noch ein Schatten ihrer selbst. Für Großbritannien lief es anfangs dennoch weiterhin schlecht. Nach einer Kette von Niederlagen auf dem Balkan und in Nordafrika rückten deutsche Armeen ab Juni 1941 auch in der Sowjetunion vor. Mackinders Alptraumvision schien Wirklichkeit zu werden: Die gesamte eurasische Landmasse drohte unter die Kontrolle einer einzigen feindlichen Macht zu geraten. Im Dezember 1941 veränderte sich die strategische Lage jedoch entscheidend zugunsten Großbritanniens. Hitlers Truppen wurden vor Moskau aufgehalten, und ungefähr zur gleichen Zeit erklärte er den Vereinigten Staaten den Krieg.

Ab Ende 1941 standen sich weltweit zwei »Große Allianzen« – Churchill hatte diesen Begriff bei seinem Vorfahren, dem ersten Herzog von Marlborough, entliehen – gegenüber: Großbritannien, die Sowjetunion und die Vereinigten Staaten auf der einen Seite und die Achse aus Deutschland, Italien und Japan, mitsamt ihrer Satellitenstaaten und Verbündeten, auf der anderen. Im selben Jahr veröffentlichte der britische Premierminister ganz bewusst einen Auszug aus seiner Biografie des Herzogs von Marlborough, der von dessen Koalitionssieg bei Höchstädt handelte. Die erste Zeile lautete: »In einem Krieg, an dem fast die gesamte Welt teilnahm, war es natürlich, dass beide Seiten bei jedem Feldzug eine Vielzahl von Plänen zur Auswahl hatten.«[76] Im Januar 1942 verkündeten die

Alliierten eine »Deklaration der Vereinten Nationen«, in der sie sich »zur vollen Anwendung ihrer militärischen und wirtschaftlichen Hilfsmittel« für den »Sieg über das Hitlertum« verpflichteten.[77] Hier griffen die beiden angelsächsischen Mächte ein Thema aus Lord Byrons berühmtem Versepos *Child Harolds Pilgerfahrt* auf, in dem Waterloo als »Schädelgrund« bezeichnet wird, auf dem die »Vereinten Völker« über den Tyrannen – Napoleon – gesiegt haben.[78] Es war ein weiteres Beispiel dafür, wie die Geschichte die Große Allianz beflügelte. Jetzt konnte Anglo-Amerika sein ganzes Gewicht gegen die Achse zum Tragen bringen.[79]

Entschlossen, den Krieg zu gewinnen, bevor die Vereinigten Staaten in größerem Umfang in ihn eingreifen oder wenigstens die kritische Masse ansammeln konnten, um einen Stillstand zu erzwingen, drängte die Achse vorwärts. Japan besetzte einen großen Teil Südostasiens, einschließlich Hongkong und Singapur, und bedrohte Indien. In Nordafrika rückte Rommel bis El Alamein in Ägypten vor und bedrohte den Suezkanal. An der russischen Front drangen deutsche Truppen weit in den Kaukasus vor und eroberten beinah Stalingrad an der Wolga. Auf See gelang es den »Wolfsrudeln« deutscher U-Boote fast, Großbritannien vom Nachschub an Lebensmitteln und Waffen abzuschneiden. Anfang 1943 war jedoch klar, dass Hitler keine kontinentale Oberherrschaft erlangen würde. Rommel war von britischen Truppen unter dem Befehl von General Bernard Montgomery vernichtend besiegt worden. In Stalingrad waren die deutschen Truppen eingekesselt worden, und die anschließende Offensive bei Kursk scheiterte kläglich. Auf dem Atlantik wurden die U-Boote zurückgeschlagen. Alliierte Flugzeuge waren auf dem besten Weg, die Luftherrschaft über Europa zu gewinnen, und eröffneten damit eine »zweite Front«, die enorme deutsche Ressourcen band, lange bevor die Alliierten in der Normandie landeten.[80] Jetzt war es nur noch eine Frage der Zeit, bis Großbritannien und seine Verbündeten am Boden auf den Kontinent zurückkehren würden.

In Großbritannien begann man lange vor der endgültigen Niederlage der Achse über die künftige Gestalt Europas nachzudenken. An den beiden Grundfragen hatte sich seit 1919 kaum etwas geändert: Einerseits ging es darum, was mit Deutschland geschehen sollte. Das Problem schien weniger die Staatsform zu sein als vielmehr die deutsche Bevölkerung. Nach Ansicht des hohen britischen Diplomaten Con O'Neill war der Nationalsozialismus »nichts anderes als eine spezielle Organisationsform der Instinkte und Fähigkeiten des deutschen Volks«. Deshalb wäre es am besten, das Land in eine Art prosperierendes und unoffensives »Super-Schweden« zu verwandeln. Churchill neigte instinktiv zu extremeren Maßnahmen: Er sprach regelmäßig von der Notwendigkeit, die deutschen Männer zu »kastrieren«, um weitere Aggressionen zu verhindern, oder davon, dass er hoffe, die Deutschen würden »fett, aber impotent« werden.[81] Andererseits fürchtete er, dass Stalin das daraus resultierende Vakuum füllen würde, und riet, Deutschland »nicht zu sehr zu schwächen«, weil man es »gegen Russland möglicherweise noch brauchen« würde.[82] Die meisten britischen Strategen befürworteten jedoch eine Teilung, selbst um den Preis einer sowjetischen Hegemonie über Mitteleuropa. »Es ist besser«, betonte William Strang, der britische Gesandte beim Beratenden Komitee für Europa, einem gemeinsamen alliierten Ausschuss, der Vorschläge für die Nachkriegsordnung auf dem Kontinent ausarbeiten sollte, Ende Mai 1943, »dass Russland Osteuropa dominiert, als dass Deutschland Westeuropa dominiert«, denn »wie stark Russland auch werden mag, dürfte es wohl kaum jemals eine solch furchtbare Bedrohung für uns werden, wie es Deutschland binnen weniger Jahre wieder werden könnte«.[83]

Der einzige Weg aus diesem Dilemma heraus war die kontinentaleuropäische Integration, die Deutschland in eine breitere Union einbinden und seine Ressourcen für die gemeinsame Verteidigung gegen Stalins Sowjetunion mobilisieren würde. Im Oktober 1942 »ersehn[t]e« Churchill weder zum ersten noch zum letzten Mal »die

Vereinigten Staaten von Europa, die die zwischen den Nationen bestehenden Schranken gehörig vermindern« würden. Er hegte »die Hoffnung, dass man die Wirtschaft Europas als eine Einheit betrachten wird«, und erwartete, »einen Rat errichtet zu sehen, der aus etwa zehn Vertretern der früheren Großmächte und einiger Konföderationen in Skandinavien, auf dem Balkan, an der Donau usw. zusammengesetzt ist, der die Aufgabe hätte, Preußen entmilitarisiert zu halten, und dem eine internationale Polizei zu Gebote steht.«[84] Auch die Amerikaner standen einer engeren europäischen Integration, die sie von der Aufgabe, den Kontinent auf ewig zu verteidigen, entlasten und den transatlantischen Handel fördern würde, positiv gegenüber.[85]

Vorher musste jedoch Hitler besiegt werden. Großbritannien überredete Washington, das ohnehin schon halb davon überzeugt war, dass Deutschland zuerst niedergeworfen werden musste. Was den Zeitpunkt des Angriffs über den Ärmelkanal betraf, der notwendig war, um Hitler zu besiegen, war es allerdings anderer Meinung als die Amerikaner. Nach Londons Ansicht sollte Deutschland zuerst durch Operationen im Mittelmeerraum und auf anderen Nebenschauplätzen »zermürbt« werden, während die US-Militärs einen frühen »Knock-out«-Schlag in Nordfrankreich führen wollten.[86] In vieler Hinsicht waren die Amerikaner die Erben der alten britischen Whig-Tradition des kontinentalen Engagements, die schnellstmöglich auf Marlborough-Land vorstoßen wollten, während die Briten – zum Teil aus gebührendem Respekt vor der deutschen Militärmacht auch noch nach Stalingrad – an der alten »Hochsee«-Strategie und dem »peripheren« Ansatz der Torys festhielten. Ihren Höhepunkt erreichten die Meinungsverschiedenheiten auf der Konferenz von Casablanca im Jahr 1943, auf der Großbritannien die amerikanische Forderung nach einer frühen Invasion Frankreichs abwehren konnten und stattdessen eine Mittelmeerstrategie durchsetzte.[87] Auf der Teheraner Konferenz Ende 1943 wurden die strategischen Differenzen zwischen Briten und

Amerikanern beigelegt, denn die drei Alliierten einigten sich auf eine Invasion über den Ärmelkanal im Frühsommer des nächsten Jahres.[88] Außerdem beschlossen sie die Gründung einer Organisation der Vereinten Nationen als Forum für die Gestaltung der Nachkriegswelt.

Anfang Juni 1944, am »D-Day«, landeten britische, amerikanische und kanadische Soldaten in Nordfrankreich, wie es ihre Väter und Vorväter seit dem späten Mittelalter getan hatten. Mindestens ein britischer Offizier versuchte seine Männer an jenem Morgen, während die Landungsfahrzeuge sich dem stark befestigten Ufer näherten, zu ermuntern, indem er Shakespeares Version der berühmten Ansprache Heinrichs V. vor Harfleur verlas, in welcher der König seine Truppen aufrief: »Noch einmal stürmt, noch einmal, liebe Freunde!« Die Verfilmung des Schauspiels, die im selben Jahr in die Kinos kam, war den »Kommando- und Luftlandetruppen von Großbritannien« gewidmet. In der Vorstellung vieler standen diese Engländer und ihre nordamerikanischen Brüder in der Kontinuität einer Geschichte, die bis zum mittelalterlichen englischen Reich in Frankreich zurückreichte. In den folgenden elf Monaten kämpften sie sich über die traditionellen Schlachtfelder in Nordfrankreich und den Niederlanden, einschließlich der Sümpfe von Walcheren, durch die schon ihre Vorfahren in der napoleonischen Ära gewatet waren, und durch Westdeutschland bis ins Zentrum des Deutschen Reichs vor, und dort, im Herzen Europas, sollten sie für gut sechzig Jahre bleiben.

Der Zweite Weltkrieg war Höhepunkt und Rechtfertigung der britischen Geschichte. »Dies ist euer Sieg«, rief Churchill im Mai 1945 der in Whitehall versammelten Menschenmenge in London zu und pries den »freien Entschluss des britischen Volks«, standhaft zu bleiben.[89] Nicht Hitlers »tausendjähriges Reich«, sondern das tausendjährige Königreich England hatte den Sieg davongetragen. 1940/41 hatte das Britische Empire, mit kurzzeitiger Unterstützung durch Griechenland und Jugoslawien, allein für die Aufrechterhaltung des europäischen Mächtegleichgewichts gekämpft. Es war stark genug gewesen, um Hitler von einer Invasion abzuschrecken, und hätte wahrscheinlich jeden Versuch, wäre er unternommen worden, abgewehrt. Mit Hilfe der Alliierten stellte Großbritannien das Gleichgewicht auf dem Kontinent mehr oder weniger wieder her. Es hatte erneut beeindruckende Ressourcen mobilisiert, ohne seine verfassungsmäßigen Freiheiten auf Dauer abzuschaffen. Vor allem hatte es einen großen Teil der übrigen Welt davon überzeugt, »zu wollen, was es wollte«. Es war dieselbe erprobte europäische Strategie, die sich im Ersten Weltkrieg, in den napoleonischen Kriegen und bei vielen anderen Gelegenheiten bewährt hatte. Ob sie dies auch angesichts neuer und in mancher Hinsicht völlig anders gearteter Herausforderungen auf dem Kontinent tun würde, blieb abzuwarten.

8
»Unser Schicksal ist es, Europa zu gestalten«
Großbritannien und Europa im Zeitalter der europäischen Integration

Deutschland ist nicht länger die Vormacht Europas – Russland ist es. Leider ist Russland nicht völlig europäisch. Es ... wird in fünfzehn Jahren unausbleiblich zur Hauptbedrohung geworden sein. Erhaltet deshalb Deutschland, baut es allmählich auf und bringt es in einen europäischen Verband.

Generalstabschef Lord Alanbrooke, 1944[1]

Westeuropa ..., das in Wirklichkeit von Deutschland dominiert und als Werkzeug für die Wiederbelebung seiner Macht mit ökonomischen Mitteln benutzt wird ..., präsentiert ihm auf dem Silbertablett, was wir in zwei Kriegen zu verhindern versucht haben.

Harold Macmillan, 1958[2]

Wie sprach man heute über die Ereignisse in Europa? Der Gemeinsame Markt. Tja, das war schön und gut, da ging es um Handel, um Wirtschaftsfragen, um die Beziehungen zwischen Ländern.

Agatha Christie, *Passagier nach Frankfurt*, 1970[3]

Seit rund siebzig Jahren stellt sich Großbritannien eine neue europäische Frage, die sich in entscheidenden Punkten von allen früheren Herausforderungen unterscheidet. Zum ersten Mal in seiner Geschichte ist es nicht mit einer feindlichen Übernahme konfrontiert, sondern mit dem Angebot, einem ausgehandelten Zusammenschluss beizutreten. Dieser brächte, im Gegensatz zu den früheren Vereinigungen mit Schottland und Irland, eine derartige Vergrößerung Englands mit sich, dass seine ausgeprägte politische Identität und die Vormachtstellung von Westminster verwässert und zunichtegemacht werden würden. Die Gefahr für die Souveränität des Vereinigten Königreichs abzuwenden, ist indes der leichtere Teil. Sie zu erkennen, war und ist weit schwieriger. Britische Regierungen standen immer wieder vor der Frage, ob das Land sich dem europäischen Projekt in welcher wie auch immer abgeschwächten Form anschließen sollte, oder, ob es »zulassen« sollte, dass das übrige Europa dieses Projekt ohne Großbritannien vorantrieb. Außerdem mussten sie auf Kritik ihrer kontinentaleuropäischen Partner antworten, für die der Anspruch auf eine britische Sonderrolle trotz seiner guten historischen Gründe stets irritierend war.

1945 wurde Großbritannien wieder einmal zu einer der Garantiemächte einer europäischen Regelung, diesmal derjenigen, auf die sich die Alliierten auf den Konferenzen von Jalta und Potsdam einigten. Die unabhängigen Staaten West- und Südeuropas wurden wiederhergestellt. Die Demokratie kehrte nicht automatisch zurück, sondern wurde in Frankreich, Italien, Dänemark, Norwegen und den Niederlanden als Verwirklichung eines alliierten Kriegsziels eingeführt. »Wir haben einen Grundsatz hinsichtlich der befreiten Länder oder der reuigen Satellitenstaaten«, unterstrich Churchill, an Abraham Lincoln angelehnt, als sich der Krieg dem Ende zuneigte, und dieser Grundsatz laute: »Regierung des Volkes, durch das Volk, für das Volk, errichtet auf der Basis freier und allgemeiner Wahl ...«[4] Osteuropa kam hingegen unter sowjetische Herrschaft. In Polen, der Tschechoslowakei, Bulgarien, Rumänien, Ungarn und Ostdeutschland wurden schließlich kommunistische Einparteienregime etabliert. Deutschland wurde von den Siegermächten in vier Besatzungszonen geteilt. Millionen von Deutschen wurden aus den deutschen Ostgebieten, die von Polen, der Sowjetunion und der Tschechoslowakei zurückverlangt oder annektiert wurden, vertrieben. In der britischen Besatzungszone blieb eine starke Militärmacht stationiert: die zweite britische Rheinarmee. Der »Wächter des Rheins« war zurück.

Großbritannien stand in Europa jedoch dem gleichen Problem gegenüber wie nach dem Ersten Weltkrieg: der »doppelten Eindämmung«. Einerseits wollte man einen neuen deutschen Revanchismus verhindern. Aus Londoner Sicht war der »preußische Militarismus« die Hauptgefahr für die Stabilität Europas.[5] »Zerbrecht nicht Deutschland«, hatte der außenpolitische Chefberater der britischen Regierung, Robert Vansittart, schon in der Anfangsphase des Krieges zu bedenken gegeben. »Zerbrecht Preußen, und das ein für alle Mal.« Außerdem hielt man es für unerlässlich, Deutschland die Fähigkeit zur Kriegführung zu nehmen, auch wenn dies für den britischen Handel abträglich war. Es sollte nur noch Industrien besitzen, die diesem Ziel entsprachen. »Unsere Politik«, erklärte Schatzkanzler John Anderson im Sommer 1944, »sollte es sein, die Fangzähne zu ziehen, ein paar Zähne aber stehenzulassen.«[6] In diesem Sinn schloss Großbritannien 1947 den Vertrag von Dünkirchen, einen auf fünfzig Jahre angelegten gegenseitigen Beistandspakt mit Frankreich, der zugleich eine etwas wacklige Sicherheitsgarantie für den gesamten Kontinent enthielt.

Andererseits lag es im britischen Interesse, Deutschland, vielleicht sogar mit einem gewissen eigenen Militärpotential, als Bollwerk gegen die Sowjetunion zu erhalten. Churchill warnte wiederholt davor, Deutschland, »das ohnehin ruiniert und ohnmächtig daniederliegt«, in einer Weise zu bestrafen, »dass die Russen, falls es ihnen beliebt, innerhalb sehr kurzer Zeit bis an die Küsten der Nordsee und des Atlantik vormarschieren können«.[7] Um dies zu vermeiden, hatten einflussreiche Figuren wie der Generalstabschefs Lord Alanbrooke schon lange vor Kriegsende dafür plädiert, ein starkes Deutschland zu schaffen, es aber in eine mächtige Konföderation mit anderen europäischen Staaten einzubinden, die in der Lage wäre, Stalin zu widerstehen. Churchill brachte einen Donaubund ins Gespräch, der die gleiche Funktion erfüllen sollte wie das alte österreichisch-ungarische Reich.[8]

Das Kriegsende brachte einen tiefgreifenden Wandel der briti-

schen Innenpolitik, nachdem die seit 1940 bestehende Koalitionsregierung abtreten musste. In der allgemeinen Wahl im Juli 1945
erlitt Churchill überraschenderweise eine Niederlage, was weniger
mit seiner Person oder einer unwiderstehlichen Welle des öffentlichen Radikalismus zu tun hatte als vielmehr mit einem Nachhall
des Unmuts über die Beschwichtigungspolitik der Konservativen
und den Fall von Frankreich. »Nicht Churchill verlor die Wahl von
1945«, bemerkte Harold Macmillan später, »sondern der Geist von
Neville Chamberlain.« Die Wahlpropaganda der Labour Party
hatte diesen Geist unermüdlich heraufbeschworen.[9] Labour veror-
tete sich selbst in gleichem Abstand von Washington und Moskau
und betrachtete sich als »dritte Kraft«. Geopolitisch war die Partei
stark auf das Gleichgewicht der europäischen Mächte, die Eindämmung Deutschlands und die Abschreckung der Sowjetunion ausgerichtet, was durch die britische Führung in Westeuropa als »dritter Kraft« auf der Welt oder, wie Außenminister Ernest Bevin es
ausdrückte, »in der Mitte des Planeten« erreicht werden sollte.

Der Frieden bedeutete das Ende des amerikanischen Leih- und
Pachtprogramms, was in Großbritannien eine Finanzkrise auslöste.[10] Es war alles andere als klar, wo die Labour-Regierung die
Mittel für das »neue Jerusalem«, das sie den Briten als Belohnung
für »ihren« Sieg versprochen hatte, hernehmen und wie sie das
Land für künftige Kämpfe wappnen wollte. Außerdem stand die
Frage im Raum, wie sie mit den enormen strategischen Ambitionen und Verpflichtungen, die immer noch weltumspannend waren,
umzugehen gedachte.[11] Die Labour Party schloss sich der Ansicht
an, dass die Bewahrung von Überseebesitzungen und die Stärkung
der imperialen Kontrolle über von der Achse besetzte Gebiete nicht
nur deshalb unerlässlich waren, um im Mutterland fehlende Ressourcen zu erhalten, sondern auch, um das Gewicht Großbritanniens in Europa und der Welt zu vergrößern. Deshalb entsandte London im Herbst 1945 bedeutende militärische Kräfte in den Fernen
Osten, um Japan endgültig zu besiegen. Damit wollte man nicht

nur eigene imperiale Interessen bekräftigen, sondern auch Washingtons Wohlwollen gewinnen, das man brauchte, um die Vereinigten Staaten zu einem Engagement bei der Schaffung und Aufrechterhaltung der Sicherheit von Nachkriegseuropa zu bewegen.[12] Ganz in diesem Sinn erklärte Bevin, man müsse »zur Unterstützung einer westeuropäischen Union die Ressourcen Afrikas mobilisieren« und »einen Block bilden, der sowohl, was seine Bevölkerung, als auch, was seine Produktionskraft angeht, auf einer Stufe mit der westlichen Hemisphäre und dem Sowjetblock steht«.[13] Deshalb hielt Großbritannien nach 1945 so lange an Indien sowie seinen afrikanischen und asiatischen Kolonien fest. Man hatte das Empire vorwiegend um des europäischen Gleichgewichts willen erworben, und dieser Grund bestand weiterhin.

Nach dem Wahlsieg der Labour Party begann zwar der Aufbau eines »Wohlfahrtsstaats«, aber Großbritannien blieb dennoch ein »kriegerischer Staat«. Die Ausgaben für Militär und Empire überstiegen immer noch diejenigen für Krankenhäuser und Sozialdienste. Tatsächlich war Großbritannien ein umso besserer Wohlfahrtsstaat, je besser es als Kriegsstaat war, denn soziale Gerechtigkeit war unerlässlich, wenn die Nation auf der globalen und insbesondere der europäischen Bühne geeint auftreten wollte. 1947 wurde die Wehrpflicht für ein Jahr gesetzlich festgeschrieben. Darüber hinaus bestanden die Stabschefs der Streitkräfte darauf, dass sie »jeden Stock im Sack« brauchten, und begannen die Bomberflotte für den Transport von Atombomben umzurüsten, noch bevor die entsprechende Technologie vorhanden war. »Wir müssen dieses Ding hier haben, koste es, was es wolle«, forderte Außenminister Bevin. »Wir brauchen es mit dem Union Jack darauf.«[14] Bis 1952 entwickelte Großbritannien mit großem Kostenaufwand eine eigene nukleare Abschreckung.

Unterdessen festigte Stalin seinen Griff um Osteuropa. Im März 1946 brachte Churchill, nun nicht länger Premierminister, die neue antisowjetische Stimmung in einer Rede in Fulton, Missouri, auf

den Punkt. Unter der Überschrift »Die Kräfte des Friedens« unterstrich er einleitend, dass das Recht auf »freie und ungehinderte
Wahlen« sowie alle anderen Freiheiten, die Briten und Amerikaner
genossen, universal gültig seien und »in jeder Hütte gelten« sollten.
In Wirklichkeit sei jedoch von »Stettin an der Ostsee bis hinunter
nach Triest an der Adria … ein ›Eiserner Vorhang‹ über den Kontinent gezogen«, und hinter »jener Linie liegen alle Hauptstädte der
alten Staaten Zentral- und Osteuropas: Warschau, Berlin, Prag,
Wien, Budapest, Belgrad, Bukarest und Sofia«. Darüber hinaus
dränge »Sowjetrussland« mit dem Ziel, »die unbeschränkte Ausdehnung seiner Macht und die Verbreitung seiner Doktrin« zu erreichen, an jeder Front weiter vor. Dies sei »sicher nicht das befreite
Europa, für dessen Aufbau wir gekämpft haben«, und auch keines,
»das die unerlässlichen Elemente eines dauernden Friedens enthält«.[15] Daher befand sich Großbritannien auf einer sowohl strategischen als auch ideologischen Mission. »Wenn die Sowjetunion
verschwände oder Russland unter einer anderen Ideologie lebte«,
hieß es ganz ähnlich in einer Denkschrift des britischen Außenministeriums vom Januar 1947, »würde sich die Welt bald beruhi-
gen und friedlich werden.«[16] Mit anderen Worten, die Verteidigung
der Freiheit in Europa war aus britischer Sicht dasselbe wie die Verhinderung eines weiteren europäischen Krieges.

London überprüfte jetzt seine Deutschlandpolitik von Grund
auf. »Bis in die jüngsten Monate«, bemerkte Bevin im Mai 1946,
»haben wir über das deutsche Problem nur im deutschen Rahmen
nachgedacht und dabei das Ziel verfolgt, die besten Mittel zu
bestimmen, mit denen der Wiederaufstieg eines starken, aggressi-
ven Deutschland verhindert werden kann.« Aber jetzt könne man
»dies nicht mehr als unser einziges oder auch nur als unser Hauptziel betrachten, denn die von Russland ausgehende Gefahr ist gewiss
so groß wie und vielleicht schon größer geworden als die eines wie-
derbelebten Deutschland.« Auch dies war ein sowohl ideologischer
wie geopolitischer Kampf. »Es ist nicht übertrieben, zu sagen«,

erklärte Orme Sargent, stellvertretender Staatssekretär im Außenministerium, »dass, wenn Deutschland gewonnen wird, damit das
Schicksal des Liberalismus auf der ganzen Welt entschieden sein
könnte.«[17] Im Juni 1946 hielten die angelsächsischen Besatzungs-
mächte in Deutschland Wahlen für die Länderparlamente ihrer
Besatzungszonen ab. Außerdem legten sie besonderen Wert auf die
»Umerziehung« der Deutschen im Sinne der westlichen Werte. Es
ging ihnen also mehr um die Veränderung der Einstellung und des
Verhaltens der Deutschen als um die Begrenzung ihres Potentials.
Anschließend bildeten die amerikanische und die britische Verwal-
tung eine »bizonale« deutsche Regierung, und auf der Londoner
Sechsmächtekonferenz, die in zwei Abschnitten von März bis
Anfang Juni 1947 tagte, stimmte auch Frankreich widerstrebend der
Empfehlung zu, einen unabhängigen, föderalen westdeutschen
Staat zu schaffen, der sich 1949 als Bundesrepublik Deutschland
konstituierte und in seinem Grundgesetz darauf festlegte, Teil einer
künftigen politischen Union Europas werden zu wollen.

Zu diesem Zeitpunkt war bereits klar, dass die britische Weltrolle
nicht mehr tragbar war. Ende der 1940er Jahre war Großbritannien
im Nahen Osten, im östlichen Mittelmeer und auf dem indischen
Subkontinent fast ständig in militärische Konflikte verwickelt oder
wurde von seinen Besatzungspflichten gefordert, vom Kalten Krieg
mit der Sowjetunion ganz zu schweigen. Die Prioritäten mussten
neu bestimmt werden. Im Februar 1947 begann Großbritannien
Verpflichtungen abzuwerfen, indem es bekanntgab, dass es die kostspielige Aufgabe der Verteidigung Griechenlands gegen kommunistische Unterwanderung fortan den Vereinigten Staaten überlasse.
Wenig später zog es sich aus Indien zurück, und bald darauf ver-
zichtete es auf sein Mandat in Palästina. Es waren die ersten von
vielen weiteren Rückzügen, die in den nächsten zwanzig Jahren
folgten. Sie alle wurden durchgeführt, um sich soweit wie möglich
auf Europa konzentrieren zu können, denn von hier kam die
Hauptbedrohung für die Sicherheit des Landes.

Angesichts der sich herausbildenden Konfrontation mit der Sowjetunion setzten sich britische Staatsmänner für ein engeres Zusammengehen der westeuropäischen Länder ein. Sie dachten dabei allerdings weniger an eine übernationale Organisation als an einen Schulterschluss auf Regierungsebene. Es sei »nicht genug, die physischen Barrieren zu verstärken«, erklärte Bevin im Januar 1948 im Kabinett. »Wir müssen die ethischen und geistigen Kräfte mobilisieren, die der westlichen Zivilisation innewohnen, deren Hauptprotagonist wir sind«, und dies könne nur geschehen, »indem in Westeuropa eine wie auch immer geartete und von Amerika und den Dominions unterstützte Union geschaffen wird, ob nun in formeller oder informeller Gestalt.«[18] London wurde jetzt vorübergehend zur Haupttriebkraft des europäischen Projekts, indem es den Brüsseler Pakt auf den Weg brachte, durch den sich Großbritannien, Frankreich und die Beneluxländer im März 1948 zur sogenannten Westunion zusammenschlossen, zum Teil, um einem Wiederaufleben der deutschen Macht entgegenzuwirken, hauptsächlich aber, um die Sowjetunion einzudämmen. Die Vertragspartner waren verpflichtet, sich im Fall einer Aggression von außen gegenseitig zu verteidigen, und begannen bald mit militärischen Planungen für die Abwehr eines Angriffs der Roten Armee.[19] Diese Art der Organisation bot Großbritannien eine Lösung seiner Sicherheitsprobleme in Europa, ohne dass es seine nationale Souveränität aufgeben musste.

Nach Ansicht mancher Briten reichte ein neues System von Bündnissen, wie eng sie auch sein mochten, indes nicht aus, jedenfalls nicht für Kontinentaleuropa. Sie hatten aus der Kriegserfahrung den Schluss gezogen, dass irgendeine Form von Föderation oder geteilter Souveränität unerlässlich war, um einen Rückfall in die Barbarei zu verhindern, und die von Stalin ausgehende Gefahr bestärkte sie in dieser Überzeugung. Im September 1946 drängte Churchill Europa in einer Rede an der Universität Zürich erneut, sich – mit Großbritannien als außenstehendem Förderer – zu

»vereinigen«.[20] Erneut war die Einbeziehung Deutschlands für sein Konzept entscheidend. Washington, das sowohl Deutschland im Zaum halten als auch den Kontinent gegen die Sowjetunion mobilisieren wollte, drängte die Europäer nachdrücklich, sich wirtschaftlich und politisch zusammenzuschließen.[21] Anfang Mai 1948 kamen in Den Haag auf Einladung des Internationalen Komitees der Bewegungen für die europäische Einheit unter dem Vorsitz Churchills Hunderte von europäischen Politikern, Gewerkschaftern, Intellektuellen und anderen Vertretern der Zivilgesellschaft zusammen, unter ihnen der künftige britische Premierminister Harold Macmillan. London stand einer engeren europäischen Kooperation aufgeschlossen gegenüber. Man hoffte, so das nötige Gewicht zu erhalten für einen gleichwertigen Auftritt auf der Weltbühne neben den Vereinigten Staaten und der Sowjetunion.[22] Den Gedanken, seine Souveränität in einem größeren Ganzen aufgehen zu lassen, lehnte Großbritannien jedoch ab, zum Teil wegen seiner Bindungen ans Commonwealth, vor allem aber, weil die britische Öffentlichkeit, die weder Niederlage noch Besatzung erlebt hatte, die politische Vereinigung Europas als Versuch betrachtete, etwas zu reparieren, das nicht kaputt war. Ernest Bevin war derselben Ansicht: Kooperation und sogar »geistige Konföderation« ja, aber keine vollständige politische Union.[23]

Gegenüber einem Beitritt zur Nordatlantikpakt-Organisation (NATO), die 1949 von den Vereinigten Staaten, Großbritannien, Kanada, Frankreich und den Niederlanden gegründet wurde, gab es keine solchen Vorbehalte. Ihre Mitglieder verpflichteten sich in dem später legendären Artikel 5 der NATO-Charta zur kollektiven Verteidigung. Die militärischen Implikationen des Pakts waren anfangs begrenzt, da keinerlei ernsthafte Planungen oder Vorbereitungen folgten, aber die politische Bedeutung der amerikanischen Verpflichtung zur Aufrechterhaltung des europäischen Gleichgewichts war enorm. Eine Wiederholung der Entwicklung nach Versailles, als die Vereinigten Staaten sich weigerten, die Sicherheit in

Europa zu garantieren, würde es nicht geben. Diesmal würden sie vor Ort bleiben. Im Lauf der Zeit baute die NATO eine ausgeklügelte Kommandostruktur auf und schuf den Posten eines Alliierten Oberbefehlshabers Europa (SACEUR), der traditionell immer mit einem Amerikaner besetzt wird. Der erste war General Eisenhower, der die westalliierten Truppen im Zweiten Weltkrieg zum Sieg über Hitler geführt hatte. Im Gegenzug akzeptierte London die Wiederbewaffnung der Bundesrepublik innerhalb eines breiteren europäischen Rahmens. Im September 1951 sprachen sich der britische Außenminister Herbert Morrison, sein französischer Amtskollege Robert Schuman und US-Außenminister Dean Acheson in einer gemeinsamen Erklärung für die »Einbeziehung eines demokratischen Deutschland … in eine kontinentaleuropäische Gemeinschaft« aus, »die Teil einer sich ständig weiterentwickelnden atlantischen Gemeinschaft sein wird«.[24] Dem berühmten Bonmot des britischen Generals »Pug« Ismay, des ersten Generalsekretärs der NATO, zufolge, schuf man eine Sicherheitsarchitektur für Europa, welche »die Amerikaner hier, die Russen draußen und die Deutschen niederhält«.

Der Europäischen Gemeinschaft für Kohle und Stahl (EGKS), einer Idee Robert Schumans, trat Großbritannien jedoch nicht bei. Sie war am fünften Jahrestag des Kriegsendes in Europa gegründet worden und diente dem Zweck, Deutschland und Frankreich zu dauerhafter wirtschaftlicher Kooperation zu bewegen und Deutschland die strukturelle Fähigkeit zu eigenständiger Kriegführung zu nehmen, indem die Kohle- und Stahlindustrie beider Länder der Aufsicht einer übernationalen »Hohen Behörde« unterstellt wurde. Für britische Diplomaten, die nie und nimmer mit einer Einigung zwischen Deutschland und Frankreich gerechnet hätten, kam die Gründung der EGKS überraschend, aber Großbritannien wäre unter keinen Umständen einer solchen Organisation beigetreten, denn dies hätte die Beziehungen zum Commonwealth belastet, in das immer noch rund die Hälfte der britischen Exporte ging, mehr als doppelt so viele wie nach Westeuropa. Dies war nicht nur eine Frage in der Vergangenheit geleisteter Dienste: Kanada stellte im Rahmen der NATO eine ganze Infanteriebrigade in Deutschland bereit. Außerdem war die britische Kohleindustrie damals in Europa dominant, und die Arbeiter in den verstaatlichten Gruben standen dem Kontinent höchst skeptisch gegenüber. »Es ist nicht gut«, betonte der neue Labour-Außenminister Herbert Morrison. »Wir können es nicht tun, die Bergleute von Durham würden es nicht dulden.«[25] Der Hauptgrund, der gegen eine Mitgliedschaft in der EGKS sprach, war jedoch, dass Großbritannien anders als Frankreich nicht bereit war, den Verlust wesentlicher Souveränitätsrechte hinzunehmen, der notwendig war, um Deutschland einzudämmen. »Für uns«, erklärte Schatzkanzler Stafford Cripps im Unterhaus, »sieht es, selbst wenn es wünschenswert wäre, so aus, als könnte sich solch ein Plan als kaum durchführbar erweisen …, es sei denn, ihm ginge eine vollständige politische Föderation voraus.«[26] Auf einen Prozess aber, dessen Endziel eine Art übernationaler Föderation war, die mit der Unabhängigkeit des Vereinigten Königreichs unvereinbar war, wollte man sich nicht einlassen.

Die britische Ablehnung einer politischen Integration Europas verstörte die Amerikaner, für die sie die sauberste Lösung all ihrer Probleme gewesen wäre. Erstens hätte die Beteiligung Großbritanniens »Europa« das nötige Gewicht verliehen und ihm nach den Verwüstungen des Krieges Auftrieb gegeben. Zweitens wäre London in den europäischen Gremien eine beständige Stimme gegenüber den potentiell unberechenbaren Kontinentaleuropäern, insbesondere den Franzosen, gewesen. Drittens wäre man die Misslichkeit umgangen, mit Großbritannien auf der Grundlage einer »besonderen Beziehung« umzugehen, die das übrige Europa gewissermaßen in die zweite Reihe verbannte. Washington gab den Versuch, Großbritannien Richtung Europa zu drängen oder es in dessen Reihen zu halten, nie auf. Dabei erkannten die USA nicht, dass eine vollständige politische Integration nur ohne Großbritannien oder gar nicht erreicht werden konnte. Dies war ein Manko der amerikanischen Perspektive auf Europa, das aus unterschiedlichen Erfahrungen resultierte. Die Vereinigten Staaten waren zwar überwiegend von Engländern nach englisch-schottischem Vorbild geschaffen worden, bildeten allerdings anfangs eine weitgehend symmetrische Union aus gerade erst unabhängig gewordenen Staaten. Das Vereinigte Königreich dagegen war im Grunde eine asymmetrischen Union, die durch Vergrößerung Englands zustande gekommen war.

In den frühen 1950er Jahren kehrte die Frage der europäischen Integration mit dem Plan einer Europäischen Verteidigungsgemeinschaft (EVG) an die Spitze der Tagesordnung zurück. Dahinter stand zum einen die Absicht, Europa für die Verteidigung gegen den Sowjetkommunismus zu mobilisieren. Zum anderen war die EVG als Schritt auf dem Weg zur vollständigen politischen Union gedacht. Das Projekt hatte die nachdrückliche Unterstützung der Vereinigten Staaten, die hofften, dass Großbritannien der Gemeinschaft beitreten würde. Macmillan stand ihm durchaus positiv gegenüber. In der Parlamentarischen Versammlung des Europarats erklärte er: »Großbritanniens Grenze verläuft nicht am Ärmelkanal und noch nicht einmal am Rhein. Sie befindet sich mindestens an der Elbe.«[27] Das Vereinigte Königreich lehnte es jedoch vehement ab, sich an einer übernationalen Integration zu beteiligen. »Das ist etwas, von dem wir im tiefsten Innern wissen, dass wir es nicht tun können«, sagte der britische Außenminister Anthony Eden im Januar 1952 in New York.[28] Einen Zusammenschluss anderer europäischer Staaten in der EVG hielt London jedoch für wünschenswert, weil es, wie Eden es ausdrückte, keinen anderen Weg gab, »Deutschland im Westen zu verankern« und zu verhindern, dass es »in der Mitte Europas herumdriftet, um früher oder später mit Sicherheit ins Sowjetsystem gezogen zu werden«.[29] Wieder einmal empfahl London den Kontinentaleuropäern etwas, was die nationale Souveränität einschränkte und sogar untergrub, ohne sich selbst daran beteiligen zu wollen. Dies minderte in den Augen vieler Europäer den Wert des Vorhabens, und es scheiterte schließlich im französischen Parlament. Die Episode illustrierte die gegensätzliche Haltung zur europäischen Integration auf beiden Seiten des Ärmelkanals.

Der Schuman-Plan fand in Großbritannien kaum Beachtung, und wo er es tat, wurde er zumeist abgelehnt. In der fast gleichzeitig erschienenen programmatischen Schrift der Labour Party über die *European Unity* wurde rundweg festgestellt, dass die Briten, »abgesehen von der Entfernung, in jeder Hinsicht« den »Verwandten in Australien und Neuseeland auf der anderen Seite der Welt« näherstünden »als Europa«.[30] Labour-Anhängern war das europäische Projekt auch deshalb zutiefst suspekt, weil es in ihren Augen ein »Kartell« von Industriellen, also eine »kapitalistische Verschwörung« war. Über die britische Rolle auf dem Kontinent gab es vorläufig jedoch kaum öffentlichen Streit. Das Thema beschäftigte zwar die Elite, schien aber für den Alltag nicht weiter von Bedeutung zu sein.

Im Gegensatz dazu hatte der aufbrechende Kalte Krieg tiefe Auswirkungen auf die britische Innenpolitik. 1950 wurde die Wehrpflicht aufgrund der Verschärfung des Konflikts auf zwei Jahre verlängert.[31] Zur Abwehr der kommunistischen Aggression in Korea wurden Truppen entsandt. Die britische Armee war jetzt sogar größer als auf dem imperialen Höhepunkt in den 1920er Jahren, nur dass ihre Aufgabe nicht mehr darin bestand, Überseebesitzungen zu verteidigen, sondern darin, die Sowjetunion in Europa abzuschrecken. Aufgrund der Erhaltung eines Kolonialreichs, der Kriegführung in Korea, der Entwicklung der Atombombe (die 1950 zum Erfolg führte) und der Vorkehrungen gegen einen möglichen sowjetischen Angriff auf Westeuropa schossen die Verteidigungsausgaben in die Höhe – auf rund 12 Prozent des Bruttoinlandsprodukts –, so dass die Regierung gezwungen war, im Innern schmerzhafte Einschnitte vorzunehmen.[32] Als Finanzminister Hugh Gaitskell im Frühjahr 1951 Gebühren für Zahn- und Augenbehandlungen vorschlug, um die gestiegenen Rüstungskosten bezahlen zu können, trat Arbeitsminister Aneurin Bevan aus Protest mit Zustimmung von Vertretern des linken Flügels wie Harold Macmillan und Michael Foot zurück. Gaitskells Ausgabenkürzungen waren jedoch vergeblich, denn im September stürzte das Land in eine Zahlungsbilanzkrise, die zum großen Teil von den massiven Verteidigungsausgaben verursacht wurde, nicht zuletzt von den riesigen Kosten der britischen Rheinarmee.[33] Ungefähr zur gleichen Zeit fiel Großbritannien hinsichtlich seiner Wirtschaftsleistung hinter Westdeutschland und dessen »Wirtschaftswunder« zurück.[34] In den allgemeinen Wahlen im Oktober 1951 erlitt die Labour Party eine knappe Niederlage. Der Wahlkampf war weitgehend von außenpolitischen Themen geprägt gewesen – dem unpopulären Koreakrieg, den Kosten der Wiederaufrüstung und der heiklen britischen Position im Nahen Osten.[35]

Auch danach blieb Europa in Großbritannien ein polarisierendes Thema, wobei die Trennlinien gar nicht so sehr zwischen den Parteien verliefen.[36] In der Labour Party brach wegen Deutschland ein heftiger Streit aus.[37] Die vorherrschenden Antikommunisten, wie Denis Healey und Hugh Gaitskell, setzten sich nachdrücklich für die NATO ein und waren bereit, innerhalb eines Systems multilateraler Einschränkungen eine deutsche Wiederbewaffnung zu akzeptieren. Sie wiesen darauf hin, dass die EVG dem alten sozialistischen Prinzip der Überwindung enger nationaler Grenzen und Vorurteile entsprach. Eine bedeutende Minderheit in der Labour Party lehnte die Schaffung einer neuen deutschen Armee jedoch kategorisch ab, sei es nun unter der Ägide der EVG oder irgendeinem anderen Schirm. Die Spaltung in dieser Frage verlief quer zur Trennlinie zwischen rechts und links: Zwei der striktesten Gegner der deutschen Wiederbewaffnung waren Bevan vom linken und Dalton vom rechten Labour-Flügel.[38] 1954 billigte ein Labour-Parteitag die deutsche Wiederbewaffnung, allerdings nur, weil die Skeptiker mit Hilfe des »Stimmenblocks« der Gewerkschaften überstimmt wurden. Auch bei den Konservativen gab es in Bezug auf Europa tiefe Meinungsverschiedenheiten. Zu den »Straßburgern«, einer Gruppe von Torys, die »Europa« positiver gegenüberstanden als die übrige Partei, gehörten viele bekannte Figuren, wie der Beschwichtigungsgegner Robert Boothby, der einstige Beschwichtigungsbefürworter Duncan Sandys und der aufsteigende Star Harold Macmillan.

Das Scheitern des EVG-Plans versetzte Großbritannien in die Lage, das entstandene politische Vakuum zu füllen und für kurze Zeit erneut die Kontrolle über das europäische Projekt zu übernehmen.[39] Im September 1954 sagte Eden zu, »die effektive Stärke der Streitkräfte des Vereinigten Königreichs auf dem europäischen Festland, die jetzt dem SACEUR unterstellt sind, beizubehalten«. Die britische Rheinarmee wurde verstärkt. Ende Oktober einigten sich Vertreter Großbritanniens, Frankreichs, Westdeutschlands, Griechenlands, Italiens, Luxemburgs, der Niederlande, Portugals und Spaniens unter Vorsitz des britischen Außenministers Anthony Eden darauf, »die Einheit Europas zu fördern und seiner fortschreitenden Integration Antrieb zu geben«,[40] und im Mai des folgenden Jahres erhielt dieser Pakt förmlich den Namen Westeuropäische Union (WEU). Anders als die übernationale EVG war die WEU eine für London akzeptable zwischenstaatliche Organisation.

Entsetzt über das Scheitern der EVG, änderten die Befürworter der europäischen Integration ihre Taktik. Offene Schritte in Richtung einer politischen Union wurden zugunsten einer eher verstohlenen, schrittweisen Vorgehensweise aufgegeben, bei der die wirtschaftliche Zusammenarbeit im Vordergrund stand. 1955 gründete Jean Monnet das Aktionskomitee für die Vereinigten Staaten von Europa, dem führende Christdemokraten, Sozialisten und Liberale angehörten. Im selben Jahr kamen die Außenminister der EGKS-Staaten in Messina zusammen, um über eine Vertiefung der übernationalen Wirtschaftsbande zu beraten, und beschlossen die Schaffung einer Zollunion – des »Gemeinsamen Markts« – und den Zusammenschluss des Transportwesens sowie der zivilen Nutzung der Atomenergie. Großbritannien, das der EGKS nicht angehörte, versuchte vergeblich, eine wesentlich lockerere Freihandelsgemeinschaft zu lancieren. Eine weitergehende ökonomische Vereinigung, so der britische Einwand, würde Westeuropa spalten und Bonn keineswegs eindämmen, sondern, wie ein Regierungsvertreter es ausdrückte, »ein Mittel zur Wiederherstellung der Hegemonie Deutschlands« darstellen.[41] Dennoch begann ein zwischenstaatlicher Ausschuss unter Vorsitz des Belgiers Paul-Henri Spaak die Frage zu sondieren, wie der Gemeinsame Markt zu erreichen war. Dies beunruhigte London. »Mir gefällt die Vorstellung einer Welt, die in die russische Sphäre, die amerikanische Sphäre und ein vereinigtes Europa, dem wir nicht angehören, gespalten ist, ganz und gar nicht«, bemerkte Macmillan im Februar 1956.[42] »Der Gemeinsame Markt«, warnte er de Gaulle, »ist eine Neuauflage des Kontinentalsystems. Ich flehe Sie an, ihn aufzugeben. Andernfalls werden wir in einen Krieg eintreten, der am Anfang zweifellos ökonomischer Art sein, aber Gefahr laufen wird, sich auf andere Bereiche auszubreiten.«[43]

Die neue europäische Solidarität sollte bald auf eine harte Probe gestellt werden. Trotz starker amerikanischer Vorbehalte gegenüber den »imperialen« Absichten Großbritanniens beschloss London, die vom ägyptischen Präsidenten Gamal Abdel Nasser beabsichtigte Verstaatlichung des Suezkanals nicht hinzunehmen. Aus Sicht von Paris und London stand damit über Ägypten und den Nahen Osten hinaus auch »Europa« auf dem Spiel. Nach Auffassung Edens stellte die Verstaatlichung eine direkte Bedrohung der »wirtschaftlichen Sicherheit Europas« dar. Darüber hinaus wurde das Vorgehen gegen Ägypten als unumgänglich betrachtet, wenn das »eurafrikanische« Projekt der Mobilisierung des Kontinents zur Stärkung der europäischen Machtstellung gelingen sollte.[44] Frankreich stand ganz auf der Seite Großbritanniens. Einige andere europäische Staaten, wie Italien, das hoffte, das von London und Paris hinterlassene Vakuum füllen zu können, lehnten ein militärisches Eingreifen in Ägypten ab. Die meisten Europäer, einschließlich des deutschen Bundeskanzlers Konrad Adenauer, sprachen sich jedoch aus Gründen einer »europäischen Staatsräson« dafür aus.[45]

Im Juli 1956 gab Nasser die Verstaatlichung der Suezkanal-Gesellschaft bekannt. London und Paris waren empört. Anfang September schlug der französische Ministerpräsident Guy Mollet insgeheim eine französisch-britische Union vor – wie sie Churchill schon 1940 erwogen hatte –, um der Welt eine vereinigte Front zu präsentieren. London lehnte ab, weil es darin eine Verwässerung der nationalen Souveränität erblickte, willigte aber ein, gemeinsam und in (verdeckter) Kooperation mit Israel gegen Ägypten vorzugehen. Im November setzten Briten und Franzosen das Unternehmen »Musketier« in Gang.[46] Der ägyptische Widerstand brach rasch zusammen. Von den Vereinten Nationen, den Vereinigten Staaten und der Weltöffentlichkeit wurden Großbritannien und Frankreich wegen ihres »kolonialistischen« Abenteuers jedoch scharf verurteilt. US-Präsident Eisenhower war außer sich. Mit massivem wirtschaftlichen Druck mittels des Internationalen Währungsfonds (IWF) und des Verkaufs von Sterlinganleihen zu Schleuderpreisen versuchten die Vereinigten Staaten die beiden europäischen Mächte zum Nachgeben zu zwingen. London knickte angesichts eines Runs auf das Pfund rasch ein.[47] Bis zum Jahresende zog sich Großbritannien vollständig aus der Kanalzone zurück.

Danach war London entschlossen, sich in einem Streit mit den Amerikanern nie wieder auf der falschen Seite wiederzufinden. Zudem machte sich die Erkenntnis breit, dass das Empire von einem Hauptbollwerk der britischen Position in Europa zu einer Last geworden war, welche die Versuche, die Welt gegen den Kommunismus zu mobilisieren, behinderte.[48] Großbritannien konnte nicht mehr gleichzeitig für die Verteidigung der Demokratie in Europa und des Imperialismus in Übersee einstehen, auch wenn Erstere offenbar Letzteren erforderte.[49] Es einigte sich mit den griechischen Nationalisten in Zypern und entließ bald auch die meisten seiner Kolonien in Afrika und Asien, deren Besitz mittlerweile nur noch vom europäischen Geschick Großbritanniens ablenkte und in befreundeten Hauptstädten auf beiden Seiten des Atlantiks Argwohn erregte, in die Unabhängigkeit. Man hatte die Kolonien überwiegend zu strategischen Zwecken erworben, und aus den gleichen Gründen wurden sie jetzt aufgegeben: um den Amerikanern entgegenzukommen, um das eigene Auftreten gegen Menschenrechtsverletzungen der Sowjetunion zu stärken und um den Weg zurück nach »Europa« zu ebnen.

Paris, das aus dem Suez-Debakel den Schluss zog, dass Washington nicht zu trauen war, hielt hartnäckig an seinen Überseegebieten – insbesondere in Nordafrika – fest. Außerdem trieb es die europäische Integration voran. Europa werde seine »Rache« sein, versicherte Adenauer dem französischen Ministerpräsidenten Mollet. 1957 schlossen die sechs Messina-Staaten als Teil der Römischen Verträge den Vertrag zur Gründung der Europäischen Wirtschaftsgemeinschaft (EWG-Vertrag), dem zufolge sie vom Beginn des folgenden Jahres an einen Gemeinsamen Markt schaffen wollten. Großbritannien hielt sich erneut abseits, zum Teil, weil es befürchtete, andernfalls das Commonwealth zu verärgern. Der Hauptgrund war jedoch, dass es Spaaks Argument, zur Eindämmung Deutschlands sei eine übernationale Integration Europas nötig, nicht für stichhaltig hielt. Darüber hinaus war Großbritannien überzeugt, allein überleben zu können; immerhin betrug sein Anteil am Welthandel immer noch fast 25 Prozent. So schloss es sich 1960 mit Schweden, Norwegen, Dänemark, Österreich, Portugal und der Schweiz zu einer lockereren Europäischen Freihandelsassoziation (EFTA) zusammen. Damit war Westeuropa ökonomisch in zwei Lager gespalten, und das Vereinigte Königreich führte das schwächere von beiden an.

Gegen Ende des Jahrzehnts begannen sich die geoökonomischen Realitäten bemerkbar zu machen. Anfang Januar 1957 erklärte Schatzkanzler Peter Thorneycroft, die Achillesferse Großbritanniens in Suez sei die »Schwäche seiner Nachkriegswirtschaft« gewesen.[50] Im Sommer desselben Jahres wurde das Land von einer Sterlingkrise erschüttert: Die Löhne stiegen ebenso wie die Inflation, und die Spekulation gegen das Pfund setzte sich fort. Die öffentlichen Ausgaben schossen in die Höhe. Die Industrieproduktion fiel hinter diejenige von Westdeutschland zurück. »Trotz relativ weniger Vermögenswerte und hoher Schulden«, warnte Thorneycroft Premierminister Macmillan, »leben wir weiter auf dem Niveau einer Großmacht. Wir haben die kostspieligsten Verteidigungskräfte Europas. Wir sind dem ›Atomklub‹ beigetreten. Gleichzeitig verlangen wir einen sehr hohen Lebensstandard. Wir streben bei den Sozialleistungen, die wir bieten, an die Weltspitze.«[51] Die Frage war wieder: Kanonen oder Butter? Man entschied sich für Letztere. Die Bevölkerung wurde mit staatlichen Wohltaten beschwichtigt, und Macmillan erklärte ihr 1957, es sei ihr »noch nie besser gegangen«. Das Vereinigte Königreich war nun ein »Wohlfahrtsstaat« und nicht länger ein »kriegerischer Staat«, obwohl es immer noch ein beachtliches Militärpotential besaß.

Der Preis dafür war eine Abnahme des britischen Gewichts in Europa. Ende der 1950er Jahre wurde der finanzielle Druck so groß, dass die Regierung zur Verkleinerung der Luftwaffe und der Rheinarmee gezwungen war. Die Wehrpflicht wurde aus Kostengründen abgeschafft, und man stützte sich noch stärker auf die nukleare Abschreckung. Vorerst weigerte sich Großbritannien jedoch noch, einen Teil seiner Souveränität aufzugeben und das Commonwealth durch die Beteiligung an einer Wirtschaftsunion in Europa vor den Kopf zu stoßen. Darüber hinaus fürchtete London, dass Westdeutschland die Gemeinschaft als Vehikel für die Wiedererlangung des Großmachtstatus mit ökonomischen Mitteln nutzen könnte. Macmillan warnte davor, dass sie ein Westeuropa schaffen würde, »das in Wirklichkeit von Deutschland dominiert und als Werkzeug für die Wiederbelebung seiner Macht mit ökonomischen Mitteln benutzt werden würde. Man würde ihm auf dem Silbertablett präsentieren, was wir in zwei Kriegen zu verhindern versucht haben.«⁵² Paris machte sich diesbezüglich ebenfalls Sorgen, glaubte aber, die politische und wirtschaftliche – aber nicht militärische – Integration sei der beste Weg, um dies zu verhindern. Die britisch-französischen Meinungsverschiedenheiten über Europa und Deutschland blieben bestehen und sollten in den späten 1980er und frühen 1990er Jahren mit Macht wieder aufbrechen.

Das Vereinigte Königreich war nicht das einzige europäische Land, das dem französisch-deutschen Europaprojekt zurückhaltend gegenüberstand. Auch Irland, Norwegen, Schweden und die Schweiz hielten sich vorläufig fern. Der irische Premierminister Eamon de Valera sprach für viele, als er das Parlament in Dublin im Juli 1955 warnte, eine politische Föderation »würde bedeuten, dass ein europäisches Parlament über die wirtschaftlichen Umstände … unseres Lebens hier entscheidet«. Anstatt auf Kooperation abzuzielen, scheine das europäische Projekt ein Versuch zu sein, »eine vollgültige politische Verfassung einzuführen«. Kleine Länder, fuhr de Valera fort, müssten »äußerst vorsichtig sein, wenn sie Bündnissen beitreten, die sie zwangsläufig in … Kriege … verwickeln werden … [W]ir würden nicht darüber zu Rate gezogen, wann ein solcher Krieg begonnen wird – das würden die Großmächte tun – und wann er beendet wird, ganz gleich, wer gesiegt hat … wir würden nicht darüber zu Rate gezogen, zu welchen Bedingungen er beendet wird.«⁵³ Warum, fragte er, sollte Irland sich dem beugen, nachdem es so lange gekämpft hatte, um das britische Joch abzuwerfen? Es war natürlich kein Zufall, dass die Länder, die sich (vorläufig) weigerten, einer engeren politischen Union beizutreten, überwiegend, wenn auch nicht ausschließlich diejenigen waren, die im Zweiten Weltkrieg dem Besatzungsschicksal entkommen waren, ob nun aus eigener Kraft, wie Großbritannien, oder als Trittbrettfahrer, wie die Republik Irland.

Anfang der 1960er Jahre weitete Großbritannien sein ohnehin schon starkes militärisches Engagement in Europa aus. Aufgrund

der sich herausbildenden Doktrin der »flexiblen Reaktion« und des
zunehmenden westdeutschen Unwillens dagegen, angreifenden
sowjetischen Truppen große Teile des Landes überlassen zu müssen,
wurde neben der nuklearen Abschreckung größeres Gewicht auf
konventionelle Streitkräfte gelegt. Die britische Rheinarmee wurde
nach vorn verlegt, in Standorte in Norddeutschland östlich der
Weser. Darüber hinaus erhielt sie die Genehmigung zum Einsatz
taktischer Atomwaffen. Ein britisches Korps wurde angewiesen,
seine Stellung »maximal 30 Tage zu halten. Eine Rückzugsposition
ist nicht vorgesehen.«[54] Was dies bedeutete, war klar. Bei einem
sowjetischen Angriff würden britische Soldaten mitten in Deutschland kämpfen und sterben. Wie in vergangenen Zeiten besetzten
sie die Außenwerke eines Verteidigungssystems, das den Feind
zumindest eine Zeitlang aufhalten sollte, lange bevor er in Schlag-
nähe der englischen Südküste kam. Über die Jahre hinweg hatte
sich viel verändert, aber vieles war auch gleich geblieben.

Unterdessen wandelten sich die Handelsbeziehungen zu Europa.
In den späten 1950er und frühen 1960er Jahren wurde schmerzlich
klar, wie weit Großbritannien finanziell und technologisch hinter
Europa zurückgefallen war. Der Handel mit den zum Gemeinsamen Markt gehörenden Ländern überstieg im Lauf der Zeit denjenigen mit den EFTA-Partnern und sogar denjenigen mit dem
Commonwealth. Die britische Industrie sah ihre Zukunft in zunehmendem Maß auf dem Gemeinsamen Markt. Premierminister
Macmillan gelangte zu dem Schluss, dass man das verlorene internationale Gewicht nur durch den Beitritt zur EWG zurückgewin-
nen konnte. Außerdem war sie das beste Mittel, um Deutschland
einzudämmen. »Wollen wir gefangen sein«, fragte er im Juli 1960,
»zwischen einem feindseligen (oder wenigstens immer weniger
freundlichen) Amerika und einem mächtigen ›Reich Karls des Großen‹, das sich jetzt unter französischer Kontrolle befindet, später
aber unter deutscher Kontrolle kommen wird«?[55] Im Übrigen hatte
sich das europäische Projekt – jedenfalls dem Anschein nach – seit

dem Scheitern der EVG und dem Machtantritt Charles de Gaulles
in Frankreich von einem bedrohlichen übernationalen Konzept in
ein aus britischer Sicht wesentlich ansprechenderes zwischenstaat-
liches Arrangement verwandelt.[56] »Ich glaube, dass wir dazu neigen,
die Schrecken des Beitritts zum Gemeinsamen Markt zu übertrei-
ben«, schrieb der einst europaskeptische außenpolitische Berater
Gladwyn Jebb im Mai 1960 an Macmillan. »[W]enn wir es jemals
tun, sollten wir uns keine größeren Sorgen über eine tatsächliche
Föderation machen als die Regierung von General de Gaulle, dieses gefeierten Nationalisten.«[57]

Im Juli 1961 stellte das Vereinigte Königreich, sehr zum Unwillen von Australien und Neuseeland, deren Landwirtschaften unter
der neuen Situation leiden würden, einen förmlichen Antrag auf
Mitgliedschaft in der EWG.[58] Die Dominions, die so lange Stützen
der britischen Stellung in Europa gewesen waren, wurden jetzt aus
dem gleichen Grund fallengelassen; der Schritt hatte eine traurige,
brutale Logik. EWG-Freunde wie der Labour-Politiker Roy Jenkins,
verurteilten die »unheimliche Selbstgefälligkeit und Inselmentali-
tät« ihrer Gegner, die einer »stark übertriebenen und völlig überholten Vorstellung von der Weltstellung Großbritanniens und seiner Fähigkeit zu unabhängigem Handeln« anhingen.[59] Damit
schlug Jenkins einen Ton an, der bei britischen Befürwortern der
Mitgliedschaft in »Europa« seither immer wieder vernehmbar ist:
dass man beitreten sollte, weil etwas mit Großbritannien nicht
stimmte. Es war ein Widerhall des Hauptgrunds, aus dem die kontinentalen Mächte begonnen hatten, ihre auf jeden Fall recht schwa-
che Souveränität zusammenzuführen, und unterstellte, dass das
Vereinigte Königreich im Grunde nur ein europäischer Staat unter
anderen war. Dagegen glaubten die Beitrittsgegner weiterhin, in
einem außergewöhnlichen Land zu leben. Die EWG-Mitgliedschaft, erklärte Labour-Chef Gaitskell 1962 in einer dramatischen
Parteitagsrede, dürfe nicht dazu führen, dass Großbritannien zu
»einem Texas oder Kalifornien in Vereinigten Staaten von Europa«

werde. Dies wäre »das Ende Großbritanniens als unabhängiger Nationalstaat ..., das Ende einer tausendjährigen Geschichte«.[60]

Washington unterstützte den britischen Beitrittsantrag zur EWG nachdrücklich, gewissermaßen als letzten Versuch, doch noch eine echte politische und militärische Integration Europas zu erreichen. Präsident Kennedys »Atlantisches Design« war ein ehrgeiziger Plan, die NATO zu erneuern, Deutschland noch fester in den Westen einzubinden und mehr europäische Kräfte für den gemeinsamen Kampf gegen die Sowjetunion zu mobilisieren.[61] Zu diesem »Design« gehörten multinationale (atomare) Streitkräfte (MLF), einschließlich einer gemeinsamen seegestützten atomaren Abschreckung, die nicht unter nationalem US-, sondern unter NATO-Kommando stehen sollte. Westdeutschland sollte in vollem Umfang einbezogen werden. Kennedy hoffte, dass dieses »Atlantic Design« von einer neuen Welle der politischen Integration begleitet sein würde, und zwar vorzugsweise in übernationaler, nicht in zwischenstaatlicher Form. Er erwartete, dass Großbritannien eine große Rolle als treibende Kraft dieses Prozesses spielen würde. Umgekehrt versprach Kennedy, Großbritannien Polaris-Raketen zu liefern, unter der stillschweigenden Voraussetzung, dass sie schließlich unter den MLF-Schirm gelangen würden. Doch dies hätte Westdeutschland, wie London befürchtete, zu nuklearer Parität mit Großbritannien verholfen.[62]

Mitte Januar 1963 legte de Gaulle jedoch sein Veto gegen eine britische EWG-Mitgliedschaft ein. Wenn Großbritannien aufgenommen werde, erklärte er, sei vorauszusehen, »dass letztlich eine kolossale atlantische Gemeinschaft in Abhängigkeit und unter Leitung von Amerika« entstehen würde, »von der die Europäische Gemeinschaft absorbiert worden sein wird«. Dies sei »ganz und gar nicht das, was Frankreich wollte und tut«.[63] In Wirklichkeit bestand keine unmittelbare Gefahr, dass Vereinigte Staaten von Europa entstehen würden. Frankreich hatte das europäische Projekt von einer umfassenden politischen Vereinigung, die mit seiner nationalen

Souveränität unvereinbar gewesen wäre, in einen zwischenstaatlichen Kraftverstärker verwandelt, der die (west)deutsche Macht
nicht nur eindämmte, sondern auch als Gegengewicht zu den
gefürchteten »Angelsachsen« nutzte. De Gaulle spielte beide Seiten
gegeneinander aus. Er führte seine moralisch und physisch nieder-
geschlagene Nation aus den Tiefen der Jahre 1940–1944 heraus zu
annähernder Gleichheit im UN-Sicherheitsrat, militärischer Überlegenheit über Deutschland und angeblicher Äquidistanz zu den
beiden Supermächten. Der Aufbau einer eigenen Atomstreitmacht,
der Force de Frappe, in den frühen 1960er Jahren komplettierte das
Bild. Das Problem war nicht, dass Großbritannien zehn Jahre zuvor
»den europäischen Bus verpasst« hatte, weil er damals in Richtung
einer übernationalen Union fuhr, an der es kein Interesse hatte,
sondern dass Frankreich, nachdem er die Richtung geändert hatte
und ein für London akzeptables Ziel ansteuerte, sich nicht beeilte,
ihm den Einstieg zu gestatten.

Für die britische Regierung und die politische Klasse war die
Ablehnung des Beitrittsantrags ein schwerer Schock. Der britische
Verhandlungsführer Edward Heath, von der Presse »Mr. Europa«
genannt, reagierte mit einer emotionalen Bekräftigung des »konti-
nentalistischen« Glaubensbekenntnisses. »Wir in Großbritannien«,
beteuerte er, »werden dem Festland Europas oder den Ländern
der Gemeinschaft nicht den Rücken zukehren. Wir sind durch
Geographie, Tradition, Geschichte, Kultur und Zivilisation ein Teil
Europas.«[64] Im April 1965 wurde er mit dem renommierten Karls-
preis der Stadt Aachen geehrt. Als die neue Labour-Regierung
einen weiteren Aufnahmeantrag vorbereitete, versuchte sie Gaitskells Einwand des Souveränitätsverlusts von vornherein den Wind
aus den Segeln zu nehmen. »Derzeit«, erklärte Schatzkanzler James
Callaghan, »steht es den Nationen nicht frei, ihre eigenen Ent-
scheidungen zu treffen. Das Argument über die Souveränität wird
immer unzeitgemäßer.«[65] Premierminister Harold Wilson warnte
de Gaulle, dass Großbritannien die Truppenstationierung in

Deutschland und vielleicht sogar das Engagement in der NATO überdenken werde, sollte ihm der Beitritt zum Gemeinsamen Markt erneut verwehrt werden. Die Gleichung, die Wilson aufmachte, ist nachvollziehbar, aber die Frage war, ob London die Drohung wahrmachen konnte, ohne sich selbst zu schaden.

Unterdessen verringerte sich das geoökonomische Potential Großbritanniens unerbittlich weiter, was seine Stellung in Europa und darüber hinaus erheblich schwächte. In den 1960er Jahren erlebte das Land eine der regelmäßig wiederkehrenden Wellen nationaler Leistungsängste, die sich in der Sorge über den relativen ökonomischen Niedergang im Vergleich zu Westeuropa, insbesondere zur Bundesrepublik Deutschland, ausdrückten. Außerdem herrschte allgemein der Eindruck, das Land leide an einer »britischen Krankheit«, die über die bloß ökonomischen Probleme hinausging. Viele wurden von einer wahrhaften moralischen Panik erfasst, die den Niedergang der internationalen Stellung des Landes auf mehr oder weniger plausible Weise mit ausländischer Unterwanderung, dem Rückgang wissenschaftlicher Innovationen, wachsender Einwanderung, der Verbreitung von Pornographie, grassierender Homosexualität oder Prostitution in Verbindung brachten. Im Skandal um den Kriegsminister John Profumo im Juni 1963 kamen diese Themen zusammen, wurde Profumo doch vorgeworfen, Kontakt zu einem Callgirl gehabt zu haben, das zugleich eine Beziehung mit einem Marineattaché der sowjetischen Botschaft in London hatte.

Europa war jetzt für die Zukunft Großbritanniens wichtiger als jemals zuvor.[66] Die Kosten der »imperialen« Präsenz in Asien und im Nahen Osten gefährdeten jedoch seine Fähigkeit, den Verpflichtungen in Deutschland, dem potentiellen Hauptschlachtfeld, nachzukommen. 1966 gab London bekannt, dass man sich aus allen Gebieten »östlich von Suez« zurückziehen werde. Fortan würde die Abschreckung der Sowjetunion in Deutschland nicht nur die wichtigste, sondern auch die einzige große Aufgabe der britischen Streitkräfte sein; am Ende des Jahrzehnts kam als bedeutende Aufgabe die Erhaltung des Friedens in Nordirland hinzu. 1967 beantragte Großbritannien erneut die Aufnahme in die nunmehrige Europäische Gemeinschaft (EG) und wurde wieder von de Gaulle abgewiesen. Als der französische Präsident zwei Jahre später aus dem Amt schied, ergriff London die Gelegenheit, um eine dritte Kampagne für den EG-Beitritt zu starten. Die allgemeine Wahl im Jahr 1970 endete nach einem Wahlkampf, in dem Europa eine große Rolle gespielt hatte, mit einem knappen Sieg von »Mr. Europa« Edward Heath, mittlerweile Vorsitzender der Konservativen, der seine oberste Aufgabe darin sah, »Großbritannien nach Europa zu bringen«.[67]

Hintergrund war zum Teil die Sorge über das geringe britische Wirtschaftswachstum. Das Hauptziel der Entscheidung für »Europa« war jedoch politischer und strategischer Art: die Wiedererlangung der historischen Schlüsselrolle in Europa durch die politische und militärische Fokussierung auf den Kontinent. Auch die Einbindung Deutschlands spielte in Heaths Nachdenken über Europa eine wichtige Rolle. Allgemeiner versprach er, die Teilhabe am Gemeinsamen Markt würde völlig neue Aussichten für das Land eröffnen. »Fünfundzwanzig Jahre lang haben wir nach etwas gesucht, das uns wieder auf die Beine bringt«, sagte er 1971 im Fernsehen. »Nun, hier ist es. Wir haben die Chance zu neuer Größe. Nun müssen wir sie ergreifen.«[68] Wenn man es jetzt versäume, der EG beizutreten, war in einem Weißbuch von 1971 zu lesen, hätte man »in einem einzigen Jahrzehnt … eine imperiale Vergangenheit aufgegeben und eine europäische Zukunft ausgeschlagen«.[69] »Entweder«, argumentierten die Verfasser des Weißbuchs, »wir entscheiden uns für den Beitritt zur Gemeinschaft und beteiligen uns am Aufbau eines starken Europa auf dem von den Sechs gelegten Fundament, oder wir entscheiden uns dafür, uns von diesem großen Vorhaben fernzuhalten, und versuchen unsere Interessen von der schmalen – und schmaler werdenden – Basis aus durchzusetzen, die wir aus den letzten Jahren kennen.«[70] 1971 erreichte die Regierung

nach einer leidenschaftlichen Debatte eine parlamentarische Mehrheit für den EG-Beitritt. Nach der Bekanntgabe des Abstimmungs-
ergebnisses entzündete der ehemalige Premierminister Macmillan
in Dover ein Freudenfeuer, und in Calais loderte kurz darauf ein
Gegenstück. Wieder einmal bildete das »Enge Meer« weniger eine
Trennlinie als eine Verbindung.

Am Neujahrstag des Jahres 1973 wurde Großbritannien förmlich
in die EG aufgenommen, was musikalisch mit der »Fanfare von
Europa« gefeiert wurde. Damit war die Angelegenheit aber noch
nicht ausgestanden. Heath verlor die Wahl von 1974, und Anfang
Juni 1975 führte die neue Labour-Regierung unter Harold Wilson
eine Volksbefragung über die EG-Mitgliedschaft durch. Die
anschließende Debatte spaltete das Land, die Parteien und sogar
Familien. Am Anfang waren, laut Meinungsumfragen, rund 70 Prozent der Bevölkerung gegen und weniger als ein Fünftel eindeutig
für die Mitgliedschaft. Manche beunruhigten die Aufgabe der Han-
delspräferenz für das Empire und die hohen Kosten der Gemeinsamen Agrarpolitik (GAP). Andere störte, wie in einem Weißbuch
aus der Zeit festgestellt wurde, der Verlust »wesentlicher nationaler
Souveränitätsrechte« an Brüssel. Wilson bezog sich auf diese Vorbehalte, als er im Gespräch mit dem deutschen Bundeskanzler Helmut Schmidt erklärte, die »Souveränität des Parlaments« sei eine
Schlüsselfrage bei dem Referendum.[71] Er selbst empfahl, wenn auch
ohne große Begeisterung, mit Ja zu stimmen. Dank der Anstrengungen der europäischen Bewegung, der Informationsabteilung
des Außenministeriums, verschiedener Abgeordneter, von Teilen
der BBC und der Kraft der Argumente selbst änderte eine Mehrheit der Briten ihre Meinung.[72] Am Ende stimmten etwas mehr als
zwei Drittel für den Verbleib in der EG; in England war die Zustimmung zur Gemeinschaft größer als in jedem anderen Teil des Vereinigten Königreichs, wobei der Unterschied zu Schottland und
Nordirland besonders groß war. Die schlechte Wirtschaftslage und
die ernste internationale Situation – die Abstimmung fand im

Schatten des scheinbar unaufhaltsamen Aufstiegs des Weltkommunismus statt – trugen wesentlich zum Ergebnis bei. Das Referendum wurde am am 6. Juni abgehalten, dem Jahrestag des D-Day,
wie Roy Jenkins spitz bemerkte, »als Großbritannien eine frühere
Periode des Ausschlusses aus Europa beendete«.[73]

Der Gemeinsame Markt war für die britische Wirtschaft grundsätzlich gut, konnte aber die schweren strukturellen Mängel, die
sich seit dem Ende des Zweiten Weltkriegs angehäuft hatten und
durch die Ölpreiskrise von 1973 erheblich verschärft worden waren,
nicht ausgleichen. Während des gesamten Jahres 1976 wurde Großbritannien von Wirtschaftsproblemen erschüttert, die in einer Sterlingkrise und Rettungsmaßnahmen des IWF kulminierten. Die
Folgen für die strategische Position des Landes waren verheerend:
Es gab Pläne, den Staatshaushalt durch eine Reduzierung der Truppenpräsenz in Deutschland und den völligen Rückzug aus Zypern
zu sanieren.[74] Während sich das Vereinigte Königreich weltweit
zurückzog, tauchte in Gestalt der Schottischen Nationalpartei
(SNP) der schottische Nationalismus wieder auf der Bühne auf.
Auch gegenüber dem IRA-Terror in Nordirland, der umso beklemmender wirkte, als Moskau die IRA mit Waffen belieferte, befand
sich Großbritannien in der Defensive.[75] Während des nun folgenden Konfliktes waren Vertreter der britischen Sicherheitskräfte und
Justiz an illegalen Prügeleien und Schießereien beteiligt und sorgten für auf fadenscheinigen, gelegentlich auch erfundenen Beweisen beruhende Gerichtsurteile. Im September 1976 musste London ein demütigendes Urteil des Europäischen Gerichtshofs für
Menschenrechte hinnehmen, das bestimmte seit den frühen 1970er
Jahren angewandte Verhörmethoden als Folter bezeichnete.[76] So
gerechtfertigt dieses Urteil auch war, gehörte es doch zu den vielen
anschaulichen Beispielen dafür, wie »Europa« die Regierung in
London, die sich demokratisch verantworten musste, in Verlegenheit bringen und ihre Macht beschränken konnte. Großbritannien
erlebte nun den Beginn dessen, was Lord Denning einige Jahre

zuvor prophezeit hatte, dass nämlich die Vielzahl der rechtlichen Implikationen der EG-Mitgliedschaft »wie eine hereinkommende Flut« sei. »Sie strömt in die Flussmündungen und die Flüsse hinauf. Sie lässt sich nicht aufhalten.«[77]

1979 wurde Margaret Thatcher zur Premierministerin gewählt. Sie galt als Hardliner, was sie bald in der Wirtschaftspolitik, in Nordirland, in den eskalierenden Spannungen mit einem handlungsfreudiger gewordenen Kreml und auf spektakulärste Weise in der Krise um die von Argentinien besetzten südatlantischen Falklandinseln beweisen sollte. Europa schien anfangs indes kein Streitthema zu sein. Thatcher hatte in den 1970er Jahren zu den Befürwortern des Beitritts zum Gemeinsamen Markt gehört, und im Wahlkampf von 1979 waren die Konservativen die europafreundlichere der beiden großen Parteien gewesen, auch wenn das Thema kaum Einfluss auf das Wahlergebnis hatte. Gewiss führte Großbritannien in Thatchers erster Amtszeit mit den kontinentaleuropäischen Staaten eine heftige »Rückzahlungs«-Diskussion. Hier ging es um die Forderung Großbritanniens als einem der größten Beitragszahler zum EG-Haushalt nach Rückerstattung eines Teils der riesigen Summe, mit der unter anderem Projekte wie die GAP finanziert wurden. »Ich kann in der Gemeinschaft nicht die gute Fee spielen«, verkündete Thatcher.[78] Es war jedoch im Wesentlichen ein Umverteilungskampf im nationalen Interesse und kein Anzeichen einer grundsätzlichen Europafeindlichkeit, wie sie damals unter britischen Linken vorherrschte. Im Allgemeinen war die Premierministerin proeuropäisch eingestellt, weil sie die EG als Vehikel betrachtete, um den Kontinent schlagkräftiger gegen den Kommunismus in Stellung zu bringen. »Wer in der EG setzt sich denn für die Verteidigung ein?«, fragte sie in Brüssel. »Ich habe kein Vertrauen darin, dass alle diese miteinander verknüpften Themen auch zusammen gesehen werden.« Für die Labour Party standen damals eine einseitige nukleare Abrüstung und der Ausstieg aus der EG im Vordergrund, weshalb ein großer Teil der Europafreunde 1981 die

Partei verließ und die Sozialdemokratische Partei gründete. Als Thatcher zwei Jahre später wiedergewählt wurde, waren die Konservativen jedenfalls mehr denn je die »Europa-Partei«.[79]

In ihrer zweiten Amtszeit unterstützte Thatcher die weitere Vertiefung der Integration in Gestalt der im Februar 1986 unterzeichneten Einheitlichen Europäischen Akte, die eine engere politische Zusammenarbeit insbesondere in der Außenpolitik vorsah. Aus Thatchers Sicht diente das auf dem Höhepunkt des zweiten Kalten Krieges beschlossene Dokument vor allem dazu, die gemeinsame Front gegen eine zügellos agierende Sowjetunion zu bekräftigen. Außerdem sollte es Europa einem anderen britischen Ziel näherbringen: dem Gemeinsamen Markt. Nicht umsonst wurde die Aufgabe, die Zoll-, Währungs- und Kapitalkontrollen in Europa abzuschaffen, dem britischen EG-Kommissar Lord Cockfield übertragen. Dies waren natürlich allesamt keine übernationalen, sondern zwischenstaatliche Initiativen, welche die Souveränität der EG-Mitglieder nicht beschneiden würden.

Bald nach ihrem dritten Wahlsieg änderte Thatcher jedoch ihre Haltung zu Europa.[80] Dies war kein grundsätzlicher Sinneswandel ihrerseits; vielmehr waren dafür zwei Gründe verantwortlich, die beide mit einer neuen Welle der Integration zu tun hatten. Erstens ging Jacques Delors, der 1985 ernannte neue, tatkräftige Präsident der Europäischen Kommission, auf den linken Vorwurf ein, die Gemeinschaft sei ein »kapitalistischer Klub«, indem er vorschlug, die Härten einer konservativen Marktwirtschaft durch ein gesamteuropäisches Programm sozialer Rechte abzumildern. Anfang September 1988 hielt er auf einem Gewerkschaftskongress in Bournemouth eine vieldiskutierte Rede, welche die »Bekehrung« der britischen Linken zu Europa markierte. Bald darauf schlug Thatcher mit einer berühmt gewordenen Rede in Brügge zurück, in der sie hervorhob, die »freiwillige, aktive Kooperation unabhängiger, souveräner Staaten« sei »der beste Weg, eine erfolgreiche europäische Gemeinschaft aufzubauen«. Deutschland, Frankreich und die

Brüsseler Bürokratie, fuhr sie fort, hielten sich weder an den Buchstaben noch an den Geist der finanziellen und ökonomischen Deregulierung, die ihrer Unterstützung der europäischen Integration in der Mitte der 1980er Jahren zugrunde gelegen habe. Am Anfang des nächsten Jahres rieb die EG Salz in die Wunde, indem sie die »Gemeinschaftscharta der sozialen Grundrechte für Arbeitnehmer« beschloss, die ihnen unter anderem ein Mitspracherecht und einen Elternurlaub garantierte und mit dem »thatcheristischen« Wirtschaftsmodell grundsätzlich unvereinbar war. Ende der 1980er Jahre begannen britische Minister in einer Weise auf den »Inselcharakter« Großbritanniens und den Shakespeare'schen »Graben« des Ärmelkanals hinzuweisen, wie seit Jahrzehnten nicht mehr.[81] Unverkennbar kam das sozioökonomische Wetter jetzt aus Brüssel, und Thatcher war entschlossen, es nicht weiter als bis zum Kanalufer kommen zu lassen.

Der zweite Grund war die Neubelebung der deutschen Frage aufgrund des Wirtschaftswachstums in der Bundesrepublik und der starken D-Mark. Für Thatcher war dies eine zutiefst verstörende Entwicklung. Sie war im Schatten des Zweiten Weltkriegs aufgewachsen und teilte die Vorbehalte vieler ihrer Landsleute gegenüber Deutschland im Allgemeinen und das zunehmende Gewicht der Bundesrepublik im Besonderen. Die Franzosen empfanden Ähnliches, sahen das beste Mittel für den Umgang mit Deutschland aber darin, es immer fester in umfassende neue europäische Strukturen einzubinden. Im Juni 1988 sprach sich der Europäische Rat bei einem Treffen in Hannover für die Schaffung einer gemeinsamen Währung aus. Neun Monate später stellte Delors vor dem Hintergrund der zunehmenden deutschen Macht einen Bericht über die Schaffung einer Währungsunion vor, deren ausdrücklicher Zweck die Eindämmung Deutschlands war. Thatcher glaubte dagegen, eine engere europäische Integration würde Bonns Macht eher stärken als begrenzen. Kurz, obwohl die Wirtschaft für Thatcher enorme Bedeutung besaß, waren ihre Sorgen in Bezug auf Europa

im Kern politischer Art. Sie fürchtete einen britischen Souveräni-
tätsverlust und zugleich eine deutsche Vorherrschaft entweder auf
direktem Weg oder durch europäische Stellvertreter. Deshalb gab
sie zu verstehen, dass Großbritannien an weiteren Integrations-
schritten nicht nur nicht teilnehmen würde, sondern es auch strikt
ablehne, dass die anderen EG-Länder Schritte in diese Richtung
unternahmen.

Der Fall der Berliner Mauer im November 1989, der Zusammenbruch des Kommunismus in ganz Europa und die Aussicht auf die
deutsche Wiedervereinigung beschleunigte die Entwicklung. Vor
allem war die deutsche Frage auf dramatischste Weise auf die Tagesordnung zurückgekehrt. Angesichts der abzusehenden deutschen
Vereinigung fürchtete Thatcher, dass Deutschland »wieder einmal
ganz Europa dominieren« würde. Sie lud eigens eine Experten-
runde nach Chequers ein, den Landsitz des Premierministers, um
sich darüber beraten zu lassen, ob man einem vereinten Deutschland »trauen« könne. Washington unterstützte jedoch die deutsche
Vereinigung, und seine Haltung setzte sich letztlich durch. Schließlich fügte sich auch Thatcher. »Ich werde nett zu den Deutschen
sein«, verkündete sie zähneknirschend.[82]

Dies war jedoch nicht das Ende, sondern erst der Anfang ihrer
wirklichen Schwierigkeiten mit Europa. Frankreich und andere
europäische Staaten drängten jetzt, von dem durch die Vereinigung
erlangten Machtzuwachs Deutschlands beunruhigt, auf eine Vertiefung der Gemeinschaft. Bundeskanzler Helmut Kohl selbst
glaubte fest an das Ziel der monetären und politischen Vereinigung
des gesamten Kontinents. Auf einem Ratsgipfel im Dezember 1989
in Straßburg stimmte Frankreich im Gegenzug für einen Vertrag
über die Währungsunion und weitere Integrationsschritte in naher
Zukunft der deutschen Vereinigung zu. Großbritannien hielt sich
formell weiterhin alle Optionen offen. Es hatte die D-Mark seit den
späten 1980er Jahren stets im Blick gehabt, und Anfang Oktober
1990, wenige Tage nach der deutschen Vereinigung, trat es dem

Europäischen Währungssystem (EWS) bei, das als Vorläufer der Währungsunion ein Zusammengehen der Währungen erlaubte. Es bestand jedoch keine Aussicht darauf, dass sich Großbritannien einem ähnlichen politischen Arrangement anschließen würde. Thatcher blieb daher dabei, sich jeder Vertiefung der europäischen Integration zu widersetzen, zum einen, weil sie Deutschland nicht genug fürchtete, um die eigene Souveränität zu opfern, und zum anderen, weil sie nicht glaubte, dass die französische Strategie funktionieren würde. Ein Showdown zwischen dem Vereinigten Königreich und der übrigen Gemeinschaft schien jetzt unvermeidlich zu sein.

In den letzten vier Jahren von Thatchers Amtszeit wurde die britische Innenpolitik in zunehmendem Maß von ihrer Fehde mit Europa geprägt. Im Januar 1986 wurde die Regierung von der Westland-Affäre erschüttert. Verteidigungsminister Michael Heseltine geriet mit der Premierministerin über die Frage aneinander, von wem der britische Militärhubschrauberhersteller Westland übernommen werden sollte – von einem europäischen Konsortium, was er befürwortete, oder von amerikanischen Interessenten, wofür sie sich einsetzte. Thatcher dachte kurz daran, zurückzutreten, aber am Ende war Heseltine derjenige, der gehen musste. In der Konservativen Partei begann sich daraufhin eine tiefe Kluft in der Europafrage aufzutun. Anfang 1990 musste Handels- und Industrieminister Nicholas Ridley wegen provokativer Äußerungen über Bundeskanzler Kohl und die deutsche Vereinigung seinen Hut nehmen. Zu diesem Zeitpunkt stand die Premierministerin bereits wegen ihrer unpopulären Innenpolitik, insbesondere der Kopfsteuer, in der Kritik, doch was die Konservative Partei gegen sie aufbrachte, war ihre Europapolitik. Der stellvertretende Premierminister Geoffrey Howe, ein überzeugter Befürworter der Gemeinschaft, trat am 1. November inmitten eines heftigen Streits zurück, und wenige Wochen später musste Thatcher selbst das Handtuch werfen. Europa hatte zwei weitere politische Skalps gefordert.

Während Thatchers Amtszeit nur in den letzten Jahren im Zeichen Europas gestanden hatte, wurde diejenige ihres Nachfolgers John Major fast von Anfang bis Ende von diesem Thema beherrscht. Nachdem die von Saddam Husseins Besetzung Kuwaits im August 1990 ausgelöste Golfkrise bewältigt worden war, beanspruchte die neue Ordnung auf dem Kontinent Majors ganze Aufmerksamkeit. Jugoslawien versank in einem Bürgerkrieg, der eine riesige humanitäre Krise auslöste und sich zu einer Sicherheitsbedrohung entwickelte, welche die atlantische Allianz vor ein ernstes Problem stellte. Großbritannien rang allgemein mit der Frage, wie die Sicherheitsarchitektur für Europa nach dem Ende des Kalten Kriegs gestaltet werden sollte, insbesondere mit Blick auf eine mögliche Erweiterung der NATO nach Osten. Vor allem aber beschäftigte die neue Regierung die britische Stellung in der Europäischen Union (EU), zu der die EG 1992 geworden war. Wohin Major auch schaute, ob ins In- oder Ausland, überall stieß er auf das Thema »Europa«. Seine Absicht, Großbritannien dorthin zu bringen, »wo wir hingehören, ins Zentrum Europas«,[83] die er nicht zufällig während eines Deutschlandbesuchs im März 1991 verkündet hatte, sollte nun ernsthaft auf die Probe gestellt werden.

Die Europäer waren gespalten in diejenigen, die auf den Zusammenbruch des Kommunismus und die deutsche Vereinigung mit einer Erweiterung der Gemeinschaft durch die Aufnahme neuer Mitglieder reagieren wollten, und diejenigen, die sie durch die Stärkung der Bande zwischen den vorhandenen Mitgliedern vertiefen wollten. Die Briten, die fürchteten, von Deutschland vermittels Europa dominiert zu werden, und bestrebt waren, ihre nationale Souveränität abzusichern, waren entschiedene »Erweiterer«, weil sie hofften, auf diese Weise den Integrationsprozess verlangsamen zu können.[84] Die Franzosen andererseits waren zwar nicht weniger darauf bedacht, die wachsende Macht des vereinten Deutschland einzudämmen, gehörten aber zu den »Vertiefern«, insbesondere auf politischem und militärischem Gebiet. Die Deutschen selbst setz-

ten sich für beides ein, Erweiterung und Vertiefung, zum Teil, weil
sie um einen Kompromiss bemüht waren, aber auch, weil ihre
Sicherheit und ihr Wohlstand durch ein größeres und enger ver-
bundenes Europa stärker garantiert wären; zudem würde es als Puf-
fer gegen den Osten dienen. Das Ergebnis war ein Erweiterungs-
prozess, der in den 1990er Jahren begann und binnen zwanzig
Jahren fast alle Länder westlich von Russland erfassen sollte.

Aber die EG wurde nicht nur erweitert, sondern auch vertieft.
Im Februar 1992 wurde durch den Vertrag von Maastricht die Euro-
päische Union geschaffen und das Ziel einer »immer engeren
Union« bekräftigt. Die Mitgliedsstaaten verpflichteten sich, »die
Außen- und Sicherheitspolitik der Union aktiv und vorbehaltlos im
Geist der Loyalität und gegenseitigen Solidarität« zu unterstützen.
Zu »jeder außen- und sicherheitspolitischen Frage von allgemeiner
Bedeutung« sollte »im Rat eine gegenseitige Unterrichtung und
Abstimmung zwischen den Mitgliedstaaten« stattfinden, »damit
gewährleistet ist, daß ihr vereinter Einfluss durch konvergierendes
Handeln möglichst wirksam zum Tragen kommt«.[85] Ferner wurde
ein Termin für die Einführung des Euros festgelegt. Eine politische
und militärische Union als Gegenstück zum Gemeinsamen Markt
und zur gemeinsamen Währung wurde jedoch nicht beschlossen.
Paris hatte eine europäische Lösung für Deutschland – die Einfüh-
rung des Euros – und eine französische Lösung für Frankreich – die
Bewahrung der eigenen Souveränität und Streitkräfte – erreicht.
Man rechnete jedoch mit der Fortsetzung des Integrationsprozesses.
Bundeskanzler Kohl sagte voraus, der Vertrag werde »in wenigen
Jahren dazu führen …, das zu schaffen, was die Gründungsväter
des modernen Europa nach dem letzten Krieg erträumt haben: die
Vereinigten Staaten von Europa«.[86] Nach einigem Gerangel setzte
John Major für Großbritannien eine Ausnahmeregelung (»Opt-
out«) durch, die es dem Land erlaubte, die Grundrechtecharta
und die gemeinsame Währung nicht einzuführen. Bei seiner Rückkehr nach London erklärte Major, er habe »Spiel, Satz und Sieg«

errungen. Klar war jedoch nur, dass das Vereinigte Königreich nicht mehr im Zentrum Europas stand. Die Integration des Kontinents, wie partiell und halbherzig sie auch war, würde ohne es weitergehen.

Die Folgen der deutschen Wiedervereinigung und der europäischen Bemühungen, sie abzumildern, machten sich bald auch jenseits des Ärmelkanals bemerkbar. Der Europäische Wechselkursmechanismus, das Kernstück des EWS, das die Schwankungsbreite der Kurse der meisten EU-Währungen begrenzen sollte, um die für die geplante Währungsunion nötige Harmonisierung zu erreichen, geriet durch die Kosten der deutschen Vereinigung erheblich unter Druck.[87] Das Problem war, dass die deutschen Zinssätze hoch waren, um die enorme Inflationsgefahr aufgrund der massiven Kosten der Vereinigung auszugleichen. Dadurch gerieten die anderen europäischen Wirtschaften unter Druck, insbesondere die britische, so dass die Regierung beträchtliche Mittel einsetzen musste, um das Pfund gegenüber der D-Mark zu stützen, obwohl angesichts einer drohenden Rezession niedrigere Zinsen dringend erforderlich gewesen wären, um den Export zu fördern. Am 16. September 1992, dem sogenannten »schwarzen Mittwoch«, kam es zum Run auf das Pfund, der damit endete, dass London auf demütigende Weise gezwungen war, das EWS nach nur zwei Jahren wieder zu verlassen. Nach Ansicht Londons hatte der mächtige Bundesbankpräsident Helmut Schlesinger die Spekulation angeheizt, indem er Mitte September 1992 unmissverständlich angedeutet hatte, dass das Pfund überbewertet sei.[88] Manche sahen darin ein Anzeichen dafür, dass der europäische Rahmen, durch den die deutsche Macht verwässert und gezügelt werden sollte, sie in Wirklichkeit stärkte.

In der NATO war Großbritannien entschlossen, jede Veränderung des erprobten Modells zu verhindern. Insbesondere Frankreich wollte die amerikanisch dominierte Hierarchie durch eine »zweischichtige« NATO ersetzen, in deren Rahmen die Europäer selbst, abgesehen von den schwerwiegendsten Fällen, vermittels der

Konferenz für Sicherheit und Zusammenarbeit in Europa und einer neubelebten WEU auf Bedrohungen gegen Westeuropa reagieren sollten.[89] Damit wäre die Sicherheit der Länder des ehemaligen Sowjetreichs praktisch zweitrangig geworden. Großbritannien widersetzte sich einer Europäisierung der Sicherheit auf dem Kontinent, nicht zuletzt auch deshalb, weil es von der Leistung seiner Verbündeten, insbesondere Deutschlands, in der Golfkrise nicht gerade begeistert war. Britische Truppen blieben auf dem Kontinent stationiert, wenn auch in geringerer Stärke. 1994 wurde die Rheinarmee in »Britische Streitkräfte Deutschland« umbenannt.

Die Erweiterung der NATO lehnte London ab, weil sie, wie Verteidigungsminister Malcolm Rifkind glaubte, die durch Artikel 5 ihrer Charta garantierte Sicherheit von Ländern wie Polen – oder wo immer ihre neue Ostgrenze verlaufen würde – nicht gewährleisten konnte. Die Vereinigten Staaten und Deutschland wollten dagegen sicherstellen, dass das Sicherheitsvakuum, das durch den Zusammenbruch der Sowjetunion entstanden war, rasch gefüllt wurde, und ihre Auffassung setzte sich durch. Im folgenden Jahrzehnt wurde das Bündnis schrittweise nach Osten erweitert, indem Polen, die Tschechische Republik, die Slowakei, Ungarn, Rumänien, Bulgarien und die baltischen Staaten als neue Mitglieder aufgenommen wurden. Seither verläuft die östliche Verteidigungslinie dank der NATO-Verpflichtung zur kollektiven Verteidigung im Grunde entlang der Ostgrenze der EU.

Die unmittelbarste außenpolitische Herausforderung für das Vereinigte Königreich war jedoch der Zerfall von Jugoslawien. Von der Regierung in Belgrad finanzierte radikale serbische Nationalisten besetzten mit dem Ziel, ein ethnisch »reines« »Großserbien« zu schaffen, große Teile Kroatiens und Bosniens, ermordeten Zehntausende meist muslimischer und kroatischer Zivilisten und vertrieben Hunderttausende aus ihrer Heimat. Großbritannien setzte sich an die Spitze der Kampagne für humanitäre Hilfe, war aber auch das Land, das ein ausländisches militärisches Eingreifen zugunsten der bedrängten bosnischen Regierung in Sarajevo am striktesten ablehnte. Man sah kein nationales Interesse berührt und fürchtete darüber hinaus, wie 1914 in einen gesamteuropäischen Flächenbrand hineingezogen zu werden. Die Vereinigten Staaten wiesen diese Politik zurück, zum Teil aus moralischen Gründen, hauptsächlich aber, weil sie befürchteten, dass die Glaubwürdigkeit der NATO und die Idee der kollektiven Sicherheit auf dem Kontinent leiden würden, wenn man nicht gegen Krieg und ethnische »Säuberung« vorging. Die transatlantischen Beziehungen erlebten die größte Krise seit dem Suez-Abenteuer.[90] Im Herbst 1995 nötigte Washington das Vereinigte Königreich schließlich zu umfangreichen NATO-Luftschlägen, welche die Serben zum Einlenken zwangen und zu einem Verhandlungsfrieden führten.

Obwohl damals nicht offensichtlich, hatte der Krieg in Europa tiefgreifende Auswirkungen auf die britische Innenpolitik. Die Interventionsdebatte hielt drei Jahre an und ließ viele Themen wiederaufleben, die schon während der »bulgarischen Agitation« der 1870er Jahre diskutiert worden waren.[91] Die muslimische Gemeinde in Großbritannien war wütend. »Heute Bosnien – morgen die Brick Lane«, warnte ein Transparent, das auf Demonstrationen in Ostlondon zu sehen war.[92] Extremistische Organisationen wie Hizb ut-Tahrir erhielten enormen Zulauf. Dutzende islamischer Wohltätigkeitsorganisationen schickten Lebensmittel, Arzneimittel und sogar Waffen nach Bosnien. Hunderte von britischen Muslimen gingen als Freiwillige zu den bosnischen Mudschaheddin. Einige der später bekannt gewordenen britischen Dschihadisten, wie Ahmed Saeed Sheikh, der Drahtzieher hinter der Entführung und Ermordung des Journalisten Daniel Pearl, und der Guantanamo-Häftling Moazzam Begg, wurden durch die Entwicklung in Bosnien radikalisiert.[93] Aktivisten aus der gesamten muslimischen Welt trafen in der britischen Hauptstadt aufeinander und mischten sich unter die einheimischen Islamisten. 1995 zündeten algerische Radikale, die wahrscheinlich von London aus operierten, Bomben in der Pariser U-Bahn. Großbritannien weigerte sich jedoch, gegen die Extremisten in seiner Mitte vorzugehen. Zur Verzweiflung französischer und nahöstlicher Nachrichtendienste war die Regierung vornehmlich darauf bedacht, den fragilen heimischen multikulturellen Konsens nicht zu gefährden. Außerdem glaubte Whitehall, es gäbe ein informelles Übereinkommen mit islamistischen Gruppen, demzufolge Großbritannien selbst nicht zum Anschlagsziel werden würde, solange es ihre Kreise nicht störte. Kommentatoren begannen von »Londonistan« zu sprechen.[94]

Zum Stolperstein wurde John Major jedoch seine Europapolitik. Seine Amtszeit war von Angriffen von Euroskeptikern geprägt – aus den eigenen Reihen der Konservativen Partei ebenso wie von Seiten einer Presse, die entschlossen war, die britische Souveränität gegen »Brüssel« zu verteidigen. Das Integrationsprojekt, insbesondere die gemeinsame Währung, wurde als Fassade für deutsche Vorherrschaft verdammt. Wenn man Deutschland, warnte der konservative Abgeordnete William »Bill« Cash, »mit der Europäischen Währungsunion (einschließlich der Zentralbank)« und »der Europäischen Politischen Zusammenarbeit mit einem Mehrheitsabstimmungsverfahren, das um von Deutschland abhängige Bündnisse kreist, den Schlüssel zur Rechtsstruktur Europas« aushändige, überreiche man ihm »einfach die Gesetzgebungsmacht auf einem Silbertablett«. Cash, einst ein Anhänger des Gemeinsamen Markts, sagte auch voraus, dass die gemeinsame Währung die Wettbewerbsfähigkeit der kleineren Wirtschaften zerstören und so »an der Peripherie der EU zu ökonomischem Niedergang und steigender Arbeitslosigkeit führen« würde, die »den deutschen Würgegriff finanzieren« würden.[95] Was immer die Öffentlichkeit solchen Wortmeldungen entnahm, die Demütigung des Schwarzen Mittwochs zerstörte den Ruf der Wirtschaftskompetenz, in dem die Regierung und die Konservative Partei gestanden hatten. Das Land war des ständigen Streits der Torys über Europa überdrüssig. Hauptsächlich aus diesem Grund wurde Major im Mai 1997, trotz des Wohlstands im Land, nicht wiedergewählt. Wieder einmal hatte sich »Europa« als ausschlaggebendes innenpolitisches Thema erwiesen.

Der neue Labour-Vorsitzende Tony Blair präsentierte eine völlig andere Vision für die britische Position in Europa. Im Wahlkampf hatte er das Versagen der Regierung Major in Jugoslawien angegriffen, den Zusammenhang zwischen Moral und Außenpolitik hervorgehoben und die Idee der britischen Ausnahmestellung und globalen Führungsrolle bekräftigt. Diese Führung sollte in und durch Europa erfolgen. »Die Tendenz zur Isolation in Europa muss gestoppt und durch eine Politik des konstruktiven Engagements ersetzt werden«, hatte er schon vor seiner Wahl erklärt. »Tatsache ist, dass Europa heute der einzige Weg ist, auf dem Großbritannien Macht und Einfluss ausüben kann.« Wenn es seine »historische Rolle als Globalplayer aufrechterhalten« wolle, fügte er hinzu, müsse es »eine zentrale Rolle in der Politik Europas spielen«.[96] »Vier Jahrhunderte lang«, unterstrich Blair später, »war es unser Schicksal, Europa zu gestalten. Möge es wieder so sein.«[97]

Insofern markierte der Wahlsieg der Labour Party einen grundlegenden Wandel im Verhältnis zum Kontinent. Der neue Außenminister Robin Cook schwor, »Großbritannien zu einem führenden Mitspieler in Europa zu machen«,[98] und die neue Regierung betonte, weil das Vereinigte Königreich »ein großer europäischer Staat und ein führendes Mitglied der Europäischen Union« sei, sei seine »Sicherheit untrennbar von derjenigen der europäischen Partner und Verbündeten«. Man habe »daher ein fundamentales Interesse an der Sicherheit und Stabilität des Kontinents als Ganzem und an der Effizienz der NATO als einem kollektiven politischen und militärischen Instrument, um diese Interessen durchzusetzen«.[99] Der erste konkrete Schritt in diese Richtung war der Beitritt zur Grundrechtecharta. Als Nächstes stand die Frage auf der Agenda, ob Großbritannien auch bei der anderen von John Major in Maastricht erreichten Ausnahme den Kurs ändern würde, dem »Optout« von der gemeinsamen Währung. Im Oktober 1997 gab London bekannt, dass die Entscheidung über die Einführung des Euros vom Ergebnis der fünfjährigen ökonomischen Tests abhänge, die Schatzkanzler Gordon Brown in Gang gesetzt habe, um zu bestimmen, ob die britische Wirtschaft mit derjenigen der geplanten Eurozone langfristig vereinbar sei. Bei diesen Tests ging es hauptsächlich um Wirtschaftskreisläufe, die Flexibilität des Euros im Krisenfall und die wahrscheinlichen Auswirkungen auf Investitionen. Aber es stellte sich rasch heraus, dass ein Resultat nicht so bald zu erwarten war. Wenn Großbritannien in Europa die Führung übernehmen wollte, brauchte es einen anderen Ansatz.

Damit rückte als Hauptinstrument des britischen Einflusses in Europa insbesondere die militärische Integration in den Vordergrund. Im Dezember 1998 erklärte Tony Blair bei einem Treffen mit dem französischen Präsidenten Jacques Chirac in Saint-Malo, die EU sollte »die Fähigkeit für autonomes, von einer glaubwürdigen Militärmacht gestütztes Handeln entwickeln«.[100] Dies ebnete der Beteiligung an einer europäischen Sicherheits- und Verteidigungspolitik den Weg, die – wenigstens konzeptionell – mit einer lebendigen atlantischen Allianz vereinbar war. Der Premierminister versuchte, die transatlantische Spaltung und jene zwischen EU und NATO zu überwinden. »Wir sind die Brücke zwischen den USA und Europa«, sagte er im November 1997 auf dem Londoner Bürgermeisterbankett.[101] In Anspielung auf den Kultfilm *The Blair Witch Project* sprach der Historiker und Autor Timothy Garton Ash vom »Blair Bridge Project«.[102] Mit Großbritannien an Bord bestand jetzt die Chance, dass die EU in Verteidigungsangelegenheiten wirkungsvoller auftreten konnte. Dies wurde bald durch die Kosovokrise von 1999 auf die Probe gestellt, als Europa erneut mit einer ethnischen »Säuberung« konfrontiert war, denn die serbische Regierung unter Slobodan Milošević ging zunehmend brutal gegen die kosovarischen Albaner vor. Die in der Folge durchgeführten Luftangriffe unter Führung der Vereinigten Staaten waren keine Werbung für die europäische Verteidigungskooperation, stärkten aber

Blairs Stellung. Seine harte Haltung wurde ihm sowohl auf dem Kontinent als auch jenseits des Atlantiks hoch angerechnet.

Den optimistischen neuen Konsens fasste Tony Blair im April 1999 in einer Rede in Chicago zusammen, in der er die Doktrin einer »Weltgemeinschaft« verkündete, in der aufgrund der globalen Verflechtung und der zunehmenden Reichweite der Kommunikationstechnologien jeder Staat Nachbar jedes anderen Staats sei. Mit dem brechend, was er als »westfälisches« Beharren auf Souveränität betrachtete, erklärte Blair, dass die Verletzung von Menschenrechten nicht nur moralisch empörend sei, sondern auch die Sicherheit der entwickelten Welt bedrohe, weil sie Instabilität verbreite. In dieser Hinsicht hob er insbesondere »zwei gefährliche, rücksichtslose Männer« hervor, die Führer Serbiens und des Iraks, deren Verhalten den Westen im vorangegangenen Jahrzehnt mehr als einmal in einen Konflikt hineingezogen hätten. Europa und die Vereinigten Staaten seien nun gefordert, sich zusammenzutun, um diese und andere Bedrohungen zu beseitigen. »Letzten Endes«, resümierte Blair, »verschmelzen Werte und Interessen. Wenn wir die Werte der Freiheit, der Rechtsstaatlichkeit, der Menschenrechte und der offenen Gesellschaft durchsetzen und verbreiten können, dann ist dies auch in unserem internationalen Interesse. Die Verbreitung unserer Werte macht uns sicherer.«[103] Damit stand Blair in einer langen Tradition der britischen Außenpolitik. Das wird besonders deutlich, wenn man das Wort »Werte« durch »Protestantismus«, »Freiheit«, »Liberalismus« oder »Humanität« ersetzt.

Es gab also keinen inhärenten Widerspruch zwischen den Interessen Washingtons, Londons und Brüssels. Im Gegenteil, alle Uhren schienen dieselbe Zeit anzuzeigen. Die Regierung Clinton war zufrieden, dass Europa die Last der gemeinsamen Sicherheit tragen sollte.[104] Blair verfolgte die Mission, Großbritannien wieder an die Spitze des europäischen Projekts zu führen und zwischen den Vereinigten Staaten und Europa zu vermitteln. Deutschland betrachtete die Zusammenarbeit der angelsächsischen Mächte als wesentliche Voraussetzung seiner Politik der Sicherung seiner Ostgrenze und der Einbindung seiner wachsenden Macht in ein breiteres europäisches Projekt. Großbritannien habe derzeit die europafreundlichste Regierung, die es je hatte, fasste der deutsche Außenminister Joschka Fischer diese Entwicklungen im März 1999, kurz vor dem militärischen Eingreifen der NATO im Kosovo, zusammen. Niemand sei darüber glücklicher als die Deutschen.[105]

Großbritannien wurde immer enger mit dem Kontinent verzahnt, während die EU sich ausdehnte. 1994 wurde der Kanaltunnel eingeweiht, der die Verbindung zwischen dem Vereinigten Königreich und dem Kontinent enorm verbesserte. Die britische Wirtschaft wuchs und zog Einwanderer aus der gesamten EU an, denen schließlich ein Wohn- und Arbeitsrecht für die gesamte Union gewährt wurde. Obwohl Großbritannien kein Euro-Land war, boomte die City of London als Handels- und Finanzzentrum des Kontinents. Auch die Weigerung, sich dem Schengengebiet, in dem man ohne Pass reisen konnte, anzuschließen, zog keine größeren Probleme nach sich – jedenfalls am Anfang. Die französischen Behörden prüften die Dokumente in London, während die britischen es in Calais taten. Es schien, als sei das »Enge Meer« zu einem europäischen See geworden.

Das Ende des Kalten Krieges und die fortschreitende europäische Integration ermöglichten auch einen Wandel der Beziehungen innerhalb des Vereinigten Königreichs. Moskau stellte nach dem Zusammenbruch des Kommunismus die Unterstützung der IRA ein, die damit einen globalen Helfer verlor. In der Downing-Street-Erklärung vom Dezember 1993 erklärte die britische Regierung, sie verfolge in Nordirland »keine eigennützigen strategischen und ökonomischen Interessen«. Nach zwei Waffenstillständen einigte man sich 1998 im Karfreitagsabkommen auf eine Machtteilung, die den militärischen Konflikt weitgehend beendete. Regionalisierungen für Wales und Schottland folgten, zum Teil als Reaktion auf lokale Forderungen, aber auch als Ausdruck eines wiedergefundenen Vertrauens in die umfassendere kontinentale Ordnung. Im selben Maß, wie der Bedrohungspegel am Ärmelkanal sank, lockerten sich die Bande, welche das Vereinigte Königreich zusammenhielten. Bezeichnenderweise nahm die Zustimmung zur Union mit England immer dann zu, wenn in Europa ein Krieg tobte, etwa während des Kosovokriegs von 1999, als die Beliebtheitskurve von Alex Salmond und seiner Schottischen Nationalpartei nach unten zeigte.

Um die Jahrtausendwende standen Großbritannien und Tony Blair in Europa in hohem Ansehen. Die britische Wirtschaft galt weithin als dynamisches Zukunftsmodell. Großbritannien war die deutlich größte Militärmacht Europas und wurde vom ultimativen Schiedsrichter, den Vereinigten Staaten, als solche anerkannt. Darüber hinaus war Blair weit und breit der robusteste und realistischste politische Führer, der Milošević im Kosovo zum Nachgeben gezwungen und Nordirland Frieden gebracht hatte. In Sierra Leone hatte er eine wahrhaft postimperiale humanitäre Intervention in Gang gesetzt. Jeder in Europa hatte von ihm gehört, von den Bürokraten in Brüssel bis zu den singenden Flüchtlingen, die ihn in den Lagern im Kosovo begrüßten, als wäre er Johannes der Täufer. Die Ausstrahlung und Ambivalenz der Macht ging von ihm aus. Hätte es eine direkte Wahl für einen europäischen Präsidenten gegeben, hätte Blair sicherlich mit weitem Abstand vor allen anderen Kandidaten gelegen. Die Vision, die er vertrat, war die eines Großbritanniens, das sich in der EU auflöst und sie dabei grundlegend verändert. Europa sollte eine Erweiterung Großbritanniens und ein Kraftverstärker der britischen Gesamtstrategie werden, die sich ihrerseits in Symbiose mit Europa weiterentwickeln sollte. Blair schien für ein Schicksal in Europa bereit zu sein.

Der beste Vergleich für die Rolle, die Großbritannien hier potentiell spielen konnte, war diejenige Preußens im Deutschland des 19. Jahrhunderts.[106] Zur Jahrtausendwende befand sich das Projekt der Europäischen Union ungefähr im selben Stadium wie die deutsche Vereinigung im Jahr 1865. Seit der Gründung des Deutschen Zollvereins im Jahr 1834 war die ökonomische Integration rasch vorangekommen, während die politische Vereinigung weiterhin an der Entschlossenheit der kleineren deutschen Staaten scheiterte, ihre mühsam erworbene Souveränität aufzugeben. Gelähmt wurde ein Vorankommen in Sachen politischer Union auch durch Österreichs Anspruch auf die Hegemonie in Deutschland und seine hartnäckige Ablehnung der preußischen Führung. Was die Staaten Baden, Württemberg und Bayern schließlich dazu bewegte, die Vereinigung hinzunehmen – die 1871 kaum mehr als ein Fürstenbund war –, war die offensichtliche Unfähigkeit des Deutschen Bundes, eines lockeren und freundschaftlichen, aber ineffizienten politischen Zusammenschlusses, ausreichenden Schutz vor einer französischen Aggression zu bieten. Die Europäische Union hätte sich ähnlich entwickeln können. Auch in ihr war die ökonomische Integration mit dem Gemeinsamen Markt und der gemeinsamen Währung weit vorangeschritten, während die politische und militärische Integration, trotz zahlreicher Gelegenheiten, immer wieder ausgebremst worden war. Die Herausforderung in Bosnien zu Beginn der 1990er Jahre hatte man völlig verpatzt. Die europäische Verteidigungsidentität entpuppte sich als moderne Version eines Schokoladesoldaten: eingewickelt in eine farbenprächtige multilateralistische Hülle, zuckersüß in Bezug auf die Konsensprinzipien, aber zerbrechlich, wenn man sie auf die Probe stellte. Um solche Herausforderungen bewältigen zu können, brauchte es nach Ansicht mancher keinen europäischen »Superstaat«, sondern eine europäische Supermacht auf zwischenstaatlicher Grundlage – vielleicht mit stärkeren konföderalen Banden – unter britischer Führung. Großbritannien hätte das Preußen der europäischen Vereinigung werden können mit Tony Blair als seinem Bismarck.

Dieser Gedanke veranlasste die Labour-Regierung 2003, sich im Irakkrieg auf die Seite der Regierung Bush zu schlagen. Blair stand

voll und ganz hinter ihr; immerhin hatte er sich bereits in seiner
Chicagoer Rede von 1999 mit Saddam Hussein auseinandergesetzt.
Damals war George W. Bush noch ein bloßer Anwärter auf die
republikanische Präsidentschaftskandidatur gewesen. Seither hatte
Blair beobachten können, wie sich der US-Präsident in Bezug auf
Nationenaufbau, Demokratisierung und humanitärer Intervention
entschieden in seine Richtung bewegt hatte. Allgemeiner betrachtete Blair den 11. September als Gelegenheit, eine gerechtere und
sicherere Welt zu schaffen: »Das Kaleidoskop ist geschüttelt. Die
Stücke sind in Bewegung …, lassen Sie uns die Welt um uns herum
neu ordnen.«[107]

Was immer man von der Entscheidung, Saddam Hussein gewalt-
sam zu stürzen und den Versuch zu unternehmen, den Irak zu
demokratisieren, halten mag,[108] die Kriegsziele wurden zweifellos
nicht erreicht. Gewiss wurde Saddam abgesetzt, aber Massenver-
nichtungswaffen wurden nicht gefunden, und in dem chaotischen
politischen Vakuum, das nun entstand, erwiesen sich alle Hoffnungen auf eine mit dem Irak beginnende demokratische Umgestaltung der Region als Illusion. In der Heimat war der Krieg zudem
stark umstritten, insbesondere unter britischen Muslimen,[109] und
entfremdete Großbritannien von den beiden wichtigsten europäischen Mächten, Frankreich und Deutschland. Blairs Ansehen auf
dem Kontinent sackte in den Keller, und es sollte ihm nicht gelingen, die Initiative zurückzugewinnen. Es war nicht nur für ihn persönlich tragisch, sondern vielleicht auch für die britische Rolle auf
dem Kontinent. Blair hätte ein Anwärter für die Führungsrolle in
Europa sein können.

Es war eine Ironie, dass ausgerechnet Blair, der so stark auf
Europa orientiert war, die nach dem Ende des Kalten Krieges
begonnene Verringerung der britischen Truppenpräsenz auf dem
Kontinent beschleunigte. Im britischen Verteidigungs-Weißbuch
vom Dezember 2003 wurde festgestellt, es sei »nicht mehr nötig,
eine [Verteidigungs-]Fähigkeit gegen das Wiederauftauchen einer

direkten konventionellen strategischen Bedrohung des Vereinigten Königreichs oder [seiner] Verbündeten aufrechtzuerhalten«. Stattdessen müsse man »der Erfüllung einer größeren Bandbreite von [globalen] Expeditionsaufgaben Priorität einräumen« und in der Lage sein, schnell auf neu auftauchende Bedrohungen zu reagieren.[110] Wie im späten 19. Jahrhundert nahm man an, dass man die Streitkräfte künftig vornehmlich für humanitäre Interventionen, »komplexe Notfälle« und den »Krieg gegen den Terror« brauchen würde – das Äquivalent des frühen 21. Jahrhunderts zur imperialen Kontrolle und zu den »kleinen Kriegen« der Vergangenheit. Kaum jemand rechnete mit der Rückkehr großer konventioneller Bedrohungen, für deren Abwehr die Stationierung von »Schwermetall« und hochentwickelten Waffensystemen im europäischen Kernland erforderlich wäre.

Gleichzeitig schwand die Europabegeisterung der britischen Öffentlichkeit und des britischen Parlaments. Viele der konservativen Kandidaten, die sich 2005 neu zur Wahl stellten, waren Euroskeptiker, ebenso wie Gordon Brown, der 2007 Blair als Premierminister ablöste und auch danach bei seiner Ablehnung des Beitritts zur Eurogruppe blieb. Die Koalitionsregierung unter David Cameron, die 2010 ins Amt kam, teilte diese Vorbehalte, nicht zuletzt deshalb, weil die Eurozone offenbar nicht in der Lage war, die eskalierende Staatsschuldenkrise und das Leid, das sie peripheren Ländern wie Griechenland brachte, in den Griff zu bekommen. Dies schien die euroskeptischen Behauptungen über den Euro und einen Demokratiemangel in der EU zu bestätigen oder wenigstens darauf hinzudeuten, dass eine Wirtschafts- und Währungsunion ohne eine entsprechende politische Integration unmöglich war. In den letzten Jahren wurde diese kritische Sicht auf die EU zusätzlich bestärkt, weil sie sich als unfähig erwies, auch nur eine der Herausforderungen, mit denen sie konfrontiert war, zu bewältigen, vom Wiederaufleben der russischen Macht im Osten über die Migrationskrise und den islamistischen Terror bis zum Zusammenbruch staatlicher

Institutionen im Nahen Osten und natürlich der sich ausweitenden Staatsschuldenkrise. Großbritannien hielt sich dank der Möglichkeit des Finanzministeriums, sein eigenes Geld zu drucken, und seiner kritischen ökonomischen Masse besser. Seinen Rückzug vom Kontinent setzte es dennoch fort. 2010 gab London bekannt, dass man in den kommenden zehn Jahren sämtliche britischen Truppen aus Deutschland abziehen werde. Damit war das Ende der langjährigen britischen Präsenz auf dem Kontinent eingeläutet. Als es nach der russischen Annexion der Krim im Jahr 2014 darum ging, Russland einzudämmen, hielt Großbritannien sich weitgehend abseits. Wie man es auch sah, der »britische Moment« in Europa, die Chance einer engen zwischenstaatlichen Union unter der Führung Großbritanniens, war endgültig vorüber.

9
Großbritannien, die letzte europäische Großmacht[1]

Unter den Konservativen hat Großbritannien seinen rechtmäßigen Einfluss in der Welt zurückgewonnen. Wir setzen uns für die Werte ein, welche unser Land stets vertreten hat. Wir spielen eine zentrale Rolle in der Weltpolitik. Großbritannien steht als starker und respektierter Partner im Herzen Europas. Wir haben im vergangenen Jahrzehnt eine entscheidende Rolle bei der Entwicklung der Gemeinschaft gespielt.

Wahlprogramm der Konservativen Partei, 1992[2]

Jahrhundertelang ist es Großbritanniens Schicksal gewesen, andere Nationen zu führen. Dieses Schicksal sollte nicht der Vergangenheit angehören. Es sollte Teil unserer Zukunft sein. Wir sind ein Führer von Nationen – oder nichts.

Tony Blair, Bridgewater Hall, Manchester, 1997

Bis in jüngste Zeit galt es als ausgemacht, dass die globalen Kraftzentren einer Welt in unserer Zeit nach Ende des Kalten Krieges im Osten oder Süden liegen oder künftig liegen werden. Seit mittlerweile über einem Jahrzehnt heben Beobachter den Aufstieg der BRIC-Staaten Brasilien, Russland, Indien und China hervor, ihre rasant wachsenden Bruttosozialprodukte, ihr zunehmendes Vertrauen in internationale Organisationen und ihre steigenden Militärausgaben.[3] Untermauert wurden diese Behauptungen und Voraussagen durch eine beängstigende Vielzahl von Statistiken.[4] Manche sahen eine »neue asiatische Hemisphäre« entstehen.[5] Der Westen, so schien es, befand sich im Niedergang.[6] Die Vereinigten Staaten bekamen die Folgen ihrer Politik zu spüren: ihrer imperialen Überdehnung sowie ihrer mangelnden Investitionen und Innovationen im Innern. Die Güterproduktion schrumpfte, das Bildungsniveau sank, die Schuldenlast lähmte Regierung, Banken und Privatsektor. 2008 sprach ein Kommentator vom »postamerikanischen Zeitalter«.[7] Ein anderer erwartete, dass China bis 2020 die Vereinigten Staaten in der Anzahl der Zitierungen in internationalen wissenschaftlichen Zeitschriften überflügeln werde.[8] Präsident Obamas Entscheidung, Truppen aus dem Irak und Afghanistan abzuziehen, und seine erklärte Absicht, die US-Politik auf Ostasien und die Eindämmung Chinas auszurichten, wurden als verspätete Einsicht in diese Realitäten betrachtet.[9]

Noch niederschmetternder war der vermeintliche Niedergang Europas. Dessen Beginn sah man natürlich in den beiden Weltkriegen von 1914–18 und 1939–45; fortgesetzt habe er sich dann mit dem Abschied von den Kolonialreichen und dem Aufstieg der Supermächte nach dem Zweiten Weltkrieg. Die Hoffnung und Erwartung, dass der Kontinent sein globales Gewicht durch die Schaffung der Europäischen Union vergrößern würde, seien durch die 2010 ausgebrochene und noch nicht überwundene Euroschuldenkrise grausam enttäuscht worden. Und um alles noch schlimmer zu machen, hätten die Staaten des alten Kontinents miteinander gestritten, um ihren individuellen oder kollektiven Auffassungen zu den globalen Schlüsselfragen des internationalen Terrorismus, des Nahen Ostens und der Verbreitung von Atomwaffen Gehör zu verschaffen.

Am schlimmsten trifft es in dieser Darstellung der europäischen Niedergangsgeschichte jedoch Großbritannien, das nicht einmal an der vorübergehenden Erholung von »Kerneuropa« auf dem Höhepunkt des Integrationsprojekts teilgehabt habe, sondern sich seit 1945 angeblich ständig im Niedergang befand und die Demütigung hinnehmen musste, von Frankreich und Westdeutschland überholt zu werden.[10] Nach dem Zweiten Weltkrieg verlor Großbritannien, um ein zum Klischee gewordenes Bonmot von Dean Acheson zu zitieren, ein Empire, ohne eine neue Rolle zu finden.[11] Der Historiker Alfred Leslie Rowse notierte traurig in seinem Tagebuch, die Zeit sei vorüber, in der es »eine unbestrittene Annahme war, wie die Luft, die man atmet, dass England und das Empire die größten Dinge der Welt seien«.[12] Großbritannien versäumte es, eine Nische im neuen Europa zu finden, selbst dann noch, als es in den frühen 1970er Jahren nach zwei Zurückweisungen in die Europäische Gemeinschaft aufgenommen worden war. Der allgemeinen Auffassung vom britischen Niedergang entsprechend schenkten politikwissenschaftliche Überblicke der Macht des Vereinigten Königreichs im Hinblick auf die vergangenen zwei Jahrzehnte kaum Aufmerksamkeit.[13]

In jüngerer Zeit, so wird kritisiert, sei Großbritannien das Risiko eingegangen, sich in der EU zu isolieren und, wenn es aus ihr austrete, zum Außenseiter zu werden. Premierminister Cameron wurde in der Frage des europäischen Stabilitätspakts kläglich alleingelassen, selbst von Ländern, die nicht zur Eurozone gehörten, und auch in der Folgezeit schlug sich nur die Tschechische Republik auf seine Seite. Die britischen Truppen zogen mit eingeklemmtem Schwanz aus dem Irak und Afghanistan ab. Tiefe Einschnitte in den Verteidigungshaushalt haben das Brüllen des Löwen zu einem Winseln reduziert.[14] Die stolzen Städte an der englischen Südküste wurden von »Cinque Ports« zu »sink estates«, Senkgruben. Und zu allem Überfluss stimmten im September 2014 am Jahrestag der Schlacht von Bannockburn auch noch mehr als zwei Fünftel der Schotten für die Loslösung vom Vereinigten Königreich. Vor diesem Hintergrund warnte der frühere Premierminister Gordon Brown im März 2015, ein Austritt aus der EU sei »die Nordkorea-Option, draußen in der Kälte mit wenigen Freunden, keinem Einfluss, kaum neuem Handel und noch weniger Investitionen«.[15] Anfang 2016 klagte der ehemaliger britische UN-Botschafter Jeremy Greenstock, das Vereinigte Königreich sei »keine Macht mehr; unsere relative Macht ist verschwunden, wir sind in den Schatten getreten«, und zwar so weit, dass es dem Land schwerfallen werde, seinen Sitz im UN-Sicherheitsrat zu behaupten.[16]

An dieser Sichtweise ist etwas dran, aber nicht viel. In der »Strategic Defence Review« von 2010 wurde eine drastische Verkleinerung der britischen Streitkräfte empfohlen. Daraufhin wurden die Militärausgaben erheblich gekürzt. Die Zahl der aktiven Soldaten schrumpfte. Besonders hart traf es die Marine, die über immer weniger Schiffe verfügte. Als der Flugzeugträger *Ark Royal* 2011 am Schauplatz der Kämpfe im Libanon vorbei zu einem Schiffsfriedhof in der Türkei geschleppt wurde, war es ein Sinnbild dessen, was schiefgelaufen war. Anscheinend konnte Großbritannien nicht einmal mehr selbst seine Kriegsschiffe verschrotten. Darüber hinaus wäre die Intervention in Libyen nicht ohne umfangreiche logistische Unterstützung durch die Vereinigten Staaten möglich gewesen. Und die britische Armee bekam die Aufstände im Irak und in Afghanistan nicht in den Griff.[17] Die Anarchie, die sie in der Provinz Basra hinterließ, stand in traurigem Gegensatz zu den Fortschritten, die die Amerikaner im Zuge von »Surge«, der Aufstockung der eigenen Truppen, und »Awakening«, dem Einsatz lokaler Milizen, seit Mitte 2007 im Sunni-Dreieck erreichten. Großbritanniens einzigartiger militärischer Vorteil, die konzentrierte, hochentwickelte Kriegführung, war ihm, zumindest vorläufig, abhandengekommen, auch wenn die Streitkräfte weiterhin nach Einsätzen verlangten. Ihr Beitrag zu dem von US-Präsident George W. Bush geführten Irakkrieg, so wurde weithin gespottet, habe eher dem Verhalten eines »Pudels« geglichen als demjenigen einer »Bulldogge«.[18] Die britische Wirtschaft hatte Mühe, mit dem Wachstum der BRIC-Staaten Schritt zu halten.[19] Indien lehnte in neuem Selbstvertrauen sogar britische Entwicklungshilfe ab. Alles in allem sprach vieles dafür, dass sich Großbritannien im Niedergang befand.

Tatsächlich sind Meldungen über den Abstieg Großbritanniens nichts Neues. Aber sie sind auch verfrüht, und es ist unwahrscheinlich, dass sie sich in absehbarer Zukunft bewahrheiten werden. Wie wir gesehen haben, befand sich Großbritannien ständig in irgendeiner Krise. Die Niedergangsangst hat spätestens seit dem Fall von Frankreich in der Mitte des 15. Jahrhunderts immer wieder zur öffentlichen Debatte in England und später in Großbritannien beigetragen. Damals hatten Engländer sich darüber ereifert, dass das französische Reich aufgrund von Verweichlichung, innerer Spaltung und einer schwachen Monarchie verlorengegangen sei. In frühmoderner Zeit bot der unaufhaltsame Vormarsch der Habsburger in Mitteleuropa Grund zur Sorge. Er war eine der Hauptursachen des englischen Bürgerkriegs, insofern sich das Parlament immer stärker über die Vernachlässigung der »protestantischen Sache« in Deutschland empörte.[20] Im 18. Jahrhundert lösten französische Siege auf See und an Land regelmäßig die Angst aus, man könne im nationalen Vergleich den Anschluss verpassen. Außerdem war die Furcht verbreitet, das Machtschwergewicht würde sich nach Osten verlagern. Während Großbritannien im Amerikanischen Unabhängigkeitskrieg gegen eine globale Koalition kämpfte, sorgten sich seine Staatsmänner darüber, dass die Zukunft nicht dem Parlamentarismus gehören würde, der in Polen, Schweden und den Niederlanden Rückschläge erlitten hatte, sondern den »militärischen« östlichen Monarchien von Preußen, Österreich und Russland. So erklärte der Staatssekretär im britischen Kriegsministerium Mitte März 1778: »Die großen Militärmächte im Innern Europas, die große Schätze angehäuft und ihre Untertanen zu großen Armeen geformt haben, werden in der nächsten Zeit zu den vorherrschenden Mächten werden.«[21]

Der relative ökonomische Niedergang Großbritanniens wurde in den frühen 1870er Jahren, nach der Wiedervereinigung der Vereinigten Staaten und der Vereinigung Deutschlands, offensichtlich. Die Debatte darüber brach jedoch erst zur Jahrhundertwende, auf dem Höhepunkt des Britischen Empires, als London die Buren in Südafrika zu einem Problem erklärte, in vollem Umfang aus.[22] Damals fürchteten manche, Großbritannien würde es wieder wie im Amerikanischen Unabhängigkeitskrieg mit einer globalen Koalition zu tun bekommen. Um in der neuen Ära von Großstaaten zu überleben, war es nach Ansicht vieler nötig, ein »größeres Britannien« zu schaffen, das gegen seine Konkurrenten die Ressourcen des Empires aufbieten konnte.[23] Die »Effizienzbewegung« beschäftigte sich ausführlich mit der Frage, ob die Industrialisierung das städtische Proletariat derart beeinträchtigt hatte, dass es für den Wehrdienst ungeeignet war. Manche Beobachter sagten sogar den Aufstieg Chinas auf Kosten Großbritanniens voraus. Der langjährige Generalinspekteur des britischen Zolls, Robert Hart, prophezeite im Jahr 1900, es könne bis zum Ende des Jahrhunderts zum »mächtigsten Reich auf der Erde« werden. Angesichts des Rückzugs »östlich von Suez« in den 1960er Jahren und des Bittgangs zum Internationalen Währungsfonds im Jahr 1976, der einen Tiefpunkt markierte, beschäftigte man sich noch intensiver mit dem »Niedergang«.[24] Es wurde üblich, Großbritannien zur bloßen Regionalmacht zu erklären.[25] »Heute sind wir nicht nur keine Weltmacht mehr«, befand der britische Botschafter in Paris, Nico Henderson, 1979, »sondern stehen nicht einmal mehr in Europa an erster Stelle.«[26] In den 1970er und 1980er Jahren sahen manche die Ursache hierfür darin, dass die imperialen Bestrebungen Großbritanniens der entscheidenden europäischen Arena Ressourcen vorenthalten und Investitionen in Industrie und Bildung verhindert hatten, weshalb das Land hinter das deutsche »Wirtschaftswunder« zurückgefallen sei.[27] In John Le Carrés Roman *Dame, König, As, Spion* sagt der Verräter Bob Haydon zu seinem Gegenspieler George Smiley, seiner Meinung nach sei die politische Potenz des Vereinigten Königreichs »ohne jegliche Relevanz oder moralische Lebensfähigkeit in der Weltpolitik«.[28] Der Historiker Paul Kennedy äußerte sich in seinem Standardwerk »Aufstieg und Fall der großen Mächte« zwar weniger pessimistisch, aber auch er stufte das Vereinigte Königreich als »mittelgroße Macht« ein, deren militärische Ambitionen nicht im Einklang mit ihrer schrumpfenden ökonomischen Basis standen.[29] Dieser Ansicht waren auch die Autoren anderer Standardwerke.[30]

In Wirklichkeit erwiesen sich all jene Niedergangvoraussagen als stark übertrieben. Nach dem Verlust seines französischen Reichs hatte sich England unter Heinrich VIII. und Elisabeth I. wieder erholt, und im 17. und 18. Jahrhundert hielten Cromwell, Wilhelm von Oranien und William Pitt d. Ä. das europäische Gleichgewicht aufrecht. Großbritannien wurde keineswegs von den östlichen Mächten überflügelt, sondern hatte entscheidenden Anteil an den Revolutionskriegen ebenso wie an den napoleonischen Kriegen. Im 19. Jahrhundert bescheinigte man dem Vereinigten Königreich weithin eine hegemoniale Stellung. Im 20. Jahrhundert spielte es, wie bekannt, sowohl in beiden Weltkriegen als auch in den beiden anschließenden Ordnungen eine herausragende Rolle. Es saß 1919 in Versailles am Verhandlungstisch und war wesentlich an der Gründung der Vereinten Nationen und des ökonomischen Systems von Bretton Woods beteiligt. Es gehörte zu den Hauptakteuren des Kalten Krieges. In den frühen 1950er Jahren kämpften britische Truppen am Imjin in Korea gegen eine Großmacht, Maos China. Als wichtigstes europäisches NATO-Mitglied leistete es einen bedeutenden Beitrag zur Abschreckung der Sowjetunion. In den 1980er Jahren erlebte es unter Margaret Thatcher eine ökonomische, militärische und psychologische Neubelebung. »Wir sind keine Nation im Rückzug mehr«, verkündete sie 1982. »Stattdessen haben wir neues Selbstvertrauen gewonnen, das in den ökonomischen Kämpfen im Innern geboren und in achttausend Meilen Entfernung erprobt und bestätigt wurde«, wo kurz zuvor die Argentinier von den Falklandinseln vertrieben worden waren.[31] Selbst auf dem Höhepunkt des vermeintlichen Niedergangs in den letzten dreißig Jahren führte Großbritannien in zwei Dutzend Ländern in aller Welt über dreißigmal Krieg.[32]

Wenn überhaupt eine Veränderung eintrat, dann wuchs der britische Einfluss auf Europa nach dem Ende des Kalten Krieges und dem Zusammenbruch der russischen Macht. In den 1990er Jahren spielte Großbritannien eine entscheidende Rolle in Bosnien. Gemeinsam mit Frankreich konnte es die von den Vereinigten Staaten geforderten Luftschläge gegen Serbien fast drei Jahre hinauszögern. Große Teile der westlichen Öffentlichkeit, vom Präsidenten der EU-Kommission Jacques Delors bis zum republikanischen Mehrheitsführer im US-Senat Bob Dole, sahen in London das größte Hindernis für ein kollektives Eingreifen. »Jedesmal wenn eine wirkungsvolle Aktion wahrscheinlich wurde«, bemerkte Tadeusz Mazowiecki, der erste demokratisch gewählte Ministerpräsident Polens und UN-Berichterstatter über Menschenrechte, im Mai 1993, »intervenierte ein bestimmter westlicher Staatsmann [der britische Außenminister Lord Hurd], um sie zu verhindern«.[33]

Nach 1997 bestimmte der britische Premierminister Tony Blair durch sein Eintreten für »humanitäre Interventionen« in erheblichem Ausmaß die internationale Tagesordnung. Den Höhepunkt bildete der Kosovokrieg. Blair drängte am stärksten auf den Einsatz von Bodentruppen, und es dürfte vor allem die Furcht vor deren Einsatz gewesen sein, die Milošević am Ende zum Einlenken bewog.[34] Blairs bemerkenswerte Chicagoer Rede von 1999, in der er die Lehre von der Weltgemeinschaft formulierte, ebnete der Annahme des Prinzips der »Schutzverantwortung« durch die Vereinten Nationen den Weg. Ende September und Anfang Oktober 2008 spielte Premierminister Gordon Brown eine zentrale Rolle bei der Koordinierung der westlichen Reaktion auf die weltweite Kreditklemme.[35] In jüngerer Zeit war es David Cameron, der gemeinsam mit dem französischen Präsidenten Nicolas Sarkozy eine Intervention in Libyen auf die internationale Agenda setzte, und insbesondere auf sein Drängen schlossen sich auch die Vereinigten Staaten im Rahmen der NATO dem Vorhaben an. Was immer man von dem Ergebnis des Eingreifens in Libyen halten mag, es demonstrierte auf jeden Fall den Wert der Zusammenarbeit zwischen London und Paris, die im französischen Verteidigungskonzept eine zentrale Rolle spielt. Dies zeigte sich erneut, als Präsident François Hollande im November 2015 nach den Anschlägen des »Islamischen Staats« in Paris instinktiv Großbritannien und nicht die anderen EU-Partner um Beistand bat. Darüber hinaus stellt Großbritannien, wenn es zutrifft, dass sich die im Niedergang befindlichen Vereinigten Staaten von Amerika in zunehmendem Maß auf Ad-hoc-Koalitionen statt auf Organisationen stützen werden, sicherlich das Land dar, an das sie sich in Sicherheitsfragen zuerst wenden werden. Zudem ist Washington aufgrund der Konzentration auf den Aufstieg Chinas in Ostasien in zunehmendem Maß auf die Hilfe Londons in Europa und im Nahen Osten angewiesen. Wenn sich der Zusammenhalt zwischen NATO und EU lockern sollte, könnte die »besondere Beziehung« zwischen London und Washington wieder an Bedeutung gewinnen.

Um den wahren Platz Großbritanniens in Geschichte und Gegenwart bestimmen zu können, muss man zwei Dinge beachten. Zum einen ist Macht relativ.[36] Deshalb muss man die heutigen britischen Fähigkeiten nicht an der Macht der britischen Marine in der Vergangenheit messen, sondern an derjenigen der heutigen Konkurrenten. Beim Bruttoinlandsprodukt rangiert Großbritannien an fünfter Stelle; pro Kopf gerechnet, muss es unter den großen Ländern nur den Vereinigten Staaten den Vortritt lassen. Seine Bevölkerung wächst aufgrund der eigenen Geburtenrate und der großen Nettozuwanderung, die viele gutausgebildete und fleißige Menschen ins Land bringt. Voraussagen sind zwar stets mit Vorsicht zu betrachten, aber den jüngsten Trends zufolge wird das Vereinigte Königreich in den nächsten zwanzig Jahren zur drittgrößten Wirtschaftsmacht der Welt aufsteigen und sowohl Deutschland als auch Japan hinter sich lassen. Zudem wird es Deutschland in Sachen Bevölkerungsgröße überholen. Wie das Centre für

Economics, Business and Research hinzufügt, hängt dies allerdings davon ab, dass Großbritannien »eine Reihe politischer Risiken, wie [sein] Auseinanderbrechen oder einen Austritt aus der Europäischen Union«, umschifft.[37]

Ferner besitzt Großbritannien nach den Vereinigten Staaten und China den drittgrößten Militärhaushalt der Welt, der seit einem großen Anstieg im Etat von 2015 auch weiter wächst. Darüber hinaus muss man, wenn man es mit seinen ökonomischen Konkurrenten vergleicht, im Kopf behalten, dass sowohl Deutschland als auch Japan, wie groß ihre Militärmacht auch sein mag, aus historischen und verfassungsmäßigen Gründen nicht über Atomwaffen verfügen. Von ihnen geht keine nukleare Abschreckung aus wie von London. Zudem ist die neuere Ausrüstung der britischen Streitkräfte von hoher Qualität: Der neue Zerstörer *Dauntless* des Typs 45 besitzt eine unvergleichliche Feuerkraft, die über fünfmal so groß ist wie diejenige der Schiffe vom älteren Typ 42. Die geplanten Pocket-Supercarrier mit einer Verdrängung von 65 000 Tonnen (und F35B-Kampfflugzeugen an Bord) und ferngesteuerte Tarnkappenflugzeuge stehen technisch auf einem höheren Niveau als alles, was andere Mächte – abgesehen von den Vereinigten Staaten – aufbieten können.

Vor allem aber ist Großbritannien im Gegensatz zu Frankreich und Deutschland, die zusammen mit der übrigen Eurozone in einen gemeinsamen Rahmen eingebunden sind, immer noch ein souveräner Staat. Trotz gelegentlich erhobener Forderungen nach einer Sicherheitsratsreform nimmt es weiterhin nicht nur aus Tradition, sondern auch aufgrund seiner gegenwärtigen Stärke einen ständigen Sitz im UN-Sicherheitsrat ein. Tatsächlich fällt es schwer, sich ein aus fünf Mitgliedern bestehendes Gremium, in dem die globale Macht – und nicht nur regionale Stärke – zählt, ohne das Vereinigte Königreich vorzustellen.[38] Nicht nur vermochte es die Falklandinseln zurückzuerobern, es ist heute auch militärisch derart stark dort präsent, dass ein neuer Invasionsversuch weit riskanter wäre als vor dreißig Jahren. Außerdem hat Argentinien seit 1982 derart wenig in seine Verteidigung investiert, dass es zu einem solchen Angriff nicht in der Lage ist. Kurz, wenn man die Macht Großbritanniens in Relation zu anderen Staaten einschätzt, ist sie zweifelsohne nicht bloß erheblich geblieben, sondern hat sich in den letzten Jahrzehnten auch wieder erholt.

Dieses Ergebnis wird bestätigt, wenn man den zweiten Aspekt der Macht betrachtet: Fähigkeiten und Vermögenswerte können nicht für sich genommen bewertet werden, sondern nur im Zusammenhang mit den vitalen Interessen des Staats. In dieser Hinsicht sagt die Verringerung der Verteidigungsausgaben des Vereinigten Königreichs relativ wenig über dessen militärisches Potential aus. Nach den napoleonischen Kriegen rüstete England stark ab, stellte aber, als es darum ging, Russland auf der Krim zu besiegen, rasch wieder eine bedeutende Streitmacht auf die Beine. 1914 schickte Großbritannien ein dürftiges Expeditionsheer von hunderttausend Mann nach Frankreich, das Wilhelm II. als jämmerliche kleine Armee abgetan haben soll. Trotz der Gründung der Territorialarmee verfügte es nur über eine kleine ausgebildete Reserve. Binnen anderthalb Jahren konnte es jedoch ein riesiges Freiwilligenheer aufbieten, das durch die Einführung der Wehrpflicht zusätzlich verstärkt wurde. Am Ende des Ersten Weltkriegs war Großbritannien als einzige europäische Großmacht nicht zusammengebrochen, wie Frankreich, zumindest vorübergehend, durch die Meutereien von 1917, Russland durch die Revolutionen im selben Jahr und Deutschland durch den Aufruhr von 1918. Sollte es jemals wieder ernsthaft bedroht werden, könnte es seine Streitkräfte auf ein Vielfaches ihrer aktuellen Größe ausweiten, wozu außer ihm nur wenige Länder, wie die Vereinigten Staaten, Frankreich und einige andere, in der Lage wären. Kurz, das Vereinigte Königreich verfügt über enorme Fähigkeiten – sowohl aktuell, als auch »latent«.

In diesem Kontext sollte auch die geschrumpfte globale Rolle Großbritanniens betrachtet werden. Seine strategischen Ziele lassen sich leicht zusammenfassen: An oberster Stelle stand stets die Verhinderung einer Invasion, indem man die Niederlande, die »Gegenböschung Englands«, sicherte. Zweitens war es immer Großbritanniens langfristiges Ziel, die Herausbildung eines kontinentaleuropäischen Hegemons zu verhindern, der fähig wäre, einen Angriff über den Ärmelkanal zu führen. Ein Mittel, mit dem dies in der Vergangenheit erreicht werden sollte, war der Erwerb eines Überseereichs, um das eigene Gewicht auf dem alten Kontinent zu vergrößern oder auszuschließen, dass die betreffenden Territorien einem Rivalen in die Hände fielen. Umgekehrt wurden diese jedoch aufgegeben, als ihr Besitz in der zweiten Hälfte des 20. Jahrhunderts zur strategischen und ideologischen Belastung wurde und Großbritannien in Form der transatlantischen Allianz eine andere Sicherheitsgarantie gefunden hatte. Dean Acheson und den »Niedergangspropheten« zum Trotz war das Empire nie ein Zweck an sich, sondern stets nur ein Mittel. Es wurde weniger verloren als vielmehr aufgegeben, weil London in größerer Nähe effizientere Mittel gefunden hatte, um seine vitalen Interessen zu schützen. Gleiches gilt für die Regionalisierung Schottlands und die Hoffnung der Schottischen Nationalpartei auf Unabhängigkeit. Das Fehlen von Bedrohungen ermuntert zur Desintegration. So wie der Act of Union im frühen 18. Jahrhundert beschlossen wurde, um England und Schottland für den Kampf gegen den gemeinsamen Feind Frankreich zu einen, und die Konflikte mit Napoleon, dem kaiserlichen und dem nationalsozialistischen Deutschland sowie der Sowjetunion den Zusammenhalt stärkten, so hat die entspanntere Lage im späten 20. und frühen 21. Jahrhundert zur Lockerung der Bande zwischen den beiden Teilen des Vereinigten Königreichs geführt. Dies ist kein Ausdruck von Schwäche, sondern von Sicherheit.

Die Bedrohung, mit der Großbritannien heute konfrontiert ist, ähnelt zwar derjenigen, die es in der Vergangenheit bewältigt hat, unterscheidet sich aber auch von ihr. Die eskalierende Staatsschul-

denkrise jenseits des Ärmelkanals besitzt das Potential, die ökonomischen und politischen Fortschritte der vergangenen Jahrzehnte
ebenso wie die wirtschaftliche Erholung Großbritanniens nach
dem Crash von 2008 zunichtezumachen. Die Forderung von Premierminister Cameron und Schatzkanzler Osborne, die Eurozone
politisch zu vereinigen, um den völligen Zusammenbruch der
gemeinsamen Währung zu verhindern, zeigt, dass Großbritannien
nicht die Integration des Kontinents unter einem (überwiegend)
freundlichen System fürchtet, wohl aber die Entstehung eines insta-
bilen, ungeordneten Raums unmittelbar vor seiner Haustür. Darüber hinaus hat das Wiederaufleben der russischen Macht im Osten,
das in der Annexion der Krim, dem Einmarsch in die Ostukraine
und der Bedrohung der baltischen Staaten zutage getreten ist, tiefgreifende Auswirkungen auf Großbritannien, das durch die NATO-
Verpflichtung zur kollektiven Verteidigung für die Sicherheit des
Kontinents mitverantwortlich ist. Jedenfalls bleibt Europa der Ort,
»wo das Wetter herkommt«.

Die außerordentliche Widerstandsfähigkeit der britischen Macht
ist drei Faktoren zu verdanken. Der erste ist die innere Stärke Englands. Wie gesehen, war das englische Herrschaftsgebiet seit dem
Mittelalter eine Großmacht: Es hat historisch stets zu den stärksten,
wohlhabendsten und bevölkerungsreichsten Ländern Europas
gehört, lange vor der transatlantischen Expansion und der Industrialisierung. Die Angliederung von Irland, Schottland und Wales
vergrößerte sicherlich diese Macht, untermauerte sie aber im
Wesentlichen nur. Dies gilt auch für das Überseereich. Deshalb hat
die britische Macht den Verlust Irlands in den Jahren 1921/22 und
des Empires nach dem Zweiten Weltkrieg verkraftet, und aus dem-
selben Grund hätte sie, wenn auch erheblich verkleinert, den Verlust Schottlands im Jahr 2014 überlebt. Ein Grund hierfür liegt
nicht zuletzt in der demographischen Stärke Englands. Im 18. Jahrhundert begann die Bevölkerung hier exponentiell zu wachsen und

liegt heute bei über 50 Millionen Menschen. England war in den vergangenen drei Jahrhunderten aber nicht nur eine der bevölkerungsreichsten Nationen Europas, sondern auch diejenige mit dem stärksten Zusammenhalt. Anders als die meisten anderen europäischen Staaten hat das Vereinigte Königreich, wenn man von Irland absieht, seit dem 17. Jahrhundert weder einen Bürgerkrieg noch ausländische Besetzung oder eine Revolution erlebt. Es besitzt heute vermutlich das ausgeprägteste nationale Identitätsgefühl auf dem Kontinent und ist der einzige größere (Noch-)EU-Staat, in dem die Zusammenlegung der Souveränität in einem einzigen Staat niemals eine Wählermehrheit fände.[39]

Der zweite Faktor ist die Stärke der anglo-britischen »soft power«, das heißt der Fähigkeit, andere dazu zu bewegen, das zu wollen, was man selbst will.[40] England und später Großbritannien waren stets in der Lage, sich mit einem Anliegen oder allgemeinen Prinzip der internationalen Politik zu identifizieren. Lange waren sie in dieser Sache als Sheriff unterwegs, in jüngerer Zeit eher als Deputy. Im 16. Jahrhundert war es die Angst vor Philipp II., im 17. Jahrhundert die Bedrohung durch Ludwig XIV., im späten 18. und frühen 19. Jahrhundert die Furcht vor dem revolutionären und napoleonischen Frankreich, im 20. Jahrhundert die Gefahr, die vom kaiserlichen und nationalsozialistischen Deutschland und später von der Sowjetunion ausging. In jedem dieser Fälle schützte Großbritannien »öffentliche Güter«, wie man heute sagen würde: das Gleichgewicht der Mächte und später eine offene Wirtschaft und ein liberales internationales System. Der britische Diplomat Eyre Crowe schrieb 1907:

»Gleich dem Ideal der Unabhängigkeit haben die Nationen stets das Recht auf freien Verkehr und Handel auf den Weltmärkten wertgeschätzt, und in dem Maß, wie England das Prinzip größtmöglicher allgemeiner Geschäftsfreiheit verficht, stärkt es zweifellos die Bande der interessierten Freundschaft anderer Nationen, zumindest so weit, dass sie die Seeherrschaft eines freihändlerischen England weniger argwöhnisch betrachten, als sie es gegenüber einer dominanten protektionistischen Macht täten.«[41]

Es war, wie der norwegische Historiker Geir Lundestad es genannt hat, ein »Empire auf Einladung«.[42]

Der dritte Faktor ist die Robustheit des britischen Verfassungsmodells, das seit Jahrhunderten nicht mehr ernsthaft in Frage gestellt worden ist. Dank Parlament und »öffentlicher Sphäre« beruhte die britische Gesamtstrategie auf einer breiten politischen Basis: Sie »gehörte« der politischen Nation.[43] Deshalb war das politische System in der Lage, mit gescheiterten Politiken zu brechen, ohne sich selbst zu zerstören. Beispielsweise erholte sich Großbritannien in den späten 1780er Jahren relativ schnell vom Verlust Amerikas, nachdem die Regierung von Lord North gestürzt worden war und William Pitt d. J. die Finanzen des Landes wieder ausgeglichen hatte. Im Gegensatz dazu stand die brutale Abrechnung mit dem Ancien Régime in Frankreich nach der Niederlage im Siebenjährigen Krieg, die schließlich zur Revolution von 1789 führte. Darüber hinaus sorgte das öffentliche »Eigentum« am politischen System dafür, dass Großbritannien heimische Ressourcen mittels des »fiskalisch-militärischen« Staats für den internationalen Wettbewerb mobilisieren konnte. Kein europäisches Gemeinwesen wurde derart intensiv besteuert und war derart bürokratisiert wie das Vereinigte Königreich.[44]

Schließlich gewann Großbritannien durch sein parlamentarisches System das Vertrauen der internationalen Geldmärkte, so dass es im Ausland Kredite günstiger aufnehmen konnte als andere Mächte. Aufgrund seiner Robustheit konnte es im Lauf der Jahrhunderte so viele Konflikte überstehen, insbesondere den zweiten Hundertjährigen Krieg gegen Frankreich und die beiden Weltkriege. Heute spiegelt sich diese Stärke im Pfund Sterling wider, einer der führenden Währungen der Welt.

Die Stärke des britischen Modells zeigt sich auch darin, wie häufig es in den vergangenen zwei Jahrhunderten exportiert wurde.[45] Im frühen 20. Jahrhundert leisteten die weißen parlamentarischen Siedlerkolonien – Kanada, Australien, Neuseeland und Südafrika – industriell und militärisch einen bedeutenden Beitrag zur britischen Macht.[46] Sie brachten neben ihren Rohstoffen nicht nur die Fähigkeiten und die Kraft der Auswanderer von den Britischen Inseln ein, sondern auch diejenigen von Einwanderern aus anderen Ländern.[47] Der deutsche Reichskanzler Leo von Caprivi drückte die Sorge über die deutsche Auswanderung aus, als er in den 1890er Jahren bemerkte, Deutschland werde entweder Waren ausführen oder Menschen, die dann seine Rivalen bereichern würden. Ein eindrückliches Beispiel dafür war, dass Hitlers Regiment im Ersten Weltkrieg auf den Schlachtfeldern in Flandern feststellen musste, dass es gegen deutschsprachige Einwanderer aus Australien kämpfte.[48] Umgekehrt waren in beiden Weltkriegen auf deutscher Seite, abgesehen von einigen Iren und dem einen oder anderen Verräter, kaum englischsprachige Soldaten zu finden. Heute sind die alten Siedlerkolonien, vielleicht mit Ausnahme Südafrikas, wesentliche Stützen der liberalen Weltordnung, von der Großbritannien abhängt.

Noch wichtiger ist, dass die Vereinigten Staaten anfangs als verbesserte Version Großbritanniens gedacht waren. Immerhin waren die amerikanischen Patrioten »verärgerte und besorgte Engländer«.[49] Die Kolonisten rebellierten nicht gegen das Britische Empire als solches, es war ihnen im Grunde nicht britisch und nicht imperial genug. Ersteres, weil es sie ohne eigene Repräsentanz besteuerte, und Letzteres, weil es sich weigerte, weiter nach Westen in französisches und indianisches Gebiet zu expandieren. Dass sie entschlossen waren, ihren neuen Staat auf britischen Traditionen zu errichten, belegen die Diskussionen im Umfeld der Philadelphia Convention, in denen als Vorbild für die künftigen Vereinigten Staaten die englisch-schottische Union empfohlen wurde.[50] Es trifft zu, dass die anglo-amerikanischen Beziehungen seither nicht immer harmonisch waren und beide Mächte vor zweihundert Jahren sogar einmal gegeneinander Krieg führten, aber im Allgemeinen war der Aufstieg der Vereinigten Staaten für Großbritannien ein unermesslicher Segen, von der informellen Kooperation gegen das revolutionäre und napoleonische Frankreich über das Zusammengehen gegen Deutschland in der ersten Hälfte des 20. Jahrhunderts bis zur gemeinsamen Frontstellung gegen die Sowjetunion im Kalten Krieg und so weiter.[51] Wie der radikale Journalist William T. Stead an der Wende zum 20. Jahrhundert bemerkte, gibt es »keinen Grund, die Rolle abzulehnen, welche die Amerikaner bei der Gestaltung der Welt nach ihrem Bild spielen, denn immerhin ist es im Wesentlichen unser eigenes Bild«.[52] Die Vereinigten Staaten haben Großbritannien nicht ersetzt, sondern sind ihm nachgefolgt.[53] Auch wenn die US-Amerikaner schon lange nicht mehr nur ethnische Verwandte des alten Landes sind – was die einen, wie der Politologe Samuel Huntington, bedauern und die anderen begrüßen –, bleiben die Vereinigten Staaten in politischer Hinsicht ein Abkömmling Großbritanniens. Das Konzept der »Anglosphäre« hat dasjenige der »angelsächsischen« Solidarität der ersten Hälfte des 20. Jahrhunderts überdauert.[54]

Kurz gesagt, der britische Niedergang ist – ebenso wie der amerikanische – häufig verkündet worden, aber nie eingetreten. Das Vereinigte Königreich ist aufgrund seiner militärischen Stärke, seiner Wirtschaftskraft, seiner demographischen Vitalität, seiner gesellschaftlichen und politischen Robustheit und vor allem der weltweiten Anziehungskraft seines Verfassungsmodells eine Großmacht geblieben. Die Beispiele der Falklandinseln, Bosniens, des Iraks und Libyens sowie die fortdauernde Beteiligung an der NATO-Abschreckung zeigen, dass Großbritannien weiterhin in der Lage ist, in Europa und darüber hinaus sowohl unilateral als auch im Rahmen einer Koalition Macht auszuüben. Es ist immer noch das glaubwürdigste Bollwerk gegen russischen Expansionismus und für Frontstaaten wie Polen im Fall eines militärischen Notfalls wahrscheinlich die erste Anlaufstelle diesseits des Atlantiks.[55] Damit ist die wirkliche Stärke Großbritanniens jedoch nur angedeutet, denn sie tritt nur zutage, wenn vitale Interessen des Landes bedroht sind. Aus allen diesen Gründen ist das Vereinigte Königreich die letzte europäische Großmacht.

10
»Die Europäische Union verlassen, aber nicht Europa«
Großbritannien und der Kontinent im Zeitalter des Brexit[1]

Im letzten Sommer stimmte das britische Volk dafür, die EU zu verlassen, aber es stimmte nicht dafür, Europa zu verlassen oder sich irgendwie aus der Welt zurückzuziehen. Es war keine Entscheidung dafür, uns von unseren Freunden und Verbündeten in Europa zu entfernen, sondern dafür, unsere parlamentarische Demokratie, wie wir sie verstehen, wiederherzustellen.

Theresa May, 17. Februar 2017[2]

Einmal mehr zieht eine Sturmfront über Europa auf. Unser Kontinent steht vor einer Reihe miteinander zusammenhängender Herausforderungen, die jede für sich und alle zusammen Europa in die Knie zwingen. Seit 2007 erlebt er den ungezügelten Wiederaufstieg eines autoritären und expansionistischen Russland. Als Wladimir Putin feierliche Versprechungen brach und die Krim annektierte, war dies die erste derartige Völkerrechtsverletzung in Europa seit 1945. Seine Truppen sind in die Ostukraine eingedrungen und bedrohen die baltischen Staaten. Die russische Luftwaffe nähert sich regelmäßig britischem Luftraum. Seit 2008 wird Europa von einer Finanz- und Wirtschaftskrise heimgesucht. Zudem hat es die Rückkehr des »deutschen Problems« hinnehmen müssen, das etwa in der Sparpolitik zum Ausdruck kommt, welche die EU seit 2010 auf Druck aus Berlin verfolgt. Das Schengener Abkommen über den Abbau aller Kontrollen an den Binnengrenzen ist durch die von dem ungezügelten Syrienkrieg ausgelöste Flüchtlingskrise in Bedrängnis geraten. Islamistischer Extremismus bedroht die europäische Lebensweise. In Schottland, Katalonien und anderswo sind separatistische Bewegungen entstanden, und in so unterschiedlichen Ländern wie Deutschland, Frankreich, Ungarn und Griechenland befinden sich euroskeptische Strömungen im Aufwind. Komplettiert wird das Bild durch die lähmende Unsicherheit infolge der Brexit-Abstimmung vom Juni 2016.

In den ersten Jahren des 21. Jahrhunderts schien es, als sei die europäische Geschichte an einem Endpunkt angelangt. Kriege, wenn sie denn überhaupt geführt wurden, waren solche der »Wahl«. Ein großer Teil des »alten Europa« hatte sich zwar am Afghanistankrieg beteiligt, aber aus dem zweiten Irakkrieg herausgehalten. Gekämpft wurde an fernen Orten, auch wenn die Folgen in Form von Terrorismus und Radikalisierung in der Heimat durchaus zu spüren waren. Dies spiegelte sich in der »Strategic Defence Review« der britischen Regierung von 2010 wider, die das Schwergewicht mehr auf »komplexe Notfälle« als auf Abschreckung oder sogar Kämpfe auf konventionellem »High-End«-Niveau in Europa legte. Russland schien nach verbreiteter Ansicht zur Ruhe gekommen zu sein. Noch hielt die nach dem Kalten Krieg entstandene Ordnung stand. NATO und EU waren weiterhin die wichtigsten Ordnungsmächte in Europa. Erstere sorgte durch die Verpflichtung zur kollektiven Verteidigung für geopolitische Sicherheit, während Letztere eine geoökonomische und geopolitische Ordnung geschaffen zu haben schien, in welcher der Krieg gebannt und Konflikte verrechtlicht waren und ganz allgemein die klassische europäische Großmachtpolitik überwunden worden war.

Aufgrund seiner Mitgliedschaft in beiden Organisationen war das Vereinigte Königreich an der politischen Gestaltung des Kontinents beteiligt, während es Schlüsselelemente des nationalen Lebens, wie Grenzkontrollen und Währung, in den eigenen Händen behielt.[3] Auch Premierminister David Cameron, dessen Konservative Partei nach der unentschieden ausgegangenen allgemeinen Wahl vom

Mai 2010 eine Koalition mit der Liberaldemokratischen Partei eingegangen war, glaubte, dass die klassische europäische Geopolitik
der Vergangenheit angehörte. Die »Zwillingsmarodeure Krieg und
Tyrannei«, erklärte er, an Churchills Fulton-Rede anschließend,
»sind fast vollständig von unserem Kontinent verbannt«.[4]

Auf den Britischen Inseln selbst sah es so aus, als seien einige der
seit langem schwelenden Konflikte durch Regionalisierungsvereinbarungen beigelegt. In Nordirland schien die im Karfreitagsabkommen vereinbarte Machtteilung zu funktionieren, und die Autono-
mieforderungen des schottischen Parlaments und der walisischen
Nationalversammlung waren anscheinend ausreichend erfüllt worden. Alle diese Lösungen waren weitgehend unabhängig von Brüssel erreicht worden, doch das breitere europäische Rahmenwerk
war bei ihrer Umsetzung sehr hilfreich und bot einen Kontext, in
dem schwierige Identitätsfragen, wenn schon nicht gelöst, dann
wenigstens unter Kontrolle gehalten werden konnten. Es schien
absurd zu sein, sich vorzustellen, dass die EU einen Keil zwischen
die vier Völker auf den Britischen Inseln treiben könnte.

Tatsächlich aber hingen die Sturmwolken bereits am Himmel.
Die Finanzkrise von 2008 traf alle westlichen Wirtschaften hart,
diejenigen der peripheren Eurozonenstaaten aber waren am
schlimmsten dran. Griechenland, Portugal, Irland und sogar Italien
litten unter einer Staatsschulden- und Bankenkrise, und sowohl der
staatliche als auch der private Sektor erlebte schwere Zeiten.[5] Die
deutsche Bundeskanzlerin Angela Merkel und ihr legendärer
Finanzminister Wolfgang Schäuble waren bestrebt, jeden neuen
Brand auszutreten. Manche waren der Ansicht, dass sie der europäischen Peripherie mit ihrer Sparkur die Lebenskraft nahmen;
andere hielten ihr Beharren auf den Regeln für notwendig, um den
Euro vor Schaden zu bewahren. Im Osten wurde die EU vom russischen Präsidenten Wladimir Putin herausgefordert, der 2007
einen Cyberkrieg gegen Estland startete, 2008 das ferne Georgien
besetzen ließ und die nahe Ukraine bedrohte. Die EU-Staaten, ins-

besondere Deutschland, dessen Energieversorgung stark von Moskau abhing, reagierten, soweit sie die Gefahr überhaupt wahrnahmen, nur zögerlich auf sie. Auf jeden Fall war die »deutsche Frage«, ganz gleich, ob man Berlin nun für zu dominant oder für nicht aktiv genug hielt, in die europäische Politik zurückgekehrt.

Die europäische Antwort auf all diese Krisen war keine neue Anstrengung, die übernationale Integration zu vertiefen, wie die Föderalisten sie erhofften, sondern eine engere zwischenstaatliche Zusammenarbeit.[6] Europa war keine Union, sondern eine Konföderation. Die Eurozone blieb ein Währungsgebiet ohne Staat und ein gemeinsames politisches Projekt ohne gemeinsame militärische Instrumente und ohne ein gemeinsames Verständnis ihrer Mission auf dem eigenen Kontinent, ganz zu schweigen von ihrer Rolle auf der Weltbühne. Mangels einer gemeinsamen parlamentarischen Vertretung, die über die Souveränität der nationalen Parlamente hinausgegangen wäre, war die Eurozone nicht in der Lage, Eurobonds herauszugeben, die den Markt und die Währung stabilisiert hätten. Noch schlimmer war, dass die EU die Binnengrenzen abgeschafft hatte, ohne eine europäische Überwachung der EU-Außengrenze einzuführen, so dass deren Kontrolle häufig überforderten und korrupten lokalen Polizeikräften überlassen blieb. Die illegale Zuwanderung nahm zu, und sobald die Migranten im Schengengebiet angelangt waren, konnten sie sich mehr oder weniger frei in ihm bewegen. Mangels einer gemeinsamen Armee und einer wahrhaft gemeinsamen Außen- und Sicherheitspolitik reagierte Europa allenfalls zaghaft auf die enorme ideologische und militärische Herausforderung durch Putins Russland an ihrer Ostgrenze, gleiches galt für Bedrohungen wie den islamistischen Terror und das Staatsversagen an ihrem Südrand. All dies resultierte daraus, dass die EU *konföderativ* reagierte, wo *föderatives* Handeln nötig gewesen wäre.

Obwohl das Vereinigte Königreich von der Währungs- und der Flüchtlingskrise vergleichsweise wenig berührt wurde, stand Premierminister Cameron an der europäischen Front vor großen Herausforderungen. Erstens nahm in seiner eigenen Partei und im Land insgesamt die Euroskepsis zu, angefacht von der zunehmenden Einwanderung aus EU-Ländern. Der daraus folgende Druck auf das Sozialsystem war Wasser auf die Mühlen der United Kingdom Independence Party (UKIP), die bislang nur eine Randerscheinung gewesen war und es aufgrund des Mehrheitswahlrechts nicht ins Unterhaus geschafft hatte. Paradoxerweise hatte sie aber aufgrund des bei Europawahlen angewandten Verhältniswahlrechts Zugang zum Europäischen Parlament erlangt und erhielt auf diese Weise auch die damit verbundenen finanziellen Mittel. Der Freizügigkeitsgrundsatz der EU entfachte in Großbritannien die Einwanderungsdebatte von neuem, während die relativ dynamische britische Wirtschaft Arbeitskräfte aus der gesamten EU aufnahm. Der europäische Haftbefehl, der Großbritannien nach Ansicht des konservativen Abgeordneten und früheren Schatteninnenministers David Davis »in Handschellen legt«, stieß auf Widerstand.[7] Die alte Klage über die Brüsseler »Regelwut« verfestigte sich, wie ein von über fünfhundert Wirtschaftsvertretern unterzeichneter Brief an den konservativen *Sunday Telegraph* belegte.[8] Hinzu kam ein Streit über eine Erhöhung des britischen Beitrags zum EU-Haushalt, durch die dem größeren wirtschaftlichen Gewicht Rechnung getragen werden sollte, das Großbritannien seit der letzten Einschätzung von 1995 gewonnen hatte.[9] Es herrschte allgemein der Eindruck, das Vereinigte Königreich würde von der EU in einer Weise »herumkommandiert«, die seiner Souveränität grundsätzlich zuwiderlief.

So kam es, dass in Europa plötzlich wieder die »britische Frage« auf der Tagesordnung stand.[10] Als die Währungskrise eine neue Welle fiskalischer und politischer Integration auslöste, wuchs das britische Unbehagen weiter. Welche Folgen, fragten viele, würden die neuen Maßnahmen für die Souveränität des Vereinigten Königreichs haben, und mit welchem Recht beteiligte es sich an Beschlüssen, die dazu dienten, die Eurozone zu retten, der es nicht angehörte? Anders ausgedrückt, warum sollte es für Brüssels Fehler zahlen? Auf dem EU-Gipfel von 2011 kam es zum Eklat, als Cameron sein Veto gegen den EU-Vertrag über die Euro-Rettung einlegte, um die Interessen der City of London zu schützen. Augenblicklich musste Cameron erkennen, dass er nicht nur isoliert war, sondern vom übrigen Europa sogar geschnitten wurde.[11]

Zweitens stellte der schottische Nationalismus eine wachsende konstitutionelle Herausforderung für Cameron dar. Die lange Zeit der Tory-Herrschaft unter Margaret Thatcher in den 1980er Jahren hatte eine Kluft zwischen den konservativeren Engländern und den vermeintlich sozialistischeren Schotten aufgerissen – die durch das Mehrheitswahlrecht stark vergrößert wurde. Durch die Regionalisierung in Blairs Amtszeit in den späten 1990er Jahren war sie übertüncht, aber nicht wirklich geschlossen worden. Die Regionalisierung stärkte die schottische Unabhängigkeitsbewegung allerdings eher, anstatt sie zu schwächen. Hinzu kam, dass die EU einen Rahmen bot, der es Edinburgh ermöglichte, sich gegen die Macht von Westminster »einzuhegen«.[12]

Cameron reagierte auf diese Herausforderungen mit einer gemischten Strategie. Erstens ließ er den Dampf aus dem schottischen Kessel ab, indem er eine Volksabstimmung über die Unabhängigkeit anbot und gewann. Zweitens versuchte er eine Reform der EU anzuschieben, damit sie ihre Aufgaben, wie er sie verstand, besser erfüllen konnte und das Vereinigte Königreich sich in ihr wohler fühlte. Drittens setzte er eine allgemeine Wahl an, vor der er für den Fall eines Wahlsiegs der Konservativen Partei versprach, zum frühest möglichen Zeitpunkt ein einfaches »in/out«-Referendum über die weitere Mitgliedschaft in der EU abzuhalten. Wahrscheinlich glaubte er nicht, dass er das Mandat dafür erhalten würde, denn das wahrscheinlichste Ergebnis der Wahl war die Fortsetzung der Koalition mit den europafreundlichen Liberaldemokraten. Sollte er es aber doch erhalten, so hoffte er, Brüssel genügend

Zugeständnisse abhandeln zu können, um in dem Referendum ein klares »in« zu erreichen.

Anfangs lief auch alles gut. Im Oktober 2012 gestattete Cameron der in Edinburgh regierenden SNP, binnen zwei Jahren eine Volksabstimmung über die Unabhängigkeit durchzuführen. Einige Monate darauf legte er in seiner vieldiskutierten Bloomberg-Rede vom Januar 2013 seine Vorstellungen eines »britischeren« und »flexibleren« Europa dar, das seine globale Wettbewerbsfähigkeit wiederlangen sollte, indem Kompetenzen vom Zentrum an die Mitgliedsstaaten »zurückflossen«. Er forderte für die EU eine »Struktur, die der Unterschiedlichkeit ihrer Mitglieder entspricht«, von denen einige, »einschließlich Großbritanniens«, das Ziel einer »engeren ökonomischen und politischen Integration … niemals akzeptieren« würden, weshalb »ein neuer Vertrag … nicht nur für Großbritannien, sondern für die gesamte EU« erforderlich sei.[13]

Camerons Empfehlungen beruhten auf dem genauen Gegenteil der Grundsätze, auf denen das Vereinigte Königreich als starker Staat mit klarer Verantwortung für Schulden, parlamentarische Souveränität und gemeinsame Verteidigung errichtet worden war. Zu verlangen, dass Europa von dem Ziel einer engeren Union abrückte, um die Krise zu überwinden und Großbritannien die weitere Mitgliedschaft zu ermöglichen, widersprach Großbritanniens eigener historischer Erfahrung. Außerdem lief es der Stimmung in der mit mehreren Krisen beschäftigten EU zuwider. Je »lockerer« die Bande, desto schwächer würde die Antwort auf äußere Bedrohungen sein. In London betrachtete man Lockerungen föderaler Bande als Öffnung, die den Völkern zu atmen erlaubte, in Brüssel und anderen Mitgliedsstaaten sah man darin jedoch Verletzungen, durch die das Lebensblut der Union abfließen würde.

Von Europa abgewiesen, wandte sich Cameron dem Schutz des Vereinigten Königreichs zu. Wie sich bald zeigte, war er mit der Zustimmung zu einem Referendum über die schottische Unabhängigkeit ein hohes Risiko eingegangen, zumal die Abspaltung Schottlands, sollte es wirklich dazu kommen, separatistische Bewegungen in Wales und Nordirland stärken würde. Ganz sicher wären das Karfreitagsabkommen und die auf seiner Grundlage geschaffenen Institutionen, die zu einem entspannteren Verhältnis zwischen den Völkern auf beiden Seiten der Irischen See geführt hatten, ins Wanken geraten. Durch die Verringerung des ökonomischen, demographischen und militärischen Potentials wäre zudem die Weltstellung des Vereinigten Königreichs geschwächt worden. Eine seit Jahrhunderten gesicherte Grenze wäre wieder zum Problem geworden, und ganz allgemein wäre die »Marke Britannien« geschädigt worden, bis hin zu der Frage, ob es noch berechtigt wäre, den Union Jack mit dem Andreaskreuz darauf zu führen. Kurz, eine Abspaltung hätte tiefgreifende Folgen für die Stellung Großbritanniens in Europa und der Welt gehabt.

Im Sommer 2014, während des Wahlkampfs vor der Volksabstimmung, schien es zuweilen möglich zu sein, dass die Schotten sich für die Unabhängigkeit entscheiden würden. Am Ende setzten sich jedoch die Argumente der sogenannten »Angstkampagne« durch, die für den Fall der Abspaltung einen wirtschaftlichen Zusammenbruch Schottlands an die Wand gemalt hatte. Viele Schotten erinnerten sich daran, dass ihre Banken 2008 vom Vereinigten Königreich in einem Akt der Solidarität gerettet worden waren, der sich positiv von den Strafmaßnahmen ähnelnden EU-Finanzhilfen für die Länder der Eurozonenperipherie abhob. Brüssel und mehrere Mitgliedsstaaten hatten deutlich ihr Unbehagen über eine mögliche schottische Unabhängigkeit geäußert, die in Katalonien, Norditalien und anderswo ähnliche Bestrebungen gestärkt hätte. Dies schadete dem nationalistischen Argument, die EU würde Schottland, wie einst die »Alte Allianz« mit Frankreich, in die Lage versetzen, die Rolle Englands »auszugleichen« und die anfänglichen Härten der Unabhängigkeit zu überstehen. Im September 2014 stimmten die Schotten mit einer klaren Mehrheit von

55 zu 45 Prozent für den Verbleib im Vereinigten Königreich. Sie befanden aus ökonomischen Gründen und um der militärischen Sicherheit willen, dass es Engländern und Schotten, wie der Slogan der »No«-Kampagne lautete, »zusammen besser« ging. Dies war auch das Hauptargument gewesen, mit dem die Union dreihundert Jahre zuvor geschlossen worden war. Daran hatte sich in der Zwischenzeit bemerkenswert wenig geändert.

Cameron wandte sich nun wieder der Verständigung mit Europa zu. Die Dringlichkeit dieser Frage nahm angesichts des Zustands, in dem sich der Kontinent befand, täglich zu. Hauptgrund war jedoch die wachsende Euroskepsis in seiner eigenen Partei. Im Herbst 2014 schieden zwei konservative Abgeordnete aus dem Unterhaus aus und gewannen ihre Sitze in den anschließenden Nachwahlen als Kandidaten der UKIP zurück. Der Ausgang des ersten dieser Wahlgänge, in dem die Torys in dem seit langem euroskeptischen Clacton on Sea gegen den Überläufer Douglas Carswell verloren, war keine Überraschung, aber der Sieg von Mark Reckless in dem demographisch stärker gemischten Wahlbezirk Rochester und Strood war für Cameron ein böses Omen. Bei der allgemeinen Wahl von 2015, der ersten für eine feste Legislaturperiode (von fünf Jahren), kehrten viele enttäuschte Wähler aufgrund der verbindlichen Zusage, ein Referendum über die EU-Mitgliedschaft abzuhalten, in den Schoß der Konservativen zurück, so dass Cameron zur allgemeinen Überraschung eine solide Mehrheit erzielte. Danach war es nur noch eine Frage der Zeit, bis er sein Versprechen einlösen würde.

Von nun an liefen die Dinge so richtig schief. Zum einen war der Premierminister in konstitutionellen Angelegenheiten noch nicht aus dem Schneider.[14] Edinburgh setzte Cameron bis zum letzten Augenblick mit der Forderung nach zusätzlichen weitreichenden Zugeständnissen, nach »devo[lution] max«, maximaler Regionalisierung, unter Druck. Auch dass die SNP in der Wahl von 2015 aufgrund des Mehrheitswahlrechts fast völlig aus dem Unterhaus in

London verschwand, nutzte wenig. Nördlich der Grenze war die
Labour Party kaum noch präsent, und die Konservative Partei war
schon lange aus dem Feld geschlagen. Schottische Nationalisten
verkündeten, sie besäßen jetzt nicht nur ein öffentliches Mandat,
sondern seien aufgrund der bevorstehenden Volksabstimmung
über die EU-Mitgliedschaft, zumindest für den Fall, dass England
sich für den Austritt entscheiden sollte, auch berechtigt, noch einmal ihr Glück zu versuchen. Das Fragezeichen hinter der britischen
Union, das durch das Referendum von 2014 entfernt worden war,
stand wieder im Raum.

Darüber hinaus versprach Cameron unmittelbar nach der Wahl
zum Ausgleich ein ähnliches Arrangement für England. Wie dieses
aussehen sollte, war heftig umstritten. England eine Selbstregierung nach schottischem Vorbild zuzugestehen, hätte die gesamte
Union aus dem Gleichgewicht gebracht, da der englische Erste
Minister mehr Macht besessen hätte als der Premierminister des
Vereinigten Königreichs. Für die sauberste Lösung, England nach
deutschem Muster in Länder aufzuteilen, gab es keine Unterstützung, und der Vorschlag, dem Nordosten mehr Kompetenzen zu
geben, war einige Zeit zuvor mit großer Mehrheit abgelehnt worden.

Doch selbst wenn man die »englische Frage« durch ein symme-
trisches Arrangement hätte lösen können, hätte die Gefahr einer
englischen Reaktion gegen die Verwässerung der eigenen Identität
bestanden. Wie wir gesehen haben, war England seit rund tausend
Jahren ein erstaunlich kohärenter und zentralisierter Staat, der sich
in den letzten dreihundert Jahren auf den Britischen Inseln durch
Eroberung und vollständige parlamentarische Vereinigung mit
Schottland und Irland vergrößert hatte.[15] Darin bestand nicht die
Schwäche, sondern die Stärke Englands, und es bildete – durch
eine bemerkenswerte Mischung aus Besteuerung, Repräsentanz
und Mobilisierung – die Grundlage seiner einzigartigen Stellung in
Europa. Die erbitterten spätmittelalterlichen und frühmodernen

Auseinandersetzungen waren nicht wirklich regionaler Art, sondern Kämpfe um die Kontrolle über die Metropole.

Zum anderen wurde bald klar, dass Camerons Strategie nicht aufging, von der EU genügend Zugeständnisse zu bekommen, um trotz seiner Drohung, aus ihr auszutreten, auf überzeugende Weise eine Empfehlung für den Verbleib in ihr abgeben zu können.[16] In der EU stieß die britische Position auf eine gewisse Sympathie, und ein möglicher Austritt Großbritanniens löste große Besorgnis aus.[17] Aber ob die EU Camerons Drohung nun ernst nahm oder nicht, sie gab ihm nicht nach. Insbesondere die Forderung, die Freizügigkeit für EU-Bürger, eine der »vier Grundfreiheiten«, einzuschränken, wurde zurückgewiesen. Nach Ansicht Brüssels und anderer Mitgliedsstaaten wäre man bei einer Zustimmung Gefahr gelaufen, die Büchse der Pandora zu öffnen, die in diesem Fall voller nationaler Ausnahmewünsche gewesen wäre, deren Erfüllung die Union arbeitsunfähig gemacht hätte.

Daher häuften sich in »Kerneuropa«, insbesondere in Berlin, die Anzeichen dafür, dass man Großbritannien nicht entgegenkommen würde. Die Anfänge dieser Entwicklung lagen in den 1990er und frühen 2000er Jahren, als London als Vorkämpfer des »neuen« Europa gegen Brüssels zentralisierende Bestrebungen in der Wirtschaft auftrat. Angesichts der Währungs- und Wirtschaftsstürme richteten sich die Blicke der EU-Länder jedoch nicht mehr auf London, sondern auf Berlin.[18] Für die Mitglieder der Eurozone und die Mitgliedskandidaten war Europa zu einer Schicksalsgemeinschaft geworden, aus der sie weder austreten konnten noch austreten wollten. Europa, das »neue« wie das alte, war bereit, Großbritannien einige Reformen zuzugestehen, um es zu beschwichtigen, aber den umfassenden Veränderungen, die nötig gewesen wären, um London zufriedenzustellen, konnte es nicht zustimmen. Dass das übrige Europa Cameron rechtzeitig zum Referendum entgegenkommen würde, war ausgeschlossen. Über Vertragsänderungen würde verhandelt werden müssen, und nach einer Einigung müss-

ten sie durch die nationalen Parlamente ratifiziert oder durch Volks-
abstimmungen bestätigt werden. Und selbst wenn die europäischen
Staats- und Regierungschefs Cameron widerstrebend einen »vor-
datierten Scheck« mit dem Versprechen über tiefgreifende Veränderungen ausgestellt hätten, wäre es unwahrscheinlich gewesen,
dass seine euroskeptischen Parteigenossen – denen die UKIP im
Nacken saß – ihn akzeptiert hätten.[19]

Unterdessen vertiefte sich die europäische Krise. Im März 2014
reagierte Putin auf den Sturz der moskauhörigen Regierung in
Kiew, indem er die Krim mit ihrer mehrheitlich russischen Bevölkerung annektierte. Als der Westen nur zögerlich darauf antwortete,
stellte er sich, allerdings mit weniger Erfolg, hinter eine Aufstands-
bewegung in der Ostukraine. 2015 eskalierte der Krieg, da Putin die
Separatisten offen mit regulären Truppen unterstützte. Tausende
von Ukrainern wurden getötet, und viele mehr kamen unter fremde
Besatzung. Russische oder von Russland finanzierte Truppen schossen versehentlich ein niederländisches Verkehrsflugzeug ab. Im September intervenierte Putin auf Seiten seines Verbündeten, des Dik-
tators Baschar al-Assad, im syrischen Bürgerkrieg. An der gesamten
Ostflanke der EU, von der Ostsee bis zum Schwarzen Meer waren
Mitgliedsstaaten mit einer neuen Realität konfrontiert. Die »Zwillingsmarodeure Krieg und Tyrannei« waren auf den Kontinent
zurückgekehrt.

Süd-, Mittel- und Westeuropa stand jeweils vor eigenen Herausforderungen. In Griechenland führte die Frustration über die dem
Land verordnete europäische Spardiät zur Wahl der links-»popu-
listischen« Syriza, die versprach, die Bedingungen der Finanzhilfen,
die Generationen von Griechen niederdrückende Schulden aufbür-
deten, den Staat zu Einschnitten bei den Sozialleistungen zwangen
und die Jugend zur Auswanderung nötigten, neu auszuhandeln.
Die EU gab jedoch nicht nach, und in der im Sommer 2015 daraufhin ausbrechenden Krise kam es zu einem Run auf griechische Banken. Syrizas halbherzige Revolte war zu Ende, und die Griechen

waren verzweifelt. Einige Monate später wurde Europa erneut in eine Krise gestürzt, als der fortdauernde Bürgerkrieg in Syrien die Zahl der Flüchtlinge auf dem Kontinent hochschnellen ließ. Trotz Protesten des ungarischen Ministerpräsidenten Viktor Orbán erlaubte die deutsche Bundeskanzlerin Angela Merkel fast einer Million Migranten die Einreise nach Deutschland und damit in die EU. Das Schengensystem der Freizügigkeit des Reisens schien vor dem Zusammenbruch zu stehen.

Das Ausmaß des Zustroms löste in Deutschland und anderswo in der EU eine starke Gegenbewegung aus. Rechtspopulistische Einwanderungsgegner erhielten erheblichen Zulauf, insbesondere in Deutschland, wo die Alternative für Deutschland (AfD) aus einer europafeindlichen Randgruppe zu einer Partei avancierte, die einen großen zuwanderungs- und flüchtlingsfeindlichen Wählerblock hinter sich versammelte. Ähnliches galt für Frankreich, wo der Front National in der Wählergunst erhebliche Gewinne verbuchen konnte. Verstärkt wurde diese Entwicklung durch eine deutliche Zunahme des islamistischen Terrors auf dem Kontinent, die etwa in dem grauenhaften Anschlag auf die Bataclan-Konzerthalle in Paris im November 2015 und andere Anschläge, von denen einige von syrischen Migranten verübt wurden, zutage trat. Die Europäer hatten sich geweigert, in Syrien militärisch einzugreifen; jetzt war der Krieg zu ihnen gekommen. Auf den beiden Seiten des Ärmelkanals reagierte man unterschiedlich auf diese Ereignisse. Anstatt Brüssel und die anderen Mitgliedsstaaten dazu zu bewegen, London Zugeständnisse zu machen, bewirkten die Geschehnisse, dass man sich enger um die EU scharte. In Großbritannien dagegen betrachteten viele die anhaltende Krise als Beleg dafür, dass die EU zum Untergang verurteilt war. Die Art, wie sie Griechenland behandelte, überzeugte Euroskeptiker endgültig von ihrer Unbeweglichkeit und Rücksichtslosigkeit; das Ausbleiben einer wirkungsvollen Antwort auf die russischen Aggressionen schien zu bestätigen, dass die »gemeinsame Außen- und Sicherheitspolitik« diesen Namen

nicht verdiente; und die offensichtliche Unfähigkeit, die Flüchtlingskrise in den Griff zu bekommen, legte den Schluss nahe, dass
die EU es aufgegeben hatte, ihre Außengrenzen gegen illegale
Zuwanderer zu schützen, die am Ende womöglich – nachdem sie
die Staatsbürgerschaft eines anderen EU-Staats erworben hatten –
aufgrund der Freizügigkeit innerhalb Europas nach Großbritannien gelangen würden.

Aus all diesen Gründen war das Umfeld von Camerons Kampagne für den Verbleib in der EU extrem ungünstig. Das »remain«-
Lager verlegte sich überwiegend auf die Strategie, die in Schottland
so gut funktioniert hatte, eine »Angstkampagne«, in der es die ökonomischen Nachteile eines Austritts aus der EU hervorhob.[20] Dieser Argumentation zufolge würde es für Großbritannien schwierig
werden, seine Stellung auf dem Gemeinsamen Markt zu schützen,
da es den Zugang zum Europäischen Gerichtshof verlieren würde.
Wahrscheinlich würde es weiterhin mit Europa handeln können
wie bisher, wäre aber wie Norwegen und die Schweiz gezwungen,
sich an Regeln zu halten, an deren Festlegung es nicht mehr beteiligt wäre. Dies hätte besonders für die City of London schwerwiegende Folgen, die mit französischen oder deutschen Versuchen
rechnen müsste, das europäische Finanzzentrum nach Paris oder
Frankfurt am Main zu verlegen oder London das Recht zu verweh-
ren, mit auf Euro lautenden Finanzinstrumenten zu handeln. Wenn
Großbritannien sein Recht der Einwanderungsbegrenzung wahr-
nehmen würde, würde es seine Wirtschaft dringend benötigter gut-
ausgebildeter und engagierter Arbeitskräfte berauben, weshalb der
größte Teil der Unternehmen denn auch gegen den Austritt aus der
EU war. Schließlich bestand die Gefahr, dass es zu Vergeltungsmaß-
nahmen gegen auf dem Kontinent lebende Briten kommen würde.

Außerdem brachten die Austrittsgegner schwerwiegende konstitutionelle und strategische Einwände vor. Der Brexit, warnten sie,
werde ein neues Unabhängigkeitsreferendum in Schottland nach
sich ziehen, Nordirland in eine Krise stürzen und das Vereinigte

Königreich möglicherweise auseinanderbrechen lassen. Für den Fall
eines chaotischen, unkoordinierten Brexit sagten sie katastrophale
Folgen für den gesamten Kontinent voraus. Ein legislatives Dünkirchen mit einem Großbritannien, das seine Souveränität repatriiere,
während die Eurozone immer tiefer in die Krise abgleite, werde verheerende psychologische Auswirkungen auf seine europäischen
Partner haben. Es könnte das Ende der Währungsunion bedeuten,
wenn Deutschland und andere Staaten ebenfalls das Verlangen
haben sollten, ihre nationale Handlungsfreiheit zurückzuerlangen.
Bliebe Deutschland aber in der Eurogruppe, würde es das übrige
Europa, ob es nun wollte oder nicht, noch stärker dominieren als
ohnehin schon.[21] Kurz, das Kernelement der »remain«-Kampagne
war Angst.

Dagegen stellten die verschiedenen »leave«-Botschaften neben
Ängsten auch Hoffnungen in den Vordergrund. Sie hoben hervor,
dass die Zuwanderung aus der EU nur begrenzt und die nationale
Souveränität nur abgesichert werden könne, wenn man die Kontrolle über die Grenzen, das Geld und die Gesetze Großbritanniens
wiedererlange. Das Land werde besser in der Lage sein, Steuervor-
teile für Geringverdiener geborenen Briten und nicht Zugezogenen
aus der EU zukommen zu lassen. Britische Gesetze würden Vorrang
haben; der Europäische Gerichtshof würde keine Autorität mehr
besitzen. In der Wirtschaft würde Großbritannien zu einer »globa-
leren« Identität finden und mit der ganzen Welt Handelsverträge
schließen, anstatt von einer »sklerotischen« EU zurückgehalten zu
werden.

Der Wahlkampf vor dem Referendum war durch umfangreiche
offene und verdeckte Einmischung von außen gekennzeichnet. US-
Präsident Barack Obama, der deutsche Finanzminister Wolfgang
Schäuble und diverse andere ausländische Amtsträger wurden von
der Regierung herbeigeholt, um für den Verbleib in der EU zu wer-
ben. Die irische Regierung machte keinen Hehl aus ihrer Ablehnung des Brexit, zum einen wegen der ökonomischen Folgen für

den bilateralen Handel und zum anderen wegen der Gefahr der Errichtung einer »harten« Grenze zwischen der Irischen Republik und Nordirland. Donald Trump, in jenem Herbst auf dem besten Weg zur republikanischen Präsidentschaftskandidatur, sprach sich öffentlich für den britischen Austritt aus der EU aus. Unter der Hand – durch massive Manipulation der sozialen Medien, möglicherweise auch finanziell sowie auf andere Weise – unterstützte auch Russland den Austritt. Großbritannien wurde zur Arena der europäischen Geopolitik.

Nach den Maßstäben der jüngeren Politik war die Brexit-Debatte im Jahr 2016 eine leidenschaftliche Angelegenheit, die weit mehr Emotionen wachrief als der umstrittene Irakkrieg. Sie war weniger einseitig als die Debatte von 1975, als der größte Teil der Eliten und fast alle Medien den Verbleib in der EU favorisiert hatten. Diesmal waren beide Seiten wesentlich ausgewogener aufgestellt. Voraussagen und düstere Warnungen gingen hin und her. Die Gemüter waren erhitzt. Der Vorsprung des »remain«-Lagers schmolz in den Umfragen stetig dahin, aber die meisten Meinungsmacher sagten voraus, die »Angstkampagne« werde die Euroskeptiker wieder ins EU-Lager zurücktreiben. Am Ende gab es ein zwar knappes, aber ausreichendes Ergebnis, das die meisten überraschte: Die Briten hatten sich mit 52 zu 48 Prozent für den Austritt aus der EU entschieden. England und Wales hatten sich für den Austritt ausgesprochen, während in Schottland und Nordirland deutliche Mehrheiten für den Verbleib gestimmt hatten.

Die Brexit-Abstimmung löste im Vereinigten Königreich und anfangs auch im übrigen Europa eine Krise aus. Im Gegensatz zu vielen Expertenwarnungen stürzte die britische Wirtschaft nicht sofort in eine Rezession, obwohl das Pfund an Wert verlor. Die wichtigsten Folgen waren politischer Art. David Cameron trat als Premierminister zurück, und nach einigem Gerangel zwischen verschiedenen Fraktionen der Austrittsbefürworter wurde die bisherige Innenministerin Theresa May, die für den Verbleib in der EU geworben hatte, im Sommer zur Premierministerin gewählt. Ihre beiden bisherigen Kabinette setzten sich aus Vertretern beider Lager zusammen, mit der Folge, dass die Frage, wann und wie Großbritannien die EU verlassen sollte, nicht nur im Land, sondern auch innerhalb der Regierung zum Hauptthema der politischen Debatte der nächsten zwei Jahre wurde. Noch hatten keine Verhandlungen mit Brüssel oder den EU-Mitgliedsstaaten stattgefunden, zum einen, weil in London keine Einigkeit darüber herrschte, was man verlangen sollte, und zum anderen, weil die EU jede Diskussion ablehnte, bevor das Vereinigte Königreich nicht Artikel 50 des EU-Vertrags in Anspruch genommen hatte, der die Modalitäten eines EU-Austritts regelt.

In konstitutioneller Hinsicht drohte die Brexit-Entscheidung anfangs, die Regionalisierungsvereinbarungen zu sprengen. Die Schottische Nationalpartei hielt sich angesichts der neuen Lage für berechtigt, ein weiteres Referendum über die Unabhängigkeit Schottlands durchzuführen, hatte doch England für den Austritt gestimmt, während in Schottland eine Mehrheit für den Verbleib war. In Nordirland behaupteten viele angesichts der nach dem Brexit drohenden Wiedereinführung einer »harten Grenze« zum Süden, die einzige Lösung sei die Vereinigung der Insel. Außerdem hatte die Abstimmung erhebliche kulturelle und psychologische Auswirkungen. Bei »remain«-Befürwortern löste sie so etwas wie einen kollektiven Nervenzusammenbruch aus, und die über zwei Millionen EU-Bürger, die in Großbritannien lebten, empfanden eine gewisse Entfremdung. Manche stellten sogar die Gültigkeit der Abstimmung in Frage, weil die siegreiche Seite »Lügen« verbreitet habe. Aber da beide großen Parteien fest entschlossen waren, das Beste aus dem Brexit zu machen, hielt sich das Verlangen nach einem erneuten Urnengang in Grenzen.

Auch in der EU löste die Brexit-Entscheidung eine kurze, aber heftige Krise aus. Brüssel, die Mitgliedsstaaten und die europäische

Öffentlichkeit waren entsetzt. Manche fürchteten einen »Domino-
effekt« in anderen Ländern. Andere verstanden die Abstimmung als
»Weckruf« und forderten von Europa, dass es die Reihen schließen
und den Austritt Großbritanniens als Chance zur Vertiefung der
Integration nutzen solle. Wieder andere erwarteten eine Zunahme
der Instabilität und eine allgemeine Lähmung der EU gegenüber
den weiterbestehenden Herausforderungen. Manche beneideten
die Briten darum, dass sie Europa »entkamen«. Die meisten sagten
voraus, dass Großbritannien durch den Brexit, der ihm jegliche
Mitbestimmung in europäischen Gremien nehme, an Bedeutung
verlieren werde. Für die meisten Europäer war ein Leben außerhalb
der EU, die, solange sie sich erinnern konnten, das Ordnungssys-
tem auf dem Kontinent war, nicht nur nicht wünschenswert, sondern schlicht unvorstellbar.

Durch die Wahl Donald Trumps zum Präsidenten der Vereinigten Staaten im November 2016 wurde das verbreitete Krisengefühl
erheblich verstärkt. Er unterstützte nicht nur den Brexit, sondern
war auch ein scharfer Kritiker der EU insgesamt. Explizit nahm er
die Flüchtlingspolitik von Bundeskanzlerin Merkel unter Beschuss,
während er rechte Populisten überall auf dem Kontinent seiner
Unterstützung versicherte. Auch der NATO stand er skeptisch
gegenüber; seiner Ansicht nach nutzten die Kontinentaleuropäer,
die nach wie vor zu wenig Geld für ihre Verteidigung ausgaben, die
Vereinigten Staaten aus. Am wichtigsten dürfte jedoch gewesen sein,
dass er die Handelspraktiken der EU für »ungerecht« hielt und eine
Wende zum Protektionismus ankündigte. Welche Folgen seine Politik auf das Verhältnis Großbritanniens zur EU haben würde, war
nicht klar. Manche glaubten, dass die Abkehr vom Freihandel den
britischen Handelsspielraum außerhalb der EU verkleinern würde.
Andere hofften, das Fragezeichen hinter der NATO-Verpflichtung
zur kollektiven Verteidigung würde die EU bewegen, dem Vereinigten Königreich, der bedeutendsten übriggebliebenen westlichen
Militärmacht des Kontinents, einen guten »Deal« anzubieten.

Nach diesen Turbulenzen trat kurzzeitig Ruhe ein. Theresa May war damit beschäftigt, ihr Kabinett aus Freunden und Gegnern der EU zusammenzuhalten und eine Strategie für den Brexit auszuarbeiten. Behindert wurde sie durch das Fehlen eines eindeutigen Wählermandats. Die EU gewann ihre Fassung zurück, während die populistische Welle auf dem Kontinent abzuebben schien. Im März 2017 wurde mit Emmanuel Macron ein nachdrücklicher Befürworter der europäischen Integration und vehementer Kritiker des Brexit zum französischen Präsidenten gewählt. Die EU lehnte Verhandlungen weiterhin ab, solange London das Austrittsverfahren nach Artikel 50 des EU-Vertrags nicht beantragt hatte. Eines war indessen bereits klar: Wenn das Vereinigte Königreich seinen Beitrag zur Verteidigung des Kontinents in Vergangenheit, Gegenwart und Zukunft in die Brexit-Verhandlungen einbringen wollte, würde es bei der EU auf Granit beißen. Trotz aller Sicherheitsüberlegungen betrachtete sie ihr georechtliches und geoökonomisches System als durchaus getrennt vom geopolitischen System von NATO und europäischer Verteidigung.

Theresa May reagierte darauf mit einer zweigleisigen Strategie. Zum einen setzte sie das Austrittsverfahren nach Artikel 50 in Gang, wie es sowohl die EU als auch die britischen Brexit-Anhänger gefordert hatten. Danach hatten beide Seiten zwei Jahre Zeit, einen Austrittsvertrag auszuhandeln; anschließend würden Gespräche über die Gestalt des neuen Verhältnisses zueinander folgen. Zum anderen setzte die Premierministerin für Mai 2017 Neuwahlen an. Ihre Absicht lag auf der Hand. Indem sie deutlich machte, dass sie den Brexit durchziehen würde, hoffte sie, die Euroskeptiker quer über die Parteigrenzen hinweg hinter sich scharen zu können. Zudem war sie angesichts des ökonomischen Radikalismus des Labour-Vorsitzenden Jeremy Corbyn zuversichtlich, die Unterstützung der Gemäßigten zu behalten. Außerdem zeigte sie sich entschlossen, die »kostbare Union« zwischen den Nationen des Vereinigten Königreichs zu bewahren. Im Wahlkampf sprachen sich jedoch

beide großen Parteien für den Brexit aus; insbesondere in Bezug auf
das Ende der EU-Freizügigkeit beschränkte sich die Meinungsverschiedenheit auf die Frage, wie ein solches gestaltet werden sollte.
Es war eine Post-Brexit-Wahl, bevor der Brexit stattgefunden hatte.

Entgegen mancher Voraussagen veranlasste die Entscheidung für
den Brexit die Schotten nicht, sich hinter die Forderung der SNP
nach einer neuen Volksabstimmung über die Unabhängigkeit zu
stellen. Ganz im Gegenteil, die schottischen Wähler erteilten ihr
eine Abfuhr; die Labour Party und besonders die Konservativen
gewannen viel Boden zurück. Offensichtlich waren die Schotten,
noch mehr als sie für den Verbleib in der EU waren, für den Fortbestand der Union mit England und Wales, selbst wenn sie dafür
den Brexit hinnehmen mussten. Angesichts des Zustands des Kontinents schien das Vereinigte Königreich ein sicherer Hafen zu sein.
Die Wahl bekräftigte den ursprünglichen Zweck der Union als
Bollwerk gegen europäische Instabilität.

In zwei anderen Punkten scheiterte die Strategie der Premierministerin. Zum einen ergab die Wahl nicht das erhoffte deutliche
Mandat, mit dem sie Zweifler im Innern hätte zum Schweigen bringen und selbstbewusst in die Verhandlungen mit der EU hätte
gehen können. Stattdessen war sie erneut mit einem Parlament
ohne klare Mehrheit konfrontiert. Corbyns Labour Party hatte sich
wesentlich besser geschlagen, als erwartet. Die kleine, für den Brexit eintretende nordirische Demokratische Unionistische Partei
(DUP) wurde dazu überredet, die Konservativen im Unterhaus zu
unterstützen. Die Wiederbelebung der Labour Party wurde allgemein als Ablehnung des Brexit oder wenigstens eines »harten«
Brexit interpretiert, obwohl die eindeutig für den Verbleib in der
EU plädierenden Liberaldemokraten eine vernichtende Niederlage
erlitten hatten. Die UKIP war an den Rand gedrängt worden. Ein
Konsens über die Art des Brexit, die Großbritannien der EU anbie-
ten, um nicht zu sagen, von ihr erbitten sollte, schien weiter entfernt zu sein denn je.

Zum anderen verliefen die Gespräche, die May ab Herbst 2017 mit der EU führte, schlecht. Während in Großbritannien eine Debatte über eine Wiederholung des Referendums geführt wurde, blieben die Verhandlungen Mays mit der EU ähnlich glücklos wie die damaligen Versuche Camerons, die britischen Mitgliedsbedingungen zu verbessern. Die radikalen Brexit-Befürworter beharrten auf ihrer Forderung nach einem Austritt aus dem Gemeinsamen Markt und der Zollunion sowie nach eigenen Handelsverträgen mit der übrigen Welt. Gemäßigte Brexit-Befürworter und viele, die für den Verbleib in der EU waren, zogen es dagegen vor, in beiden Organisationen zu bleiben, solange die EU-Personenfreizügigkeit für Großbritannien aufgehoben wurde. Nicht wenige Verbleib-Befürworter waren bereit, für die weitere britische Mitgliedschaft im Gemeinsamen Markt, in der Zollunion und anderen Institutionen nahezu jeden Preis zu zahlen, den die EU verlangte. Diese beharrte ihrerseits auf der »Integrität« ihrer Rechtsordnung, wie sie vor der Brexit-Abstimmung bestanden hatte. Ein »sauberer Bruch« war nicht möglich. Einfach ein Freihandelsabkommen zu schließen oder zu den Regeln der Welthandelsorganisation zurückzukehren, lehnte sowohl die EU als auch das Vereinigte Königreich ab, weil dies zu einer »harten« Zollgrenze zwischen Nordirland und der Irischen Republik geführt hätte.

Das irische Problem ließ sich nicht durch Verhandlungsgeschick lösen. Wenn eine »harte Grenze« auf der Insel vermieden werden sollte, gab es nur die Wahl zwischen einem europäisch-britischen Freihandelsabkommen, das umfangreiche Grenzkontrollen ausschließen und Großbritannien praktisch Zugang zum Gemeinsamen Markt verschaffen würde, oder dem Verbleib Nordirlands in der Zollunion, mit der Folge, dass zwischen ihm und dem übrigen Vereinigten Königreich eine »harte Grenze« entstünde. Letzteres ließ sich nur verhindern, wenn ganz Großbritannien nach dem EU-Austritt in der Zollunion blieb, ohne an deren Gestaltung teilhaben zu können; es würde also zu einem reinen Befehlsempfänger reduziert. Anders ausgedrückt, Irland wurde entweder zur »Hintertür« Großbritanniens in die EU oder zu derjenigen der EU nach Großbritannien. Alte geopolitische Muster traten wieder hervor. Nicht nur der Friedensprozess in Nordirland stand auf dem Spiel, sondern auch die Souveränität und Sicherheit des Vereinigten Königreichs. Jahrhundertelang war Irland von England, später dem Vereinigten Königreich besetzt worden. Anschließend hatte man eine Union gebildet. Ziel war immer gewesen, dass die Insel kontinentalen Rivalen versperrt blieb. Erst nach dem Ende des Kalten Krieges nahm seine strategische Bedeutung ab, jedenfalls schien es so, doch jetzt war Irland wieder eine Hauptfront in dem seit langem geführten britischen Ordnungskampf mit dem europäischen Festland.

Während im Lauf der nächsten 15 Monate ein britisch-europäischer Gipfel und ein Vorschlag und Gegenvorschlag auf den nächsten folgten, wurde immer deutlicher, wie rigoros die Entscheidung war. Der Europäischen Union, einer zwischenstaatlichen Konföderation von Nationalstaaten, stand in Gestalt des Vereinigten Königreichs eine übernationale Union von Nationen gegenüber. Die Härte der EU-Haltung beruhte zum einen auf dem Bewusstsein der eigenen Stärke sowie der instinktiven Abwehr einer Veränderung des Status quo, war aber vor allem der historisch begründeten Furcht geschuldet, britische Diplomaten würden andernfalls die Differenzen zwischen den Mitgliedsstaaten ausnutzen, wie sie es jahrhundertelang getan hatten.

Das Ausmaß des Ordnungsanspruchs der EU trat in der von ihr festgelegten Reihenfolge der Austrittsverhandlungen zutage. Als Erstes sollte Großbritannien einem »Scheidungsvertrag« zustimmen. Ferner hätte es zu garantieren, dass es in Irland keine »harte Grenze« errichten werde. Insbesondere würde es für den Fall, dass das Gesamtabkommen dies nicht vorsah, einen sogenannten »backstop« garantieren müssen, eine Sicherheitsklausel, die es beiden Teilen der Irischen Insel erlauben würde, in der Zollunion zu bleiben.

Mit anderen Worten, die EU verlangte von London nicht nur die Zusage, dass es keine »harte Grenze« errichten werde, sondern auch das Versprechen, nichts zu unternehmen, was die EU zwingen würde, ihrerseits eine solche Grenze aufzubauen. Erst danach wollte die EU über das Thema verhandeln, das aus britischer Sicht am wichtigsten war: die neuen Wirtschaftsbeziehungen.

Im Dezember 2017 akzeptierte Theresa May zum Ärger vieler, die dies als unerträglichen Einschnitt in die britische Souveränität betrachteten, den »backstop«.[22] Sie tat dies in der Überzeugung oder Hoffnung, Wirtschaftsbeziehungen aushandeln zu können, die tiefgreifend genug wären, um ihn überflüssig zu machen. Tatsächlich konnte man sich in vielen Belangen einigen, einschließlich solch umstrittener Themen wie dem Status von Gibraltar und der City of London, aber ein Konsens über das Wirtschaftsverhältnis als Ganzes, der letztlich auf die Frage hinauslief, wer die Regeln festlegte und wer ihnen nur zu folgen hatte, wurde nicht erreicht. Mögliche Vereinbarungen wurden sondiert, aber jedes Mal entweder von der EU oder von Mays Kritikern im Parlament – Befürwortern wie Gegnern des Brexit – zurückgewiesen. Unterdessen wurde der »backstop« immer stärker in Frage gestellt, da seine Folgen für die Souveränität des Vereinigten Königreichs immer deutlicher erkennbar wurden. In Bezug auf Nordirland blieb die EU unerbittlich und beanspruchte dort auch für die Zeit nach dem Brexit Ordnungsrechte. Großbritannien schien isoliert zu sein.

Alles in allem war Ende 2018 ein ungeregelter Austritt aus der EU ebenso wahrscheinlich oder unwahrscheinlich wie das Zustandekommen eines »Scheidungsvertrags«. In ersterem Fall blieb abzuwarten, ob es ein »weicher« Austritt wird, bei dem beide Seite alles tun, um den Schaden in Grenzen zu halten, oder ob es hart auf hart kommt, mit der Gefahr eines anschließenden erbitterten Ordnungskampfs, dem juristischen und ökonomischen Äquivalent eines Krieges. Deshalb war es nicht überraschend, dass in Großbritannien im Parlament, in der Öffentlichkeit und in der Nation insgesamt viele den Wunsch hatten, einen solchen Konflikt zu vermeiden. Manche verlangten nach einer erneuten Volksabstimmung über die EU-Mitgliedschaft. Die Brexit-Befürworter, aber auch einige Brexit-Gegner wandten ein, das Volk habe bereits nicht weniger als dreimal abgestimmt, zuerst in der Wahl von 2015, nachdem Cameron ein solches Referendum versprochen hatte, dann in dem Referendum selbst und schließlich in der Wahl von 2017, in der sie mit großer Mehrheit für zwei Brexit-Parteien votierten. Sie argwöhnten, dass die Kämpfer durch eine weitere Abstimmung in Wirklichkeit etwas erreichen wollten, was Bertolt Brecht einst in anderem Zusammenhang sarkastisch vorgeschlagen hatte, nämlich das vorhandene Volk »aufzulösen«, um »ein anderes zu wählen«.

Gleichwohl ist Großbritannien, trotz des ökonomischen Ungleichgewichts, gut gerüstet, um den Ordnungsanspruch der EU zumindest für sein eigenes Territorium abzuwehren. Es ist immer noch eine der wichtigsten Mächte der Welt; es dürfte nach den Vereinigten Staaten und China an dritter Stelle, gewiss aber unter den ersten vier oder fünf Spitzenakteuren auf der Weltbühne rangieren. Es nimmt einen ständigen Sitz im UN-Sicherheitsrat ein und verfügt über einen beachtlichen diplomatischen Dienst. Seine Streitkräfte sind, trotz jüngster Mittelknappheit – die sich durch einen »harten« Brexit verschärfen würde –, hochangesehen, und sein militärisches Potential ist riesig. Anders als die instabile Eurozone besitzt Großbritannien eine stabile Währung, das Pfund Sterling, dessen Kurs zwar schwankt, das aber zweifellos nicht in seiner Existenz gefährdet ist. Obwohl das Verhältnis zwischen Staatsschulden und Bruttoinlandsprodukt hoch ist, haben alle diese Faktoren historisch stets dafür gesorgt, dass die Kreditwürdigkeit des Staats erhalten blieb. Vor allem aber zeichnet sich die britische Gesellschaft durch eine beachtliche Widerstandsfähigkeit aus. Sobald sie umfassend mobilisiert ist, steht sie, was die Fähigkeit betrifft, Konflikte unterschiedlicher Schärfe über lange Zeit hinweg durchzustehen, nur den Vereinigten Staaten nach. Tatsächlich weiß niemand

wirklich, wie das Gleichgewicht der Stärke zwischen der geopolitischen Ordnung des Vereinigten Königreichs und dem geoökonomischen und georechtlichen System der EU gelagert ist.

Während das Jahr 2018 sich dem Ende zuneigt, ist nicht klar, wie
oder ob das Vereinigte Königreich überhaupt die EU verlassen wird.
Es gäbe noch viele andere Fragen zu beantworten. Wird das Brexit-
Projekt fortgesetzt, oder wird es am inneren und internationalen
Gegenwind scheitern? Werden England, Schottland, Wales und
Nordirland weiterhin durch das Vereinigte Königreich geordnet
werden, oder wird die EU diese Rolle übernehmen – ohne ihre
Beteiligung? Und wenn es Westminster gelingen sollte, seine Auto-
rität über die Britischen Inseln aufrechtzuerhalten, wie wird das
Vereinigte Königreich seine Ordnungsaufgaben auf dem Konti-
nent erfüllen – wenn überhaupt? Werden die Europäer die »Außer-
ordentlichkeit« des Vereinigten Königreichs erkennen und dessen
Co-Management unseres Kontinents akzeptieren? Oder steuern
Großbritannien und das übrige Europa zwangsläufig auf einen wei-
teren zerstörerischen Zusammenprall von Ordnungssystemen zu?
Großbritannien mag die EU verlassen, aber es wird, wie Theresa
May festgestellt hat, nicht Europa verlassen. Es sei dahingestellt, ob
es dies überhaupt könnte.

Schlussbetrachtung

*Unsere Verbindungen zum übrigen Europa, dem Kontinent Europa, sind der
dominante Faktor in unserer Geschichte. Wir Briten haben auf sehr besondere
Weise zu Europa beigetragen. Über die Jahrhunderte hinweg haben wir dafür
gekämpft, dass Europa nicht unter die Vorherrschaft einer einzigen Macht
gerät. Wir haben für seine Freiheit gekämpft und sind für sie gestorben. Und
heute stehen wir immer noch zusammen.*

Margaret Thatcher, Brügge, 1988

Europa hat uns gemacht. England als Nationalstaat entstand
durch europäischen Druck. Ebenso das Vereinigte Königreich.
Die Beziehungen zwischen Engländern, Schotten, Iren und Walisern sind tiefgreifend geprägt durch den kontinentalen Kontext.
Europa stellte fast zwangsläufig strategisch und ideologisch die
größte Bedrohung für die Sicherheit der Insel dar. Die britische
Marine und später die Luftwaffe sah ihre Hauptaufgabe in der
Landesverteidigung und in Einsätzen in Europa und nicht so sehr
in Machtprojektionen nach Übersee. Diese militärischen Prioritäten blieben bemerkenswert stabil, trotz großer technologischer
Veränderungen, von neuer Schiffsbautechnik über die Erfindung
des Flugzeugs bis zur Entwicklung der Atomwaffen. Bis ins späte
18. Jahrhundert bot die maritime Überlegenheit keinen sicheren
Schutz gegen Invasionen, und im 20. Jahrhundert wurde die
Macht der britischen Marine durch landgestützte Flugzeuge herausgefordert. Darüber hinaus hing die Aufrechterhaltung der
Überlegenheit auf See und später in der Luft von Ludwig XIV.
bis Hitler stets davon ab, dass die Herausbildung einer Hegemo-
nialmacht verhindert wurde, die Großbritannien beim Aufbau

der Marine beziehungsweise der Luftwaffe auszustechen vermochte.

Europa war für uns fast immer wichtiger als die übrige Welt.
Edmund Burke sprach, lange bevor an das Britische Commonwealth von Nationen auch nur gedacht wurde, von einem »Commonwealth von Europa«. Das Britische Empire wurde aus überwiegend europäischen Gründen erobert. Kolonien verliehen
Großbritannien das demographische und finanzielle Gewicht, das
ihm auf dem Kontinent fehlte; ebenso wichtig war, dass seine Rivalen sich dieser Gebiete nicht bemächtigten. Gleichzeitig wurde das
Überseereich durch die Aufrechterhaltung des europäischen Macht-
gleichgewichts erworben und bewahrt. Es war ein Circulus virtuo-
sus, aber einer, dessen Anfang und Ende in Europa lagen. Als das
Empire Großbritannien nach dem Zweiten Weltkrieg in Europa
und der Welt zunehmend peinlich wurde, trennte man sich weitgehend von ihm. Kurz, ohne Europa kein England, kein Vereinigtes Königreich, kein Britisches Empire und keine Entkolonialisie-
rung.

Das Wesen der europäischen Herausforderung veränderte sich
im Lauf der Zeit erheblich. Strategischer Art war sie jedoch immer.
Im Mittelalter war Frankreich der Hauptfeind; im 16. Jahrhundert
und am Anfang des 17. Jahrhunderts war es Spanien, vom späten
17. bis ins frühe 19. Jahrhundert wieder Frankreich, in der zweiten
Hälfte des 19. Jahrhunderts das zaristische Russland, Anfang und
Mitte des 20. Jahrhunderts Deutschland, und seither ist es – mit
einer kurzen Unterbrechung nach dem Fall der Berliner Mauer –
wieder Russland. Häufig war die Bedrohung auch ideologischer Art,
von kontinentaler Häresie im Mittelalter über den gegenreformatorischen Katholizismus – der auch zum Synonym von Absolutismus
und kontinentaler Tyrannei wurde – im 16. und 17. Jahrhundert,
den Jakobinismus im späten 18., die kontinentale Autokratie im 19.
und den rechten und linken Totalitarismus im 20. Jahrhundert bis
zu islamistischen Terroristen der Gegenwart, die als Migranten über

Europa ins Land kommen. Verschärft wurde die Bedrohung von außen dadurch, dass alle diese Ideologien auf den Britischen Inseln in unterschiedlichem Umfang Anhänger besaßen.

Auch die britische Innenpolitik wurde von Europa mitgeprägt, das über Jahrhunderte hinweg Anlass zu Auseinandersetzungen bot. Die Debatten begannen mit der Frage, wie das Reich gegen Angriffe von außen, insbesondere von Frankreich und Schottland, geschützt werden konnte. Sie setzten sich fort mit der Diskussion darüber, ob und wie des Königs Anspruch auf den französischen Thron zu rechtfertigen war. Im 16. und 17. Jahrhundert trat dann die Frage in den Vordergrund, wie der Protestantismus und die parlamentarischen Freiheiten in einem Europa, in dem beide stark gefährdet waren, geschützt werden konnten. Vom 18. Jahrhundert an stritten sich die Briten darüber, welche Strategie am besten geeignet war, um das europäische Machtgleichgewicht aufrechtzuerhalten. Die vorherrschende Whig-Orthodoxie bemühte sich um Bündnisse und Truppenstationierungen auf dem Kontinent, während Torys und Radikale für Zurückhaltung in Europa und eine stärkere Hinwendung zum maritimen und kolonialen Ansatz plädierten. Die Wirklichkeit war natürlich zumeist weniger klar: Die Whigs waren häufig Erzimperialisten – wenn auch aus europäischen Gründen –, und viele Torys waren alles andere als krude Isolationisten, vielmehr richteten viele von ihnen ihren Blick gut unterrichtet und in Sorge nach Europa. In all diesen Debatten traten regelmäßig die einen für militärische Interventionen und die Einmischung in die inneren Angelegenheiten souveräner Staaten auf dem Kontinent ein, während die anderen ebenso leidenschaftlich forderten, sich herauszuhalten, und dafür sowohl pragmatische als auch prinzipielle Gründen anführten. Beide Ansichten sind auch heute in beiden großen Parteien breit vertreten.

Die Karriere vieler englischer und später britischer Monarchen und Staatsmänner wurde durch Ereignisse auf dem Kontinent entscheidend beeinflusst: Von der Absetzung Michael de la Poles im

späten 14. Jahrhundert und derjenigen seines Namensvetters nach
dem Fall Frankreichs hundert Jahre später über den Ansehensver-
lust Marias I. nach der Aufgabe von Calais, das Unvermögen der
Stuarts, den Protestantismus in Deutschland zu schützen und Ludwig XIV. in Schach zu halten, den Sturz Walpoles wegen seiner
Weigerung, Österreich gegen Frankreich zu unterstützen, und denjenigen diverser weiterer Regierungen im 18. und 19. Jahrhundert
bis hin zu dem durch John Majors Anwürfe erzwungenen Rücktritt
Margaret Thatchers in den 1990er Jahren. In diese Aufzählung passt
auch der Abgang von David Cameron nach der Volksabstimmung
über die EU-Mitgliedschaft. Darüber hinaus war Englands innere
Struktur in vieler Hinsicht ein Produkt europäischen Drucks, vom
Danegeld, das erhoben wurde, um die Wikinger zu beschwichtigen,
über den »fiskalisch-militärischen« Staat des 17. und 18. Jahrhunderts und die Einführung der Einkommenssteuer, um den Krieg
mit Frankreich zu finanzieren, bis zum »Kriegführungsstaat« und
»Wohlfahrtsstaat« des 20. Jahrhunderts.

Großbritannien war also stets ein Teil Europas, »ein Stück des
Kontinents«. Zu Beginn unserer Geschichte bildete die Nordsee,
über welche die Wikingerangriffe England trafen, den Hauptrah-
men. Im Mittelalter herrschten englische Könige lange Zeit über
große Teile Frankreichs, und viele Briten betrachteten die französischen Häfen am Ärmelkanal als äußeren Verteidigungsring des
Reichs. Im 16. und frühen 17. Jahrhundert interessierten sich die
Engländer in zunehmendem Maß für die Niederlande, die für viele
sogar ein Teil Englands waren. Im Lauf der Zeit entwickelte sich aus
diesem geographisch begrenzten Interesse die Sorge um das gesamteuropäische Gleichgewicht, die sich hauptsächlich um Deutschland drehte. Allgemeiner gesagt, verlief die britische Geschichte
im europäischen Kontext, im Rahmen der Erfahrungen und Konflikte des Kontinents. Sie gehörte jahrhundertelang zum gemeinsamen Kern der Christenheit. Wie der größte Teil des übrigen Europa
durchlebte Großbritannien, ungeachtet zeitlicher Abweichungen

und unterschiedlicher Intensitätsgrade, die Reformation, die Aufklärung und die industrielle Revolution.

So wie Europa Britannien schuf, so schuf Britannien Europa.
Die Briten formten Europa in ihrem Interesse und in zunehmendem Maß nach ihrem eigenen Bild. Die Präsenz und das Ansehen
britischer Truppen auf dem Kontinent waren für gewöhnlich
beträchtlich, angefangen mit den Adligen, die ihr Glück in den *chevauchées* des 13. Jahrhunderts suchten, über die großen Siege britischer Heere bei Azincourt, Dünkirchen, Höchstädt, Dettingen,
Waterloo, auf der Krim und in den beiden Weltkriegen bis zur
Abschreckung in Europa im Rahmen der NATO. Dass die meisten
dieser Siege mit der Hilfe von Bündnispartnern errungen wurden,
tat dem Ruhm, den sie Britannien einbrachten, keinen Abbruch;
ganz im Gegenteil. In den meisten großen europäischen Friedensverhandlungen seit dem späten 17. Jahrhundert spielte Großbritannien eine wichtige, häufig sogar entscheidende Rolle. Dies gilt für
den Frieden von Utrecht, in dem das Prinzip des Mächtegleichgewichts festgeschrieben wurde, ebenso wie für den Wiener Kongress,
auf dem Europa nach den revolutionären und napoleonischen
Kriegen umgestaltet wurde, und in neuester Zeit die EU-Verträge.
Darüber hinaus verstanden England und später das Vereinigte
Königreich ihre Sicherheit in ideologischem Kontext, von der Verteidigung des Protestantismus im 16. und 17. Jahrhundert über den
Schutz der europäischen »Freiheiten« im 18. Jahrhundert und die
Förderung des Liberalismus im 19. Jahrhundert bis zur Verbreitung
der Demokratie im 20. und 21. Jahrhundert. Seinen größten terri-
torialen Umfang in Europa erreichte Großbritannien durch die
Acts of Union, aber ideologisch hat es sich seither weit darüber hinaus ausgedehnt.

England und später das Vereinigte Königreich waren in Europa
unverwechselbar, und dies nicht nur im selbstverständlichen Sinn,
dass jede Geschichte »besonders« ist. Unsere europäische Geschichte
ist nicht nur von derjenigen des Kontinents getrennt und zugleich

in sie eingebunden, sondern auch grundsätzlich anders und gutartiger. Dies ist sicherlich ein subjektives Urteil, aber kein willkürliches. Britanniens freundliches Schicksal ist zum Teil glücklichen Umständen wie der Randlage am Westende des Kontinents zu verdanken. Insofern hatten Polen das Pech, in einem Land geboren zu sein, das zwischen Deutschland und Russland und im 20. Jahrhundert zwischen Nationalsozialismus und Stalinismus lag. Aber Engländer und Briten waren selbst auch ihres Glückes Schmied. Sie waren Vorreiter bei zwei Formen der politischen Organisation: dem Nationalstaat, wie er, wie selektiv auch immer, vom Parlament repräsentiert wird, und dem Konzept der multinationalen Union auf der Grundlage eines parlamentarischen Zusammenschlusses. Dieses Modell wurde von den großen Nationen der Anglosphäre, den Vereinigten Staaten, Kanada, Australien und Neuseeland, übernommen, und es ist der Grund, warum sich diese glücklichen Gemeinwesen, trotz bedeutender Unterschiede, so sehr ähneln. Sie hatten und haben zweifellos ihre Probleme, die jedoch im Vergleich mit den vergangenen und gegenwärtigen Schwierigkeiten Europas verblassen. In den letzten fünfhundert Jahren haben die Europäer politisches Unglück in vielerlei Form erfahren, vom Absolutismus über den Jakobinismus, die napoleonische Tyrannei, den Nationalsozialismus und den Sowjetkommunismus bis zur gut gemeinten, aber kreuzlahmen Europäischen Union.

Kurz, Kontinentaleuropa hat vor 1945 versagt, und die heutige Europäische Union versagt nur etwas weniger. Im Unterschied zu buchstäblich allen anderen Staaten Europas, die eine Zeitlang besetzt oder geteilt wurden, und dies häufig mehrmals, waren England und das Vereinigte Königreich, mit kurzen Unterbrechungen, nie bloß Objekt, sondern stets ein Subjekt europäischer Politik. Auch in dieser Hinsicht bildet Großbritannien eine Ausnahme. Dies ist allerdings kein Grund für britisches Triumphgefühl; ganz im Gegenteil. Auch nach der Entscheidung für den »Brexit« ist die Europäische Union noch kein Feind des Vereinigten Königreichs.

Man sollte sie am besten als moderne Form des alten Heiligen Römischen Reichs betrachten, die vielleicht glücklos und aufdringlich, aber nicht bösartig ist. Sie braucht Hilfe. Das Scheitern des europäischen Projekts und der Zusammenbruch der gegenwärtigen kontinentalen Ordnung wären nicht nur für die Menschen auf der anderen Seite des Ärmelkanals ein katastrophaler Schlag, sondern auch für das Vereinigte Königreich, das, wie schon immer, den daraus folgenden Stürmen ausgesetzt wäre.

Dank

Der Autor stützt sich auf die Arbeiten vieler Kollegen, von denen einige in den Anmerkungen erwähnt werden, während sich andere osmotisch in seinem Gehirn festgesetzt haben. Es wäre eine undankbare Aufgabe, einzelne dieser Kollegen namentlich hervorzuheben, nicht zuletzt, weil sie vielleicht nicht damit einverstanden wären, wie ihre Forschungen genutzt wurden. Zugleich wäre es unhöflich, nicht jenen zu danken, die einzelne Kapitel des Buches im Manuskriptstadium rasch und unverzüglich gelesen haben: Johanna Dale, Gabriel Glickman, Edward Hicks, Tom Hooper, Ralph Houlbrooke, Roger Lovatt, John Maddicott, Scott Mandelbrote, Maire Ni Mhaonaigh, William Mulligan, Keith Robbins, Magnus Ryan, Constance Simms und Nicholas Vincent. Es versteht sich von selbst, dass keiner meiner Kollegen verantwortlich ist für Ansichten, die in diesem Buch vertreten werden; sie sind alleine die des Autors. Darüber hinaus möchte ich meinem Verleger Simon Winder danken sowie meinem Agenten Bill Hamilton, die beide schon früh an dieses Buch geglaubt haben. Der größte Dank gebührt jedoch meiner Frau Anita, ohne deren Liebe und Unterstützung ich nichts erreicht hätte. Dieses Buch ist ihr gewidmet.

Anmerkungen

1   2005 von der Denkfabrik Civitas wiederveröffentlicht; Arthur Bryant, *Freedom's Own Island. The British Oceanic Expansion,* London 1986; Raphael Samuel, *Island Stories. Unravelling Britain,* Bd. 2: *Theatres of Memory,* London/ New York 1998.

2   Christopher Lee, *This Sceptred Isle,* London 1997; ein weiteres Beispiel für das Inselthema ist Norman Longmate, *Island Fortress. The Defence of Great Britain 1603–1945,* London 1991.

3   Jonathan Clark (Hg.), *A World by Itself. A History of the British Isles,* London 2010.

4   Zit. in Richard J. Evans, »The Wonderfulness of Us (the Tory Interpretation of History)«, in: *London Review of Books,* 33, 6 (17. März 2011), S. 9–11, hier S. 9.

5   In dieser Hinsicht folge ich Norman Davies, *The Isles. A History,* London 1999; siehe auch ders., »Not Forever England. A European History of Britain«, in ders., *Europe between East and West,* London 2007, S. 83–105. In allem anderen stimme ich im Allgemeinen der Betonung der englischen Sonderrolle zu, wie sie Robert Tombs in *The English and Their History,* London 2014, vertritt.

6   Siehe Peter Mandler, *The English National Character. The History of an Idea from Edmund Burke to Tony Blair,* New Haven, Connecticut/London 2006.

1. Die Bande der »Christenheit«

1   Zit. in John Joseph Norman Palmer, *England, France and Christendom, 1377–99,* Chapel Hill, North Carolina, 1972, S. 1982.

2   Zit. in Juliet Barker, *Conquest. The English Kingdom of France, 1417–1450,* Cambridge, Massachusetts, 2012, S. 367.

3   Peter H. Sawyer, *From Roman Britain to Norman England,* London 1978, S. 2.

4   Vgl. James Campbell, »Observations on the Conversion of England«, in ders., *Essays in Anglo-Saxon History,* London/Roncerverte 1986, S. 69–84.

5   Hier stütze ich mich vor allem auf Robert Tombs, *The English and Their History,* London 2014.

6   Siehe Wilhelm Levison, *England and the Continent in the Eighth Century,* Oxford 1946, S. 94–107 und passim, sowie mit Einschränkungen Andreas Bihrer, *Begegnungen zwischen dem ostfränkisch-deutschen Reich und England (850–1100). Kontakte, Konstellationen, Funktionalisierungen, Wirkungen,* Ostfildern 2012, S. 509–516; vgl. auch Veronica Ortenberg, *The English Church and the Continent in the Tenth and Eleventh Centuries. Cultural, Spiritual and Artistic Exchanges,* Oxford 1992; David Rollason, Conrad Leyser und Hannah

Williams (Hg.), *England and the Continent in the Tenth Century. Studies in Honour of Wilhelm Levison (1876–1947),* Turnhout 2010. Zum Wohlstand Englands siehe die Anfangskapitel in Nicholas Vincent, *A Brief History of Britain, 1066–1485. The Birth of a Nation,* London 2011.

7   Siehe Pauline Stafford, *Unification and Conquest. A Political and Social History in the Tenth and Eleventh Centuries,* London 1989.

8   Zit. in James Campbell, »The United Kingdom of England. The Anglo-Saxon Achievement«, in ders., *The Anglo-Saxon State,* London 2000, S. 37.

9   Siehe John Robert Maddicott, *The Origins of the English Parliament, 924–1327,* Oxford 2010, S. 37 und passim.

10 So die Auffassung von James Campbell, »The Late Anglo-Saxon State. A Maximum View«, in ders., *The Anglo-Saxon State,* S. 10–12 und passim; zu einem »minimalistischeren« Urteil über Englands Besonderheit im europäischen Vergleich siehe George Molyneaux, *The Formation of the English Kingdom in the Tenth Century,* Oxford 2015, insbesondere S. 231–249.

11 Zu Gemeinsamkeiten der politischen Kultur siehe Johanna Dale, »Royal Inauguration and the Liturgical Calendar in England, France and the Empire, c. 1050–c. 1250«, in Elisabeth van Houts (Hg.), *Anglo-Norman Studies XXXVII. Proceedings of the Battle Conference, 2014,* Woodbridge 2015, S. 83–98, insbesondere S. 84 f.

12 Michael Swanton (Hg.), *The Anglo-Saxon Chronicles,* London 2000.

13 Zu den Verbindungen über die Nordsee hinweg im Allgemeinen siehe David Bates und Robert Liddiard (Hg.), *East Anglia and Its North Sea World in the Middle Ages,* Woodbridge 2013.

14 Siehe Donald Matthew, *Britain and the Continent, 1000–1300,* London 2005, S. 9 und passim.

15 Siehe Eljas Oksanen, *Flanders and the Anglo-Norman World, 1066–1216,* Cambridge 2012, S. 4 f. und passim.

16 Peter Unwin, *The Narrow Sea. Barrier, Bridge and Gateway to the World. The History of the English Channel,* London 2003, S. 56 f.

17 Nicholas A. M. Rodger, *The Safeguard of the Sea. A Naval History of Britain, 660–1649,* London 1997, S. 99 und passim.

18 Siehe M. A. Pollock, *Scotland, England and France after the Loss of Normandy, 1204–1296. »Auld Amitie«,* Woodbridge 2015.

19 Siehe Robert R. Davies, *The First English Empire. Power and Identities in the British Isles, 1093–1343,* Oxford 2000, S. 35–39.

20 Amanda Power, *Roger Bacon and the Defence of Christendom,* Cambridge 2014, S. 232.

21 Ebd., S. 238.

22 Siehe Christopher Tyerman, *England and the Crusades, 1095–1588,* Chicago, Illinois/London 1988, S. 36 f. und passim.

23 Siehe allgemein John France, *The Crusades and the Expansion of Catholic Christendom, 1000–1714,* London 2005.

24 Zit. in Anthony Goodman, *John of Gaunt. The Exercise of Princely Power in Fourteenth-Century Europe,* Harlow 1992, S. 203.

25 Zit. in Nancy Bisaha, *Creating East and West. Renaissance Humanists and the Ottoman Turks,* Philadelphia 2004, S. 105.

26 Siehe David Carpenter, *The Penguin History of Britain. The Struggle for Mastery. Britain, 1066–1284*, London 2004, S. 24, 50 und passim.

27 Siehe Davies, *The First English Empire*, S. 32.

28 Zit. in George G. Coulton, *Medieval Panorama. The English Scene from Conquest to Reformation*, Cambridge 1938, S. 65.

29 Gerald L. Harriss, »The King and His Subjects«, in Rosemary Horrox (Hg.), *Fifteenth-Century Attitudes. Perceptions of Society in Late Medieval England*, Cambridge 1994, S. 13.

30 Maddicott, *The Origins of the English Parliament*, S. 378, 386 und passim; Michael Prestwich, *The Three Edwards. War and State in England, 1272–1377*, London 1980, S. 226–228, 299 und passim.

31 Maddicott, *The Origins of the English Parliament*, S. 392.

32 Ralph V. Turner und Richard R. Heiser, *The Reign of Richard Lionheart. Ruler of the Angevin Empire, 1189–99*, Harlow 2000, S. 3.

33 Tombs, *The English and Their History*, S. 77.

34 »Song against the King's Taxes«, in Peter Coss (Hg.), *Thomas Wright's Political Songs of England. From the Reign of John to that of Edward II*, Cambridge 1996, S. 182.

35 Siehe Prestwich, *The Three Edwards*, S. 27.

36 Zit. in ebd., S. 210.

37 Edmund Boleslav Fryde, »Parliament and the French War, 1336–40«, in T. A. Sandquist und M. R. Powicke (Hg.), *Essays in Medieval History presented to Bertie Wilkinson*, Toronto 1969, S. 242–261.

38 Prestwich, *The Three Edwards*, S. 211, 225.

39 Zit. in Palmer, *England, France and Christendom*, S. 7.

40 Maurice Hugh Keen, *England in the Later Middle Ages. A Political History*, London 1988, S. 142.

41 Die Metapher vom Boxen oberhalb der eigenen Gewichtsklasse verdanke ich Lord Hurd, der sie zur Beschreibung der Stellung Großbritanniens im späten 20. Jahrhundert benutzt hat.

42 Zit. in Palmer, *England, France and Christendom*, S. 29.

43 John Gillingham, *Richard I*, New Haven, Connecticut/London 1999, S. 1, 3 (dt.: *Richard Löwenherz. Eine Biographie*, Düsseldorf 1981); zur europaweiten Verherrlichung Richards siehe auch Turner und Heiser, *The Reign of Richard Lionheart*, S. 3.

44 Zit. in Keen, *England in the Later Middle Ages*, S. 142.

45 Anne Hudson, »Lollardy. The English Heresy?«, in dies., *Lollards and Their Books*, London/Ronceverte 1985, S. 141–163.

46 Zit. in Frank Welsh, *The Battle for Christendom. The Council of Constance, 1415, and the Struggle to Unite against Islam*, London 2008, S. 170 f.

47 Zit. in Jocelyne Gledhill Dickinson, *The Congress of Arras 1435. A Study in Medieval Diplomacy*, Oxford 1955, S. 24.

48 C. F. Richmond, »The Keeping of the Seas during the Hundred Years War, 1422–1440«, in: *History*, 49 (1964), S. 283–298; G. A. Holmes, »The Libel of English Policy«, in: *The English Historical Review*, 76 (1961), S. 193–216.

2. »Ein Stück des Kontinents«

1   David Nicolle, *The Fall of English France, 1449–53,* Oxford 2012.

2   Siehe Juliet Barker, *Eroberung. Das Englische Königreich in Frankreich während des Hundertjährigen Krieges,* Hemmingen 2012.

3   »Bale's Chronicle«, in Ralph Flenley (Hg.), *Six Town Chronicles of England,* Oxford 1911.

4   Helen Castor, *Blood and Roses. The Paston Family in the Fifteenth Century,* London 2004, S. 61.

5   Zu einer Übersicht siehe Maurice Keen, »The End of the Hundred Years War. Lancastrian France and Lancastrian England«, in Michael Jones und Malcolm Vale (Hg.), *England and Her Neighbours, 1066–1453,* London 1989, S. 297–311, insbesondere S. 299–301.

6   Siehe Castor, *Blood and Roses,* S. 56 f.

7   Zit. in ebd., S. 60.

8   Siehe Gerald L. Harriss, »The Struggle for Calais. An Aspect of the Rivalry between Lancaster and York«, in: *The English Historical Review,* 75 (1960), S. 30–53, insbesondere S. 30 f.

9   Zur Kritik des Parlaments an der Gesamtstrategie und seinen fiskalischen Drohgebärden siehe J. S. Roskell, *The History of Parliament. The House of Commons, 1386–1421,* Stroud 1992, S. 89, 101, 101–115, 126, 129, 137; siehe auch Eleanor Searle und Robert Burghart, »The Defense of England and the Peasants' Revolt«, in: *Viator,* 3 (1972), S. 370–375.

10   http://www.british-history.ac.uk/cal-papal-registers/brit-ie/vol10/pp259-266.

11   Zur Existenz einer »politischen Sphäre« vor der Erfindung des Buchdrucks und zur zentralen Rolle der englischen Kriege siehe Clementine Oliver, *Parliament and Political Pamphleteering in Fourteenth-Century England,* Woodbridge 2010, S. 4 und passim.

12   Zur englischen Beschäftigung mit dem Fall Frankreichs siehe Catherine Nall, »Reading and War in the Aftermath of Defeat«, in dies., *Reading and War in Fifteenth-Century England. From Lydgate to Malory,* Cambridge 2012, S. 48–74, 143 f.; dies., »Perceptions of Financial Mismanagement and the English Diagnosis of Defeat«, in: *The Fifteenth Century,* 7 (2007), S. 119–135; siehe auch Christopher Allmand und Maurice Keen, »History and the Literature of War. The Boke of noblesse of William of Worcester«, in Christopher Allmand (Hg.), *War, Government and Power in Late Medieval France,* Liverpool 2000, S. 92–105, insbesondere S. 98 f.

13   Siehe Glenn Richardson (Hg.), *The Contending Kingdoms. France and England, 1420–1700,* Aldershot 2008.

14   Zit. in John Robert Maddicott, *The Origins of the English Parliament, 924–1327,* Oxford 2010, S. 376.

15   Zum fortbestehenden englischen Fokus auf Frankreich siehe David Grummitt (Hg.), *The English Experience in France, c. 1450–1558. War, Diplomacy and Cultural Exchange,* Aldershot 2002; zum maritimen Aspekt siehe Beatrice Heuser, »Regina Maris and the Command of the Sea. The Sixteenth-Century Origins of Modern Maritime Strategy«, in: *The Journal of Strategic Studies,* (online 2015), S. 1–38, insbesondere S. 6.

16 Zit. in Susan Doran, *England and Europe, 1485–1603,* London/New York 1986, S. 89.

17 Siehe C. S. L. Davies, »›Roy de France et roy d'Angleterre‹. The English Claims to France, 1453–1558«, in: *Publications du Centre Européen d'Études Bourguignonnes (XIVe–XVIe siècles),* 35 (1995).

18 Steven J. Gunn, »The French Wars of Henry VIII«, in Jeremy Black (Hg.), *The Origins of War in Early Modern Europe,* Edinburgh 1987, S. 28–51.

19 John Joseph Scarisbrick, *Henry VIII,* London 1968, S. 135. Das relevante Kapitel trägt den Titel »The Renewal of the Hundred Years' War«, S. 21–40.

20 Zit. in ebd., S. 58, 63.

21 Stella Fletcher, *Cardinal Wolsey. A Life in Renaissance Europe,* London/New York 2009, S. 61 f.

22 Zit. in John Guy, *Tudor England,* Oxford 1985, S. 105.

23 C. S. L. Davies, »Tournai and the English Crown, 1513–1519«, in: *The Historical Journal,* 41 (1998), S. 1–26, insbesondere S. 11 f.

24 Zit. in Scarisbrick, *Henry VIII,* S. 70.

25 Zit. in ebd., S. 142 f.

26 Zit. in ebd., S. 48.

27 Ralph Houlbrooke, *Britain and Europe, 1500–1780,* London 2011, S. 56.

28 Siehe Steven Gunn, David Grummitt und Hans Cools, *War, State and Society in England and the Netherlands, 1477–1559,* Oxford 2007, S. 329–334.

29 Wallace MacCaffrey, »Parliament and Foreign Policy«, in David M. Dean und Norman L. Jones (Hg.), *The Parliaments of Elizabethan England,* Oxford 1990, S. 65–90, insbesondere S. 65–67.

30 Zit. in Lesley B. Cormack, »The Fashioning of an Empire. Geography and the State in Elizabethan England«, in Anne Godlewska und Neil Smith (Hg.), *Geography and Empire,* Oxford 1994, S. 16.

31 Siehe Guy, *Tudor England,* S. 135.

32 Jeremy Goring, »Social Change and Military Decline in Mid-Tudor England«, in: *History,* 60 (1975), S. 185–197, hier S. 185 (Zitat von John Hales).

33 Es war das erste Parlament in der Regierungszeit Elisabeths I. Siehe: »The Lord Keeper Bacon's Speech on Opening Parliament«, in: *Cobbett's Parliamentary History of England. From the Norman Conquest in 1066 to the Year 1803,* Bd. 1, London 1806, Spalte 640.

34 Zit. in Doran, *England and Europe,* S. 183.

35 Zit. in C. S. L. Davies, »England and the French War, 1557–9«, in Robert Tittler und Jennifer Loach (Hg.), *The Mid-Tudor Polity, c. 1540–1560,* Totowa, New Jersey, 1980, S. 159–185, hier S. 179.

36 Siehe Jane E. A. Dawson, »William Cecil and the British Dimension of Early Elizabethan Foreign Policy«, in: *History,* 74 (1989), S. 196–216.

37 Zit. in Doran, *England and Europe,* S. 100.

38 Zit. in ebd., S. 99.

39 Siehe Geoffrey Parker, *The Grand Strategy of Philip II,* New Haven, Connecticut/London 1998, S. 4.

40 Zit. in Wallace McCaffrey, »Parliament and Foreign Policy«, in Dean und Jones (Hg.), *The Parliaments of Elizabethan England,* S. 79.

41 David J. B. Trim, »Seeking a Protestant Alliance and Liberty of Conscience on the Continent, 1558–85«, in Susan Doran und Glenn Richardson (Hg.), *Tudor England and Its Neighbours*, Basingstoke 2005, S. 151.

42 Zit. in R. B. Wernham, *Before the Armada. The Growth of English Foreign Policy, 1485–1588*, London 1966, S. 292; vgl. David J. B. Trim, »The Continental Commitment. A Tudor–Stuart Perspective«, Konferenz »The Continental Commitment«, De Montfort University, Juli 1999, S. 1–17, insbesondere S. 7 f.

43 Zit. in Trim, »Seeking a Protestant Alliance and Liberty of Conscience on the Continent, 1558–85«, S. 157.

44 Siehe Jill Raitt, »The Elector John Casimir, Queen Elizabeth, and the Protestant League«, in Derk J. Visser (Hg.), *Controversy and Conciliation. The Reformation and the Palatinate, 1559–1583*, Allison Park, Pennsylvania, 1986, S. 117–145.

45 Zit. in Doran, *England and Europe*, S. 99.

46 Drake wird zitiert in Carol Z. Wiener, »The Beleaguered Isle. A Study of Elizabethan and Early Jacobean Anti-Catholicism«, in: *Past & Present*, 51 (1971), S. 62; zu *Vindiciae contra tryrannos* siehe David J. B. Trim, »If a Prince Use Tyrannie Towards His People‹. Interventions on Behalf of Foreign Populations in Early Modern Europe«, in ders. und Brendan Simms (Hg.), *Humanitarian Intervention. A History*, Cambridge 2011, S. 29–66.

47 Zu Elisabeths Abneigung gegen eine territoriale Expansion in die Niederlande siehe Simon Adams, »Elizabeth I and the Sovereignty of the Netherlands, 1576–1585«, in: *Transactions of the Royal Historical Society*, 6. Serie, 14 (2004), S. 309–319.

48 Wernham, *Before the Armada*, S. 384, 386.

49 Zu den Auswirkungen von Englands maritimer Expansion auf Europa siehe John H. Elliott, *Die Neue in der Alten Welt. Folgen einer Eroberung, 1492–1650*, Berlin 1992, S. 76–95 (das Zitat von Richard Hakluyt findet sich auf S. 85); zur Bedeutung der Neuern Welt auf Spaniens Stellung in Europa siehe ders., *Empires of the Atlantic World. Britain and Spain in America, 1492–1830*, New Haven, Cennecticut/London 2006.

50 Siehe Stephen Ellis, *Tudor Ireland. Crown, Community and the Conflict of Cultures, 1470–1603*, London/New York 1985, S. 14.

51 Siehe David Potter, »French Intrigue in Ireland during the Reign of Henri II, 1547–1559«, in: *The International History Review*, 5 (1983), 2, S. 159–180; zur engen Beziehung zwischen Irland und Europa in der damaligen Zeit sowie zu Habsburganhängern unter gälischen Iren siehe Declan M. Downey, »Irish-European Integration. The Legacy of Charles V«, in Judith Devlin und Howard B. Clarke (Hg.), *European Encounters. Essays in Memory of Albert Lovett*, Dublin 2003, S. 97–117.

52 William Palmer, *The Problem of Ireland in Tudor Foreign Policy, 1485–1603*, Woodbridge 1995, S. 79 und passim; zu den »geopolitischen Augenblicken« siehe auch ders., »Armada, Elizabethan Conquest and the Opening of the Atlantic«, in G. R. Sloan, *The Geopolitics of Anglo-Irish Relations in the Twentieth Century*, London/Washington, D. C., 1997, S. 75–88; zu einer engeren lokalen Sicht auf den »Inselstaat« und »drei Königreiche« siehe Brendan Bradshaw und John Morrill (Hg.), *The British Problem, c. 1534–1707. State Formation in the Atlantic Archipelago*, Basingstoke 1996.

53 Cecil wird zitiert in Dawson, »Cecil and Foreign Policy«, S. 209; zu den Grenzen der Vereinigung der beiden Kronen im Jahr 1603 siehe Bruce Galloway, *The Union of England and Scotland, 1603–1608,* Edinburgh 1986.

54 William Brown Patterson, *King James VI and I and the Reunion of Christendom,* S. IX, 48–51, 294f., Zitat auf S. 50.

55 Franklin Le Van Baumer, »The Conception of Christendom in Renaissance England«, in: *Journal of the History of Ideas,* 6 (1945), 2, S. 131–156, hier S. 133, 140 und passim.

56 Siehe Jonathan I. Israel, »Garrisons and Empire. Spain's Strongholds in Northwest Germany, 1589–1659«, in ders., *Conflicts of Empires. Spain, the Low Countries and the Struggle for World Supremacy, 1585–1713,* London/Rio Grande 1995, S. 23–44, insbesondere die Landkarte mit den spanischen Garnisonen in Norddeutschland auf S. 25; Cecil wird zitiert in Hans Werner, »The View from the Popular Stage«, in R. Malcolm Smuts (Hg.), *The Stuart Court and Europe. Essays in Politics and Political Culture,* Cambridge 1996, S. 125.

57 »Debate on the Motion for a Supply«, 12. April 1614, in: *Cobbett's Parliamentary History,* Bd. 1, Spalten 1163–1165.

58 Siehe Jonathan Scott, *England's Troubles. Seventeenth-Century English Political Instability in European Context,* Cambridge 2000.

59 Siehe Richard Cust, *Charles I. A Political Life,* Harlow 2007, S. 31–62.

60 Siehe Jayne E. E. Boys, *London's News Press and the Thirty Years' War,* Woodbridge 2011, S. 272–274; C. John Sommerville, *The News Revolution in England. Cultural Dynamics of Daily Information,* New York/Oxford 1996, S. 24–29.

61 Zit. in: *Cobbett's Parliamentary History of England,* Bd. 1, Spalte 1186; siehe auch Noel Malcolm, *Reason of State, Propaganda and the Thirty Years' War. An Unknown Translation by Thomas Hobbes,* Oxford 2007, Kap. 5: »Palatine Politics. Cavendish, Mansfield, and Hobbes«, insbesondere S. 74–78; Anthony Milton, »The Church of England and the Palatinate, 1566–1642«, in: *Proceedings of the British Academy,* 164 (2010), S. 137–165.

62 Zum Zusammenhang von Kleiderstil und strategischen Überlegungen siehe Anna Bayman, »Cross-dressing and Pamphleteering in Early Seventeenth-Century London«, in David Lemmings und Claire Walker (Hg.), *Moral Panics, the Media and the Law in Early Modern England,* Basingstoke 2009, S. 63–78, insbesondere S. 63–65.

63 Siehe Malcolm Smuts, »Religion, European Politics and Henrietta Maria's Circle, 1625–41«, in Erin Griffey (Hg.), *Henrietta Maria. Piety, Politics and Patronage* Aldershot 2008, S. 13–38; zum Aufstieg des calvinistischen Internationalismus in England siehe David Trim, »Calvinist Internationalism and the Shaping of Jacobean Foreign Policy«, in Timothy Wilks (Hg.), *Prince Henry Revived. Image and Exemplarity in Early Modern England,* London 2008, S. 239–258.

64 »Resolutions on Religion Drawn by a Sub-committee of the House of Commons, 24 February 1629«, in Samuel R. Gardiner (Hg.), *The Constitutional Documents of the Puritan Revolution, 1625–1660,* Oxford 1889, S. 78.

65 Edward A. Wrigley, »The Divergence of England. The Growth of the English Economy in the Seventeenth and Eighteenth Centuries«, in ders., *Poverty, Progress and Population,* Cambridge 2004, S. 44–67.

66 Siehe »The Grand Remonstrance«, 1. Dezember 1641, in Gardiner (Hg.), *Constitutional Documents*, S. 208 f.; Simon Adams, »Spain or the Netherlands? The Dilemmas of Early Stuart Foreign Policy«, in Howard Tomlinson (Hg.), *Before the English Civil War. Essays on Early Stuart Politics and Government*, London 1983, S. 101; Werner, »The View from the Popular Stage«, S. 116; Thomas Cogswell, *The Blessed Revolution. English Politics and the Coming of War, 1621–1624*, Cambridge 1989, S. 76; siehe allgemein Scott, *England's Troubles*.

67 Zit. in Elliott, *Die Neue in der Alten Welt*, S. 85.

68 Zit. in Cogswell, *The Blessed Revolution*, S. 72 f.

69 Zur Bedeutung des Wettstreits mit Spanien um die Kontrolle über den Tabakhandel siehe Thomas Cogswell, »›In the Power of the State‹. Mr Anys's Project and the Tobacco Colonies, 1626–1628«, in: *The English Historical Review*, 122 (2008), S. 35–64.

70 Zu den Atlantiküberquerungen in beide Richtungen und zur englischen Identität der Kolonisten im Allgemeinen siehe Susan Hardman Moore, *Pilgrims. New World Settlers and the Call of Home*, New Haven, Connecticut/London 2007; Malcolm Gaskill, *Between Two Worlds. How the English became Americans*, Oxford 2014.

71 Joachim Whaley, »A Tolerant Society? Religious Toleration in the Holy Roman Empire, 1648–1806«, in Ole Grell und Roy Porter (Hg.), *Toleration in Enlightenment Europe*, Cambridge 2000, S. 175–195, insbesondere S. 176 f., 179.

72 Zur »humanitären Intervention« gegen Savoyen siehe David J. B. Trim, »Interventions in Early Modern Europe«, in Simms und Trim (Hg.), *Humanitarian Intervention*, S. 54–64.

73 Zit. in Charles P. Korr, *Cromwell and the New Model Foreign Policy. England's Policy toward France, 1649–1658*, Berkeley/Los Angeles/London 1975, S. 89.

74 Siehe Michael Braddick, *State Formation in Early Modern England, c. 1550–1700*, Cambridge 2000, S. 213–221.

75 Siehe Lucy Campbell, »English Perspectives on the Holy Roman Empire, 1660–1688«, Dissertation, Universität Cambridge, 2015.

76 Paul Sonnino, *Louis XIV and the Origins of the Dutch War*, Cambridge 1988.

77 Klaus Malettke, »Universalmonarchie, kollektive Sicherheit und Gleichgewicht im 17. Jahrhundert«, in Michael Jonas, Ulrich Lappenkueper und Bernd Wegner (Hg.), *Stabilität durch Gleichgewicht. Balance of power im internationalen System der Neuzeit*, Paderborn 2015, S. 31; zur Ambivalenz des französisch-britischen Verhältnisses siehe Robert und Isabelle Tombs, *That Sweet Enemy. The French and the British from the Sun King to the Present*, London 2006.

78 Siehe Gabriel Glickman, »Conflicting Visions. Foreign Affairs in Domestic Debate, 1660–1689«, in William Mulligan und Brendan Simms (Hg.), *The Primacy of Foreign Policy in British History, 1660–2000. How Strategic Concerns Shaped Modern Britain*, Basingstoke 2010, S. 15–31; vgl. auch Steven C. A. Pincus, »From Butterboxes to Wooden Shoes. The Shift in English Popular Sentiment from Anti-Dutch to Anti-French in the 1670s«, in: *The Historical Journal*, 38, 2 (1995), S. 360.

79 Zit. in Brendan Simms, *Three Victories and a Defeat. The Rise and Fall of the First British Empire, 1714–1783*, London 2007, S. 32; zur zentralen Rolle der Strategiekritik siehe Annabel Patterson, *The Long Parliament of Charles II*, New Haven, Connecticut/London 2008, S. 178–208, insbesondere S. 179 f.

80 Siehe Gabriel Glickman, »Empire, ›Popery‹, and the Fall of English Tangier, 1662–1684«, in: *The Journal of Modern History,* 87 (Juni 2015), S. 247–280, Zitate auf S. 271.

81 Zit. in Tony Claydon, *Europe and the Making of England,* Cambridge 2007, S. 56, 239.

82 Zit. in David Onnekirk, »Primacy Contested. Foreign and Domestic Policy in the Reign of William III«, in Mulligan und Simms (Hg.), *The Primacy of Foreign Policy in British History,* S. 36 f.

83 Siehe Tony Claydon, *William III and the Godly Revolution,* Cambridge 1996, S. 138–140 und passim.

84 Zit. in Simms, *Three Victories and a Defeat,* S. 44.

85 Zit. in Glickman, »Conflicting Visions«, S. 27.

86 Zit. in Simms, *Three Victories and a Defeat,* S. 50.

87 Steve Pincus, *1688. The First Modern Revolution,* New Haven/London 2009, S. 475–477 und passim.

88 Siehe Esmond Samuel de Beer, »The English Newspapers from 1695 to 1702«, in Ragnhild Hatton und J. S. Bromley (Hg.), *William III and Louis XIV. Essays 1680–1720 by and for Mark A. Thomson,* Liverpool 1968, insbesondere S. 123 f.

89 Robert D. McJimsey, »A Country Divided? English Politics and the Nine Years' War«, in: *Albion,* 23/1 (1991), S. 61–74; ders., »Shaping the Revolution in Foreign Policy. Parliament and the Press, 1689–1730«, in: *Parliamentary History,* 25 (2006), S. 17–31; K. A. J. McLay, »Combined Operations and the European Theatre during the Nine Years' War, 1688–97«, in: *Historical Research,* 78 (2005), insbesondere S. 539.

90 Zit. in Glickman, »Conflicting Visions«, S. 24.

91 Zit. in Miles Ogborn, »The Capacities of the State: Charles Davenant and the Management of the Excise, 1683–1698«, in: *Journal of Historical Geography,* 24 (1998), 289–312.

92 Charles Davenant, *An Essay upon the Balance of Power,* in ders., *The Political and Commercial Works,* hg. von Charles Whitworth, Bd. 3, London 1771, S. 359.

93 Brian Levack, *The Formation of the British State. Scotland and the Union, 1603–1707,* Oxford 1987.

94 Zit. in Doohwan Ahn, »From ›Jealous Emulation‹ to ›Cautious Politics‹. British Foreign Policy and Public Discourse in the Mirror of Ancient Athens, c. 1730–c. 1750«, in David Onnekink und Gijs Rommelse (Hg.), *Ideology and Foreign Policy in Early Modern Europe (1650–1750),* Farnham 2011, S. 3.

95 Siehe Christopher Storrs, »The Union of 1707 and the War of the Spanish Succession«, in Stewart J. Brown und Christopher A. Whatley (Hg.), *The Union of 1707. New Dimensions,* Edinburgh 2008, S. 31–44; Allan I. Macinnes, *Union and Empire. The Making of the United Kingdom in 1707,* Cambridge 2007, S. 243–276; zum Zusammenhang zwischen der Vereinigung und der Bewahrung der Freiheiten Europas siehe Colin Kidd, *Union and Unionism. Political Thought in Scotland, 1500–2000,* Cambridge 2008, S. 79.

96 Jonathan Swift, *Das Verhalten der Verbündeten und des letzten Ministeriums bei Beginn und Führung des gegenwärtigen Krieges,* in ders., *Prosa Schriften,* hg. von Felix Paul Greve, Bd. 1, Berlin 1909, http://gutenberg.spiegel.de/buch/irland-7132/16.

97   Zit. in Simms, *Three Victories and a Defeat*, S. 65.
98   Ian Kenneth Steel, *Politics of Colonial Policy. The Board of Trade in Colonial Administration, 1696–1720*, Oxford 1968, S. 134–142; John Carswell, *The South Sea Bubble*, Stanford, Kalifornien, 1960, S. 40–59.
99   Houlbrooke, *Britain and Europe*, S. 149–166.

3. »Die Bollwerke Großbritanniens«

1   In diesem Kapitel verwende ich Material aus meinem Aufsatz »›Ministers of Europe‹. British Strategic Culture, 1714–1760«, in Hamish Scott und Brendan Simms (Hg.), *Cultures of Power in Europe during the Long Eighteenth Century*, Cambridge 2007, S. 110–132; zu einer Darstellung der britischen Außenpolitik und Strategiedebatte in dieser Zeit siehe mein Buch *Three Victories and a Defeat. The Rise and Fall of the First British Empire, 1714–1783*, London 2007.
2   *Cobbett's Parliamentary History of England. From the Norman Conquest in 1066 to the Year 1803*, Bd. 12, London 1812, Spalte 178.
3   Zit. in Simms, *Three Victories and a Defeat*, S. 484.
4   Siehe Jeremy Black, *Natural and Necessary Enemies. Anglo-French Relations in the Eighteenth Century*, London 1986, S. 2 f.
5   Jeremy Black, *The Grand Tour in the Eighteenth Century*, Stroud 1992.
6   Uta Richter-Uhlig, *Hof und Politik unter den Bedingungen der Personalunion zwischen Hannover und England*, Hannover 1992, S. 43 f.
7   Siehe Jeremy Black, »The Press and Europe«, in ders., *The English Press in the Eighteenth Century*, London/Sydney 1987, S. 197–244; Graham Gibbs, »Newspapers, Parliament and Foreign Policy in the Age of Stanhope and Walpole«, in: *Mélanges offerts à G. Jacquemyns*, Brüssel 1968, S. 293–315, insbesondere S. 295.
8   Zur herkömmlichen Auffassung, das Parlament sei »ignorant« gewesen, siehe C. H. Firth, »The Study of British Foreign Policy«, in: *The Quarterly Review*, 226 (1916), S. 470 f.; Jeremy Black, *Parliament and Foreign Policy in the Eighteenth Century*, Cambridge 2004, S. 146, 170 und passim; zur hohen Qualität der Parlamentsreden siehe auch Karl W. Schweizer, »An unpublished parliamentary speech by the Elder Pitt, 9 December 1761«, in: *Historical Research*, 64 (1991), S. 98–105.
9   Simms, »›Ministers of Europe‹«, S. 115; Basil Williams, *Carteret and Newcastle. A Contrast in Contemporaries*, Cambridge 1943, S. 9.
10   Zit. in Black, *Parliament and Foreign Policy*, S. 86; siehe auch David Armitage, »The British Conception of Empire in the Eighteenth Century«, in Hermann Hiery und Christoph Kampmann (Hg.), *Imperium/Empire/Reich. Ein Konzept politischer Herrschaft im deutsch-britischen Vergleich*, München 1999, S. 92; einige Statistiken finden sich in Doohwan Ahn und Brendan Simms, »European Great Power Politics in British Public Discourse, 1714–1763«, in William Mulligan und Brendan Simms (Hg.), *The Primacy of Foreign Policy in British History, 1660–2000. How Strategic Concerns Shaped Modern Britain*, Basingstoke 2010, S. 79–101.
11   Zit. in Adolphus William Ward, *Great Britain and Hanover. Some Aspects of the Personal Union*, Oxford 1899, S. 133.
12   Zit. in Simms, »›Ministers of Europe‹«, S. 116.

13 Siehe Daniel Baugh, »Great Britain's ›Blue-water‹ Policy, 1689–1815«, in: *International History Review*, 10, 1 (1988), S. 33–58.

14 Philip Woodfine, *Britannia's Glories. The Walpole Ministry and the 1739 War with Spain*, Woodbridge 1998, insbesondere S. 128–153.

15 Lord Bolingbroke, *Das Gesicht eines patriotischen Königs – Ein Brief über den Geist des Patriotismus. Zwei Schriften*, hg. von Gertrud Bergmann, Leipzig o. J., S. 56 f., 61–63.

16 Siehe beispielsweise: *The Parliamentary History of England from the Earliest Period down to the Year 1803*, Bd. 13, London 1812, Spalte 913, 6. Dezember 1742; zu Beispielen für die maritime und antieuropäische Rhetorik in populären Balladen siehe Jeremy Black, *America or Europe? British Foreign Policy, 1739–1763*, London 1998, S. 60.

17 *Cobbett's Parliamentary History of England*, Bd. 9, London 1811, Spalte 208, 23. Januar 1734.

18 *The Parliamentary History of England*, Bd. 13, London 1812, Spalte 587, 27. Januar 1744.

19 Siehe Brendan Simms, »Pitt and Hanover«, in ders. und Torsten Riotte (Hg.), *The Hanoverian Dimension in British History, 1714–1837*, Cambridge 2007, S. 28–57.

20 Zit. in Mitchell Dale Allen, »The Anglo-Hanoverian Connection, 1727–1760«, Dissertation, Universität Boston, 2000, S. 274.

21 Zum Vorrang der Außenpolitik vor der Wirtschaft in dieser Zeit siehe Simms, *Three Victories and a Defeat*, S. 74 f.

22 Zit. in Basil Williams, *Stanhope. A Study in Eighteenth-Century War and Diplomacy*, Oxford 1932, S. 243.

23 Zit. in Black, *America or Europe?*, S. 122.

24 Zit. in Marie Peters, *Pitt and Popularity. The Prime Minister and London Opinion during the Seven Years War*, Oxford 1980, S. 69.

25 *Cobbett's Parliamentary History of England*, Bd. 12, Spalte 1047, 10. Dezember 1742; *The Parliamentary History of England*, Bd. 13, Spalte 428, 11. Januar 1744.

26 Lord Carteret, Parlamentsrede, 27. Januar 1744, in J. H. Plumb und Joel H. Wiener (Hg.), *Great Britain. Foreign Policy and the Span of Empire*, New York 1972, Bd. 1, S. 85 f.

27 Nicholas A. M. Rodger, *The Safeguard of the Sea. A Naval History of Britain, 660–1649*, London 1997, Bd. 2.

28 Earl of Chesterfield, *The Case of the Hanover Forces* (1742), zit. in Nicholas Harding, »Hanoverian Rulership and Dynastic Union with Britain, 1700–1760«, in Rex Rexhauser (Hg.), *Die Personalunionen von Sachsen-Polen, 1697–1763, und Hannover-England, 1714–1837. Ein Vergleich*, Wiesbaden 2005, S. 183.

29 Allerdings waren Großbritannien und Hannover immer zwei verschiedene internationale Einheiten (vgl. Ragnhild Hatton, *The Anglo-Hanoverian Connection, 1714–1760*, Creighton Lecture, London 1982, S. 3).

30 Zit. in Simms, »›Ministers of Europe‹«, S. 119.

31 Zit. in Williams, *Carteret and Newcastle*, S. 127.

32 Hardwicke an Newcastle, 11. September 1757, in Earl of Hardwicke, *The Life and Correspondence of Philip Yorke, Earl of Hardwicke, Lord High Chancellor of Great Britain*, 3 Bde., hg. von Philip C. Yorke, Cambridge 1913, Bd. 3, S. 176.

33 Siehe beispielsweise Carterets Äußerungen in Harding, »Hanoverian Ruler-
    ship and Dynastic Union with Britain«, S. 211; Williams, *Carteret and New-
    castle,* S. 127.

34 Simms, »›Ministers of Europe‹«, S. 119.

35 Anonym (Allen Bathurst zugeschrieben), *A Letter to a Friend Concerning the
    Electorate of Hanover,* London 1744, zit. in Harding, »Hanoverian Rulership
    and Dynastic Union with Britain«, S. 212.

36 Siehe allgemein Michael Sheehan, »Balance of Power Intervention. Britain's
    Decisions for or against Aar, 1733–56«, in: *Diplomacy and Statecraft,* 7, 2 (1996),
    S. 271–289; ders., »The Sincerity of the British Commitment to the Mainte-
    nance of the Balance of Power, 1714–1763«, in: *Diplomacy and Statecraft,* 15,
    3 (2004), S. 489–506.

37 *Cobbett's Parliamentary History of England,* Bd. 12, Spalten 149, 9. April 1741,
    und 614, 29. April 1744.

38 Zur »Universalmonarchie« in der zeitgenössischen Rhetorik (in Bezug auf
    Frankreich) siehe Lord Carteret in *Cobbett's Parliamentary History of England,*
    Bd. 12, Spalten 227, 4. Dezember 1741, und 942, 10. Dezember 1742; *The Par-
    liamentary History of England,* Bd. 13, Spalte 129, 1. Dezember 1743.

39 Siehe die teilweise etwas zweischneidige Darstellung in Jeremy Black, »An
    ›Ignoramus‹ in European Affairs?«, in: *British Journal for Eighteenth-Century
    Studies,* 6, S. 55–65 (1983); Nick Harding, »Sir Robert Walpole and Hanover«,
    in: *Historical Research,* 76, 192 (Mai 2003), S. 165–186.

40 Zit. in Simms, *Three Victories and a Defeat,* S. 289 f.

41 Zit. in Matthew McCormack, »The New Militia. War, Politics and Gender in
    1750s Britain«, in: *Gender & History,* 19 (2007), S. 483–500, hier S. 484; siehe
    auch Philip Carter, »An ›Effeminate‹ or ›Efficient‹ Nation? Masculinity and
    Eighteenth-Century Social Documentary«, in: *Textual Practice,* 11 (1997),
    S. 429–443.

42 Zit. in David Porter, »A Peculiar but Uninteresting Nation. China and the Dis-
    course of Commerce in Eighteenth-Century England«, in: *Eighteenth-Century
    Studies,* 33, 2 (2000), S. 181–199, hier S. 183.

43 Siehe David Nokes' Rezension von James A. Harris (Hg.), *Sketches of the His-
    tory of Man,* in: *Times Literary Supplement,* 21. März 2008, S. 23.

44 Zit. in Carter, »An ›Effeminate‹ or ›Efficient‹ Nation?«, S. 429.

45 Zit. in McCormack, »The New Militia. War, Politics and Gender in 1750s Bri-
    tain«, S. 497.

46 Siehe Erica Charters, »The Caring Fiscal-Military State during the Seven Years
    War, 1756–1763«, in: *The Historical Journal,* 52 (2009), S. 921–941, insbeson-
    dere S. 937–940, Zitat auf S. 939.

47 Zum Verhältnis zwischen Religion und englischer beziehungsweise britischer
    Außenpolitik siehe Steven C. A. Pincus, *Protestantism and Patriotism. Ideolo-
    gies and the Making of English Foreign Policy, 1650–1668,* Cambridge 1996;
    Andrew C. Thompson, *Britain, Hanover and the Protestant Interest, 1688–1756,*
    Woodbridge 2006.

48 Baruch Mevorach, »Die Interventionsbestrebungen in Europa zur Verhin-
    derung der Vertreibung der Juden aus Böhmen und Mähren, 1744–1745«, in:
    Jahrbuch des Instituts für deutsche Geschichte, 9 (1980), S. 16–81, hier S. 34, 54;
    Johann Krengel, »Die englische Intervention zu Gunsten der böhmischen

Juden«, in: *Monatsschrift für Geschichte und Wissenschaft des Judentums,* 44 (1900), S. 269–281.

49 Siehe David B. Horn, *Great Britain and Europe in the Eighteenth Century,* Oxford 1967, S. 178.

50 Siehe David B. Horn (Hg.), *British Diplomatic Representatives, 1689–1789,* London 1932, S. 40–69.

51 *Cobbett's Parliamentary History of England,* Bd. 12, Spalte 178, 13. April 1741; *The Parliamentary History of England,* Bd. 13, Spalte 259, 6. Dezember 1743.

52 Siehe Horn, *Great Britain and Europe in the Eighteenth Century,* S. 198.

53 Newcastle an Chesterfield, 22. Februar 1745, in Richard Lodge (Hg.), *Private Correspondence of Chesterfield and Newcastle, 1744–1746,* London 1930, S. 16.

54 Siehe die Äußerungen eines anonymen Abgeordneten in: *Cobbett's Parliamentary History of England,* Bd. 9, London 1811, Spalte 981 f.

55 Zit. in Simms, »›Ministers of Europe‹«, S. 122.

56 Thomas Pitt an Pitt, 12. Oktober 1756, in William Pitt, *The Correspondence of William Pitt, Earl of Chatham,* hg. von William Stanhope Taylor und John Henry Pringle, Bd. 1, London 1838, S. 176 f.; Pitt an Thomas Pitt, 13. Januar 1756, in ebd., S. 152.

57 *The Parliamentary History of England from the Earliest Period down to the Year 1803,* Bd. 14, London 1813, Spalten 965–967.

58 Siehe Horn, *Great Britain and Europe in the Eighteenth Century,* S. 56.

59 Zit. in Stephen Conway, »Continental Connections. Britain and Europe in the Eighteenth Century«, in: *History,* 90, 299 (2005), S. 353–374, hier S. 358.

60 Simms, »›Ministers of Europe‹«, S. 123.

61 Siehe Jeremy Black, *British Foreign Policy in the Age of Walpole,* Edinburgh 1985, S. 119.

62 Zit. in James Frederick Chance, *The Alliance of Hanover. A Study of British Foreign Policy in the Last Years of George I,* London 1923, S. 1.

63 Ebd., S. 492.

64 Simms, »›Ministers of Europe‹«, S. 124.

65 Zit. in David B. Horn, *Sir Charles Hanbury Williams and European Diplomacy, 1747–58,* London 1930, S. 202.

66 Veronica Baker-Smith, *A Life of Anne of Hanover. Princess Royal,* Leiden/New York/Köln 1995.

67 Simms, »›Ministers of Europe‹«, S. 125.

68 Zit. in Chance, *The Alliance of Hanover,* S. 214.

69 Zit. in Jeremy Black, »Recovering Lost Years. British Foreign Policy after the War of the Polish Succession«, in: *Diplomacy and Statescraft,* 15 (2004), S. 465–487, hier S. 482.

70 *Cobbett's Parliamentary History of England,* Bd. 9, Spalte 599, 28. März 1734.

71 *The Parliamentary History of England,* Bd. 13, Spalte 425, 11. Januar 1744.

72 *Cobbett's Parliamentary History of England,* Bd. 12, Spalte 914, 6. Dezember 1742.

73 Zit. in Jeremy Black, *Pitt the Elder,* Cambridge 1992, S. 224.

74 Zu den »praktischen Problemen des Einsatzes der Seemacht zur Erreichung diplomatischer Ziele« siehe Black, *America or Europe?,* S. 60; ders., »British Naval Power and International Commitments. Political and Strategic Problems, 1688–1770«, in Michael Duffy (Hg.), *Parameters of British Naval Power,*

1650–1850, Exeter 1992, insbesondere S. 39, 43; siehe auch Herbert Richmond, *The Navy as an Instrument of Policy, 1558–1727,* hg. von E. A. Hughes, Cambridge 1953, S. 380 und passim.

75 Siehe John Childs, »The Army and the State in Britain and Germany during the Eighteenth Century«, in John Brewer und Eckhart Hellmuth (Hg.), *Rethinking Leviathan. The Eighteenth-Century State in Britain and Germany,* Oxford 1999, S. 56.

76 Zit. in Peters, *Pitt and Popularity,* S. 158.

77 Siehe Jens Metzdorf, *Politik – Propaganda – Patronage. Francis Hare und die englische Publizistik im Spanischen Erbfolgekrieg,* Mainz 2000, S. 353–416.

78 *Cobbett's Parliamentary History of England,* Bd. 11, London 1812, Spalte 1047, 13. Februar 1741.

79 *The Parliamentary History of England,* Bd. 13, Spalte 392, 11. Januar 1744.

80 Zit. in Peters, *Pitt and Popularity,* S. 133.

81 Der Bischof von Gloucester an Pitt, 17. Oktober 1761, in Pitt, *The Correspondence of William Pitt,* Bd. 2, S. 161.

82 Pitt an Keene, 23. August 1757, in ebd., Bd. 1, S. 251.

83 Zit. in Reed Browning, *The Duke of Newcastle,* Newhaven/London 1975, S. 268.

84 Bedford an Bute, 9. Juli 1761, in Duke of Bedford, *Correspondence of John, Fourth Duke of Bedford,* hg. von John Russell, Bd. 3, London 1846, S. 26.

85 Hardwicke an Newcastle, 10. April 1760, in Earl of Hardwicke, *The Life and Correspondence of Philip Yorke, Earl of Hardwicke,* Bd. 3, S. 245.

86 Zur gegenteiligen Ansicht siehe N. A. M. Rodger, »The Continental Commitment in the Eighteenth Century«, in Lawrence Freedman, Paul Hayes und Robert O'Neill (Hg.), *War, Strategy and International Politics,* Oxford 1992, S. 39–55.

87 Siehe Manfred Mimler, *Der Einfluss kolonialer Interessen in Nordamerika auf die Strategie und Diplomatie Großbritanniens während des Österreichischen Erbfolgekrieges 1744–1748. Ein Beitrag zur Identitätsbestimmung des britischen Empire um die Mitte des 18. Jahrhundert,* Hildesheim/Zürich/New York 1983, S. 135 und passim.

88 Jack M. Sosin, »Louisburg and the Peace of Aix-la-Chapelle 1748«, in: *William and Mary Quarterly,* 14 (1957), S. 535.

89 Richard Middleton, *The Bells of Victory. The Pitt-Newcastle Ministry and the Conduct of the Seven Years' War, 1757–1762,* Cambridge 1985, S. 25.

90 W. D. Bird, »British land strategy«, Teil 3, in: *Army Quarterly,* 21 (1930/31), S. 50.

91 Zit. in Middleton, *The Bells of Victory,* S. 101.

92 Zit. in Paul Langford, *The Eighteenth Century, 1688–1815,* London 1976, S. 141.

93 Zit. in Middleton, *The Bells of Victory,* S. 148.

94 Zit. in Karl Schweizer, »An Unpublished Parliamentary Speech by the Elder Pitt, 9 Decembre 1761«, in: *Historical Research,* 64 (1991), S. 98–105, hier S. 102.

95 Israel Mauduit, *Considerations on the Present German War,* London 1760. Ich habe die zweite Auflage benutzt.

96 Kathleen Wilson, *The Sense of the People. Politics, Culture and Imperialism in England, 1715–1785,* Cambridge 1995, S. 215 f.; John Brewer, »The Misfortunes

of Lord Bute. A Case Study in Eighteenth-Century Political Argument and Public Opinion«, in: *The Historical Journal*, 16 (1973), S. 3–43, insbesondere S. 9, 113.

97   Hamish M. Scott, *British Foreign Policy in the Age of the American Revolution*, Oxford 1990, passim.

98   Black, *America or Europe?*, S. 102; siehe auch Daniel A. Baugh, »Withdrawing from Europe. Anglo-French Maritime Geopolitics, 1750–1800«, in: *The International History Review*, 20, 1 (1998), S. 1–32.

99   Siehe Michael Roberts, *Splendid Isolation, 1763–1780*, 1969 Stenton Lecture, Reading.

100 Zum Perspektivenwechsel zum territorialen Empire siehe Hugh V. Bowen, »British Conceptions of Global Empire, 1756–1783«, in: *The Journal of Imperial and Commonwealth History*, 26 (1998), S. 1–27; zu den politischen und strategischen Implikationen siehe Peter James Marshall, »Britain and the World in the Eighteenth Century: I. Reshaping the Empire«, in: *Transactions of the Royal Historical Society*, Sixth Series, 8 (1998), S. 1–18, insbesondere S. 9–17.

101 »Royal Proclamation«, 7. Oktober 1763, in Frederick Madden und David Fieldhouse (Hg.), *The Classical Period of the First British Empire, 1689–1783. The Foundations of a Colonial System of Government*, Westport, Connecticut, 1985, S. 520–523.

102 Zit. in Simms, *Three Victories and a Defeat*, S. 536; siehe auch Peter James Marshall, *The Making and Unmaking of Empires. Britain, India and America, c. 1750–1783*, Oxford 2005, S. 1–3, 59 f., 273–310 und passim.

4. So viel zur Nachbarschaft

1   In diesem Kapitel verwende ich Material aus meinem Aufsatz »›A False Principle in the Law of Nations‹. Burke, State Sovereignty, [German] Liberty and Intervention in the Age of Westphalia«, in Brendan Simms und David J. B. Trim (Hg.), *Humanitarian Intervention. A History*, Cambridge 2011, S. 89–110.

2   Edmund Burke an Lord Grenville, 18. August 1792, in Peter Edmund Burke, *The Correspondence of Edmund Burke*, Bd. 7, hg. von James Marshall und John A. Woods, Cambridge 1968, S. 176 f.

3   Edmund Burke, *Zween Briefe an ein Mitglied des jetzigen Parlements über die Vorschläge zum Frieden mit dem königsmörderischen Directorium von Frankreich*, Frankfurt am Main/Leipzig 1797, S. 183 f.

4   In der neuen Biographie Edmund Burkes von Richard Bourke, *Empire and Revolution. The Political Life of Edmund Burke*, Princeton, New Jersey/Oxford 2015, nimmt Europa breiten Raum an.

5   Siehe Robert J. Vincent, »Edmund Burke and the Theory of International Relations«, in: *Review of International Studies*, 10 (1984), S. 206.

6   Jennifer M. Welsh, »Edmund Burke and the Commonwealth of Europe. The Cultural Bases of International Order«, in Ian Clark und Iver Neumann (Hg.), *Classical Theories of International Relations*, Basingstoke 1996, S. 173–192; dies., *Edmund Burke and International Relations*, Basingstoke 1995, passim, insbesondere S. 70–88.

7   Conor Cruise O'Brien, *The Great Melody. A Thematic Biography of Edmund Burke*, London 1992.

8   Geoffrey W. Rice, »Deceit and Distraction. Britain, France and the Corsican Crisis of 1768«, in: *The International History Review*, 28 (2006), S. 287–315; Thadd E. Hall, *France and the Eighteenth-Century Corsican Question*, New York 1971, S. 155–214.

9   Siehe Frederick A. Pottle, *James Boswell. The Earlier Years, 1740–1769*, London 1966, S. 390–395. Ich danke Jennifer Pitts dafür, dass sie mich ihren unveröffentlichten Aufsatz »The Stronger Ties of Humanity. Humanitarian Intervention in the Eighteenth Century« einsehen ließ, den sie auf der Jahreskonferenz der American Political Science Association in Philadelphia (28.–31. August 2003) vorgelegt hat.

10   Edmund Burke, »Speech on Address, 8 November 1768«, in ders., *The Writings and Speeches of Edmund Burke*, hg. von Paul Langford, Bd. 2, Oxford 1981, S. 98 f.

11   Edmund Burke, »Thoughts on the Present Discontents«, in ebd., S. 283.

12   Zit. in Frederick P. Lock, *Edmund Burke*, Bd. 1: *1730–1784*, Oxford 1998, S. 341.

13   *The Annual Register, or A View of the History, Politics, and Literature, for the Year 1772*, London 51795, »Preface« und S. 1–3, 6 (die Verfasserschaft wird auf plausible Weise Burke zugeschrieben); siehe auch Gaetano Leonard Vincitorio, »Edmund Burke and the First Partition of Poland«, in ders. (Hg.), *Crisis in the Great Republic. Essays Presented to Ross J. S. Hoffman*, New York 1969, S. 14–46, insbesondere S. 33, 37, 42.

14   *The Annual Register ... for the Year 1772*, S. 3–5; *The Annual Register ... for the Year 1773*, London 51793, S. 3 f., 8 f.

15   *The Annual Register ... for the Year 1772*, »Preface« und S. 1, 3.

16   Zit. in Brendan Simms, *Three Victories and a Defeat. The Rise and Fall of the First British Empire, 1714–1783*, London 2007, S. 567.

17   Pitts, »The Stronger Ties of Humanity«.

18   Zit. in Simms, *Three Victories and a Defeat*, S. 642.

19   Zit. in Robert Rhodes Crout, »In Search of a ›Just and Lasting Peace‹. The Treaty of 1783, Louis XVI, Vergennes and the Regeneration of the Realm«, in: *The International History Review*, 5, 3 (1983), S. 374.

20   Lord Sandwich in Anwesenheit des Königs im Kabinett, 19. Januar 1781, in ders., *The Private Papers of John, Earl of Sandwich, First Lord of the Admiralty, 1771–1782*, hg. von George R. Barnes und John H. Owen, Bd. 4, London 1938, S. 24.

21   *The Parliamentary History of England from the Earliest Period down to the Year 1803*, Bd. 19, London 1814, Spalte 316 f., 30. Mai 1777; Spalte 601, 11. Dezember 1777.

22   Zu Großbritannien im Allgemeinen siehe Stephen Conway, *The British Isles and the War of American Independence*, Oxford 2002, S. 16 f., 350; zu Irland siehe Thomas Bartlett, »›A Weapon of War Yet Untried‹. Irish Catholics and the Armed Forces of the Crown, 1760–1830«, in T. G. Fraser und Keith Jeffery (Hg.), *Men, Women and War*, Dublin 1993, S. 66–85; R. Kent Donovan, »The Military Origins of the Roman Catholic Relief Programme of 1778«, in: *The Historical Journal*, 28 (1985), S. 79–102.

23 Zit. in Stanley Weintraub, *Iron Tears. America's Battle for Freedom, Britain's Quagmire 1775–1783*, London 2005, S. 67.

24 Zit. in Crout, »In Search of a ›Just and Lasting Peace‹«, S. 398.

25 Siehe David C. Hendrickson, *Peace Pact. The Lost World of the American Founding*, Lawrence, Kansas, 2003, S. 63.

26 Alexander Hamilton/James Madison/John Jay, *Die Federalist Papers. Vollständige Ausgabe*, hg. Barbara Zehnpfennig, München 2007, Nr. 19 (Madison/Hamilton), S. 142 f., 145; zum Eindruck der polnischen Teilung auf den Verfassungskonvent siehe Frederick W. Marks, *Independence on Trial. Foreign Affairs and the Making of the Constitution*, Baton Rouge, Louisiana, 1973, S. 3–51.

27 Hamilton/Madison/Jay, *Die Federalist Papers*, Nr. 5 (Jay), S. 69.

28 Zit. in Hamish Scott, *The Emergence of the Eastern Powers, 1756–1775*, Cambridge 2001, S. 1.

29 Vincent Todd Harlow, *The Founding of the Second British Empire*, 2 Bde., London 1952/1964; Christopher A. Bayly, *Imperial Meridian. The British Empire and the World, 1780–1830*, London 1989; zu den Loyalisten als demographischer Reserve siehe Maya Jasanoff, *Liberty's Exiles. American Loyalists in the Revolutionary World*, New York 2011.

30 Zit. in Jeremy Black, »Recovering Lost Years. British Foreign Policy after the War of the Polish Succession«, in: *Diplomacy and Statescraft*, 15 (2004), S. 13.

31 Zit. in Timothy C. W. Blanning, *The Origins of the French Revolutionary Wars, 1787–1802*, London 1996, S. 132,

32 Alan Crawford, »British Perceptions of a Russian Strategic Threat, 1790–1793«, Dissertation, London School of Economics and Political Science, 2007.

33 J. C. D. Clark bezeichnet Burke als »Whig in der Politik« (*Edmund Burke. Reflections on the Revolution*, hg. von J. C. D. Clark, Stanford, Kalifornien, 2001, S. 23).

34 Siehe Jennifer Pitts, *A Turn to Empire. The Rise of Imperial Liberalism in Britain and France*, Princeton, New Jersey, 2005, Kap. 3: »Edmund Burke's Peculiar Universalism«, S. 59–95.

35 Zit. in ebd., S. 78.

36 Frederick P. Lock, *Burke's Reflections on the Revolution in France*, London 1985, S. 31.

37 Edmund Burke an Lord Grenville, 18. August 1792, in Burke, *The Correspondence of Edmund Burke*, Bd. 7, S. 176, Anmerkung.

38 Einführende Bemerkung zu dem von Charles James Fox eingebrachten Indiengesetz, in Edmund Burke, *Empire and Community. Edmund Burke's Writings and Speeches on International Relations*, hg. von David Fidler und Jennifer Welsh, Boulder, Colorado/Oxford 1999, S. 199.

39 Zit. in Welsh, *Edmund Burke and International Relations*, S. 100; siehe auch David Boucher, »The Character of the History of the Philosophy of International Relations and the Case of Edmund Burke«, in: *Review of International Studies*, 17 (1991), S. 127–148, insbesondere S. 142–144; Iain Hampsher-Monk, »Edmund Burke's Changing Justification for Intervention«, in: *The Historical Journal*, 48 (2005), S. 65–100.

40 Siehe Conor Cruise O'Brien, »Introduction«, in Edmund Burke, *Reflections on the Revolution in France and on the Proceedings in Certain Societies in London Relative to that Event*, London 1968, S. 9.

41 Siehe L. G. Mitchell, »Introduction«, in Edmund Burke, *Reflections on the Revolution in France,* Oxford 1993, S. IX–XI; J. C. D. Clark, »Introduction«, in Edmund Burke, *Reflections on the Revolution in France,* Stanford, Kalifornien, 2001, insbesondere S. 97–108; Lock, *Burke's Reflections on the Revolution in France,* Kap. 5: »Contemporary Reception«, S. 132–165, insbesondere S. 133.

42 Israel Mauduit, *Considerations on the Present German War,* London 1760; Jonathan Swift, *Das Verhalten der Verbündeten und des letzten Ministeriums bei Beginn und Führung des gegenwärtigen Krieges,* in ders., *Prosa Schriften,* hg. von Felix Paul Greve, Bd. 1, Berlin 1909, http://gutenberg.spiegel.de/buch/irland-7132/16; siehe auch Heinz-Joachim Müllenbrock, *The Culture of Contention. A Rhetorical Analysis of the Public Controversy about the Ending of the War of the Spanish Succession, 1710–1713,* München 1997; K. W. Schweizer, »Pamphleteering and Foreign Policy in the Age of the Elder Pitt«, in Stephen Taylor, Richard Connors und Clyve Jones (Hg.), *Hanoverian Britain and Empire. Essays in Memory of Philip Lawson,* Woodbridge 1998, S. 94–108.

43 Edmund Burke, *Betrachtungen über die Französische Revolution,* hg. von Friedrich Gentz, in ders., *Über die Französische Revolution. Betrachtungen und Abhandlungen,* hg. von Hermann Klenner, Berlin 1991, S. 60, 158, 167. Die Religion spielte auch beim europäischen Widerstand gegen Frankreich eine Rolle (siehe Timothy C. W. Blanning, »The Role of Religion in European Counter-Revolution, 1789–1815«, in Derek Beales und Geoffrey Best (Hg.), *History, Society and the Churches. Essays in Honour of Owen Chadwick,* Cambridge 1985, S. 195–214).

44 Zu Pitt und Burke siehe Jennifer Mori, *William Pitt and the French Revolution 1785–1795,* Edinburgh 1997, S. 81 f.; Jeremy Black, *British Foreign Policy in an Age of Revolutions, 1783–1793,* Cambridge 1994.

45 Burke, *Betrachtungen über die Französische Revolution,* S. 166 f., 182, 226.

46 Edmund Burke, »Letter to a Member of the National Assembly«, in ders., *The Writings and Speeches of Edmund Burke,* Bd. 8, hg. von Leslie Mitchell und Paul Langford, Oxford 1998, S. 305 f., 308 (Hervorhebung im Original).

47 Edmund Burke, *Bemerkungen über die Politik der Alliierten,* in ders., *Hinterlassne Schriften,* hg. von Johann Gotthold Tralles, 1. Teil, Hirschberg 1798, S. 152 f.

48 Edmund Burke an Charles-Jean-François Depont, November 1789, in Edmund Burke, *The Correspondence of Edmund Burke,* Bd. 6, hg. von Alfred Cobban und Robert A. Smith, Cambridge 1967, S. 41.

49 Edmund Burke an Comtesse d'Osmond, 8. Dezember 1794, in Edmund Burke, *The Correspondence of Edmund Burke,* Bd. 8, hg. von R. B. McDowell, Cambridge 1969, S. 93.

50 Burke fasste in diesem Brief die Ansichten des Herzogs von Portland zusammen (Burke an Mrs. John Crewe, um den 11. August 1795, in ebd., S. 300).

51 Burke, *Zween Briefe an ein Mitglied des jetzigen Parlements,* S. 28.

52 Zit. in Hampsher-Monk, »Edmund Burke's Changing Justification for Intervention«, S. 70.

53 Edmund Burke, *Gedanken über die französischen Angelegenheiten,* in ders., *Hinterlassne Schriften,* S. 77.

54 Zit. in Hampsher-Monk, »Edmund Burke's Changing Justification for Intervention«, S. 71.

55 Edmund Burke, *Hauptpunkte zur Betrachtung über den gegenwärtigen Zustand der öffentlichen Angelegenheiten,* in ders., *Hinterlassne Schriften,* S. 118.

56 Burke, »Letter to a Member of the National Assembly«, S. 305 f.

57 *The Parliamentary History of England from the Earliest Period down to the Year 1803,* Bd. 30, London 1817, Spalte 115, 15. Dezember 1792.

58 Burke, *Zween Briefe an ein Mitglied des jetzigen Parlements,* S. 39.

59 Edmund Burke an William Lushington, 26. Oktober 1796, in Edmund Burke, *The Correspondence of Edmund Burke,* Bd. 9, hg. von R. B. McDowell und John A. Woods, Cambridge 1970, S. 99.

60 Vgl. Burke, *Zween Briefe an ein Mitglied des jetzigen Parlements,* S. 177–181.

61 Burke, *Betrachtungen über die Französische Revolution,* S. 255.

62 Burke, *Zween Briefe an ein Mitglied des jetzigen Parlements,* S. 146 und passim; siehe auch Burke an Lushington, 26. Oktober 1796, in ders., *The Correspondence of Edmund Burke,* Bd. 9, S. 99.

63 Welsh, *Edmund Burke and International Relations,* S. 113; Edmund Burke, »Third Letter on a Regicide Peace«, in ders., *The Writings and Speeches of Edmund Burke,* Bd. 9, hg. von Robert B. McDowell und Paul Langford, Oxford 1991, S. 267.

64 Burke, *Zween Briefe an ein Mitglied des jetzigen Parlements,* S. 177 f., 180, 184.

65 *The Parliamentary History of England,* Bd. 30, Spalte 112, 15. Dezember 1792; zum »Commonwealth Europa« und der zentralen Rolle Großbritanniens in ihm siehe auch Burke, »Fourth Letter on a Regicide Peace«, in ders., *The Writings and Speeches of Edmund Burke,* Bd. 9, S. 56, 248; ders., *Zween Briefe an ein Mitglied des jetzigen Parlements,* S. 219 f.; ders., »Third Letter on a Regicide Peace«; ders., *Hauptpunkte zur Betrachtung über den gegenwärtigen Zustand der öffentlichen Angelegenheiten,* S. 128 f.

66 Burke, »Fourth Letter on a Regicide Peace«, S. 93 (Hervorhebung im Original).

67 Burke, *Zween Briefe an ein Mitglied des jetzigen Parlements,* S. 232 f.

68 Edmund Burke an William Windham, 30. März 1797, in ders., *The Correspondence of Edmund Burke,* Bd. 9, S. 300.

69 Edmund Burke an Charles-Jean-François Depont, November 1789, in Edmund Burke, *The Correspondence of Edmund Burke,* Bd. 6, S. 48.

70 Edmund Burke an Lord Grenville, 18. August 1792, in Burke, *The Correspondence of Edmund Burke,* Bd. 7, S. 176 f.

71 Hampsher-Monk, »Edmund Burke's Changing Justification for Intervention«, S. 77.

72 Burke, *Zween Briefe an ein Mitglied des jetzigen Parlements,* S. 178–180, 183 f.

73 Zu dieser Spannung allgemein siehe Jennifer M. Welsh, »Taking Consequences Seriously. Objections to Humanitarian Intervention«, in Jennifer M. Welsh (Hg.), *Humanitarian Intervention and International Relations,* Oxford 2004, S. 52–68.

74 Burke, »Third Letter on a Regicide Peace«, S. 307.

75 Edmund Burke, »Observations on the Conduct of the Minority«, in ders., *The Writings and Speeches of Edmund Burke,* Bd. 8, S. 423; siehe auch ders. an Richard Burke jr., 29. Juli 1792, in ders., *The Correspondence of Edmund Burke,* Bd. 7, S. 158 f.

76 Burke, *Zween Briefe an ein Mitglied des jetzigen Parlements,* S. 200.

77 Siehe die Nachweise in Simms, »›A False Principle in the Law of Nations‹«,
    S. 107 und passim.

78 Burke, *Gedanken über die französischen Angelegenheiten,* S. 50, 54.

79 Siehe Blanning, *The Origins of the French Revolutionary Wars,* insbesondere
    S. 99–104; zum Zusammenprall von »alter Diplomatie« des Ancien Régime
    und »neuer Diplomatie« der Revolutionäre siehe Felix Gilbert, »The ›New
    Diplomacy‹ of the Eighteenth Century«, in: *World Politics,* 4 (1951/52), S. 15–17.

80 Burke, *Gedanken über die französischen Angelegenheiten,* S. 51, 54–56.

81 Burke, »Third Letter on a Regicide Peace«, S. 358.

82 Burke, »Observations on the Conduct of the Minority«, S. 426; siehe auch
    ders., »Third Letter on a Regicide Peace«, S. 305.

83 *The Parliamentary History of England from the Earliest Period down to the Year
    1803,* Bd. 29, London 1817, Spalte 77, 29. März 1791.

84 Edmund Burke an William Windham, 30. März 1797, in ders., *The Correspon-
    dence of Edmund Burke,* Bd. 9, S. 301. In seinem »Letter to a Noble Lord«
    bezeichnet er die Barriere in den Niederlanden als »kostbarsten Teil Englands«
    (*The Writings and Speeches of Edmund Burke,* Bd. 9, S. 186).

85 Zu Burkes späterer Beunruhigung über die französische Präsenz in den Nie-
    derlanden siehe beispielsweise: *The Parliamentary History of England,* Bd. 30,
    Spalte 114, 15. Dezember 1792; Edmund Burke an William Windham, um
    2. Februar 1795, in Burke, *The Correspondence of Edmund Burke,* Bd. 8, S. 134;
    Edmund Burke an John Wilmot, 12. Februar 1795, in ebd., S. 148 f.; zu seinen
    Befürchtungen angesichts des »neuen Systems, dem modernen Frankreich die
    Grenzen des alten Gallien zu geben«, siehe Edmund Burke an French Lau-
    rence, 1. März 1797, Burke, *The Correspondence of Edmund Burke,* Bd. 9, S. 265.

86 Siehe Simms, *Three Victories and a Defeat.*

5. »Die große Bank Europas«

1 Dieses Kapitel beruht auf meinem Aufsatz »Britain and Napoleon«, in Philip
   G. Dwyer (Hg.), *Napoleon and Europe,* London 2001, S. 189–203.

2 Zit. in John Ehrman, *The Younger Pitt. The Consuming Struggle,* London 1996,
   S. 688.

3 Zit. in Rory Muir, *Britain and the Defeat of Napoleon, 1807–1815,* New Haven,
   Connecticut, 1996, S. 6.

4 Paul Frischauer, *England's Years of Danger. A New History of the World War,
   1792–1815. Dramatized in Documents,* London 1938.

5 Carola Oman, *Britain against Napoleon,* London 1943.

6 Frank J. Klingberg und Sigurd B. Hustvedt (Hg.), *The Warning Drum. The British Home Front Faces Napoleon. Broadsides of 1803,* Berkeley/Los Angeles, Kalifornien, 1944, S. 4.

7 Arthur Bryant, *The Years of Endurance, 1793–1802,* London 1942; ders., *The
   Years of Victory, 1802–1812,* London 1944.

8 Andrew Roberts, *Napoleon the Great,* London 2014.

9 Siehe Emmanuel Berl, »Denn wie Karthago muß auch England zerstört werden!«, in Heinz-Otto Sieburg (Hg.), Napoleon und Europa, Köln/Berlin 1971,
   S. 161–170.

10 Siehe Roman Schnur, »Land und Meer – Napoleon gegen England. Ein Kapitel der Geschichte internationaler Politik«, in ders., *Revolution und Weltbürgerkrieg. Studien zur Ouverture nach 1789*, Berlin 1983, S. 33–58.

11 Brendan Simms, »Fra Land e Meer. La Gran Bretagna, la Prussia e il problema del decisionismo (1804–1806)«, in: *Ricerche di Storia Politica*, 6 (1991), S. 5–34.

12 Zit. in Linda Colley, »Facing Napoleon's Own EU«, in: *The New York Review of Books*, 5. November 2015, S. 51.

13 Siehe Stuart Semmel, *Napoleon and the British*, New Haven, Connecticut/London 2004.

14 Napoleon Bonaparte, *Napoleon's Notes on English History*, hg. von Henry Foljambe Hall, London 1905.

15 Zit. in E. Tangye Lean, *The Napoleonists. A Study in Political Disaffection 1760/1960*, Oxford 1970, S. 7.

16 Zit. in A. D. Harvey, »European Attitudes to Britain during the French Revolutionary and Napoleonic Era«, in: *History*, 63 (1978), S. 358.

17 Siehe Geoffrey Ellis, *Napoleon*, London/New York 1997, S. 170.

18 Zit. in François Crouzet, »Great Britain's Response to the French Revolution and to Napoleon«, in ders., *Britain Ascendant. Comparative Studies in Franco-British Economic History*, Cambridge 1990, S. 285.

19 Zit. in Jean Tranié und Juan Carlos Carmigniani, *Napoléon et l'Angleterre. Vingt-deux ans d'affrontements sur terre et sur mer, 1793–1815*, Paris 1994, S. 11.

20 Zit. in Crouzet, »Great Britain's Response to the French Revolution and to Napoleon«, S. 287.

21 Zit. in ebd., S. 285.

22 Siehe H. D. Schmidt, »The Idea and Slogan of ›Perfidious Albion‹«, in: *History*, 14 (1953), S. 612 f.

23 Zit. in Ehrman, *The Younger Pitt*, S. 688.

24 Siehe Lean, *The Napoleonists*, S. 209.

25 Zit. in Herbert Butterfield, *Charles James Fox and Napoleon. The Peace Negotiations of 1806*, London 1962, S. 2.

26 Zit. in Karl Goldmann, *Die preussisch-britischen Beziehungen in den Jahren 1812–1815*, Würzburg 1934, S. 34.

27 Zit. in Timothy C. W. Blanning, *The French Revolutionary Wars, 1787–1802*, London 1996, S. 196.

28 Siehe Torsten Riotte, *Hannover in der britischen Politik (1792–1815). Dynastische Verbindung als Element außenpolitischer Entscheidungsprozesse*, Münster 2005.

29 Paul Bailleu (Hg.), *Preußen und Frankreich von 1795 bis 1807. Diplomatische Correspondenzen*, Bd. 2, Leipzig 1887, S. 215 f.

30 Siehe Richard Glover, *Britain at Bay. Defence against Bonaparte, 1803–1814*, London/New York 1973, S. 13; zu einer nuancierten Ansicht siehe Nicholas A. M. Rodger, *The Command of the Ocean. A Naval History of Britain 1649–1815*, London 2004, S. 542–544.

31 Zit. in Richard Glover, *Britain at Bay*, S. 19.

32 Michael Duffy, »World-Wide War and British Expansion, 1793–1815«, in Peter James Marshall und Alaine Low (Hg.), *The Oxford History of the British Empire*, Bd. 3: *The Eighteenth Century*, Oxford 1998, S. 204.

33 Muir, *Britain and the Defeat of Napoleon*, S. 17.

34 Zit. in Geoffrey Ellis, *The Napoleonic Empire,* Basingstoke 1991, S. 97.

35 Siehe Herbert Butterfield, *Napoleon,* London 1939, S. 91.

36 Goldmann, *Die preußisch-britischen Beziehungen,* S. 36 f.

37 Zit. in Piers Mackesy, *British Victory in Egypt, 1801. The End of Napoleon's Conquest,* London/New York 1995, S. 52.

38 Siehe Therese Ebbinghaus, *Napoleon, England und die Presse, 1800–1803,* München/Berlin 1914, S. 123–143.

39 Zit. in Harvey, »European Attitudes to Britain during the French Revolutionary and Napoleonic Era«, S. 356.

40 Siehe Robert Holtman, *Napoleonic Propaganda,* New York 1969, S. 3–6.

41 Siehe Ehrman, *The Younger Pitt,* S. 354–367.

42 Zit. in ebd., S. 7, 796.

43 Siehe Piers Mackesy, »Strategic Problems of the British War Effort«, in H.T. Dickinson (Hg.), *Britain and the French Revolution, 1789–1815,* London/Basingstoke 1989, S. 159.

44 Zit. in Christopher D. Hall, *British Strategy in the Napoleonic War, 1803–1815,* Manchester/New York 1992, S. 137.

45 Zit. in Hartmut Gembries, »Das Thema Preußen in der politischen Diskussion Englands zwischen 1792 und 1807«, Dissertation, Universität von Freiburg, 1988, S. 154.

46 Zit. in Muir, *Britain and the Defeat of Napoleon,* S. 6, 39.

47 Ebd., S. 101.

48 Zit. in Ehrman, *The Younger Pitt,* S. 228.

49 Siehe Mackesy, »Strategic Problems of the British War Effort«, S. 161.

50 Zit. in Michael Duffy, »British diplomacy and the French Wars, 1789–1815«, in Dickinson (Hg.), *Britain and the French Revolution,* S. 136.

51 Zit. in Muir, *Britain and the Defeat of Napoleon,* S. 309.

52 Siehe Crouzet, »Great Britain's Response to the French Revolution and to Napoleon«, S. 287.

53 Iradji Amini, *Napoleon and Persia. Franco-Persian Relations under the First Empire,* London 1999.

54 Siehe Hall, *British Strategy in the Napoleonic War,* S. 189.

55 Siehe Duffy, »World-Wide War and British Expansion, 1793–1815«, S. 196.

56 Charles J. Esdaile, *The Wars of Napoleon,* London 1995, S. 143; zur Reformdebatte siehe Brendan Simms, »Reform in Britain and Prussia, 1797–1815. (Confessional) Fiscal-Military State and Military Agrarian Complex«, in: *Proceedings of the British Academy,* 100 (1999), S. 79–100.

57 Zit. in Jenny Uglow, *In These Times. Living in Britain through Napoleon's Wars, 1793–1815,* London 2015.

58 John E. Cookson, *The British Armed Nation, 1793–1815,* Oxford 1997; Kevin Linch, *Britain and Wellington's Army. Recruitment, Society and Tradition, 1807–1815,* Basingstoke 2011.

59 Siehe Esdaile, *The Wars of Napoleon,* S. 144.

60 Siehe Roger Knight, *Britain against Napoleon. The Organization of Victory, 1793–1815,* London 2013.

61 Zit. in Simms, »Reform in Britain and Prussia, 1797–1815«, S. 83 f.; siehe auch Cookson, *The British Armed Nation.*

62 Zit. in Simms, »Reform in Britain and Prussia, 1797–1815«, S. 98.

63 Siehe Muir, *Britain and the Defeat of Napoleon*, S. 175.

64 Siehe Isabel Burdieu, »Myths of Failure, Myths of Success. New Perspectives on Nineteenth-Century Spanish Liberalism«, in: *The Journal of Modern History*, 70 (1998), S. 892–912, hier S. 899.

65 Siehe beispielsweise Otto Johnston, »British Espionage and Prussian Politics in the Age of Napoleon«, in: *Intelligence and National Security*, 2 (1987), insbesondere S. 238.

66 Vgl. allgemein Maeve Ryan, »The Price of Legitimacy in Humanitarian Intervention. Britain, the Right of Search, and the Abolition of the West African Slave Trade, 1807–1867«, in Brendan Simms und David J. B. Trim (Hg.), *Humanitarian Intervention. A History*, Cambridge 2011, S. 231–256.

67 Zit. in K. Theodore Hoppen, »An Incorporating Union? British Politicians and Ireland, 1800–1830«, in: *The English Historical Review*, 73 (2008), S. 328–350, hier S. 330; zur Sorge über eine Kooperation von örtlichen Rebellen und äußeren Mächten siehe William O'Reilly, »Charles Vallancey and the Military Itinerary of Ireland«, in: *Proceedings of the Royal Irish Academy*, Bd. 106C, S. 125–217, insbesondere S. 155, 197; zur herausragenden Bedeutung des strategischen Arguments für die Vereinigung siehe Thomas Bartlett, *Acts of Union. An Inaugural Lecture Delivered at University College Dublin on 24 February 2000*, S. 3; Peter Jupp, »Britain and the Union, 1797–1801«, in: *Transactions of the Royal Historical Society*, S. 202–205, 214 f.

68 Zit. in James Livesey, »Acts of Union and Disunion. Ireland in Atlantic and European Contexts«, in Daire Keogh und Kevin Whelan (Hg.), *Acts of Union. The Causes, Contexts and Consequences of the Act of Union*, S. 95–105, hier S. 97, 103.

69 Zit. in André Maurois, *Napoleon in Selbstzeugnissen und Bilddokumenten*, Reinbek 1966, S. 106.

70 Siehe Michael John Thornton, *Napoleon and the St Helena decision*, Stanford, Kalifornien, 1968, S. 14 f.

71 Peter Hofschröer, *1815. The Waterloo Campaign, Wellington, His German allies and the Battles of Ligny and Quatre Bras*, London 1998; ders., *The Waterloo Campaign. The German Victory*, London 1999; zum entscheidenden Beitrag der Hannoveraner siehe Brendan Simms, *Der längste Nachmittag. 400 Deutsche, Napoleon und die Entscheidung von Waterloo*, München 2014.

72 Zit. in Brendan Simms, *The Impact of Napoleon. Prussian High Politics, Foreign Policy and the Crisis of the Executive, 1797–1806*, Cambridge 1997, S. 204.

73 Siehe John M. Sherwig, *Guineas and Gunpowder. British Foreign Aid in the Wars with France*, Cambridge, Massachusetts, 1969.

6. »Wo das Wetter herkommt«

1 Zit. in Andrew Lambert, »The Tory World View. Sea Power, Strategy and Party Politics, 1815–1914«, in Jeremy Black (Hg.), *The Tory World. Deep History and the Tory Theme in British Foreign Policy, 1679–2014*, Farnham 2015, S. 128.

2 Zit. in Anselm Doering-Manteuffel, *Vom Wiener Kongress zur Pariser Konferenz. England, die deutsche Frage und das Mächtesystem, 1815–1856*, Göttingen/Zürich 1991, S. 137 f.

3   Zit. in Thomas G. Otte, *The Foreign Office Mind. The Making of British Foreign Policy, 1865–1914*, Cambridge 2011, S. 349.

4   Keith Robbins fügt Russland als Kohegemon hinzu (*Britain and Europe, 1789–2005*, London 2005, S. 67 und passim).

5   Zit. in Lambert, »The Tory World View«, S. 128.

6   Siehe Doering-Manteuffel, *Vom Wiener Kongress zur Pariser Konferenz*.

7   Zit. in Ulrike Eich, *Russland und Europa. Studien zur russischen Deutschlandpolitik in der Zeit des Wiener Kongresses*, Köln 1986, S. 172.

8   Zit. in Hermann Wentker, »Der Pitt-Plan von 1805 in Krieg und Frieden. Zum Kontinuitätsproblem der britischen Europapolitik in der Ära der napoleonischen Kriege«, in: *Francia*, 29, 2 (2002), S. 129–145, hier S. 141.

9   Zit. in John Bew, *Castlereagh. Enlightenment, War and Tyranny, 1769–1822*, London 2011, S. 377.

10   Zit. in Paul Kielstra, *The Politics of the Slave Trade Suppression in Britain and France, 1814–48*, Basingstoke 2000, S. 26–29; Fabian Klose, »Enforcing Abolition. The Entanglement of Civil Society Action, Humanitarian Norm-Setting, and Military Intervention«, in ders. (Hg.), *The Emergence of Humanitarian Intervention. Ideas and Practice from the Nineteenth Century to the Present*, Cambridge 2016, S. 91–120.

11   Henry A. Kissinger, *Das Gleichgewicht der Großmächte. Metternich, Castlereagh und die Neuordnung Europas 1812–1822*, Zürich 1986, S. 67.

12   Siehe William Anthony Hay, »Lord Liverpool. Alliances, Intervention and the National Interest«, in Black (Hg.), *The Tory World*, S. 103–120.

13   Siehe Philip Harling und Peter Mandler, »From ›Fiscal-Military State‹ to Laissez-Faire State, 1760–1850«, in: *Journal of British Studies*, 33 (1993), S. 44–70.

14   Zit. in Jonathan Parry, *The Politics of Patriotism. English Liberalism, National Identity and Europe, 1830–1886*, Cambridge 2006, S. 46.

15   Adam Zamoyski, *Phantome des Terrors. Die Angst vor der Revolution und die Unterdrückung der Freiheit, 1789–1848*, München 2016.

16   Kissinger, *Das Gleichgewicht der Großmächte*, S. 68.

17   Zit. in John Bew, »»From an Umpire to a Competitor‹. Castlereagh, Canning and the Issue of International Intervention in the Wake of the Napoloenic Wars«, in Brendan Simms und David J. B. Trim (Hg.), *Humanitarian Intervention. A History*, Cambridge 2011, S. 117–138, hier S. 122.

18   Dieser und der nächste Absatz stützen sich weitgehend auf John Bew, »»From an Umpire to a Competitor‹«, Zitat auf S. 122.

19   Zit. in D. L. Hafner, »Castlereagh, the Balance of Power, and ›Non-Intervention‹«, in: *Australian Journal of Politics and History*, 26, 1 (1980), S. 75.

20   Zit. in Günther Heydemann, *Konstitution gegen Revolution. Die britische Deutschland- und Italienpolitik, 1815–1848*, Göttingen/Zürich 1995, S. 47–49.

21   Zit. in Hafner, »Castlereagh, the Balance of Power, and ›Non-Intervention‹«, S. 78, 80.

22   Norihito Yamada, »George Canning and the Spanish Question, September 1822 to March 1823«, in: *The Historical Journal*, 52, 2 (2009), S. 354.

23   Zit. in Roger Bullen, *Palmerston, Guizot and the Collapse of the Entente Cordiale*, London 1974, S. 7.

24   Siehe Frank Lorenz Müller, *Britain and the German Question. Perceptions of Nationalism and Political Reform, 1830–63*, Basingstoke 2002, S. 29.

25 Zit. in Heydemann, *Konstitution gegen Revolution,* S. 239 f, 347.

26 Siehe Roger Bullen, »The Great Powers and the Iberian Peninsula, 1815–1848«, in Alan Sked (Hg.), *Europe's Balance of Power, 1815–1848,* London 1979, S. 70 f. und passim.

27 Zit. in James Chambers, *Palmerston, the People's Darling,* London 2004, S. 174 f.; siehe auch P. E. Moseley, »Intervention and Non-Intervention in Spain, 1838–1839«, in: *The Journal of Modern History,* 13 (1941), S. 195–217.

28 Zit. in Kenneth Bourne, *Palmerston. The Early Years, 1784–1841,* London 1982, S. 626.

29 Siehe Parry, *The Politics of Patriotism,* S. 147.

30 Siehe Anthony Howe, »Radicalism, Free Trade and Foreign Policy in Mid-Nineteenth Century Britain«, in William Mulligan und Brendan Simms (Hg.), *The Primacy of Foreign Policy in British History, 1660–2000. How Strategic Concerns Shaped Modern Britain,* Basingstoke 2010, S. 167–180.

31 Siehe Müller, *Britain and the German Question.*

32 Zit. in Doering-Manteuffel, *Vom Wiener Kongress zur Pariser Konferenz,* S. 87, 117.

33 Zit. in Parry, *The Politics of Patriotism,* S. 196.

34 Zit. in Chambers, *Palmerston, the People's Darling,* S. 263.

35 Siehe Geoffrey Hicks, *Peace, War and Party Politics. The Conservatives and Europe, 1846–59,* Manchester/New York 2007, S. 247 f. und passim, Zitate auf S. 34, 72.

36 Zit. in Doering-Manteuffel, *Vom Wiener Kongress zur Pariser Konferenz,* S. 215.

37 Zit. in Müller, *Britain and the German Question,* S. 162.

38 Zit. in Parry, *The Politics of Patriotism,* S. 212. Als W. R. Greg dies schrieb, war der Konflikt bereits im Gange.

39 Zit. in Thomas Stamm-Kuhlmann, »Gladstone. Morality in the Age of Popular Wars«, in Brendan Simms und Karina Urbach (Hg.), *Bringing Personality back in. Leadership and Aar. A British–German comparison, 1740–1945,* Berlin/New York 2010, S. 76.

40 Zur entscheidenden Bedeutung der Außenpolitik für die britische Innenpolitik in den 1850er Jahren siehe Adrian Brettle, »The Enduring Importance of Foreign Policy Dominance in Mid-Nineteenth-Century Politics«, in Mulligan und Simms (Hg.), *The Primacy of Foreign Policy in British History,* S. 154–166.

41 Zit. in Parry, *The Politics of Patriotism,* S. 71.

42 Siehe Michael J. Salevouris, *Riflemen Form. The War Scare of 1859–1860 in England,* New York/London 1982, S. 152–195.

43 Siehe Deryck M. Schreuder, »Gladstone and Italian Unification, 1848–70. The Making of a Liberal«, in: *The English Historical Review,* 85 (1970), S. 475.

44 Zit. in Otte, *The Foreign Office Mind,* S. 36.

45 D. R. Watson, »The British Parliamentary System and the Growth of Constitutional Government in Western Europe«, in Christopher J. Bartlett (Hg.), *Britain Pre-Eminent. Studies in British World Influence in the Nineteenth Century,* London 1969, S. 101–127.

46 Siehe Klaus Hildebrand, *No Intervention. Die Pax-Britannica und Preußen, 1865/6–1869/70. Eine Untersuchung zur englischen Weltpolitik im 19. Jahrhundert,* München 1997.

47 Siehe Otte, *The Foreign Office Mind,* S. 398 f. und passim.

48 Augustus Loftus, *The Diplomatic Reminiscences of Lord Augustus Loftus, 1862–1879*, Bd. 1, London 1894, S. 99.

49 Geoffrey Hicks, »›Appeasement‹ or Consistent Conservatism? British Foreign Policy, Party Politics and the Guarantees of 1867 and 1939«, in: *Historical Research*, 84 (2011), S. 520 f., 525 f.

50 Deryck M. Schreuder, »Gladstone as ›Troublemaker‹. Liberal Foreign Policy and the German Annexation of Alsace-Lorraine, 1870–1871«, in: *The Journal of British Studies*, 17 (1978), S. 106–135.

51 Zit. in Hildebrand, *No Intervention*, S. 393.

52 Zit. in Karina Urbach, *Bismarck's Favourite Englishman. Lord Odo Russell's Mission to Berlin*, London 1999, S. 208.

53 Hildebrand, *No Intervention*, S. 393 f. und passim.

54 Scott W. Murray, *Liberal Diplomacy and German Unification. The Early Career of Robert Morier*, Westport, Connecticut, 2000, S. 91–138.

55 Siehe William Mulligan, »Britain, the ›German Revolution‹, and the Fall of France, 1870–71«, in: *Historical Research*, 84 (2011), S. 310–327.

56 Zit. in Parry, *The Politics of Patriotism*, S. 241, 243.

57 Zum Zusammenhang zwischen Außenpolitik und Wahlrechtsreform siehe William Mulligan, »Gladstone and the Primacy of Foreign Policy«, in Mulligan und Simms (Hg.), *The Primacy of Foreign Policy in British History*, S. 181–196, insbesondere S. 186 f.

58 Siehe Michael Pratt, »A Fallen Idol. The Impact of the Franco-Prussian War on the Perception of Germany by British Intellectuals«, in: *The International History Review*, 7 (1985), S. 543–575.

59 Earl of Derby, Tagebucheintrag vom 19. Juli 1870, in ders., *A Selection from the Diaries of Edward Henry Stanley, 5th Earl of Derby (1826–1893) between September 1869 and March 1878*, hg. von John R. Vincent, London 1994, S. 66.

60 Siehe Parry, *The Politics of Patriotism*, S. 276, 292 f.; William Henry Maehl, »Gladstone, the Liberals and the Election of 1874«, in: *Bulletin of the Institute of Historical Research*, 36 (1963), S. 53–69.

61 Zur Bedeutung des Empires für die britische Großmachtstellung siehe Edward Ingram, *The British Empire as World Power*, London 2001, insbesondere S. 25–45; James Belich, *Replenishing the Earth. The Settler Revolution and the Rise of the Anglo-World, 1783–1939*, Oxford 2009; Duncan Bell, *The Idea of Greater Britain. Empire and the Future of World Order, 1860–1900*, Princeton, New Jersey, 2006.

62 Siehe Georgios Varouxakis, »›Great‹ versus ›Small‹ Nations. Scale and National Greatness in Victorian Political Thought«, in Duncan Bell (Hg.), *Victorian Visions of Global Order. Empire and International Relations in Nineteenth-Century Political Thought*, Cambridge 2007, S. 136–159.

63 Edward E. Morris, *Imperial Federation. A Lecture*, Melbourne 1885, S. 8 f.; siehe auch Ged Martin, »Empire Federalism and Imperial Parliamentary Union, 1820–1870«, in: *The Historical Journal*, 16 (1973), S. 65–92.

64 Max Beloff, *Imperial Sunset. Britain's Liberal Empire, 1897–1921*, London 1969, S. 37.

65 Siehe John Bew, »Debating the Union on Foreign Fields. Ulster Unionism and the Importance of Britain's ›Place in the World‹, c. 1830–c. 1870«, in Mulligan und Simms (Hg.), *The Primacy of Foreign Policy in British History*, S. 137–153.

66 Mulligan, »Gladstone and the Primacy of Foreign Policy«, S. 190.

67 Zit. in Parry, *The Politics of Patriotism*, S. 341.

68 Zit. in Matthias Schulz, »The Guarantees of Humanity. The Concert of Europe and the Origins of the Russo-Ottoman War of 1877«, in Simms und Trim (Hg.), *Humanitarian Intervention*, S. 194.

69 Siehe Andrew Roberts, *Salisbury. Victorian Titan*, London 1999, S. 629 f.

70 Zit. in Thomas G. Otte, »We are Part of the Community of Europe«. The Tories, Empire and Foreign Policy, 1874–1914«, in Black (Hg.), *The Tory World*, S. 203–229.

71 Zit. in Klaus Hildebrand, *Das vergangene Reich. Deutsche Außenpolitik von Bismarck bis Hitler*, München 1995, S. 202.

72 Gustav von Schmoller, »Die Wandlungen in der europäischen Handelspolitik des 19. Jahrhunderts«, in: *Schmollers Jahrbuch für Gesetzgebung, Verwaltung und Volkswirtschaft im Deutschen Reich*, 24 (1900), S. 373–382, hier S. 380.

73 Zit. in Hildebrand, *Das vergangene Reich*, S. 187.

74 Siehe Harald Rosenbach, *Das deutsche Reich, Grossbritannien und der Transvaal (1896–1902)*, Göttingen 1993, S. 309–314.

75 Siehe Jonathan Steinberg, »The Copenhagen Complex«, in: *Journal of Contemporary History*, 1, 3 (Juli 1966), S. 23–46, hier S. 29.

76 Matthew S. Seligmann, *Rivalry in Southern Africa, 1893–99. The Transformation of German Colonial Policy*, Basingstoke 1998, S. 16 f., 58–61, 128–131, Zitat auf S. 16.

77 Zit. in John Darwin, *The Empire Project. The Rise and Fall of the British World-System, 1830–1970*, Cambridge 2009, S. 66.

78 Siehe Apollon Davidson und Irina Filatova, *The Russians and the Anglo-Boer War, 1899–1902*, Kapstadt/Pretoria/Johannesburg 1998; Keith Wilson (Hg.), *The International Impact of the Boer War*, Chesham 2001.

79 David Reynolds, *Britannia Overruled. British Policy and World Power in the Twentieth Century*, Harlow 2000, S. 64 f.

80 William Mulligan, »From Case to Narrative. The Marquess of Lansdowne, Sir Edward Grey, and the Threat from Germany, 1900–1906«, in: *The International History Review*, 30, 2 (2008), S. 273–302; Matthew Seligmann, »Switching Horses. The Admiralty's Recognition of the Threat from Germany, 1900–1905«, in ebd., S. 239–258. Nach K. M. Wilsons Ansicht war die britische Furcht vor Deutschland nicht in der Gefahr der kontinentalen Vorherrschaft des Kaiserreichs, sondern in imperialen Erwägungen begründet (»The Question of Anti-Germanism at the Foreign Office before the First World War«, in ders., *Empire and Continent. Studies in British Foreign Policy from the 1880s to the First World War*, London/New York 1987, S. 50–72).

81 Zit. in Frank Johnson, »How the Brown-Heseltine-Clarke-Patten Cause Would Have Lost us the Battle of Britain«, in: *The Spectator*, 17. Juli 1999, S. 10.

82 Matthew Seligmann, »A Prelude to the Reforms of Admiral Sir John Fisher. The Creation of the Home Fleet, 1902–3«, in: *Historical Research*, 83 (2010), S. 506–519, insbesondere S. 517 f.

83 Stuart Anderson, *Race and Rapprochement. Anglo-Saxonism and Anglo-American Relations, 1895–1904*, East Brunswick, New Jersey, 1981.

84 Zit. in Otte, »Almost a Law of Nature«. Sir Edward Grey, the Foreign Office and the Balance of Power in Europe, 1905–12«, in: *Diplomacy and Statecraft*, 14, 2 (2003), S. 104.

85 Siehe Keith Jeffery, *Field Marshal Sir Henry Wilson. A Political Soldier,* Oxford 2006, S. 99 f. und passim.
86 Siehe Michael Epkenhans, *Die wilhelminische Flottenrüstung, 1908–1914. Weltmachtstreben, industrieller Fortschritt, soziale Integration,* München 1991; zur Mobilisierungsfähigkeit des britischen Staats im 20. Jahrhunderts selbst in Friedenszeiten siehe G. C. Peden, *Arms, Economics and British Strategy. From Dreadnoughts to Hydrogen Bombs,* Cambridge 2007, S. 1–16.
87 Eyre Crowe, »Memorandum on the present state of British realtions with France and Germany«, in Jeffrey Stephen Dunn, *The Crowe Memorandum. Sir Eyre Crowe and Foreign Office Perceptions of Germany, 1918–1925,* Newcastle 2013, S. 220–228.
88 Siehe Geoffrey R. Searle, *The Quest for National Efficiency,* Berkeley, Kalifornien, 1971; Thomas E. Otte, »›Avenge England's Dishonour‹. By-Elections, Parliament and the Politics of Foreign Policy in 1898«, in: *The English Historical Review,* 71 (2006), S. 385–428.
89 Zit. in Matthew Johnson, »The Liberal War Committee and the Liberal Advocacy of Conscription in Britain, 1914–1916«, in: *The Historical Journal,* 51 (2008); siehe auch Ralph James Q. Adams, *The Conscription Controversy in Great Britain, 1900–1918,* Basingstoke 1987, insbesondere S. 5, 24 f.
90 Zur zentralen Rolle der Außenpolitik in Chamberlains Zollreformplänen siehe Paul Readman, »Patriotism and the Politics of Foreign Policy, c. 1870–c. 1914«, in Mulligan und Simms (Hg.), *The Primacy of Foreign Policy in British History,* S. 264 f.
91 Zit. in Paul Readman, *Land and Nation in England. Patriotism, National Identity and the Politics of Land, 1880–1914,* London 2008, S. 72.
92 Siehe Zara Steiner, »Views of War. Britain before the ›Great War‹ and After«, in: *International Relations,* 17, 1 (2003), S. 15 f. und passim.
93 Zit. in Steiner, »Views of War«, S. 18; siehe auch Thomas G. Otte, »›No Large Conceptions or Great Schemes‹. High Politics, Finance and Foreign Policy, 1865–1914«, in Mulligan und Simms (Hg.), *The Primacy of Foreign Policy in British History.*
94 Matthew Seligmann, »Intelligence Information and the 1909 Naval Scare. The Secret Foundations of a Public Panic«, in: *War in History,* 17, 1 (2010), S. 37–59; G. J. Marcus, »The Naval Crisis of 1909 and the Croydon By-Election«, in: *Journal of the Royal United Services Institute,* (1958), S. 500–514; Phillips Payson O'Brien, »The 1910 Elections and the Primacy of Foreign Policy«, in Mulligan und Simms (Hg.), *The Primacy of Foreign Policy in British History,* S. 249–259.
95 Siehe Christopher Andrew, *MI 5. Die wahre Geschichte des britischen Geheimdienstes,* Berlin 2010, S. 19–50.
96 Zit. in Alfred Gollin, *No Longer an Island. Britain and the Wright Brothers, 1902–1909,* London 1984, S. 193 f.; siehe auch Hugh Driver, *The Birth of Military Aviation. Britain, 1903–1914,* Woodbridge 1997.
97 Zit. in Otte, *The Foreign Office Mind,* S. 353.
98 Zit. in Reynolds, *Britannia Overruled,* S. 86.
99 Siehe Philipps Payson O'Brien, »The Titan Refreshed. Imperial Overstretch and the British Navy before the First World War«, in: *Past & Present,* 172 (2001), S. 145–169, insbesondere S. 154 f., 167.

100 Zit. in Darwin, *The Empire Project*, S. 306.
101 Siehe Christopher Clarke, *Die Schlafwandler. Wie Europa in den Ersten Welt-krieg zog*, München 2013, S. 526 f. und passim.

7. »Unter einer einzigen Macht«

1 Halford Mackinder, *Democratic Ideals and Reality. A Study in the Politics of Reconstruction*, 1919, S. 92.
2 Zit. in Bret Holman, »The Air Panic of 1935. British Press Opinion between Disarmament and Rearmament«, in: *Journal of Contemporary History*, 46 (2011), S. 288–307, hier S. 295.
3 Siehe Isabel V. Hull, *A Scrap of Paper. Breaking and Making International Law during the Great War*, Ithaca, New York/London 2014, S. 38 f., 42 und passim.
4 Zit. in Stephen Cooper, »The Legacy of Agincourt«, in: *History Today*, 65, 10 (Oktober 2015), S. 29.
5 Zit. in Keith Jeffery, *1916. A Global History*, London 2015, S. 366.
6 Frank McDonough, *The Conservative Party and Anglo-German Relations, 1905–1914*, Basingstoke 2007, S. 143.
7 Paul Bridgen, *The Labour Party and the Politics of War and Peace, 1900–1924*, Woodbridge 2009, S. 51.
8 Keith Robbins, »The Welsh Wizard Who Won the War. David Lloyd George as War Leader«, in Brendan Simms und Karina Urbach (Hg.), *Die Rückkehr der »Großen Männer«. Staatsmänner im Krieg – ein deutsch-britischer Vergleich*, Berlin/New York 2010, S. 96–107, hier S. 105.
9 Siehe Tim Coates, *Lord Kitchener and Winston Churchill. The Dardanelles Commission Part I, 1914–15*, London 2000; ders., *Defeat at Gallipoli. The Dardanelles Commission Part II, 1915–1916*, London 2000.
10 Zit. in Boris Johnson, *Der Churchill-Faktor*, Stuttgart 2015, S. 350.
11 Siehe Brock Millman, *Managing Domestic Dissent in First World War Britain*, London 2001; Jo Vellacott, *Pacifists, Patriots and the Vote. The Erosion of Democratic Suffragism in Britain during the First World War*, Basingstoke 2007.
12 Rosemary Elliot, »An Early Experiment in National Identity Cards. The Battle over Registration in the First World War«, in: *Twentieth Century British History*, 17 (2006), S. 145–176.
13 Zit. in Sheila Rowbotham, *A Century of Women. The History of Women in Britain and the United States*, London 1997, S. 65.
14 Zum Verhältnis zwischen Wehrpflicht und Freiwilligkeit siehe Alexander Watson, »Voluntary Enlistment in the Great War. A European Phenomenon?«, in Christine G. Krüger und Sonja Levsen, *War Volunteering in Modern Times from the French Revolution to the Second World War*, London 2011, S. 163–188.
15 Zit. in Matthew Johnson, »The Liberal War Committee and the Liberal Advocacy of Conscription in Britain, 1914–1916«, in: *The Historical Journal*, 51, 2 (2008), S. 402, 414–416.
16 Zit. in John Darwin, *The Empire Project. The Rise and Fall of the British World-System, 1830–1970*, Cambridge 2009, S. 333.
17 Siehe Jeffery, *1916*, S. 266.
18 Darwin, *The Empire Project*, S. 324 f.

19 Zit. in Elizabeth Greenhalgh, *Victory through Coalition. Britain and France during the First World War,* Cambridge 2005, S. 281.
20 Zit. in Patrick O. Cohrs, *The Unfinished Peace after World War I. America, Britain and the Stabilization of Europe, 1919–1932,* Cambridge 2006, S. 213.
21 Zit. in Stefan Berger, »The Career and Politics of an Historian of Germany«, in: *The English Historical Review,* 116 (2001), S. 91.
22 Zit. in John Ramsden, »Churchill and the Germans«, in: *Contemporary British History,* 25 (2011), S. 125–139, hier S. 129 f.
23 John Maynard Keynes, *Die wirtschaftlichen Folgen des Friedenvertrages,* München/Leipzig 1920, S. 184.
24 Zit. in Cohrs, *The Unfinished Peace after World War I.,* S. 105, 135.
25 Zit. in M. L. Roi und Brian J. C. McKercher, »›Ideal‹ and ›Punchbag‹. Conflicting Views of the Balance of Power and Their Influence on Interwar British Foreign Policy«, in: *Diplomacy and Statecraft,* 12 (2001), S. 57.
26 Zit. in Cohrs, *The Unfinished Peace after World War I.,* S. 147.
27 Zit. in ebd., S. 215.
28 Zit. in Richard S. Grayson, »The Historiography of Inter-war Politics. Competing Conservative World Views in High Politics, 1924–1929«, in William Mulligan und Brendan Simms (Hg.), *The Primacy of Foreign Policy in British History, 1660–2000,* Basingstoke 2010, S. 287; siehe auch Richard S. Grayson, »Imperialism in Conservative Defence and Foreign Policy. Leo Amery and the Chamberlains, 1903–1939«, in: *The Journal of Imperial and Commonwealth History,* 34 (2006).
29 Benedikt Stuchtey, »›Not by Law but by Sentiment‹. Great Britain and Imperial Defense, 1918–1939«, in Roger Chickering und Stig Förster (Hg.), *The Shadows of Total War. Europe, East Asia, and the United States, 1919–1939,* Cambridge 2003, S. 255–270, hier S. 260.
30 Siehe Andrew Webster, »An Argument without End. Britain, France and the Disarmament Process, 1925–34«, in Martin S. Alexander und William J. Philpott (Hg.), *Anglo-French Defence Relations between the Wars,* S. 49–71, insbesondere S. 58–61.
31 Zit. in Zara Steiner, »The League of Nations and the Quest for Security«, in Rolf Ahmann, Adolf M. Birke und Michael Howard (Hg.), *The Quest for Stability, Problems of West European Security, 1918–1957,* London 1993, S. 68.
32 Zit. in Christopher Booker und Richard North, *The Great Deception. The Secret History of the European Union,* London 2003, S. 10 f.
33 Zit. in Cohrs, *The Unfinished Peace after World War I.,* S. 587 f.
34 Austen Chamberlain, »The Permanent Bases of British Foreign Policy«, in: *Foreign Affairs,* 9, 4 (Juli 1931), S. 6 (online).
35 Zit. in Webster, »An Argument without End«, S. 57 f.
36 Zit. in Roi und McKercher, »›Ideal‹ and ›Punchbag‹«, S. 132.
37 Siehe Wesley K. Wark, *The Ultimate Enemy. British Intelligence and Nazi Germany, 1933–1939,* Ithaca, New York, 1985; zur Spannung zwischen imperialen und europäischen Belangen in der Zwischenkriegszeit siehe Michael Howards Standardwerk *The Continental Commitment* (London 1972).
38 Zit. in Brian J. C. McKercher, »Deterrence and the European Balance of Power. The Field Force and British Grand Strategy«, in: *The English Historical Review,* 123 (2006), S. 108 f.; zur Bedeutung, die man der Absicht, Hitler von

Mitteleuropa fernzuhalten, beimaß, siehe Keith Neilson, »Orme Sargent, Appeasement and British Policy in Europe, 1933–39«, in: *Twentieth Century British History*, 21 (2010), S. 1–28, insbesondere S. 21–23.

39 Siehe Richard S. Grayson, »Leo Amery's Imperialist Alternative to Appeasement in the 1930s«, in: *Twentieth Century British History*, 17, 4 (2006), S. 489–515, insbesondere S. 494–496.

40 Zit. in Richard Bassett, *Last Imperialist. A Portrait of Julian Amery*, Settrington 2015, S. 145.

41 Zit. in Uri Bialer, »Elite Opinion and Defence Policy. Air Power Advocacy and British Rearmament during the 1930s«, in: *British Journal of International Studies*, 6 (1980), S. 336.

42 Zit. in Bret Holman, »The Air Panic of 1935. British Press Opinion between Disarmament and Rearmament«, in: *Journal of Contemporary History*, 46 (2011), S. 288–307, hier S. 295.

43 Siehe Greg Kennedy, »Neville Chamberlain and Strategic Relations with the US during His Chancellorship«, in: *Diplomacy and Statecraft*, 13 (2002), S. 95–120, insbesondere S. 111–114.

44 Siehe Grayson, »Leo Amery's Imperialist Alternative to Appeasement in the 1930s«, S. 494–496.

45 Zit. in Roi und McKercher, »›Ideal‹ and ›Punchbag‹«, S. 53.

46 R. Heller, »East Fulham Revisited«, in: *Journal of Contemporary History*, 4 (1971), S. 172–196; M. Ceadel, »Interpreting East Fulham«, in C. Cook und J. Ramsden (Hg.), *By-Elections in British Politics*, London 1973, S. 118–140.

47 Zit. in Ramsden, »Churchill and the Germans«, S. 131.

48 Zit. in Roi und McKercher, »›Ideal‹ and ›Punchbag‹«, S. 67.

49 Siehe Philip Towle, »Taming or Demonizing an Aggressor. The British Debate on the End of the Locarno System«, in Gaynor Johnson (Hg.), *Locarno Revisited. European Diplomacy, 1920–1929*, London/New York, 2004, S. 178–198, insbesondere S. 190 f.

50 Zit. in David Dilks, »›We Must Hope for the Best and Prepare for the Worst‹. The Prime Minister, the Cabinet and Hitler's Germany, 1937–1939«, in: *Proceedings of the British Academy*, 73 (1987), S. 311 f., 325.

51 James McMillan, *Twentieth-Century France. Politics and Society in France, 1898–1991*, London 1992, S. 119; Daniel Hucker, »French Public Attitudes towards the Prospect of War in 1938–1939«, in: *French History*, 21 (2007), S. 431–434; Jerry H. Brookshire, »Speak for England, Act for England. Labour's Leadership and British National Security under the Threat of War in the Late 1930s«, in: *European History Quarterly*, 29 (1999), S. 251–287.

52 Siehe Maurice Cowling, *The Impact of Hitler. British Politics and British Policy, 1933–1940*, Cambridge 1975.

53 Siehe Stuchtey, »›Not by Law but by Sentiment‹«, S. 255–270, Zitate auf S. 263, 267.

54 Franklin Reid Gannon, *The British Press and Germany, 1936–1939*, Oxford 1971.

55 Zit. in Rolf-Dieter Müller, *Der Feind steht im Osten. Hitlers geheime Pläne für einen Krieg gegen die Sowjetunion im Jahr 1939*, Berlin 2012, S. 123,

56 Zit. in G. Bruce Strang, »Britain's Guarantee to Poland, March 1939«, in: *Journal of Contemporary History*, 31 (1996), S. 735 f.

57 Siehe Anna M. Ciencala, »Poland in British and French Policy in 1939. Determination to Fight – or Avoid War?«, in: *The Polish Review*, 34, (1989), S. 199–226, insbesondere S. 203–206.
58 *The Times*, 25. August 1939.
59 Ebd., 8. November 1939.
60 Patrick R. Osborn, *Operation Pike. Britain versus the Soviet Union, 1939–1941*, Westport, Connecticut/London 2000.
61 Siehe Roger Moorhouse, *The Devil's Alliance. Hitler's Pact with Stalin, 1939–1941*, New York 2014.
62 Zit. in Daniel Todman, *Britain's War. Into Battle, 1937–1941*, London 2016, S. 195.
63 Zum Gegensatz zwischen der französischen und der britischen Kriegswirtschaft siehe Talbot C. Imlay, *Facing the Second World War. Strategy, Politics and Economics in Britain and France, 1938–1940*, Oxford 2003.
64 William Beveridge, *Der Beveridgeplan. Sozialversicherung und verwandte Leistungen. Bericht von Sir William Beveridge, dem Britischen Parlament überreicht im November 1942*, Zürich/New York 1943, S. 80.
65 Zit. in William Manchester, *Churchill. Allein gegen Hitler, 1932–1940*, München 1990, S. 637.
66 Avi Shlaim, »Prelude to Downfall. The British Offer of Union to France, June 1940«, in: *Journal of Contemporary History*, 9 (1974), S. 27–63.
67 Siehe Anthony J. Cumming, »The Warship as the Ultimate Guarantor of Britain's Freedom in 1940«, in: *Historical Research*, 83 (2010), S. 165–188.
68 Siehe Robin Prior, *When Britain saved the West. The Story of 1940*, New Haven, Connecticut/London 2015.
69 Zit. in Jeremy Black, »Introduction«, in ders. (Hg.), *The Tory World. Deep History and the Tory Theme in British Foreign Policy, 1679–2014*, Farnham 2015, S. 13 f.
70 Siehe David Edgerton, *Britain's War Machine. Weapons, Resources and Experts in the Second World War*, London 2011, S. 47 f., 124 f.
71 David Killingray, *Fighting for Britain. African Soldiers in the Second World War*, New York 2010; J. Lee Ready, *Forgotten Allies. The Military Contribution of the Colonies, Exiled Governments and Lesser Powers to the Allied Victory in World War II.*, 2 Bde., Jefferson, North Carolina/London 1985.
72 Siehe Andrew Stewart, *Empire Lost. Britain, the Dominions and the Second World War*, London 2008, S. 106.
73 Zum Ausmaß der Mobilisierung der britischen Ressourcen im Mutterland und im Empire siehe David Edgerton, »The Primacy of Foreign Policy? Britain in the Second World War«, in Mulligan und Simms (Hg.), *The Primacy of Foreign Policy in British History*, S. 291–304, insbesondere S. 296 f.
74 Jörg Friedrich, *Der Brand. Deutschland im Bombenkrieg, 1940–1945*, Berlin 2002.
75 Michael R. D. Foot, *The Special Operations Executive 1940–1946*, London 1999.
76 Winston Churchill, *Blenheim*, London 1941, S. 7.
77 »Pakt der Vereinigten Nationen«, in Churchill, *Der Zweite Weltkrieg*, Bd. 3.2, Frankfurt am Main u. a. 1985, S. 352–355; vgl. Dan Plesch, *America, Hitler and the UN. How the Allies Won World War II and Forged a Peace*, London 2011, insbesondere S. 31–57.

78 George Gordon Byron, *Childe Harolds Pilgerfahrt*, Hildburghausen 1868, S. 77, 82 (Dritter Gesang, Strophen 18, 35).

79 Siehe Phillips O'Brien, *How the War was Won. Air-sea Power and Allied Victory in World War II*, Cambridge 2015.

80 Siehe Roger Beaumont, »The Bomber Offensive as a Second Front«, in: *Journal of Contemporary History*, 22 (1987), S. 3–19, insbesondere S. 13–15.

81 Zit. in Lothar Kettenacker, *Krieg zur Friedenssicherung. Die Deutschlandplanung der britischen Regierung während des Zweiten Weltkrieges*, Göttingen/Zürich 1989, S. 534, 538.

82 Zit. in Klaus Larres, »Churchill: Flawed War Leader or Charismatic Visionary?«, in Simms und Urbach (Hg.), *Die Rückkehr der »Großen Männer«*, S. 155.

83 Zit. in Kettenacker, *Krieg zur Friedenssicherung*, S. 212.

84 Winston Churchill an Anthony Eden, 21. Oktober 1942, in Winston Churchill, *Der Zweite Weltkrieg. Memoiren*, Frankfurt am Main/Berlin/Wien 1985, Bd. 4.2, S. 174.

85 Patrick J. Hearden, »Early American Views regarding European Unification«, in: *Cambridge Review of International Affairs*, 19 (2006), S. 67–78, insbesondere S. 74 f.

86 Siehe David Reynolds, *From World War to Cold War. Churchill, Roosevelt and the International History of the 1940s*, Oxford 2006, S. 121–136.

87 Siehe Brian P. Farrell, »Symbol of Paradox. The Casablanca Conference, 1943«, in: *Canadian Journal of History*, 28 (1993), S. 21–40.

88 Siehe Vojtech Mastny, »Soviet War Aims at the Moscow and Teheran Conferences of 1943«, in: *The Journal of Modern History*, 47, 3 (1975), S. 481–504.

89 Winston Churchill, »Dies ist euer Sieg!«, in ders., *Reden, 1945. Endsieg*, Zürich 1950, S. 210.

8. »Unser Schicksal ist es, Europa zu gestalten«.

1 Lord Alanbrooke, Tagebucheintrag vom 27. Juli 1944, in ders., *Sieg im Westen (1943–1946). Aus den Kriegstagebüchern des Feldmarschalls Lord Alanbrooke, Chef des Empire-Generalstabs*, hg. von Arthur Bryant, Düsseldorf 1960, S. 244.

2 Zit. in Martin Schaad, »Plan G – A ›Counterblast‹? British Policy towards the Messina Countries, 1956«, in: *Contemporary European History*, 7, 1 (1995), S. 50.

3 Agatha Christie, *Passagier nach Frankfurt*, Hamburg 2017, S. 98.

4 Winston Churchill, »Rede vor dem Unterhaus«, 18. Januar 1945, in ders., *Reden, 1945. Endsieg*, hg. von Charles Eade, Zürich 1950, S. 20.

5 Siehe Brendan Simms, »Prussia, Prussianism and National Socialism, 1933–47«, in Philip G. Dwyer (Hg.), *Modern Prussian History 1830–1947*, Harlow 2001, S. 253–273, insbesondere S. 272.

6 Zit. in J. E. Farquharson, »Anglo-American Policy on German Reparations from Yalta to Potsdam«, in: *The English Historical Review*, 62 (1997), S. 904–926, hier S. 905.

7 Winston Churchill an Präsident Truman, 12. Mai 1945, in Winston Churchill, *Der Zweite Weltkrieg. Memoiren*, Frankfurt am Main/Berlin/Wien 1985, Bd. 6.2, S. 262.

8   David Weigall, »British Ideas of European Unity and Regional Confedera-
     tion«, in M. L. Smith und Peter M. R. Stirk (Hg.), *Making the New Europe.
     European Unity and the Second World War,* New York 1990.

9   Siehe Scott Kelly, »›The ghost of Neville Chamberlain‹. Guilty Men and the
     1945 election«, in: *Conservative History Journal,* 5 (Herbst 2005), S. 18–24, hier
     S. 18, 21 f.

10   Siehe Corelli Barnett, *The Audit of War. The Illusion and Reality of Britain as a
     Great Nation,* London 1986.

11   Jim Tomlinson, »Balanced Accounts? Constructing the Balance of Payments
     Problem in Post-War Britain«, in: *The English Historical Review,* 74 (2009),
     S. 863–884, insbesondere S. 883 f.; ders., »The Attlee Government and the
     Balance of Payments, 1945–1951«, in: *Twentieth-Century British History,*
     2 (1991), S. 47–66, insbersondere S. 58.

12   Siehe Thomas Hall, »›Mere Drops in the Ocean‹. The Politics and Planning of
     the Contribution of the British Commonwealth to the Final Defeat of Japan,
     1944–45«, in: *Diplomacy and Statecraft,* 16, 1 (2005), S. 93–115, insbesondere
     S. 95, 101, 109 f.

13   Zit. in Anne Deighton, »Entente neo-coloniale? Ernest Bevin and the Propo-
     sals for Anglo-French Third World Power, 1945–49«, in Glyn Stone und
     T. G. Otte (Hg.), *Anglo-French Relations since the Late Eighteenth Century,* Lon-
     don/New York 2008, S. 200–218, hier S. 208.

14   Zit. in R. W. Johnson, »Every Club in the Bag«, in: *London Review of Books,*
     8. August 2002, S. 15.

15   Winston Churchill, Rede in Foulton, 5. März 1946, https://winstonchurchill.
     org/resources/speeches/1946-1963-elder-statesman/the-sinews-of-peace (aus-
     zugsweise auf Deutsch in Jürgen Weber [Hg.], *30 Jahre Bundesrepublik Deutsch-
     land,* München 21982, Bd. 2, S. 34 f.).

16   Zit. in Anne Deighton, »The ›Frozen Front‹. The Labour Government, the
     Division of Germany and the Origins of the Cold War, 1945–7«, in: *Interna-
     tional Affairs,* 63, 3 (1987), S. 449–465, hier S. 453.

17   Zit. in Anne Deighton, »Towards a ›Western‹ Strategy. The Making of British
     Policy Towards Germany 1945–46«, in dies. (Hg.), *Britain and the First Cold
     War,* London 1990, S. 53–70, hier S. 58, 64.

18   Zit. in Dianne Kirkby, »Divinely Sanctioned. The Anglo-American Cold War
     Alliance and the Defence of Western Civilization and Christianity, 1945–48«,
     in: *Journal of Contemporary History,* 35, (2000), S. 385–412, hier S. 400; siehe
     auch J. Schneer, »Hopes Deferred or Shattered. The British Left and the Third
     Force Movement, 1945–9«, in: *The Journal of Modern History,* 56 (1984),
     S. 197–226.

19   John Charmley, »Duff Cooper and Western European Union, 1944–7«, in: *The
     Review of International Studies,* 2 (1985), S. 53–63.

20   Winston Churchill, Universität Zürich, 19. September 1946, https://www.
     churchill-in-zurich.ch/site/assets/files/1807/rede_winston_churchill_deutsch.
     pdf.

21   Siehe Klaus Schwabe, »The Cold War and European Integration, 1947–63«,
     in: *Diplomacy and Statecraft,* 12 (2001), S. 18–34.

22   Siehe Avi Shlaim, *Britain and the Origins of European Unity,* Reading 1978,
     S. 114–142.

23 Siehe John W. Young, *Britain and European Unity, 1945–1999*, Leicester 1984, S. 18, 77–79 und passim.

24 Zit. in ebd., S. 34.

25 Zit. in Brian Harrison, *Seeking a Role. The United Kingdom, 1951–1970*, Oxford 2009, S. 9.

26 Zit. in Hugo Young, *This Blessed Plot. Britain and Europe from Churchill to Blair*, Basingstoke/Oxford 1999, S. 70.

27 Zit. in ebd., S. 113.

28 Zit. in J. W. Young, *Britain and European Unity*, S. 36.

29 Anthony Eden im Unterhaus, 17. November 1954, https://api.parliament.uk/historic-hansard/commons/1954/nov/17/western-europe#column_404.

30 Zit. in Nicholas Crowson und James Mckay, »Britain in Europe? Conservative and Labour Attitudes to European Integration since the Second World War«, in William Mulligan und Brendan Simms (Hg.), *The Primacy of Foreign Policy in British History, 1660–2000. How Strategic Concerns Shaped Modern Britain*, Basingstoke 2010, S. 305–318, hier S. 306.

31 Siehe Richard Vinen, *National Service. A Generation in Uniform, 1945–1963*, London 2014.

32 Zu den Auswirkungen der Wiederaufrüstung auf den Staat in den 1950er Jahren siehe James E. Cronin, *The Politics of State Expansion. War, State and Society in Twentieth-Century Britain*, London/New York 1991, S. 185 f., 208–215.

33 Siehe Hubert Zimmermann, »The Sour Fruits of Victory. Sterling and Security in Anglo-German Relations during the 1950s and 1960s«, in: *Contemporary European History*, 9 (2000), S. 225–243.

34 Zur zentralen Rolle Deutschlands in der britischen Wirtschaftsstrategie siehe Geoffrey Owen, *From Empire to Europe. The Decline and Revival of British Industry since the Second World War*, London 1999, S. 30–56 und passim.

35 Siehe Jenna Phillips, »Don't Mention the War? History Suggests Foreign Policy Can Swing Voters«, in: *History and Policy*, http://www.historyandpolicy.org/opinion/opinion_31.html, S. 1 f.; zur zenrtralen Rolle der Außenpolitik siehe auch H. G. Nicholas, »The British General Election of 1951«, in: *The American Political Science Review*, 46, 2 (Juni 1952), S. 398–405, insbesondere S. 399–402.

36 Siehe Kenneth O. Morgan, *The People's Peace. British History, 1945–1990*, Oxford 1990, S. 103.

37 Siehe Lawrence Black, »›The Bitterest Enemies of Communism‹. Labour Revisionists, Atlanticism and the Cold War«, in: *Contemporary British History*, 15, 3 (2001), S. 26–62, insbesondere S. 27 f.

38 Martin Ceadel, »British Parties and the European Situation, 1952–57«, in Ennio di Nolfo (Hg.), *Power in Europe? II. Great Britain, France, Germany, Italy and the Origins of the EEC, 1952–1957*, Berlin/New York 1992.

39 Siehe Anne Deighton, »The Last Piece of the Jigsaw. Britain and the Creation of the Western European Union, 1954«, in: *Contemporary European History*, 7, 2 (1998), S. 181–196.

40 »Protokoll (Nr. I) zur Änderung und Ergänzung des Brüsseler Vertrags«, 23. Oktober 1954, http://www.politische-union.de/weuv48.

41 Zit. in Schaad, »Plan G – a ›Counterblast‹?«, S. 46.

42 Zit. in Harrison, *Seeking a Role*, S. 116.

43 Zit. in H. Young, *This Blessed Plot*, S. 117.

44 Robert W. Heywood, »West European Community and the Eurafrica Concept in the 1950s«, in: *Journal of European Integration*, 4 (1981), S. 199–210.
45 Ralph Dietl, »Suez 1956. A European Intervention? «, in: *Journal of Contemporary History*, 43, 2 (2008), S. 259–278, hier S. 261.
46 Siehe John C. Campbell, »The Soviet Union, the United States, and the Twin Crises of Hungary and Suez«, in William Roger Louis und Roger Owen (Hg.), *Suez 1956. The Crisis and Its Consequences*, Oxford 1989, S. 233–253.
47 Siehe Diane Kunz, *The Economic Diplomacy of the Suez Crisis*, Chapel Hill, North Carolina/London 1991, S. 113 f., 192 f.
48 Siehe Ashley Jackson, »Empire and Beyond. The Pursuit of Overseas National Interest in the Late Twentieth Century«, in: *The English Historical Review*, 72 (2007), S. 1361; W. R. Louis, »Public Enemy Number One. The British Empire in the Dock at the United Nations, 1957–1971«, in Martin Lynn (Hg.), *The British Empire in the 1950s. Retreat or Revival?*, Basingstoke 2006.
49 Siehe Anthony Adamthwaite, »Suez Revisited«, in: *International Affairs*, 69, 3 (1988), S. 449–464, hier S. 454.
50 Zit. in Morgan, *The People's Peace*, S. 158.
51 Zit. in ebd., S. 173 f.
52 Zit. in Schaad, »Plan G – a ›Counterblast‹?«, S. 50.
53 Zit. in Tom Prendeville, »De Valera was against European Union«, in: *Magill*, 3 (2008), S. 62.
54 Siehe David French, *Army, Empire and Cold War. The British Army and Military Policy, 1945–1971*, Oxford 2012, S. 213–215, 232.
55 Zit. in H. Young, *This Blessed Plot*, S. 122.
56 Siehe Alan Milward, *European Rescue of the Nation State*, London/New York 1992.
57 Zit. in H. Young, *This Blessed Plot*, S. 119.
58 Siehe Andrea Benvenuti, *Anglo-Australian Relations and the Turn to Europe, 1961–1972*, Woodbridge 2008, S. 26–41.
59 Zit. in John Campbell, *Roy Jenkins. A Well-Rounded Life*, London 2014, S. 214 f.
60 Zit. in Jeremy Black, »The European Question, the National Interest and Tory Histories«, in ders. (Hg.), *The Tory World. Deep History and the Tory Theme in British Foreign Policy, 1679–2014*, Farnham 2015, S. 331–370, hier S. 344.
61 Siehe Frank Costigliola, »The Failed Design. Kennedy, de Gaulle and the Struggle for Europe«, in: *Diplomatic History*, 8, 3 (1984), S. 227–252.
62 Siehe Susanna Schrafstetter, *Die dritte Atommacht. Britische Nichtverbreitungspolitik im Dienst von Statussicherung und Deutschlandpolitik, 1952–1968*, München 1999, S. 224, 234–236.
63 Pressekonferenz von Charles de Gaulle, 14. Januar 1963, in: *Archiv der Gegenwart, 1931–2003*, S. 10357.
64 Zit. in John Campbell, *Edward Heath. A Biography*, London 1993, S. 131.
65 Zit. in H. Young, *This Blessed Plot*, S. 195.
66 Niklas H. Rossbach, *Heath, Nixon and the Rebirth of the Special Relationship. Britain, the US and the EC, 1969–74*, Basingstoke 2009.
67 Siehe Phillips, »Don't Mention the War?«, S. 2 f.
68 Zit. in Andy Beckett, *When the Lights Went Out. Britain in the Seventies*, London 2009, S. 90.

69   Zit. in Timothy Garton Ash, »Why Britain is in Europe. The Ben Pimlott Memorial Lecture«, in: *Twentieth-Century British History,* 17, 4 (2005), S. 451–463, hier S. 460.

70   Zit. in Campbell, *Edward Heath,* S. 397.

71   Zit. in Philip Ziegler, *Wilson. The Authorised Life of Lord Wilson of Rievaulx,* London 1993, S. 425.

72   Michael Vestey, »The Nobbling Game«, in: *The Spectator,* 12. Februar 2000, S. 51; Brian Harrison, *Finding a Role? The United Kingdom, 1970–1990,* Oxford 2010, S. 20–38.

73   Zit. in Campbell, *Roy Jenkins,* S. 449.

74   Douglas Wass, *Decline to Fall. The Making of British Macro-Economic Policy and the 1976 IMF Crisis,* Oxford/New York 2009.

75   Siehe Eunan O'Halpin, *The Geopolitics of Republican Diplomacy in the Twentieth Century,* Institute for British-Irish Studies, University College Dublin, Arbeitspapier, Dublin 2001, S. 8 f.; Christopher Andrew und Wassili Mitrochin, *Das Schwarzbuch des KGB. Moskaus Kampf gegen den Westen,* Berlin 1999, S. 469 f., 477–479.

76   Peter Taylor, *Beating the Terrorists? Interrogation at Omagh, Gough and Castlereagh,* Harmondsworth 1980.

77   Zit. in H. Young, *This Blessed Plot,* S. 250.

78   Zit. in J. W. Young, *Britain and European Unity,* S. 130.

79   Zit. in H. Young, *This Blessed Plot,* S. 310.

80   Stephen Wall, *A Stranger in Europe. Britain and the EU from Thatcher to Blair,* Oxford 2008.

81   Ein frühes Beispiel aus der Zeit vor Thatchers Rede in Brügge ist Baroness Young (Staatsminister im Außenministerium), »Third Mackinder Lecture«, in: *Transactions of the Institute of British Geographers,* 12, 4 (1987), S. 391–397, hier S. 393.

82   Zit. in George Urban, *Diplomacy and Disillusion at the Court of Margaret Thatcher. An Insider's View,* London 1996, S. 118–150, insbesondere S. 136.

83   Zit. in J. W. Young, *Britain and European Unity,* S. 154.

84   Siehe David Allen, »Wider but Weaker or the More the Merrier? Enlargement and Foreign Policy Cooperation in the EC/EU«, in John Redmond und Glenda G. Rosenthal (Hg.), *The Expanding European Union. Past, Present, Future,* Boulder, Colorado, 1998, S. 107–124.

85   Vertrag über die Europäische Union (Vertrag von Maastricht), 7. Februar 1992, in: *Amtsblatt der Europäischen Gemeinschaften,* 29. Juli 1992, Nr. C 191/2, 58, https://eur-lex.europa.eu/legal-content/DE/TXT/PDF/?uri=CELEX:11992M/TXT&from=DE.

86   Helmut Kohl, »Zielvorstellungen und Chancen für die Zukunft Europas. Vortrag vor dem Internationalen Bertelsmann-Forum im Gästehaus Petersberg in Königswinter«, 3. April 1992, http://www.helmut-kohl.de/index.php?menu_sel=17&menu_sel2=&menu_sel3=&menu_sel4=&msg=1446.

87   Stephen F. Frowen und Jens Hoelscher (Hg.), *The German Currency Union of 1990. A Critical Assessment,* London 1997.

88   Anthony Glees, »The Diplomacy of Anglo-German Relations. A Study of the ERM Crisis of September 1992«, in: *German Politics,* 3 (1994).

89 Siehe Kori Schake, »NATO after the Cold War, 1991–1995. Institutional Competition and the Collapse of the French Alternative«, in: *Contemporary European History,* 7, 3 (1998), S. 379–407.

90 Siehe Brendan Simms, *Unfinest Hour. Britain and the Destruction of Bosnia,* London 2001, S. 49–134.

91 Siehe Brendan Simms, »Bosnia: The Lessons of History», in Thomas Cushman und Stjepan Mestrovic (Hg.), *This Time We Knew. Western Responses to Genocide in Bosnia,* New York 1996, S. 65–78.

92 Jonathan Bronitzky, *British Foreign Policy and Bosnia. The Rise of Islamism in Britain, 1992–1995. Developments in Radicalisation and Political Violence,* hg. vom International Centre for the Study of Radicalisation and Political Violence, London 2010, S. 9.

93 Ed Husain, *The Islamist. Why I Joined Radical Islam in Britain, What I Saw Inside and Why I Left,* London 2007, S. 74–81 und passim.

94 Melanie Phillips, *Londonistan. How Britain is Creating a Terrorist State Within,* London 2006.

95 Zit. in William Cash, *Against a Federal Europe. The Battle for Britain,* London 1991, S. 71, 80.

96 Zit. in Ian Bache und Neill Nugent, »Europe«, in Anthony Seldon (Hg.), *Blair's Britain, 1997–2007,* 2007, Cambridge 2007, S. 529–550, hier S. 533.

97 Tony Blair auf dem Lord Mayor's Banquet am 10. November 1997, https://webarchive.nationalarchives.gov.uk/20070701145014/http://www.pm.gov.uk/output/Page1070.asp.

98 Robin Cook im Unterhaus, 15. Juni 2000, https://hansard.parliament.uk/Commons/2000-06-15/debates/fbd69f71-c376-4a8a-8ec7-b795cfd7289a/EuropeanAffairs.

99 »Strategic Defence Review. Presented to Parliament by the Secretary of State for Defence by Command of Her Majesty, July 1998«, Kap. 2.18, http://fissilematerials.org/library/mod98.pdf.

100 Zit. in Juan-Camilo Castillo, »The European Security and Defence Policy. Defining the European Union as a Rational Actor in International Security«, in: *Review of European and Russian Affairs,* 3, 3 (2007), S. 30–55, hier S. 35.

101 Tony Blair auf dem Lord Mayor's Banquet am 10. November 1997, https://webarchive.nationalarchives.gov.uk/20070701145014/http://www.pm.gov.uk/output/Page1070.asp.

102 Timothy Garton Ash, *Free World. Why the Crisis of the West Reveals the Opportunity of Our Time,* London 2004 (dt.: *Freie Welt. Europa, Amerika und die Chance der Krise,* München/Wien 2004, S. 58–71).

103 Tony Blair im Chicago Economic Club, 22. April 1999, https://webarchive.nationalarchives.gov.uk/19990902094809/http://www.fco.gov.uk:80/news/speechtext.asp?2316.

104 Siehe beispielsweise Martin Fletcher und Charles Bremner, »Tory Tirade Falls Flat as US Backs European Force«, in: *The Times,* 11. Oktober 2000, S. 14.

105 Bericht der deutschen Botschaft in London, 22. März 1999.

106 Dieser Absatz stützt sich teilweise auf Brendan Simms, »Blood, Iron and Creative Havoc«, in: *Times Higher Education,* 25. Juli 2003, S. 22; ders., »The Case for a European Superpower under British Leadership. Why Britain Now has the Opportunity to Become the Prussia of European Unification with Blair as

its Bismarck«, in: *The Social Affairs Unit*, 7. Juni 2005, http:/socialaffairsunit.
org.uk/blog/archives/000447.php.

107 Tony Blair, Parteitagsrede, 2. Oktober 2001, http://www.theguardian.com/
politics/2001/oct/02/labourconference.labour7.

108 Die der Autor für richtig hielt.

109 Siehe Christopher Hill, *The National Interest in Question. Foreign Policy in Mul-
ticultural Societies*, Oxford 2013, insbesondere S. 203 f.

110 Zit. in Jeremy Black, *The Dotted Line. Britain's Defence Policy in the Modern
World*, London 2006, S. 67.

9. Großbritannien, die letzte europäische Großmacht

1   Eine Fassung dieses Kapitels wurde im April 2012 im Nobel-Institut in Oslo
vorgestellt.

2   Zit. in Jeremy Black, »The European Question, the National Interest and Tory
Histories«, in ders. (Hg.), *The Tory World. Deep History and the Tory Theme in
British Foreign Policy, 1679–2014*, Farnham 2015, S. 357.

3   Siehe Amrita Narlikar, *New Powers. How to Become One and How to Manage
Them*, London 2010.

4   Siehe Geir Lundestad, *The Rise and Decline of the American »Empire«. Power
and Its Limits in Comparative Perspective*, Oxford 2012, S. 26, 50.

5   Kishore Mahbubani, *Die Rückkehr Asiens. Das Ende der westlichen Dominanz*,
Berlin 2008 (Originaltitel: *The New Asian Hemisphere*).

6   Siehe Constanze Stelzenmüller, »The West Has Run Out of Power«, in: *Policy
Review*, (April/Mai 2012), S. 85–94; weniger düster sieht es etwa Ian Morris,
*Why the West Rules – for Now. The Patterns of History and What They Reveal
about the Future*, London 2010, S. 598–622.

7   Fareed Zakaria, *Der Aufstieg der Anderen. Das postamerikanische Zeitalter*,
München 2009.

8   Edward Luce, *Time to Start Thinking. America and the Spectre of Decline*, New
York 2012.

9   Diese Ansicht wurde nicht von allen geteilt; siehe Stephen G. Brooks und William Wohlforth, *World out of Balance. International Relations and the Challenge
of American Primacy*, Princeton, New Jersey, 2008; Lundestad, *Rise and Decline of the American »Empire«;* Robert Lieber, *Power and Willpower in the American Future. Why the United States is not Destined to Decline*, Cambridge 2012.
Voraussagen über den Niedergang der Vereinigten Staaten wurden natürlich
schon vorher gemacht und bestritten; siehe Edward N. Luttwak, *The Endan-
gered American Dream. How to Stop the United States from becoming a Third
World Country and How to Win the Geo-Economic Struggle for Industrial Supremacy*, New York 1993; Henry R. Nau, *The Myth of America's Decline. Leading
the World Economy into the 1990s*, New York/Oxford 1990.

10 Siehe William I. Hitchcock, »Reversal of Fortune. Britain, France and the
Making of Europe«, in Paul Kennedy und William I. Hitchcock (Hg.), *From
War to Peace. Altered Strategic Landscapes in the Twentieth Century*, New Haven
2000, S. 79–102.

11 Siehe allgemein David Sanders, *Losing an Empire, Finding a Role. British Foreign Policy since 1945*, Basingstoke 1990.

12   Zit. in Alan Stewart, »A Crisis of Fate. The First Elizabethan age according to A. L. Rowse«, in: *Times Literary Supplement*, 25. Mai 2012.

13   Torbjørn L. Knutsen, *The Rise and Fall of World Orders*, Manchester 1999; John J. Mearsheimer, *The Tragedy of Great Power Politics*, New York/London 2001, S. 377–380.

14   Siehe die Warnung von Peter Foster, *Facing Facts. Is British Power Diminishing?*, Project for the Study of the 21st Century, 2015.

15   Zit. in Francis Elliott, »Britain ›Risks becoming New North Korea‹«, in: *The Times*, 10. März 2015, S. 8.

16   Zit. in Tracy McVeigh, »The UN Security Council Has Lasted through Seven Turbulent Decades. But Does Britain Still Have the Clout to Justify Its Permanent Seat?«, in: *Observer Special Report*, S. 18 f.

17   Frank Ledwidge, *Losing Small Wars. British Military Failure in Iraq and Afghanistan*, New Haven, Connecticut, 2011.

18   Zu einer zeitgenössischen Diskussion siehe James K. Wither, »British Bulldog or Bush's Poodle? Anglo-American Relations and the Iraq War«, in: *Parameters*, (Winter 2003/04), S. 67–82.

19   Siehe Jeremy Browne, »British Competitiveness. Responding to the Rise of the Emerging Powers«, Rede auf dem Global Strategy Forum, National Liberal Club, London, 18. April 2012. Browne war 2010–2012 Staatssekretär im Außenministerium.

20   Siehe Jonathan Scott, *England's Troubles. Seventeenth-Century English Political Instability in European Context*, Cambridge 2000.

21   Zit. in Brendan Simms, *Three Victories and a Defeat. The Rise and Fall of the first British Empire, 1714–1783*, London 2007, S. 635.

22   Zum allgemeinen Kontext siehe Aaron Friedberg, *The Weary Titan. Britain and the Experience of Relative Decline, 1895–1905*, Princeton, New Jersey, 1988; John Darwin, »Fear of Failing. British Politics and Imperial Decline since 1900«, in: *Transactions of the Royal Historical Society*, 36 (1986), S. 27–43.

23   Siehe Duncan Bell, The Idea of Greater Britain: Empire and the Future of World Order, 1860–1900, Princeton, New Jersey, 2006; Daniel Deudney, »Greater Britain or Greater Synthesis? Seeley, Mackinder and Wells on Britain in the Global Industrial Era«, in: *Review of International Studies*, 27, 2 (2001), S. 187–208.

24   Kathleen Burk und Alec Cairncross, *Good-bye Great Britain. The 1976 IMF Crisis*, London 1992; zu einer nützlichen tabellarischen Übersicht über die Argumente der Niedergangstheorie siehe Andrew Gamble, *Britain in Decline. Economic Policy, Political Strategy and the British State*, Basingstoke/London 1990, S. 32.

25   Siehe John van Wingen und Herbert K. Tillema, »British Military Intervention after World War II. Militance in a Second-Rank Power«, in: *Journal of Peace Research*, 17, 4 (1980), S. 291–303.

26   Zit. in James Rogers, »Stopping British Declinism before It Starts«, Blog-Post, *European Geostrategy*, 19. Mai 2012.

27   Corelli Barnett, *Collapse of British Power*, London 1972; ders., *Audit of War. The Illusion and Reality of Britain as a Great Nation*, London/Basingstoke 1983.

28   John Le Carré, *Dame, König, As, Spion*, Berlin 2012, S. 400.

29 Paul Kennedy, *Aufstieg und Fall der großen Mächte. Ökonomischer Wandel und militärischer Konflikt von 1500 bis 2000,* Frankfurt am Main 21989, S. 628–630, 712.

30 Beispielsweise Andrew Gamble, *Britain in Decline.*

31 Margaret Thatcher, Rede in einer Versammlung der Konservativen Partei in Cheltenham, 3. Juli 1982, https://www.margaretthatcher.org/document/104989.

32 Zur Auffassung, dass der Großmachtstatus Großbritanniens auch während dessen vermeintlichem Niedergang bestehen blieb, siehe Michael J. Turner, *Britain's International Role, 1970–1991,* Basingstoke 2010, S. 1, 234 f. und passim.

33 Zit. in Brendan Simms, *Unfinest Hour. Britain and the Destruction of Bosnia,* London 2001, S. 5; vgl. auch Josip Glaurdic, *The Hour of Europe. Western Powers and the Break-up of Yugoslavia,* New Haven, Connecticut, 2011.

34 Tony Blair, *Mein Weg,* München 2010, S. 237–271; zu Blairs internationaler Stellung siehe Philip Stephens, *Tony Blair. The Making of a World Leader,* London 2004, S. XVII und passim; kritischer, aber ebenfalls von Blairs Bedeutung überzeugt ist Stephen Benedict Dyson, *The Blair Identity. Leadership and Foreign Policy,* Manchester/New York 2009, S. 4 f. und passim.

35 Siehe Gordon Browns eigene Darstellung in seinem Buch *Was folgt. Wie wir weltweit neues Wachstum schaffen,* Frankfurt am Main/New York 2011, S. 74–96.

36 Lundestad, *Rise and Decline of the American »Empire«,* S. 6.

37 »UK Economy to Overtake Both Japan and Germany«, in: *The Daily Telegraph,* 26. Dezember 2015.

38 Siehe Justin Morris, »How Great is Britain? Power, Responsibility and Britain's Future Global Role«, in: *British Journal of Politics and International Relations,* 13 (2011), S. 326–347, insbesondere S. 331–333; zu einer düstereren Ansicht siehe Christopher J. Hill, »British Foreign Policy Priorities. Tough Choices«, in: *The World Today,* 66, 4 (2010), S. 11–14.

39 Siehe Richard Weight, *Patriots. National Identity in Britain, 1940–2000,* London 2002.

40 Joseph Nye, »Soft Power«, in: *Foreign Policy,* 80 (1990), S. 153–171.

41 Zit. in Jeffrey Stephen Dunn, *The Crowe Memorandum. Sir Eyre Crowe and Foreign Office Perceptions of Germany, 1918–1925,* Newcastle 2013, S. 233 f.

42 Siehe Andrew Gamble, »Hegemony and Decline. Britain and the United States«, in Patrick Karl O'Brien und Armand Clesse (Hg.), *Two Hegemonies. Britain 1846–1914 and the United States, 1941–2001,* Aldershot 2002, S. 133.

43 Zu einigen der daraus resultierenden Debatten siehe Philip Towle, *Going to War. British Debates from Wilberforce to Blair,* Basingstoke 2009.

44 Siehe John Brewer, *The Sinews of Power. War, Money and the English State, 1688–1783,* London 1989.

45 Im Folgenden konzentriere ich mich auf die »Anglosphäre«, das »Westminster-Modell« wurde allerdings auch über sie hinaus exportiert (vgl. Arend Lijphart, *Patterns of Democracy. Government Forms and Performance in Thirty-Six Countries,* New Haven, Connecticut, 1999.

46 Siehe David Edgerton, *Britain's War Machine,* London 2011.

47 Siehe James Belich, *Replenishing the Earth. The Settler Revolution and the Rise of the Anglo-World, 1783–1939,* Oxford 2009.

48 John F. Williams, *Corporal Hitler and the Great War, 1914–1918,* London/New York 2005, S. 143.

49 Carl Bridenbaugh, *Vexed and Troubled Englishmen. 1590–1642,* New York 1968.

50 Siehe Brendan Simms, »Towards a Mighty Union. How to Create a Democratic European Superpower«, in: *International Affairs,* 88, 1 (2012), S. 49–62, insbesondere S. 50–52.

51 Siehe Kathleen Burk, *Old World. New World. The Story of Britain and America,* London/New York 2007.

52 Zit. in Duncan Bell, »The Project for a New Anglo Century. Race, Space and Global Order«, in Peter Katzenstein (Hg.), *Anglo-America and Its Discontents. Civilisational Identities beyond West and East,* London 2012, S. 33–56, hier S. 42.

53 Donald Cameron Watt, *Succeeding John Bull. America in Britain's Place, 1900–1975. A Study of the Anglo-American Relationship in the Context of British and American Foreign-Policy Making in the Twentieth Century,* Cambridge 1984.

54 Siehe Srdjan Vucetic, *The Anglosphere. A Genealogy of a Racialized Identity in International Relations,* Stanford, Kalifornien, 2011; ders., »Bound to Follow? The Anglosphere and US-led Coalitions of the Willing, 1950–2001«, in: *European Journal of International Relations,* 17, 1 (2011), S. 27–49.

55 Siehe Catherine Philp, »Britain Sends Warships to Counter Russian Threat«, in: *The Times,* 10. Februar 2016, S. 6.

10. »Die Europäische Union verlassen, aber nicht Europa«

1 Dieses Kapitel stützt sich auf Material aus Brendan Simms, »Scotland, the British Question and the European Problem. A Churchillian Solution«, in: *Journal for Comparative Government and European Policy,* 12 (2014), S. 456–483.

2 Theresa May in: *Le Figaro,* 17. Februar 2017, https://www.gov.uk/government/speeches/we-have-voted-to-leave-the-eu-but-not-europe-article-by-theresa-may.

3 Anand Menon und Jean-Paul Salter, »Britain's influence in the EU«, in: *National Institute of Economic Review,* 236 (2016), S. 7–13; Robert Thomson u. a., »A new data-set on decision-making in the European union before and after the 2004 and 2007 enlargements«, in: *European Public Policy,* 19 (2012), S. 604–622.

4 David Cameron, »EU Speech at Bloomberg«, Januar 2013, https://www.gov.uk/government/speeches/eu-speech-at-bloomberg; Winston Churchill, Rede in Foulton, 5. März 1946, https://winstonchurchill.org/resources/speeches/1946-1963-elder-statesman/the-sinews-of-peace.

5 Adam Tooze, *Crashed. Wie zehn Jahre Finanzkrise die Welt verändert haben,* München 2018.

6 Siehe Christopher J. Bickerton, Dermot Hodson und Uwe Puetter, »The New Intergovernmentalism. European Integration in the Post-Maastricht Era«, in: *Journal of Common Market Studies,* 53 (2015), S. 703–722.

7 David Davis, »The European Arrest Warrant Leaves Britain in Handcuffs«, in: *The Sunday Times,* 9. November 2014.

8 Christopher Hope, »EU Red Tape Is Damaging Britain's Economy«, in: *The Sunday Telegraph,* 9. November 2014.

9   Lucie Fisher und Charles Bremner, »Cameron Puts His Foot down over Move to Raise EU Budget«, in: *The Times*, 23. Oktober 2014; vgl. auch Iain Begg, »£1.7bn EU Bill Puts UK One Step Closer to ›Brexit‹«, Chatham House, Expertenkommentar, 29. Oktober 2014.

10 Andrew Geddes, *Britain and the European Union*, Basingstoke 2013; vgl. die Diskussion zwischen Will Hutton und Ruth Lea in: »Does Britain's Destiny Lie in the Heart of Europe?«, in: *The Observer*, 27. Januar 2013. Eine interessante Gegenüberstellung der verschiedenen Standpunkte findet sich im Tagungsbericht einer Konferenz, die am 9. Oktober 2014 in der British Academy stattfand: *Britain and the EU. New Perspectives*, Oxford 2014.

11 Ian Traynor u. a., »David Cameron Blocks EU Treaty with Veto, Casting Britain Adrift in Europe«, in: *The Guardian*, 9. Dezember 2011.

12 Zum breiteren historischen Kontext siehe Linda Colley, *Acts of Union and Disunion. What Has Held the UK Together – And What Is Dividing It?*, London 2014.

13 David Cameron, »EU Speech at Bloomberg«, Januar 2013, https://www.gov.uk/government/speeches/eu-speech-at-bloomberg.

14 Siehe David Runciman, »Reflections on the Independence Referendum«, in: *London Review of Books*, 11. September 2014; ders., »After the Referendum«, in ebd., 9. Oktober 2014.

15 Robert Tombs, *The English and Their History*, London 2014; zu den frühmodernen Wurzeln der anglo-britischen Macht siehe David Scott, *Leviathan. The Rise of Britain as a World Power*, London 2013, insbesondere S. 7–203.

16 Priti Pitel, »We Must Threaten to Leave the Europe Says Boris«, in: *The Times*, 13. Oktober 2014; Sam Coates, »We Will Not Stick with Europe if it Doesn't Work for Us, Says Cameron«, in: *The Times*, 11. November 2014.

17 Almut Möller und Tim Oliver (Hg.), *The United Kingdom and the European Union. What Would a »Brexit« Mean for the EU and Other States around the World?*, Deutsche Gesellschaft für Auswärtige Politik, *DGPA Analyse* 16, September 2014, S. 108.

18 Tomas Valasek, »What Central Europe Thinks of Britain and Why«, in: *Centre for European Reform*, 16. Juli 2012, https://www.cer.eu/insights/what-central-europe-thinks-britain-and-why.

19 Siehe Wolfgang Muenchau, »On the Way out? Britain's Relationship with the Rest of Europe Are Unsustainable«, in: *Prospect*, August 2014, S. 40–43.

20 Siehe Philip Whyte, »Do Britain's European Ties Damage Its Prosperity?«, in: *Centre for European Reform*, 22. März 2013.

21 Matthew Parris, »We Can't Let Germany Be uber alles in Europe«, in: *The Times*, 15. November 2014.

22 »Joint Report from the Negotiators of the Euroean Union and the United Kingdom Government«, 8. Dezember 2017, https://ec.europa.eu/commission/sites/beta-political/files/joint_report.pdf.

Personenregister

ISBN
978-3-421-04734-2
832 Seiten, mit
farbigen Abb.

Dieses Buch
ist auch als E-Book
erhältlich

Ian Kershaw schreibt seine große Geschichte Europas im zwanzigsten Jahrhundert weiter und nimmt die Jahre von 1950 bis heute in den Blick. Trotz einer andauernden Phase des Friedens, zeigt Kershaw, sind die Jahrzehnte nach dem Ende des Zweiten Weltkriegs für Europa eine Achterbahnfahrt – voller Aufs und Abs, voller Nervenkitzel und Ängste. Und mit ungewissem Ausgang.

»Eine herausragende gesamteuropäische Studie. Man kann die Leichtigkeit, mit der die immense Forschungsleistung präsentiert wird, nur bewundern.« THE TIMES

»Ein historisches Meisterwerk.« TIMES LITERARY SUPPLEMENT

DVA